中国稻虾绿色高质量发展研究

陈松文　曹凑贵◎编著

中国农业出版社

北　京

内容简介

　　稻虾模式是中国稻田综合种养第一大模式，笔者倡导稻虾种养绿色高质量发展理念，助力推动稻虾产业转型升级发展。本书是一部关于中国稻虾绿色高质量发展的研究性著作。全书在回顾中国稻虾模式发展历程和深入分析产业质态的基础上，探讨了当前我国稻虾产业发展面临的困境和矛盾问题，建立了稻虾绿色高质量发展的理论与科学技术体系，明确了中国稻虾生态适宜区及总体发展布局，阐明了稻虾绿色高质量发展的建设任务与战略举措，总结了国内外稻虾产业转型的案例及经验，分析了中国稻虾产业发展中可能面临的风险挑战及发展潜力，描绘了稻虾产业的发展前景，提出了推进我国稻虾绿色高质量发展的政策建议。

　　本书可为政府、农业农村部门及农业科技部门制定稻虾产业政策提供参考，也可为稻虾产业主体和关心稻虾产业的人士了解稻虾产业发展现状、明晰发展方向及趋势，制定发展战略提供依据。适合涉农管理人员、政策咨询研究人员、广大科研从业者阅读。

本书获得中国工程院战略研究与咨询项目学部重点项目"中国稻田综合种养高质量发展战略研究"（2021－XZ－30）、广东省重点领域研发计划项目"稻田水产'三点六化'健康养殖关键技术研发与全程集成示范"（2021B0202030002）、华中农业大学自主科技创新基金项目"稻田种养绿色生产技术创新与应用"（2662020ZKPY014）等资助出版。

序

　　稻田综合种养在中国具有 2 000 多年的悠久历史，内涵丰富、模式多样、文化多元，为中国农业可持续发展提供了宝贵经验，饱含着先人的农耕智慧，蕴含着传统农业精华中的永续发展基因。如距今约 1 700 年的浙江青田传统稻鱼共生农业系统和距今 1 400 多年的贵州从江侗乡稻鱼鸭系统，被联合国粮农组织认定为全球重要农业文化遗产 (GIAHS)。

　　2012 年，稻田综合种养在农业部支持下在全国主要稻作区试验示范推广。在国家及地方政府的产业政策、科研部门的理论科技创新、居民旺盛的消费需求拉动等多方因素共同作用下，中国稻田综合种养发展进入新一轮发展高潮，数千万农民投身稻田综合种养产业。稻田综合种养发展呈现规模化、产业化、品牌化新态势，已经成为湖北、湖南、四川、安徽、江苏等 20 多个省份的农业新兴产业。为引领地方农业转型、推动产业结构调整、增强产品有效供给、美化区域生态环境、助力乡村振兴等发挥了重要作用；为地方社会经济发展构建新格局、激发新动能、拉动新消费、推动双循环提供了有力支撑。

　　稻虾种养是农民接受程度最高、面积增长速度最快、产业发展规模最大的一种稻田综合种养模式。其中湖北潜江"虾稻共作"模式被农业农村部誉为"现代农业发展的成功典范，现代农业的一次革命"，有效提升了农田利用率和综合效益，拓展了农业和渔业发展空间，推动了地方农业转型升级，极大促进了低洼冷浸田、冬闲抛荒田的开发利用。然而，在稻虾种养的快速发展进程中，由于理论科技的发展滞后，加之水稻和小龙虾之间悬殊的比较效益，小龙虾旺盛的市场需求等多种因素影响，部分地区存在盲目开发、不合理发展的现象，出现了重虾轻稻、争水争地、水质污染等问题，水稻产量下降、生态环境恶化，违背了稻田综合种养的稳粮前提和绿色发展的初衷。

　　党的十九大提出实施乡村振兴战略，为新时代中国"三农"发展指出了新目标、新任务和新路径。进入新时代，如何转变农业发展方式、增强农产品有效供给、推进农业绿色转型、实现农业高质量发展、助力乡村全面振兴，是我国农业发展在新时代背景下面临的重大发展课题。推动稻虾种养迈向高质量发展，需要迫切回答和解决发展理论、科学技术、产业政策、建设体系、战略目标、方向定位及战略举措等一系列问题，使稻虾种养继续引领产业转型升级，促进农业生态化转型由 1.0 版本向 2.0 版本升级。

为科学指导中国稻田综合种养高质量发展，中国工程院设立战略研究与咨询项目"中国稻田综合种养高质量发展战略研究（2021－XZ－30）"，由扬州大学承担主持。其中，项目参加单位之一华中农业大学的曹凑贵教授牵头负责该战略研究与咨询项目的第二任务"主产区稻虾（蟹）综合种养产业质态与高质量发展战略研究"，旨在为引领中国稻虾种养产业高质量发展提出战略思路、战略目标、对策技术与政策建议。曹凑贵教授深耕稻田种养研究多年，从早年的稻鸭共育到现在的稻虾种养，具有深厚的理论基础和丰富的实践经验。项目组围绕稻虾种养，先后深入湖北、湖南、江西、安徽、江苏及辽宁等省份开展了针对性地实地调研考察和专家咨询座谈，结合大量文献、海量新闻及诸多案例分析，提出并建立了稻虾绿色高质量发展的理论体系，明确了推进稻虾种养实现绿色高质量的发展思路、转型路径、规划布局、发展体系、战略举措及政策建议。《中国稻虾绿色高质量发展研究》是这一系列成果的系统展现。相信本书的出版会为中国稻虾产业进一步指明发展方向，更好地助力稻虾种养产业转型升级，实现高质量发展。

中国工程院院士
扬州大学教授 张洪程

2022 年 5 月

前　言

国家和有关省份高度重视并支持稻田综合种养产业发展，2012年农业部科技教育司启动开展新一轮稻田综合种养技术试验示范，设立稻田综合种养技术集成与示范推广专项；2017年农业部在湖北省潜江市召开全国稻渔综合种养现场会，发布稻渔综合种养技术规范，组织开展国家级稻渔综合种养示范区创建工作；2019年农业农村部办公厅发布关于规范稻渔综合种养产业发展的通知，标志着中国稻渔综合种养产业进入了规范提质、高质量发展新阶段。

2001年，湖北省潜江市农民将小龙虾引进稻田并成功实现稻田寄养小龙虾，拉开了中国稻虾种养产业发展的序幕。从2004年的稻虾连作到2013年的稻虾共作，稻虾种养的模式内涵不断丰富拓展。"十三五"以来，中国稻虾种养产业进入快速发展阶段，特别是在湖北、湖南、江西、安徽和江苏等长江中下游地区，产业规模不断扩大、产品供给不断提升、产业链条不断完善，稻虾模式已经成为中国规模最大的一种稻田综合种养模式，在稳定国家粮食生产、推动农业提质增效、引领农业绿色发展、助力农民增产增收等领域发挥了重要作用。然而，在快速发展中，由于理论落后实际、认识存在偏差、产业链建设不完善、产业政策保障滞后等，部分地区违背了稳粮增效、绿色发展的初衷，出现了重虾轻稻、争水争地、水质污染等问题，因此迫切需要深入认识稻虾发展进程中存在的一系列问题，为更好促进稻虾种养产业健康发展提供有效举措。

为科学指导中国稻田综合种养高质量发展，中国工程院农业学部设立战略研究与咨询项目"中国稻田综合种养高质量发展战略研究（2021－XZ－30）"，由扬州大学张洪程院士主持，联合全国水产技术推广总站、浙江大学、华中农业大学等单位实施研究。华中农业大学负责"主产区稻虾（蟹）综合种养产业质态与高质量发展战略研究"子项目，旨在为引领中国稻虾种养产业高质量发展提出战略思路、战略目标、对策技术与政策建议。

本书是中国稻田综合种养高质量发展战略研究与咨询项目的成果之一，在"生态优先、绿色发展"理念指导下，立足中国稻虾绿色高质量发展研究，结合绿色水稻、两型

1

农业、生态农业、稻田种养及低碳稻作等理论基础，通过实地调研考察、专家座谈咨询、文献资料及网站数据库查询、新闻大数据及文本挖掘、试点示范及案例分析等方法组织开展撰写。在回顾中国稻虾种养产业发展历程和深入分析产业质态的基础上，探讨了当前中国稻虾种养产业发展面临的困境和矛盾问题，明确了产业发展方向及建设重点，建立了稻虾绿色高质量发展的理论与科学技术体系，确定了中国稻虾生态适宜区及功能布局，阐明了稻虾绿色高质量发展的建设任务与战略举措，总结了国内外稻虾种养产业转型的成功案例及经验启示，并对中国稻虾种养产业在未来发展进程中可能面临的风险挑战、发展潜力进行了分析，同时描绘了发展前景，提出了推进我国稻虾种养绿色高质量发展的建议，以期为促进中国稻虾种养水稻和小龙虾产业协同发展，引领水稻、水产绿色高质量发展，做大做强水稻、水产两大产业提供决策咨询。

　　本书秉持理论与实践相结合的原则，在注重科普性与实用性的同时，尽可能深入浅出地阐述发展背景与现状，阐明发展思路与战略举措，语言力求简明扼要、通俗易懂。稻虾种养产业发展涉及社会、经济、文化、生态、产业等诸多方面，由于编者学术能力、认知水平和生产经验有限，不足之处，恳请读者批评指正。

曹凑贵　陈松文

2022 年 5 月 3 日

目　录

序

前言

第一章
中国稻虾产业发展背景与动因

以"高投入、高产出、高污染、低效益"为特征的粗放型农业发展方式，使农业发展面临农业资源趋紧、农业面源污染加重、农业生态系统退化和农产品质量安全形势严峻等一系列问题。我国农业发展迫切需要转变发展方式、增强有效供给，实现绿色转型高质量发展。21世纪以来，稻渔综合种养模式在中国快速发展，为推动中国水稻种植和水产养殖绿色转型发展提供了有益的探索与实践经验。近年来，稻虾种养异军突起、快速发展，显示出其较大的优势，成为中国稻渔综合种养模式的第一大模式，取得了一系列发展成就。

第一节　农业转型及绿色发展背景

党的十九大提出实施乡村振兴战略，为新时代中国"三农"发展指出了新目标、新任务和新路径。进入新时代，如何转变农业发展方式、增强农产品有效供给、推进农业绿色转型、实现农业高质量发展、助力乡村全面振兴，成为我国农业发展面临的重大时代课题。水稻和水产是关乎国家粮食安全和居民营养安全的重要组成部分，推进水稻和水产绿色转型升级，对增强"米袋子"和"菜篮子"有效供给保障能力具有重要意义。

一、农业新形势与战略要求

1. 农业供给由总量不足向有效供给转变

21世纪以来，在国家强农惠农政策支持下，我国农业生产与发展取得了巨大成就，自2003年起国家粮食产能不断提升，2021年粮食总产量13 657亿斤[①]，连续第7年保持在1.3万亿斤以上，粮食供给数量形势已经由改革开放时期的供给全面短缺转变为新时代的供给总体有余的新局面，国家粮食数量安全的"底盘"越来越稳。但粮食供给质量形势发生新变化，以水稻为例，自2003年水稻供给首次超过需求后，每年供过于求且差量逐步扩大，水稻临时库存量和库存消费比自2011年起日渐攀升，但大米进口量自2011年

---

① 斤为非法定计量单位，1斤＝500克。——编者注

起也逐年快速增加，水稻供给面临着水稻总产高、库存高、进口量高的"三高"局面，粮食供给质量结构性矛盾日益突出。2017年中央1号文件作出判断："我国农业农村发展不断迈上新台阶，已进入新的历史阶段。农业的主要矛盾由总量不足转变为结构性矛盾，突出表现为阶段性供过于求和供给不足并存，矛盾的主要方面在供给侧。"深入推进农业供给侧结构性改革，提高农业质量效益和竞争力，成为当前和今后一个时期中国农业政策改革和完善的主要方向。

2. 农业产业由高速发展向高质量发展转变

21世纪以来特别是进入新时期以来，中国农业产业"大而不强、多而不优"的问题日益突出，在劳动力及土地要素价格快速攀升背景下，出现了主要农产品国内外价格倒挂、部分农产品进口依存度逐年增大、传统优势产品出口难度增大、非农渠道增收空间收窄、农业国际竞争力不强等新问题新挑战。以水稻产业为例，2003年以来，水稻亩[①]均成本逐年快速攀升，稻谷价格缓慢增长至2011年后出现停滞，导致水稻亩均收益在经历两个阶段的大幅增长后于2011年出现断崖式下跌，至2013年水稻亩均收益降至71元并持续处于低谷期，水稻生产比较效益下降，农民增收难度加大。2018年中共中央、国务院提出实施质量兴农战略，农业农村部等七部门联合出台《国家质量兴农战略规划（2018—2022年）》。构建现代农业产业体系，推进农村一二三产业融合发展，以产业振兴促进乡村振兴，推动我国农业由高速发展向高质量发展，全面提升农业质量效益和竞争力，是我国农业农村今后发展的主要任务和重要目标。

3. 农业生产受资源和环境挑战日益加大

在粗放型农业发展方式下，我国农业发展面临着资源短缺及环境污染的约束日渐趋紧，长期通过大肥、大水、大量农药投入来提高农作物产量的生产方式对资源与环境造成了严重影响，农业生产迫切需要转变发展方式，走可持续发展道路。从2012年提出转变农业发展方式，发展资源节约型、环境友好型农业；到2015年提出"一控两减三基本"，打响农业面源污染防治攻坚战；再到2017年提出"农业绿色发展"概念，让绿色发展成为中国农业发展方式的战略选择。推动农业绿色发展，协调处理好生产与生态之间的关系，实现农业生产高产高效与资源生态永续利用相统一，走具有中国特色的绿色持续发展的农业现代化道路，是我国农业发展方式的战略导向。

二、水稻产业绿色转型方向

水稻是我国三大主粮之一，全国65%以上的人口以水稻为主食。水稻常年播种面积约占粮食总面积的27.5%，水稻产量占粮食总产量的32%以上。20世纪60年代以来，得益于品种改良和栽培技术的发展（王飞和彭少兵，2018），我国水稻单产和总产大幅增加，至2015年面积稳定在4.6亿亩，产量稳定在2 120亿kg，单产稳定在6 800kg/hm²，

---

① 亩为非法定计量单位，1亩＝1/15hm²。——编者注

我国的水稻生产发展取得了巨大成就。然而，与此同时，我国水稻产业也面临着一系列问题，在政府推动、消费拉动和市场行动的共同作用下，水稻生产方式将向节减高效、绿色安全和优质营养的方向转型。

1. 节减高效

在效益上，由于受到生产要素"地板"和价格"天花板"的双重挤压作用，我国水稻生产亩均效益由 2011 年历史最高的 298.69 元下跌到 2015 年历史最低的 65.91 元。以单一追求高产为导向的集约化水稻种植模式亩均效益逐年降低，小农户单一化水稻生产竞争力下降，导致非粮化、非农化、抛荒化现象日益突出。农户作为水稻生产决策和技术应用的直接主体，稳定稻农基本效益、促进稻农持续增收始终是国家水稻产业发展的三大基本任务之一。适度规模经营、减少水稻生产要素投入、增加优质水稻供给是未来新型稻农增收的三条重要途径。在我国农村劳动力供给不足且形势日益严峻、农民老龄化进程趋势加快、农资要素刚性成本不断上涨的背景下，迫切需要加强绿色水稻品种和绿色水稻生产技术研发与推广，而这将推动水稻节减高效种植技术的发展。

2. 绿色安全

在生产上，长期以来，为了保障粮食生产安全，水稻高产稳产一直被放在首位，水稻生产也逐渐形成了"以高投入换取高产量"的思路和方式（徐辉等，2018）。近 10 年来水稻单位面积的化肥用量增长超过 10%，但氮肥利用率平均只有 35%，施用化肥带来的增产效应下降，同样农药用量也呈现逐年递增趋势，单位面积农药费用增长超过 50%（徐春春等，2018）。生产过程对化肥、农药和水资源依赖严重，资源环境的负担日益沉重，可持续生产面临重大挑战。这些新问题和新挑战的出现将倒逼中国水稻生产方式转型，推动在品种培育策略和栽培措施创新等方面做出根本性改变。随着资源供给和环境约束的进一步趋紧，我国水稻生产方式将由高投入、高排放和高污染的资源消耗型向环境友好、资源节约和低碳高产的方向转变。

3. 优质营养

在需求上，随着居民收入水平的不断提升，人均口粮消费逐渐降低，人们更加注重稻米的安全绿色优质，这将促进水稻生产发展由"增产"导向向"提质"导向转变。当前阶段，国内中高端大米的年市场需求量及市场价格持续稳步上升，但我国优质大米供给严重不足，特别是中高端优质大米供给短缺的问题突出。未来，我国水稻生产应在目前国内一、二、三级优质稻米的基础上，瞄准安全、美味、营养目标，大力推进水稻种植结构调整，增加优质水稻生产供给。

三、水产产业绿色转型方向

水产产业是大农业的重要组成部分，在"以养为主"的发展方针下，我国水产养殖长期位居世界首位，在保障我国优质蛋白供给、增加渔民家庭收入、促进农业结构调整等方面做出了重大贡献（方冬冬等，2020）。在资源供给日益趋紧而营养蛋白需求不断增加的背景下，未来我国水产产业会进入快速发展期，养殖种类不断增加，健康养殖、生态养殖、集约化水平将不断提升。

1. 产品多样化

我国水产品供给已经由总量短缺转变为结构性过剩，同时伴有地域性和季节性的供需矛盾。水产品市场趋于结构性饱和，大众水产品种类的价格趋于稳定（董双林，2011）。人们对水产品消费口感和风味的追求，将推动水产养殖从注重数量向注重质量转变，优化养殖品种结构，促进由大宗水产品向名特优水产品转型，以满足消费者多样化的需求。水产养殖种类不断增加，以满足市场多样化需求，养殖"名、特、优、新"以及海水产品成为我国水产养殖的重要方向。根据市场需求导向调整供给结构和产量，大宗淡水鱼可适当与其他水产品种轮养，一方面可降低病害流行，同时可避免产量过度增加，影响市场价格。另外，可因地制宜，发展鱼虾混养、鱼藕共生、鱼菜共生、稻田养鱼模式，提高饲料利用效率，降低养殖成本（李跃辉等，2019）。

2. 模式生态化

渔业水域开发有限，渔业生产资料上涨，以及塘租、劳动力、成本不断上升，导致大宗水产品养殖成本不断增加而大宗水产品价格变动不明显，致使大宗水产品养殖经济效益低下；而且严重的病害导致渔药滥用，也增加了渔药成本。另外，疫病多发频发、药物超量滥用等引起的水产品质量安全问题不容忽视。质量安全是水产品产业持续发展的关键，而健康养殖则是重要保障。随着国家政策扶持力度的不断加大和居民消费安全意识的不断提高，加上养殖技术的不断进步，水产健康养殖已经成为我国渔业发展的重点支持方向之一，也是水产产业发展的需要和趋势。

3. 养殖绿色化

长期以来，以"高密度、高投饵率、高换水率"为特征的传统粗放养殖方式已经引发了一系列问题（宋超等，2012），如水资源消耗巨大、环境污染严重、养殖病害频发等。在资源约束趋紧、环境污染加剧、气候不断变化和居民对生态环境和食品安全期待度日益提升的背景下，绿色发展、生态渔业、碳汇渔业、循环渔业成为水产养殖未来发展趋势。过去依靠面积扩张和资源驱动的渔业发展方式将向科技驱动型转变，通过先进科学技术和科技装备提高饲料、水和土地资源利用率，提升单位面积产量，减少污染排放，改善生态环境，发展水产绿色养殖，推动渔业转型升级，构建"环境友好型水产养殖业"和"资源养护型捕捞业"的新体系，实现高效绿色低碳、环境生态友好、资源有效养护、产品质量优质生态安全的可持续发展目标（唐启升等，2014），实现水产养殖与生态环境保护协同发展。

第二节　稻田种养模式及发展

为了推动水稻和水产产业转型升级，各地纷纷调结构、促改革，开展了"水稻＋"

"粮改饲"等探索和尝试，新模式新技术不断涌现。近年来，各地兴起了形式多样的稻田种养模式，为促进绿色农业发展及水稻种植方式转型提供了有益探索和实践。

一、稻田综合种养

1. 稻田种养的发展历程

中国稻田综合种养历史悠久。早在2 000多年前的秦汉时期曾出现传统稻田种养模式。从西汉的"饭稻羹鱼"到东汉的"稻田养鱼"，从明代的"养鸭治蝗"到清代的"桑基鱼塘"（徐旺生，2007），无不蕴含着先人的农耕智慧。不同模式的历史动因或许有所不同，究其本质是通过组成结构的延伸与优化，促进资源的充分利用，以及因科技及生物因子所引起的分工，从而促进物质、能量和信息流循环的加快，进而提升稻田的系统生产力，满足日益增长的社会人口需求（夏如兵和王思明，2009；曾芸和王思明，2006）。

稻田种养是在传统的稻田养鱼模式基础上逐步发展起来的稻田生态农业模式，是我国传统农业的典范。纵观2 000多年的稻田种养发展历史，从时代背景矛盾、阶段发展特征、技术发展水平以及面临挑战问题等方面综合考虑可将其划为传统农耕、稻田寄养、种养结合、综合种养、生态种养等5个发展阶段（表1-1）。

（1）传统农耕阶段（古时至1954年）。在传统小农自给自足的社会背景下，山区先民为解决吃鱼难问题，丰富自己的"菜篮子"，加之受到"饭稻羹鱼"文化影响，将鱼苗放在稻田暂养，形成了最初的稻田养鱼系统。典型代表如：浙江青田稻鱼共生系统、贵州从江侗乡稻鱼鸭系统。这种传统的稻鱼种养模式曾经在山区和丘陵等地盛行，在实现自给自足、维持基本生计、保障蛋白营养供应和减轻家庭贫困等方面发挥了巨大贡献。但由于生产技术水平低下，加之小农化生产组织方式，难以实现产品商品化，主要功能在于解决自身家庭营养供应问题，而并非用于促进家庭增产增收。

（2）稻田寄养阶段（1954—1983年）。中华人民共和国成立以后，1954年第四届全国水产工作会议正式提出"鼓励渔农和提高稻田养鱼"号召，至1959年稻田养鱼面积突破1 000万亩（农业农村部渔业渔政管理局，2019），后来由于受到特殊时代背景下"以粮为纲"的政策影响，加之化肥和农药的大量使用，适合水产生活的稻田环境发生恶化，加之农业经营体制转变，以及由于理论技术水平有限等多方面因素综合影响，稻出水产生产效率低下，效益不突出，致使稻田养鱼的面积逐渐萎缩；其间也创新了系列稻田寄养技术，如"两季连养法""稻田夏养法（早稻收割后养至晚季插秧前）""稻田冬养法（冬季养鱼）"等多种养殖方法（潘伟彬和庄东平，1999）。

（3）种养结合阶段（1983—2007年）。改革开放后，随着粮食生产逐渐实现自给，人民对水产品的需求快速增长，以及"稻鱼共生"理论的建立，加之农村经营制度的改革，稻田种养逐渐迈向工程标准化、养殖技术化和小农化经营，稻田养鱼的面积开始止跌回升，至21世纪初已经突破2 000万亩，实现了在稳定水稻生产的同时增加水产品供应，但是总体上稻田种养的效益仍然较低，全产业综合效益仍然低下。

表1-1 中国稻田种养不同发展阶段的特点特征比较

阶段	时代背景与社会经济矛盾变化	稻田综合种养发展特征	认识水平与发展成效	面临挑战与存在问题
传统农耕阶段（古时至1954年）	小农自给，丰富"菜篮子"，解决自身吃鱼难	养殖粗放化、生产小农化	自给自足、维持生计	生产技术水平低下
稻田寄养阶段（1954—1983年）	以粮为纲，化肥农药大量使用、经营体制转变	养殖粗放化、生产集体化	面积发展先增后减，1959年突破1000万亩，后逐渐下降	水产生产率低下、效益不突出；生产常是重稻轻鱼
种养结合阶段（1983—2007年）	"稻鱼共生"理论体系建立；人民对水产品的需求逐步快速增长；粮食逐步实现自给	工程标准化、养殖技术化、生产小农化	稻鱼综合种养既能稳粮也能增加水产品供应；至2000年，发展至2000多万亩	传统养殖价值较低；全产业链综合效益低下
综合种养阶段（2007—2017年）	新常态下，增收难、就业难问题突出、农民迫切需要增收和改善生计；农业迫切需要稳粮提质，耕地非粮化生态问题；土地流转政策不明确，新型农民非粮化不断，集约化养殖可培养；传统养殖发展空间受到制约、集约化养殖可持续性面临挑战	工程标准化、养殖技术化、生产规模化、品种高值化、模式多样化、经营产业化、发展区域化、服务社会化	稻田综合种养既能稳产、还能增收、提升农业综合效益和竞争力。至2017年，发展至2 800万亩，占水产养殖面积仅次于池塘养殖总面积的26.3%，水产生产贡献达到面积的6%	为追求产量和效益、资源消耗严重、资源利用率不高、投入品繁多、生态问题严重；大面积开挖沟坑面积，威胁粮食安全
生态种养阶段（2017年至今）	消费人群日益关注食品安全和精神需求，迫切要注重绿色食品和美好环境、资源短缺和环境生态问题日益突出，迫切需要转变农业发展方式；脱贫攻坚的硬任务乡村振兴战略的提出，迫切需要乡村全面脱贫；消费结构转变，水产蛋白需求增加，水产养殖待拓需求发展空间	工程标准化、生产规模化、经营产业化、品种高值化、发展区域化、模式多样化、服务社会化、种养生态化	稻田综合种养生态循环的内在可持续性受到重视和自身生产，生态文化和自身可持续性受到重视，教育艺术等多功能性得到认识与挖掘	随着国家城镇化的进一步发展，劳动力资源日益短缺，技术化社会化水平亟待提升；稻田综合种养的生态文化内涵并未完全开发、稻米和水产的绿色生态价值并未得到充分体现

（4）综合种养阶段（2007—2017年）。进入21世纪以来，由于农资及劳动力要素成本不断上涨，单一水稻种植效益低下，新常态下的增收难、就业难问题突出，农民迫切需要增收和改善生计；"三农"问题和食品安全问题日益突出，农业迫切需要稳粮提质。随着土地流转政策的不断明确，稻田种养经营规模不断扩大，养殖品类不断增多，养殖技术不断提升，种养模式日益多元，稻田种养迈向产业化发展新进程。至2017年，稻田种养面积发展至2 800万亩，仅次于池塘养殖，占水产养殖总面积的26.3%，水产生产贡献达到6%，显著提升了农业综合效益和市场竞争力。但是由于追求产量和效益，资源消耗严重，资源利用率不高，投入品繁多，生态问题严重，盲目发展、发展不规范等问题逐渐呈现。

（5）生态种养阶段（2017年至今）。进入新阶段，人民群众更加注重食品安全，精神文化消费需求日益增强，迫切需求绿色食品和美好环境，然而粗放型稻田种养模式发展面临严峻的资源短缺和环境退化问题，加之脱贫攻坚计划的实施与乡村振兴战略的提出，以及消费结构转变，水产蛋白需求增加，水产养殖亟待拓展发展空间等多种因素促进了稻田种养进入生态种养发展新阶段。稻田种养在以稳粮前提下，倡导绿色水稻与绿色水产协同发展，通过绿色优质品种、绿色新技术（张启发，2018），做大做强水稻和水产产业，实现绿色高质量发展。稻田综合种养生态循环的内在可持续性受到重视，同时其自身生产、生活、教育艺术等多功能性得到认识与挖掘。

2. 稻田综合种养模式类型

稻田综合种养，是以水田稻作为基础在水田中放养生物（水产类、陆生类、两栖类等）或栽培食用菌类，充分利用稻田光热水肥及生物资源，通过水稻与动物或食用菌的互惠互利而形成的复合种养生态农业模式（曹凑贵和蔡明历，2017）。稻田综合种养是种植业和养殖业的高度融合，属于典型立体种养结合型生态农业，是农业产业共生体系的典型代表。

根据在稻田中放养的生物类别，可将稻田综合种养划分为4个类型：①水稻＋水产类（如传统稻鱼模式，现代稻鳅、稻虾、稻鳖及稻蟹等模式），②水稻＋两栖类（如稻鸭、稻蛙模式等），③水稻＋食用菌类，④水稻＋复合类（如稻萍鱼、稻草虾模式等）等（图1-1）。其中以水稻＋水产类的稻田综合种养（又称为稻渔综合种养）是近年来中国发展速度较快的一类，是稻田综合种养的重要组成部分。

我国主要稻作区均存在类型多样、模式多元、内涵丰富、富有地域特色的稻田综合种养模式（图1-2），代表性模式有辽宁盘锦稻蟹共生模式、浙江青田稻鱼共生模式、贵州从江侗乡稻鱼鸭模式、云南哈尼稻鳅共生模式、湖北潜江稻虾共作模式，以及湖北监利"双水双绿"模式等，其中距今1 700余年的浙江青田传统稻鱼共生农业系统曾于2005年被联合国粮农组织、联合国发展计划书和全球环境基金（FAO-UNDP-GEF）授予世界首批五个全球重要农业遗产系统（GIAHS）试点之一；2011年，距今约1 400多年的贵州从江侗乡稻鱼鸭系统被授予全球重要农业文化遗产。

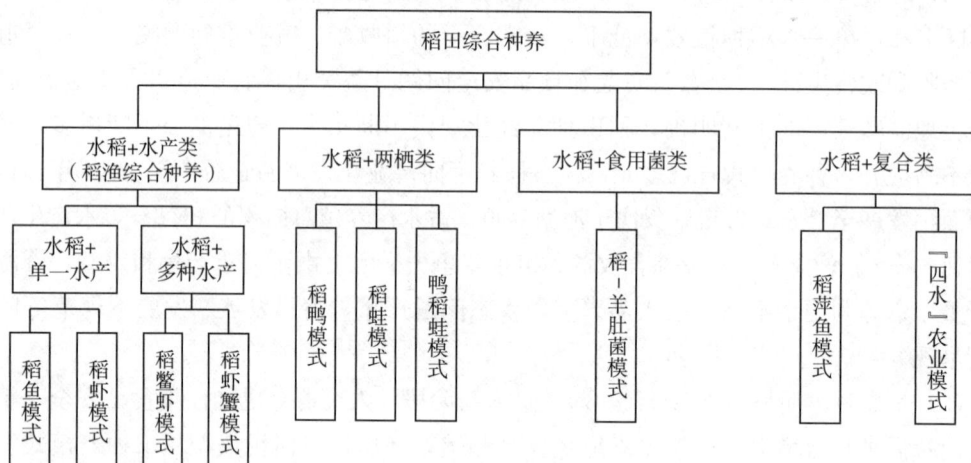

图 1-1 稻田综合种养模式

湖北潜江稻虾共作模式　　湖北监利"双水双绿"模式　　安徽全椒稻虾种养模式　　辽宁盘锦稻蟹共生模式

湖南南县稻虾种养模式　　江苏盱眙稻虾种养模式　　浙江青田稻鱼共生模式

云南哈尼稻鳅共生模式　　贵州从江侗乡稻鱼鸭共生模式　　江西鄱阳湖稻虾种养模式

图 1-2 中国稻田综合种养地域特色模式

二、稻渔综合种养

1. 稻渔综合种养的发展

21 世纪以来，我国稻渔综合种养取得进展，其面积经历了先降低后上升两个阶段，水产产量总体逐年上升，这归因于养殖技术水平不断提升使得水产单产水平不断增加。2012 年新一轮稻渔综合种养在中国主要稻作区得到大面积示范推广，2016 年国家又将稻渔综合种养作为水稻种植结构调整的主要稻作模式之一。截至 2020 年中国稻渔综合种养的发展面积为 256.26 万 hm^2，水产产量为 325.39 万 t，分别是 2011 年的 2.12 倍和 2.52 倍；中国稻渔综合种养单产水平总体呈现上升趋势，2019 年水产单产水平达到 1 268.28kg/hm^2（图 1-3）。稻渔综合种养已经成为推动中国水稻种植结构调整，拓展渔业发展空间，助力水稻和水产迈向绿色高质量发展的重要举措。

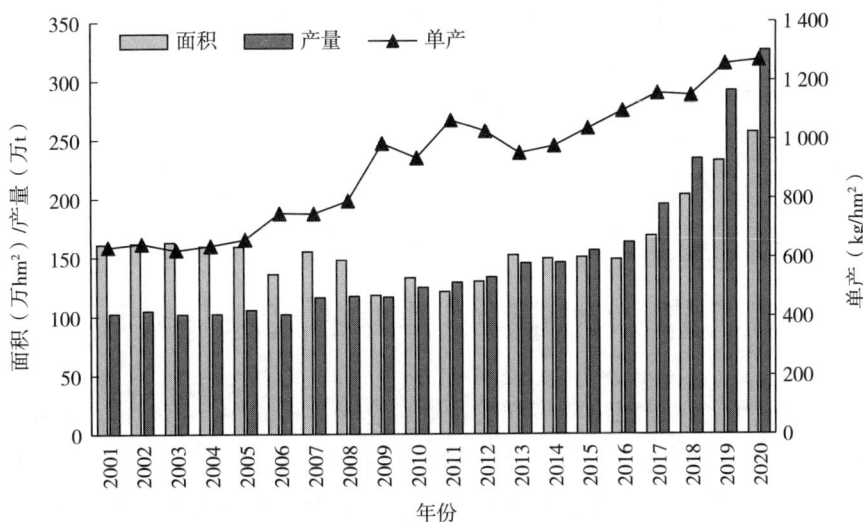

图 1-3　近 20 年中国稻渔综合种养发展面积、水产总产量、水产单产的年际变化

［数据来源：中国农业统计资料（2002—2006）、中国渔业统计年鉴（2007—2020）、"十三五"中国稻渔综合种养产业发展报告］

中国稻渔综合种养发展主要分布于湖北、湖南、江西、安徽、江苏、浙江、四川、重庆、贵州、云南等长江流域地区，上述省份 2019 年稻渔综合种养的发展面积共计 201.52 万 hm^2，水产产量为 268.03 万 t，分别占全国的 87% 和 92%；其中湖北省稻渔综合种养面积达到 45.98 万 hm^2，水产产量达到 82 万 t，分别占全国的 19.84% 和 28.15%，是全国稻渔综合种养第一大省。

2. 稻渔综合种养模式及分布

经过多年发展，我国稻渔综合种养模式主要分为稻蟹、稻鳖、稻虾、稻鳅、稻鱼、稻螺和稻蛙等 7 种。截至 2020 年，在 7 种主要模式中稻虾模式的推广面积最大，为 126.13 万 hm^2，占中国稻渔综合种养模式发展面积的 49.22%；稻鱼模式面积为 100 万 hm^2，占比 39.02%；稻虾和稻鱼模式两者的发展面积在中国稻渔综合种养的比重为 88.24%，是中国稻渔综合种养的主要模式（图 1-4）。其中，稻虾模式主要分布于湖北、湖南、江苏、安徽和江西等长江中下游地区；稻鱼模式主要分布于四川、湖南、贵州、福建、江西、广西、云南等地；稻鳅模式主要分布于四川、云南、重庆、湖北、浙江、湖南等地；稻鳖模式主要分布于浙江、湖北、安徽等地；稻蟹模式主要分布于辽宁、江苏等地（农业农村部渔业渔政管理局，2020）。

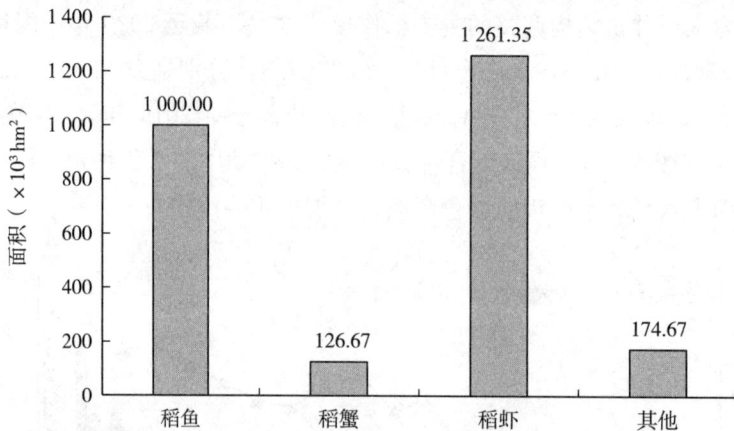

图 1-4 2020 年中国稻渔综合种养模式类型发展面积

（数据来源："十三五"中国稻渔综合种养产业发展报告）

第三节　中国稻虾种养的兴起与发展

近年来，在全国各地涌现出的多样的稻渔综合种养模式中，稻虾模式异军突起，从 2017 年的 850 万亩增长至 2020 年的 1 892 万亩，年均增速 30.6%，发展速度之快前所未有。其中，虾稻共作模式被农业农村部誉为"现代农业发展的成功典范，现代农业的一次革命"，实现了"一水两用、一田多产、稳粮增收、一举多赢"（江洋等，2020）。

稻虾种养在 21 世纪初起源于湖北省潜江市，但其发展一直相对缓慢，局限于湖北省。进入"十三五"之后，稻虾模式开始在湖北、安徽等长江中下游地区得到快速发展（图 1-5），稻虾产业规模逐渐形成。回顾中国稻虾种养的产业发展历程，可将其划分为 5 个阶段（图 1-6）。

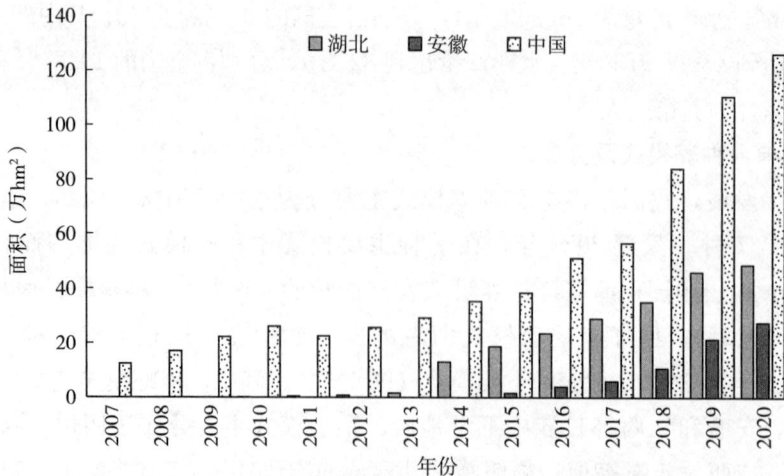

图 1-5　2007 年以来中国及主产省份稻虾种养发展面积变化

［数据来源：湖北农村统计年鉴（2003—2019）、中国稻渔综合种养产业发展报告（2018—2019）、"十三五"中国稻渔综合种养产业发展报告］

时代背景与发展矛盾

- 受贸易战影响，国际小龙虾加工需求萎缩
- 水稻供给侧结构性改革；渔业发展空间需要拓展；国内小龙虾夜市经济形成；产业支撑打赢脱贫攻坚战
- 水稻和小龙虾产业发展不协同；水稻产业链延伸及三产融合发展水平低等系列问题

- 小龙虾是农产品创汇主导产品，国际市场需求旺盛
- 以野生捕捞为主的原料供给在加工业已大需求作用下，天然野生小龙虾捕捞资源减少，虾源供给紧缺问题突出

- 洗虾粉事件和南京小龙虾事件
- 小龙虾加工出口形势良好，小龙虾城市餐饮逐渐发展
- 小龙虾加工副产物处理问题；食品质量安全问题

产业瓶颈与存在问题

大事件

- 1929年，小龙虾由日本引进中国江苏南京地区
- 1974年，小龙虾由江苏南京引进湖北武汉地区；80年代全国扩散
- 90年代，各地纷纷新建小龙虾加工厂，小龙虾加工出口逐渐形成产业
- 2003年，潜江五七油焖大虾菜品问世
- 2005年，克氏原螯虾人工繁育种技术导术突破
- 2006年，湖北省将稻虾连作写入省委1号文件并制定相关规划
- 2009年，克氏原螯虾人工繁育种技术规程形成
- 2013年，稻虾共作模式形成
- 2016年，农业部于湖北潜江召开稻田综合种养推进会
- 2020年，农业农村部发布第326号公告：《稻渔综合种养技术规范 第4部分：稻虾（克氏原螯虾）》

阶段历程

- 产业源起阶段（2000年以前）
- 技术探索阶段（2000—2005年）
- 产业形成阶段（2006—2016年）
- 快速发展阶段（2016—2018年）
- 规范提质阶段（2019年至今）

大事件

- 1983年起，学术界逐渐开始关注小龙虾
- 1986年，湖北武汉建立全国首个小龙虾加工厂
- 20世纪90年代末，潜江十三香小龙虾菜品问世
- 2001年，湖北潜江农民实现稻田寄养小龙虾
- 2004年，稻虾连作模式形成
- 2005年，稻田人工繁育小龙虾苗种技术求得突破
- 2006年，科技部率先立项支持小龙虾产业
- 2009年，潜江华山公司建立利用小龙虾壳等副产物制备全国第一条甲壳素深加工生产线
- 2012年，农业部科技教育司"稻田综合种养模式技术集成示范与推广"行业专项立项
- 2006年，安徽省在全椒县赤镇开展规模高效生态稻虾种养试点
- 2006年，各相关省份相继出台支持稻虾种养产业发展意见和规划
- 2019年，农业农村部办公厅发布《关于规范稻渔综合种养产业发展的通知》
- 2020年，农业农村部于四川隆昌召开全国稻渔综合种养发展提升现场会

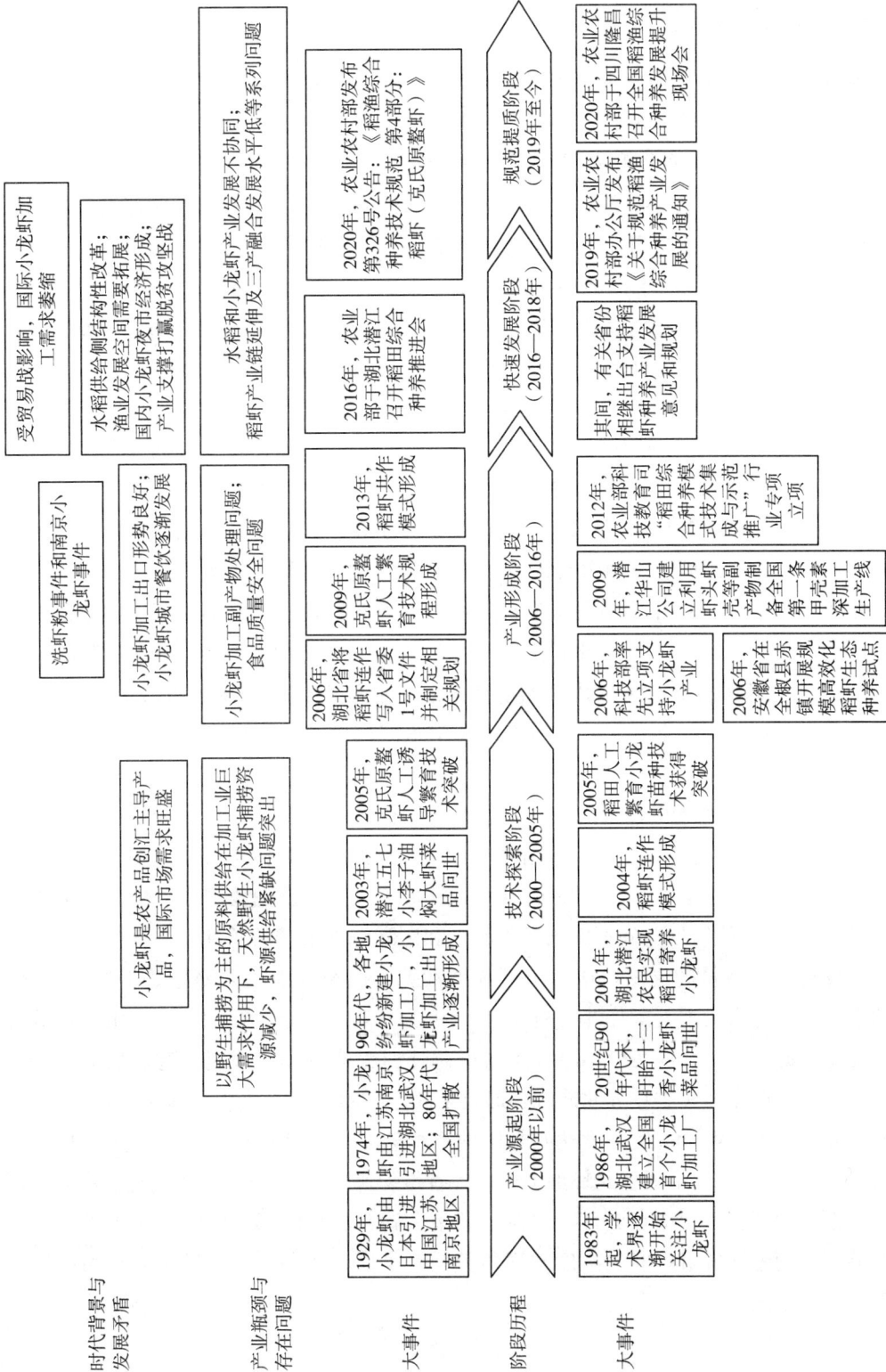

图1-6 中国稻虾产业发展历程脉络

一、产业源起阶段

小龙虾，原产于美国南部和墨西哥东北部（Hobbs，1974），目前广泛分布在东亚、东非、西非、南非、西欧、加勒比地区、南美及北美等地（Tainā Gonçalves Loureiro et al.，2015）。小龙虾的杂食性和极强的环境适应能力，使得它们的扩散与繁衍非常迅猛。1927年，小龙虾最初作为牛蛙的食物从美国引进到日本；约1929年，小龙虾从日本引入我国江苏南京，依靠自然繁衍在自然水域中缓慢扩展（但40年间始终局限于苏皖鲁三地区），1974年武汉市水产局于江苏南京引进小龙虾至汉口养殖场试养，1976年武汉天然河湖水域开始出现野生小龙虾踪迹（舒新亚，2021b）。20世纪80年代，随着小龙虾人工养殖的开展及省市之间的引种试养，目前小龙虾已经扩展到全国20多个省份。

中国小龙虾产业形成于20世纪80年代，已有40年发展历程（舒新亚，2021b）。在80年代以前，小龙虾自身掘洞属性以及取食危害水稻等农作物，农民长期以来将其视为一种外来入侵的"害虫"而加以防范，一般是把小龙虾搅碎喂猪，既灭害虫，又添饲料[1]。进入80年代后，1983年中国科学院动物研究所戴爱云研究员在国内首次倡导将小龙虾作为一种水产资源而加以利用（戴爱云，1983），同年，湖北省水产科学研究所成立甲壳动物研究小组，1985年华中农学院水产系魏青山教授发表武汉小龙虾生物学研究论文（魏青山，1985），1985年、1986年和1987年湖北积极与国际螯虾学界开展学术交流，1988年美国农业部派出水产访华代表团前往湖北开展学术交流与技术研讨等（舒新亚，2021b），小龙虾国内国际学术交流的增多以及学术的借鉴和创新促进了当时中国小龙虾的产业形成与发展。

1986年湖北省引入港资在武汉市江岸区二七路创建了武汉利华食品加工厂（后更名武汉斯德汉顿食品有限公司），这是我国第一个小龙虾加工厂，标志着小龙虾加工业的形成。1988年该加工厂首次向欧洲瑞典出口小龙虾加工产品，受到我国商务部的高度重视（因为小龙虾是一种能够创造外汇的水产资源）和国际海外市场的关注。受武汉及周边小龙虾野生捕捞资源数量的局限，该加工厂瞄准江苏、山东等地小龙虾原始引进生活区，先后建立了江苏盐城大丰县刘庄小龙虾加工厂和山东微山县小龙虾加工厂，由于江苏省小龙虾野生资源量大、经济实力雄厚，所以小龙虾加工业得到了快速兴起和发展（舒新亚，2021b），当时主要集中在苏北地区，形成了江苏盱眙龙虾为代表的地域特色产业县，江苏省小龙虾的加工产量占比一度达到全国的60%左右，成为中国小龙虾加工出口第一大省份。进入90年代，中国小龙虾加工厂在各省得到快速发展，进入21世纪，小龙虾加工出口逐渐成为江苏、上海、浙江、安徽、湖南、湖北、江西等省份农产品出口创汇的主导产品，受到地方省市政府的高度重视与关注。早期小龙虾的产业链主要是由捕捞＋加工两个环节组成。

---

[1] 潜江20年小龙虾成长记——入侵物种在中国. https：//xueqiu.com/3327223183/148079444.

二、技术探索阶段

早期阶段，小龙虾加工原料主要依靠野生捕捞获得，从天然水域过度捕捞导致了小龙虾野生资源急剧减少（舒新亚，2021b）。龙虾来源不足、加工时间后移、加工出口减少等问题逐渐引起地方省市政府的重视，江苏省较早受到虾源紧缺带来的影响，由于加工原料虾供应紧缺致使本地虾价上涨，导致加工厂关闭或外迁，企业逐渐向小龙虾资源更为丰富且收购价格更低的内陆转移。解决小龙虾虾源供给紧缺问题成为21世纪初期小龙虾产业（加工业）持续健康发展的首要瓶颈。推动原料供应方式由野生捕捞向人工养殖的转型，开展小龙虾苗种繁育、人工养殖和技术推广是当时地方省市面临的首要任务。2001—2003年，安徽、江苏和湖北都开展了相关行动。

在小龙虾人工养殖模式探索方面，实际上长期以来，小龙虾养殖是以稻田养殖为主还是以池塘养殖为主一直困扰着政府、科研机构和养殖户。2001年，湖北潜江农民将小龙虾引进低洼稻田，成功实现了利用稻田寄养小龙虾，为小龙虾人工养殖提供了重要借鉴。但早期阶段，稻田寄养小龙虾并未成为主流[①]，其中关键原因是当地的野生资源相对丰富，捕捞成本低。但早在2003年湖北省农业厅立项要求湖北省水产科学研究所开展养殖模式创新及技术推广研究，该单位分别在武汉市江夏区和潜江市开展池塘养虾和稻田养虾探索推广工作。2004年，潜江市农技推广等有关部门在稻田寄养小龙虾基础上探索形成了稻虾连作模式（又称稻虾轮作模式，仅限本小节说明），这为潜江市乃至湖北省以稻虾种养作为重心进行推广，为小龙虾养殖生产供给提供了模式遵循，也是小龙虾实现人工养殖探索过程中的一个重要事件。

在小龙虾人工苗种繁育技术探索方面，2003年湖北省农业厅立项开展小龙虾人工繁育研究；2004年湖北省科技厅首次立项支持小龙虾苗种人工繁育技术的研究；2005年利用稻田人工繁育小龙虾苗种技术层面上得到突破，为保护小龙虾野生种质资源以及大面积推广稻虾种养奠定基础（舒新亚，2021b）。2005年10月，湖北省政府于潜江市召开了小龙虾全省工作现场会，同年年底湖北省率先在全国推出"克氏原螯虾与中稻轮作技术"和"克氏原螯虾人工诱导繁殖技术"，湖北小龙虾人工繁育技术的突破和稻虾轮作模式的探索成功受到国内各省份的高度关注，这是小龙虾及稻虾产业技术探索阶段的重大进步。

三、产业形成阶段

自2006年起，我国小龙虾产业在政府、媒体、技术和社会等各方力量的参与下逐渐进入快速发展阶段。湖北省作为全国首个省份将稻虾连作模式写入2006年的省委1号文件，同年省农业厅制定了《小龙虾野生寄养发展规划》，并在潜江市召开全省水产工作暨稻虾连作现场会，此后每年都召开全省克氏原螯虾产业工作现场会，2010年湖北省政府

---

① 潜江20年小龙虾成长记——入侵物种在中国．https://xueqiu.com/3327223183/148079444．

批复同意《湖北省小龙虾产业发展规划（2010—2015 年）》，大力促进了稻虾连作模式推广发展。2007 年湖北潜江制定并发布了《克氏原螯虾与中稻轮作技术》，规范了稻虾连作模式，在奖补政策的促进下，以稻虾连作为代表的小龙虾养殖方式逐渐在潜江及湖北全省逐步得到推广；当然，稻虾连作模式的快速推广除了政策因素促动外，还有另外一个因素是小龙虾面临突出的市场供需矛盾①。2005 年前后小龙虾餐饮消费的兴起，小龙虾加工的持续增加，以及野生小龙虾供给的逐渐减少，三方面因素导致小龙虾供给满足不了需求，推动了小龙虾供给价格的上涨，进而促进了稻虾连作人工养殖模式技术的快速推广，稻虾产业规模开始逐渐形成。在推广稻虾模式后，2007 年湖北小龙虾产量达 13 万 t，是 2006 年的 3.6 倍（舒新亚，2021a）；至 2008 年湖北小龙虾加工厂的虾源来自养殖小龙虾的比重已经占到了 50％（舒新亚，2010）。除湖北省外，安徽省也是较早关注并开始推广稻虾连作模式的省份，早在 2006 年全椒县赤镇开启了规模高效化稻虾生态种养，2006—2010 年安徽省将小龙虾进稻田作为实施渔业“三进工程”的举措，推广稻虾连作模式（吴明林等，2018）。湖南省南县在 2010 年提出了“低洼湿地稻虾生态种养循环农业模式及技术”（李劲松，2019），是湖南省稻虾发展的新起点。

推广初期，开展稻虾连作模式的小龙虾苗种主要来源于野生捕捞虾苗，虽然克氏原螯虾人工诱导繁育技术得到突破，但并没有实现小龙虾苗种的规模化供给。长期依托野生河湖捕捞必然造成种质资源枯竭，稳定苗种供应已经成为稻虾模式进一步推广的制约因素。2005—2008 年，湖北省水产科学研究所在“克氏原螯虾人工诱导繁苗技术”项目和潜江莱克水产小龙虾工厂化繁育基地项目的支持下，产研结合，建立了国内最早的规模化人工育苗体系，2009 年起草了《克氏原螯虾人工繁殖技术规程》，实现了小龙虾苗种由野生捕捞向人工繁育的转变。2010 年，湖北省还出台了《湖北省人民政府关于实施小龙虾禁捕期的通告》，以小龙虾禁捕令形式保护小龙虾野生资源（舒新亚，2010）。

稻虾连作模式促进了小龙虾供给由野生捕捞向人工养殖的转型，但在推广应用中也出现了一些问题，如水稻和小龙虾之间存在茬口矛盾、小龙虾上市期间幼虾稚虾多、抵御自然灾害风险能力弱等问题逐渐出现。2010—2013 年，潜江龙虾创新团队在稻虾连作模式的基础上创新出“稻虾共作”模式，将原来的 1m 窄沟变 4m 宽沟，0.8m 浅沟变 1.5m 深沟，在中稻种植前通过稻田退水促使未成熟的幼虾进入环形养殖沟中继续生长，并根据环形养殖沟小龙虾苗种密度进行适量的补投虾苗并合理投食，8 月中下旬再收一季小龙虾，实现了由“一稻一虾”向“一稻两虾”转变。虾稻共作模式（实际上是稻虾连作＋共作模式），解决了因春季持续低温阴雨致使小龙虾长不大，受水稻种植季节要求而不得不低价甩卖的问题，解决了养虾与种稻之间的茬口矛盾。2013 年，《潜江龙虾·虾稻共作技术规程》通过审定并向全国推广，2015 年底，《潜江龙虾虾稻共作养殖技术规程》和《潜江龙虾虾稻共作种植技术规程》认证并实施，推动了稻虾连作向稻虾共作升级。

---

① 潜江 20 年小龙虾成长记——入侵物种在中国. https://xueqiu.com/3327223183/148079444.

在这一期间，小龙虾市场主要以面向欧美地区的加工出口为主，国内小龙虾餐饮消费与节庆文化市场还处于逐渐培育发展初期。当时，小龙虾加工主要面向欧美市场，以虾仁和虾球等初加工产品为主，由于小龙虾可食用部分仅占 20%，小龙虾初加工后形成了大量的虾壳和虾头等，副产物资源化再处理问题成为制约小龙虾初加工的瓶颈。2008—2009 年，潜江华山水产依托武汉大学组建成立全国首个甲壳素工程技术中心，并于翌年实现了利用虾头虾壳等副产物通过资源化再处理技术制备提取物及其衍生品，投入运营了全国第一条甲壳素深加工生产线，推动了小龙虾加工由以虾尾和虾球为代表的初级加工向以甲壳素为代表的精深加工的方向发展。

在小龙虾餐饮消费与节庆文化市场培育方面，江苏盱眙和湖北潜江是国内区域层面上开展较早的地方。早在 20 世纪 90 年代末，江苏盱眙通过单一菜品（盱眙十三香小龙虾）带动了小龙虾地域餐饮和旅游经济①的发展，紧接着在 2000 年盱眙开始注重餐饮节庆文化的培育，通过连续历年举办龙虾节，以"盱眙龙虾"为载体发展节庆经济和品牌经济（徐宇等，2021）。同一时期，湖南也创出本土化的口味虾，即：麻辣小龙虾。2003年，"潜江五七小李子油焖大虾"大菜横空出世，该菜品以"辛、香、麻、辣、回甜"特色撬开了潜江小龙虾餐饮市场，是潜江及湖北地区小龙虾餐饮业发展的原点。2005 年，以江苏南京为代表等主要城市的夜市开始出现小龙虾菜品，小龙虾消费夜市餐饮经济逐渐发展起来。2009 年起潜江市开始举办小龙虾节，推动了产业由产品驱动向品牌文化驱动。同时在小龙虾餐饮上，由单一菜肴品类向蒜蓉虾、清蒸虾、卤虾等多元口味发展。2009 年和 2010 年虽然先后经历了洗虾粉风波和南京小龙虾事件，但国内小龙虾餐饮消费市场依然逆势崛起，拉动了小龙虾产业发展。

在这一阶段，不仅地方政府积极参与小龙虾及稻虾产业发展培育，国家力量也开始关注并支持各省稻虾产业培育发展。2006 年科技部率先立项支持小龙虾产业，2007 年又将小龙虾列入国家科技支撑计划课题；2008 年财政部立项中央财政现代农业项目（湖北）支持小龙虾产业，2010 年农业部立项小龙虾行业专项（舒新亚，2021b），自 2012 年起在农业部科技教育司"稻田综合种养模式技术集成与示范推广"行业专项的支持下，湖南洞庭湖、湖北江汉平原、江西鄱阳湖、安徽沿淮沿江、江苏洪泽湖等地开始逐步推广稻虾模式。在这一阶段，我国稻虾产业处于多点探索、局部示范的阶段。

四、快速发展阶段

2016 年，农业部于湖北潜江召开全国稻田综合种养现场观摩交流会，以长江中下游地区省份为代表的稻虾产业进入了快速发展阶段，纷纷将稻田综合种养纳入地方政府现代农业产业发展规划，出台系列产业政策意见和资金扶持举措，助力稻虾产业发展。如，2015 年湖南省畜牧水产局与扶贫办联合发文把稻田综合种养作为产业脱贫的重要手段，

---

① 潜江 20 年小龙虾成长记——入侵物种在中国 . https：//xueqiu.com/3327223183/148079444.

2017 年湖南省农业厅于益阳南县召开稻田综合种养工作推进现场会，2018—2019 年启动稻渔综合种养示范县创建，环洞庭湖稻虾优势县（市、区）积极整合涉农资金支持稻虾产业发展。我国稻虾模式面积由 2017 年的 850 万亩增长至 2020 年的 1 892 万亩。在这一阶段，我国稻虾种养已经呈现出规模化、标准化、产业化发展的新特征。

五、规范提质阶段

"十三五"期间，在快速发展的过程中，稻虾产业出现了一系列发展不平衡不充分问题，2020 年农业农村部在四川隆昌召开了全国稻渔综合种养发展提升现场会，推动了我国稻渔综合种养产业向高质量发展。产业扶持政策导向、产业发展重点等均发生了变化，我国稻虾产业呈现出 3 个新特征：一是更加立足资源禀赋条件注重规范有序发展；二是更加注重绿色水稻和绿色小龙虾协同发展；三是更加注重稻虾种养第一、第二和第三产业之间的融合发展。

第四节　稻虾种养的发展动因及效应

稻虾种养历经 20 年发展，受到政策、科技、市场等多种动力因素共同作用，产业发展规模不断壮大，成为中国稻渔综合种养产业中发展速度最快、产业规模最大、带动能力最强、发展潜力最大的模式，在推动水稻产业和小龙虾产业发展，打赢脱贫攻坚战和促进乡村振兴中发挥了重要作用。

一、稻虾种养的发展动因

一个产业培育、发展、壮大的动力可能是来自多个方面的，比如政策体制机制创新，抑或是重大领域的科技创新，抑或是产业矛盾问题的不断发展。笔者认为：政策体制机制创新，科技领域创新和产业矛盾问题在培育和助力产业发展壮大过程中的功能是存在差异的。政策体制机制及相关金融保险等服务保障体系是促进产业发展壮大或推动产业转型升级的重要推动力；政府是引导产业发展的政策制定者，在制定产业规划、培植产业龙头、健全专业市场、建设公共品牌、推进产业融入全球价值链等方面均发挥着重要作用（何雪融等，2011）。而市场矛盾问题是推动产业培育并发展的根本动力，科技创新是解决某一类市场矛盾或培育产业的基础动力或解决手段。

下面，笔者将从政策体制机制创新、重大瓶颈问题科技创新、产业矛盾问题等方面深入分析中国稻虾产业在不同历史阶段的动因。在不同历史阶段，推动稻虾产业培育并发展壮大的动因是存在差异的（图 1-7）：

（1）产业源起阶段的发展动因。回顾中国稻虾产业 20 年发展历程和小龙虾产业 40 年发展历程，稻虾产业培育发展是建立在小龙虾产业基础之上的。20 世纪 80～90 年代，国际小龙虾良好的市场环境促进了小龙虾加工产业的形成，产生了早期"捕捞＋加工出口"

水稻供给侧结构性改革需要
水产供给侧结构性改革需要
打赢脱贫攻坚战需要
深入推进农业绿色发展需要
以产业振兴助力乡村振兴需要

小龙虾节庆文化与品牌经济蓬勃发展
小龙虾餐饮经济蓬勃发展

促进小龙虾加工由国际市场出口转向国内加工内销

中美贸易战导致国际小龙虾加工出口市场变化
国内小龙虾初加工市场经济蓬勃发展

种养技术简单，稻田空间潜力大，单一种植效益低，耕地非粮化严峻

小龙虾市场供需矛盾再次突出（供小于求）

国家重大战略需求

稻虾产业提质增效发展（2019年至今）

促进稻虾模式全国快速推广

稻虾种养育目扩张
水稻和小龙虾发展不协同，虾稻产业严重滞后
一二三产业融合水平不够
全产业链延伸发展不够
……

稻虾产业逐渐壮大（2016—2018年）

产业发展存在系列问题（新历史动因）

促进以稻田为主体养殖模式的局部快速推广

稻虾种养生产体系逐渐形成

稻虾产业逐渐形成（2006—2016年）

池塘养虾模式
稻虾模式
稻虾连作
稻虾共作
人工养殖模式探索
小龙虾繁苗体系建立

推动小龙虾人工养殖兴起

小龙虾精深加工步建立起

小龙虾初加工出口进一步发展

产生大量剧产物，虾头、虾壳利用率低，函待资源化再利用
以利用虾头虾壳制备甲壳素为代表的精深加工领域突破

小龙虾市场供需矛盾突出（供小于求）

小龙虾交易物流电商金融保险等支撑服务体系逐渐形成

野生小龙虾资源因大量捕捞而急剧萎缩

小龙虾加工出口旺盛

可观的小龙虾加工出口市场

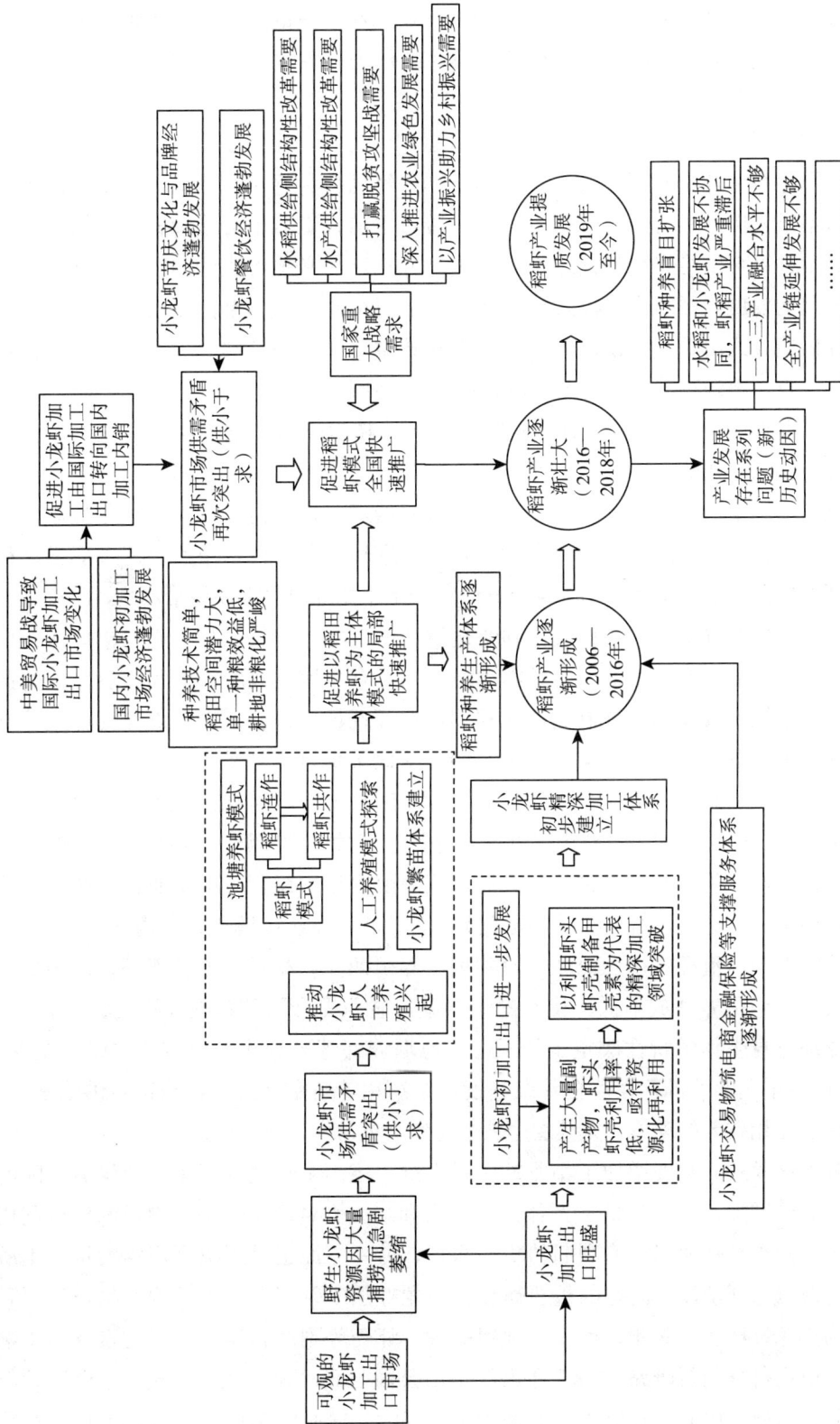

图1-7　中国稻虾产业发展动因演化示意

的小龙虾产业链。良好的小龙虾国际市场是产业源起阶段的重要发展动因。当然，早期阶段的学术研究对启迪人们正确认识并将小龙虾作为一种水产资源加以开发发挥了一定作用。

（2）技术探索阶段的发展动因。进入21世纪，为满足快速发展的加工出口业原料需求，天然野生小龙虾资源不断被人工捕捞，野生资源数量逐年下降，原料供给市场出现数量供给不足矛盾，推动供给方式由野生捕捞为主向人工养殖为主的转变。构建人工养殖模式和苗种繁育供给体系是促进小龙虾供给方式转变必须解决的问题，这推动了小龙虾人工养殖的发展，稻虾连作模式技术体系和稻田小龙虾人工繁苗体系的成功研发为推动小龙虾供给方式由野生捕捞向人工养殖方式转型提供了一种解决方案，这也是稻虾产业发展的原点，稻虾种养模式的诞生标志着稻虾产业的形成。

（3）产业形成阶段的发展动因。稻虾连作模式技术体系和稻田小龙虾人工繁苗技术的突破并不意味着能够解决小龙虾原料供给紧缺问题，稻虾模式大面积推广将科技创新成果转化为实际生产力，开辟了小龙虾原料来源的新渠道，初步解决了小龙虾原料供给短缺问题，促进了稻虾产业发展。在这一阶段促进稻虾种养技术快速推广进而推动稻虾产业逐渐发展的动力，笔者总结为4个方面：一是小龙虾原料市场供给不足，稻虾连作模式作为人工养殖的方式之一有机会得到快速发展，市场供需矛盾是促进以稻虾连作模式为代表的人工养殖方式快速推广的根本动力。二是有关地方政府重视和产业政策的推动助力，比如早期阶段湖北等地制定产业规划，召开现场推进会，出台以奖代补政策支持稻虾产业基地建设，完善土地流转以及金融保险政策促进稻虾种养推广发展。当然，受到地方政府重视从而出台系列产业政策支持的原因从地方政府视角观察，不仅是因为稻虾连作模式推广能够增加小龙虾市场供给（这是市场关心的问题），还是由于稻虾连作对于增加种粮整体收益提升农民种粮积极性，从而解决稻田抛荒、稻田非粮化非农化等问题具有重要意义（这是政府更为关心的问题）。三是稻虾连作模式自身内在属性所决定，当时小龙虾人工养殖模式存在池塘养殖和稻田养殖两类，相对于池塘养虾，以稻虾连作模式为代表的稻田养虾成本低、技术操作简单，显著提升了种粮效益而受到农民欢迎。四是小龙虾自身生物学特性决定了其不适合池塘养虾等集约化养殖方式（张胜金戈等，2018），因为小龙虾种群存在严格等级制度，集约化养殖密度过大，当饲料供给不足时，可能会出现互相残杀的现象，尤其在生长蜕壳环节更易发生此现象。

稻虾连作模式的发展增加了小龙虾原料供给，稳固了小龙虾加工产业发展，随着小龙虾加工规模增加，占小龙虾80％体重的虾头和虾壳大量产生，副产物资源化再利用一方面成为提升小龙虾加工产值利润的重要途径，另一方面也是解决副产物大量产生所导致的资源浪费与环境污染问题的重要途径。小龙虾加工领域所面临的副产物资源再利用问题作为小龙虾产业新瓶颈，推动了利用虾头、虾壳等副产物制备以甲壳素及衍生物为突破点的应用科学创新研究。2007年潜江华山公司与武汉大学联合，成立了全国首个甲壳素工程技术研究中心，在以甲壳素深加工产品——氨基酸葡萄糖酸盐加工技术取得突破之后，华山公司投资开展规模化生产。另一方面，稻虾连作模式大面积推广使得苗种供给能力不足，小龙虾苗种市场供给问题推动小龙虾人工诱导繁苗技术的研究，在克氏原螯虾人工诱导繁苗技术取得突破之后，潜江莱克公司建立了小龙虾工厂化繁育基地。同时，由于稻虾连作在推广发展过程中逐渐出现一些问题，虽然增加小龙虾供给数量，但供给质量规格以及模式自身在应用过程存在不足，推动稻虾模式技术体系的科学研究，在稻虾共作模式技术体系取得突破之后，以潜江为代表的地方政府出台系列产业政策支持稻虾共作模式，促进稻虾种养面积的第二次快速增长。

（4）快速发展阶段的发展动因。进入"十三五"时期，我国稻虾产业进入快速发展阶段。稻虾产业已经由湖北、安徽、江苏等省份的局部地区向全省全国大面积发展，稻虾产业已经由原先的点位扩散向区域发展乃至流域扩散，尤其是长江中下游地区主产省份，在"十三五"期间稻虾种养得到快速发展。在这一阶段推动稻虾模式大面积推广促进稻虾产业快速发展的动力，笔者总结为以下几个方面：

一是粮食安全保障能力的显著增强。中国已经初步解决了粮食安全问题，水稻总体上丰产有余，人均粮食占有量474kg，连续多年超过人均400kg的国际粮食安全标准线①，为稻渔综合种养产业快速发展提供了政策新空间。自2003年起我国粮食产量稳步上升，至2015年达到66 060.27万t，首次突破1.3万亿斤。截至目前，已经连续7年稳定在1.3万亿斤以上，这是"十三五"期间乃至今后时期，稻渔综合种养产业能够发展的最大国情。"不与人争粮，不与粮争地"是稻渔综合种养产业在今后任何时期发展的基本原则底线。

二是水稻供给侧结构性改革的政策推动。早在2011年，我国水稻产业发展已经出现了"总产高、进口高、成本高、效益低"的新形势，在农资、土地和人力等生产要素成本"地板"不断上涨和水稻价格遭遇"天花板"的双重作用下，单一集约化水稻生产模式的亩均净效益自2011年开始持续下跌，至2015年已经跌至65.91元，水稻生产比较效益低，部分地区出现"卖粮难"问题，农民种粮积极性受挫，稻田抛荒和非粮化非农化等问题再次凸显，这是稻渔综合种养得到重视推广的第一个背景；与此同时，居民生活水平不断提升，促进了消费模式由"数量消费"向"品质消费"转变，食物消费观念由"温饱型"向"优质型"转变，绿色优质稻米供给不足的问题日益凸显，增加优质稻米生产供给，解决粮食供给质量结构性矛盾已经成为新的历史时期保障粮食安全的重要任务，这是稻渔综合种养得到重视推广的第二个背景；在粗放型农业生产方式作用下，我国水稻生产长期存在投入高、氮肥损失大、环境负荷高等问题，资源约束与环境面源污染问题日益突出，水稻生产方式需要转型升级，这是稻渔综合种养得到重视推广的第三个背景。正是在这样的社会背景下，2016年农业部启动了1949年以来的第四次水稻种植结构

---

① "我们完全能端稳中国人的饭碗"——农业农村部部长唐仁健谈粮食安全. http://www.gov.cn/xinwen/2021-03/05/content_5590709.htm.

调整计划，2017 年聚焦水稻产业实施供给侧结构改革，地方政府纷纷把稻渔综合种养作为推进水稻供给侧结构性改革、增加优质稻谷供给、优化水稻种植布局的重要举措而大力推广。例如，湖南省洞庭湖地区由于气候风险增大，双季稻灌浆期遭遇低温风险增大，从而增大了双季稻的种植风险，推动了双季稻模式向稻虾种养模式的调整。

三是水产供给侧结构性改革的政策推动。在 2017 年大力推进生态文明建设和农业绿色发展的背景下，为加强水域水质保护，改善湖泊、水库功能水体环境质量，围湖养殖、大水面养殖等传统渔业养殖方式逐渐退出；加之渔业水资源缺乏和集约化水产养殖导致的水污染问题严重；以及长江"十年禁捕"令的实施，工业化、城镇化的不断推进，城郊重要渔业水域空间被挤占，渔业迫切需要新的发展空间，稻渔综合种养作为拓展渔业产业发展新空间而得到鼓励发展。稻渔综合种养的发展既破解了水产养殖占用耕地的难题，也解决了冷浸田、低产田和冬闲田的季节性闲置抛荒问题，因为低洼稻田易遭受水淹，油菜和小麦等作物不能适应低洼湖田环境，因此稻油或稻麦模式不适合低洼冬闲田地区（符慧琴等，2015）。

四是打赢脱贫攻坚战助力乡村振兴发展的战略需要。2015 年，中共中央、国务院作出打赢脱贫攻坚战的决定，稻渔综合种养因属于水稻和水产相结合模式，同比其他稻作模式经济增收效果显著，带动劳动力就业能力强，地方政府高度重视把其作为产业扶贫的重要举措。在稻渔综合种养模式的选择上，首先从模式自身角度看，由于小龙虾具有生长周期短、繁殖力强、食谱种类广、生存适应性强的特点，因此相比其他水产动物更能适应稻田的浅水环境；其次从不同种养模式相互之间比较看，稻虾模式相比其他模式具有投入小、风险低、效益高、周期短、见效快的特点，技术操作简单，易推广；从模式的另一个维度看，稻鱼、稻鳅、稻鳖等模式自身发展缓慢，与集约化水产养殖的竞争力相比较低有很大关系，由于集约化池塘养鱼、养鳅等管理方便、单位面积产量高，致使稻鱼、稻鳅的竞争力相对较弱，所以地方政府尤其滨湖滨江地区把稻虾种养作为产业扶贫的重要抓手予以大力扶持。

五是国内小龙虾消费市场的迅速成长，这是稻虾模式在众多稻渔综合种养模式中能够取得更快发展的根本原因。在 2016 年之后，以小龙虾为主题的餐饮连锁品牌进入迅速发展阶段，国内的小龙虾餐饮消费市场迎来空前的增长期，国内各地形成了一大批的小龙虾知名菜肴，小龙虾餐馆数量在北上广深等地区快速增加。有关数据显示：2018 年比 2017 年新增 14 万家小龙虾餐厅，增幅 70%。而对于其他水产，如鳖，虽然营养丰富、市场价格高，但其属于中高端产品，市场消费群体较小；如鳅，虽然营养价值高但消费市场不大，加之集约化池塘养鳅供给能力强，导致稻鳅发展相对缓慢；如蛙，因其野生动物的身份致使难以外销其他省份，这在一定程度上限制了蛙的消费市场发展扩大，同时稻蛙种养同比黑斑蛙集约化养殖模式无论是在经济效益上还是产业效益上的优势并不突出。

（5）规范提质阶段的发展动因。2019 年，农业农村部办公厅发布了《关于规范稻渔综合种养产业发展的通知》，标志着我国稻虾种养进入了规范提质发展的新阶段。至此，我国稻虾种养年均面积的增长速度开始放缓。笔者认为，推动稻虾种养进入规范提质阶段的发展动因主要受到产业政策因素的作用影响。在"十三五"时期，市场旺盛需求和产业政策的双重作用促进了稻虾种养的发展面积快速增长；但在快速发展的过程中，部分地区的稻虾种养存在产业规划制定落后、不尊重资源与环境承载力的问题，违背稻虾种养绿色发展的导向，局部地区稻虾田间工程结构建设不规范，稻虾种养中的水稻生产重视程度不够致使稻虾田单位面积的水稻产量受到严重影响，违背稳粮发展前提。与此同时，经过"十三五"时期的快速发展，各地稻虾产业的一二三产业间发展不平衡、产业链条短、产业竞争力弱等问题日益突出，产业持续发展面临风险较高。产业发展存在系列问题，产业问题矛盾不断突出，产业发展风险不断增大，产业发展短板不断显现，这是推动稻虾产业进入规范提质发展的根本动因。产业发展存在的系列问题，有些是涉及理论与技术问题，这需要科研部门的基础理论与应用科学创新；有些是属于产业体系建设问题，这需要政府出台产业政策意见，需要银行部门提供金融保险支撑，需要经营主体及社会的广泛参与，促进品牌、文化、餐饮、物流、电商等领域发展，这些将成为稻虾产业在规范提质阶段实现产业高质量发展的系列动因。

二、稻虾种养的产业效应

稻虾模式的发展稳定了水稻生产，减少了水田抛荒，发展了水产产业，提高了农业生产的效益，也促进了"种养、加工、流通"一二三产业的快速融合（张启发，2020），是培育乡村发展新动能，实现农业高质量的关键举措。

1. 稻虾种养与水稻产业

（1）稻虾种养保护农民种粮积极性。近年来，因传统水稻种植模式的亩均利润逐年下跌，农民种粮积极性严重受挫。稻虾种养通过生物间效应降低化肥农药等投入成本，通过促进土地流转降低管理成本，通过增加水产品提升产出效益等三条路径实现了种粮效益整体提升，激发了农民种粮积极性，稳定了水稻种植面积。据调查，很多地方的撂荒田块被重新利用，整体上相比稻虾种养未开展之前，实际种稻面积不降反升，潜江、监利和洪湖等地的水稻种植面积近 20 年实现了稳步增长。

（2）稻虾种养促进水稻布局优化。在微观层面上，发展稻虾种养促进了土地流转和规模化经营，降低了土地经营细碎化程度；在宏观层面上，发展稻虾种养促进了地方水稻布局调整优化，一些冷浸田、滨江滨湖的涝渍中低产田得到开发利用。例如，安徽淮南和湖南洞庭湖等地结合实际分别将小麦低质种植区、双季稻种植高风险区调整为稻虾种养区，优化了水稻种植结构布局，降低了水稻生产风险。

（3）稻虾种养推动水稻种植方式转型。近年来，各地兴起了模式多样的稻田综合种养模式，对绿色农业及水稻种植方式转型提供了有益探索和实践。以稻虾模式为例，由于小龙虾的引进，化肥和农药用量平均减施 30%，秸秆利用方式由直接焚烧变为过腹还田，冬春季节的稻田淹水环境为两栖动物及候鸟提供了栖息地。近年来，以稻虾模式为代表的稻渔综合种养在长江中下游各省份得到快速发展，推动了地区水稻种植方式转型。

（4）稻虾种养增加优质水稻供给。稻虾种养也提升了水稻品质。一方面，小龙虾引入稻田，迫使农药类型由高毒化学型试剂向低毒生物型试剂转变，减少农药用量，稻米的安全品质得到提升；另一方面，饲料投入、龙虾粪便及秸秆过腹还田，增加了土壤有效养分，促进化肥减量施用，从而减少了氮肥投入进而改善了稻米的食味品质。据调查，按稻虾种养亩产优质稻谷 500kg 计算，以 2020 年中国稻虾种养面积为基准，当年为社会供给了 946 万 t 的优质稻谷。

2. 稻虾种养与小龙虾产业

（1）稻虾种养拓展发展空间。近年来，受工业化、城镇化的影响，以及传统渔业养殖方式的不断退出，各地纷纷把稻渔综合种养作为拓展渔业发展空间的新举措。以湖北省为例，21 世纪初探索并鼓励发展稻虾种养，在 20 多年的发展历程中，稻田养殖面积占淡水养殖面积的百分比已经由 2006 年的 5.13％上升到 2017 年的 29.57％，稻田养殖拓展了渔业发展新空间。截至 2020 年，中国稻虾模式的面积和稻虾模式生产的小龙虾分别占小龙虾养殖总面积和总产量的 86.61％和 86.15％，稻虾模式已经成为小龙虾养殖的最重要方式，是小龙虾产量供给的重要来源，为小龙虾产业的壮大发展提供了坚实基础。

（2）稻虾种养促进绿色养殖。传统粗放型养殖方式存在水资源消耗量巨大、环境污染严重、养殖病害频发等问题，资源安全、生态安全、食品安全、产业安全等挑战日益增大。各地把稻虾种养作为小龙虾池塘精养转型的重要举措。以湖北监利为例，受螃蟹市场下滑、虾蟹投资大、常年虾蟹混养发病率高等因素影响，2013 年当地政府启动了稻虾田回型池工程改造项目，稻虾连作模式逐渐替代主流的虾蟹混养模式，促进了当地水产养殖的绿色转型。

3. 稻虾种养与乡村振兴

（1）稻虾产业是脱贫攻坚的利器。与其他模式相比，稻虾模式技术难度低，属于劳动密集型种养模式，带动就业机会多，且初期投资成本小、回报利润率高，更为关键的是当前阶段小龙虾相对其他水产品市场环境好，各地纷纷把稻虾种养作为脱贫攻坚的利器而大力推广。以安徽省霍邱县三流乡为例，由于地处淮河行蓄洪区，地势低洼旱涝频发，贫困发生率一直很高，2012 年三流乡立足资源优势，转变发展思路，大力发展稻虾产业，建立"主体＋基地＋贫困户"脱贫模式，截至 2019 年已经引导 1 424 户 3 322 名贫困人口参与稻虾种养，实现了产业脱贫。湖南南县大力推广"一亩稻虾助推一人脱贫"模式，分类精准施策，对于具备劳动力开展稻虾种养的贫困户，采用"合作社＋农户"模式实施管理、技术与市场帮扶；对于缺乏资金或技术的贫困户，可前往稻虾加工企业、合作社及农场大户从事劳务或管理实施就业帮扶；对于自身劳动力较弱的贫困户，可将自家稻田流转种养大户获取分红收益实施股份帮扶等。截至 2020 年，依托稻虾产业通过

3 种方式累计脱贫人数达 20 000 人。

（2）稻虾产业带动产业主体的培育。以稻虾产业为抓手能够带动地区全产业链主体培育，促进农业全产业链要素集中。以湖南南县为例，从事稻虾种养的新型农业经营主体数量由 2015 年的 370 家快速增长到 2020 年的 2 357 家，全县从事小龙虾养殖的农户共计 3.5 万户，从事小龙虾产业人员达 13.5 万人，催生了 196 家专业合作社、132 家家庭农场，带动以小龙虾为主题的餐饮店 400 多家[①]。稻虾种养除带动主体培育外，对于涉农项目资金整合、现代农业基地建设、冷链物流仓储完善、产业公共服务平台搭建等方面也均有不同程度的积极影响。

（3）稻虾产业促进乡村产业融合。稻虾通过种养加销产业化经营，发挥稻虾种养"接二连三"作用，从而带动农村新型经营主体培育、县镇村加工流通体系建立和休闲文旅业态发展，促进农村一二三产业融合，为新时代美丽乡村建设、实现产业脱贫及助力乡村振兴建立良好的产业经济基础。

参 考 文 献

曹凌贵，蔡明历，2017. 稻田种养生态农业模式与技术［M］. 北京：科学出版社：1-10.

曹凌贵，江洋，汪金平，等. 2017. 稻虾共作模式的"双刃性"及可持续发展策略［J］. 中国生态农业学报，25（9）：1245-1253.

戴爱云，1983. 介绍一种水产资源——蜊蛄［J］. 动物学杂志（3）：48-50.

董双林，2011. 高效低碳——中国水产养殖业发展的必由之路［J］. 水产学报，35（10）：1595-1600.

方冬冬，邹远超，危起伟，2020. 多维视角下的水生野生动物保护与利用探析［J］. 中国水产科学，27（8）：980-1002.

符慧琴，揭红东，向宇环，等，2015. 洞庭湖区低洼湖田虾稻轮作技术分析［J］. 现代农业科技（15）：260-262.

何雪融，李雨洪，曾袁园，等，2011. 关于促进盱眙小龙虾产业发展的政府政策研究［J］. 企业导报（13）：114-116.

江洋，汪金平，曹凌贵，2020. 稻田种养绿色发展技术［J］. 作物杂志（2）：200-204.

李劲松，2019. 南县发挥绿色生态优势 稻虾米全程可溯源［N］. 粮油市场报，06-24（T06）.

李跃辉，邹利，王金龙，2019. 年湖南特色淡水鱼产业发展趋势与政策建议［I］. 当代水产，44（6）：92-93.

农业农村部渔业渔政管理局，全国水产技术推广总站，中国水产学会，2019. 中国稻渔综合种养产业发展报告（2018）［J］. 中国水产（1）：20-27.

农业农村部渔业渔政管理局，全国水产技术推广总站，中国水产学会，2020. 中国稻渔综合种养产业发展报告（2020）［J］. 中国水产（10）：12-19.

农业农村部渔业渔政管理局，全国水产技术推广总站，中国水产学会，2022. "十三五"中国稻渔综合种养产业发展报告［J］. 中国水产（1）：43-52.

---

① 半月谈｜1 261 万亩小龙虾引争议，要虾还是要稻？http://www.yc6318.cn/gqgs/aritcle7062.html.

农业农村部渔业渔政管理局，全国水产技术推广总站，中国水产学会，2007—2020. 中国渔业统计年鉴（2007—2020）［M］. 北京：中国农业出版社.

潘伟彬，庄东萍，1999. 中国稻田养鱼的发展历史和主要模式［J］. 闽西职业大学学报（3）：69 - 70，75.

宋超，孟顺龙，范立民，等，2012. 中国淡水池塘养殖面临的环境问题及对策［J］. 中国农学通报，28（26）：89 - 92.

舒新亚，2010. 克氏原螯虾产业发展及存在的问题［J］. 中国水产（8）：4.

舒新亚，2021a. 浅析小龙虾产业中的几个重大问题（四）［J］. 渔业致富指南（15）：47 - 51.

舒新亚，2021b. 浅析小龙虾产业中的几个重大问题（六）——"产业发展"和"产业发展报告"［J］. 渔业致富指南（17）：40 - 46.

唐启升，丁晓明，刘世禄，等，2014. 我国水产养殖业绿色、可持续发展战略与任务［J］. 中国渔业经济，32（1）：6 - 14.

王飞，彭少兵，2018. 水稻绿色高产栽培技术研究进展［J］. 生命科学，30（10）：1129 - 1136.

魏青山，1985. 武汉地区克氏原螯虾的生物学研究［J］. 华中农学院学报（1）：16 - 24.

吴明林，崔凯，李海洋，等，2018. 安徽稻渔综合种养经济模式的探索与实践［J］. 科学养鱼（4）：3 - 5.

夏如兵，王思明，2009. 中国传统稻鱼共生系统的历史分析——以全球重要农业文化遗产"青田稻鱼共生系统"为例［J］. 中国农学通报，25（5）：245 - 249.

徐春春，纪龙，陈中督，等，2018. 中国水稻生产发展的绿色趋势［J］. 生命科学，30（10）：1146 - 1154.

徐辉，张业成，胡定志，等，2018. 浅议"稻田综合种养"技术模式与应用［J］. 创新创业理论研究与实践，1（3）：103 - 105.

徐旺生，2007. 从间作套种到稻田养鱼、养鸭——中国环境历史演变过程中两个不计成本下的生态应对［J］. 农业考古（4）：203 - 211.

张启发，2018. 以"双水双绿"重塑"鱼米之乡"［N］. 湖北日报，6 - 13（15）.

张胜金戈，刘佩，文志安，等，2018. 基于"稻虾共作"模式的 SWOT 分析及可持续发展战略研究［J］. 中国水产（2）：57 - 61.

曾芸，王思明，2006. 稻田养鱼的发展历程及动因分析——以贵州稻田养鱼为例［J］. 南京农业大学学报（社会科学版）（3）：79 - 83.

中华人民共和国农业农村部，2002—2006. 中国农业统计资料（2002—2006）［M］. 北京：中国农业出版社.

第二章
中国稻虾产业发展现状

以稻虾种养为代表的稻渔综合种养在中国快速兴起并取得蓬勃发展，已经成为中国稻渔综合种养第一大模式。了解稻虾产业面积规模与产业分布，分析稻虾模式类型及综合效益，解剖稻虾种养全产业链发展现状，利于把握稻虾种养发展方向，明确稻虾产业定位，更好指导稻虾产业健康发展。

第一节　稻虾模式的面积及分布

近年来，稻虾模式在面积和产量上均实现了快速增长，长江中下游地区已经成为中国稻虾产业发展重点功能区，尤其以湖北省为典型代表，稻虾种养在稳粮增收、提质增效、生态友好等方面表现突出优势，已经成为地方农业转型发展的重要举措，取得了"1＋1＝5"的良好成效。

一、稻虾种养的发展趋势

稻虾种养，是稻渔综合种养的第一大模式，面积规模、产量和产值都占据了稻渔综合种养的半壁江山。如何继续保持发展态势、继续稳固稻虾产业地位，需要把握稻虾种养的规模增长趋势，掌握产业面积变化规律，有利于认清产业发展阶段，及时调整产业发展方向，制定产业升级发展对策。

1. 稻虾种养的产业规模

步入"十三五"后，中国稻虾产业进入发展快车道（图 2-1），2020 年全国稻虾模式的面积和小龙虾产量分别达到 126.13 万 hm²、206.23 万 t；面积同比 2017 年增加 69.49 万 hm²；小龙虾产量同比 2017 年增加 121.23 万 t。稻虾种养的小龙虾单产水平总体呈增加趋势，由 2017 年的 1 500kg/hm² 提升至 2020 年的 1 635kg/hm²。

2. 稻虾种养的面积变化

虽然中国稻虾种养的发展面积每年都在增加，但年际间增量却逐渐减少，年际间增长率也由 2017—2018 年度的 48.35％下降到 2019—2020 年度的 14.10％（表 2-1），表明中国稻虾模式面积增长的速度已经由高速增长转向了缓慢增长。稻虾对稻渔综合种养面积增

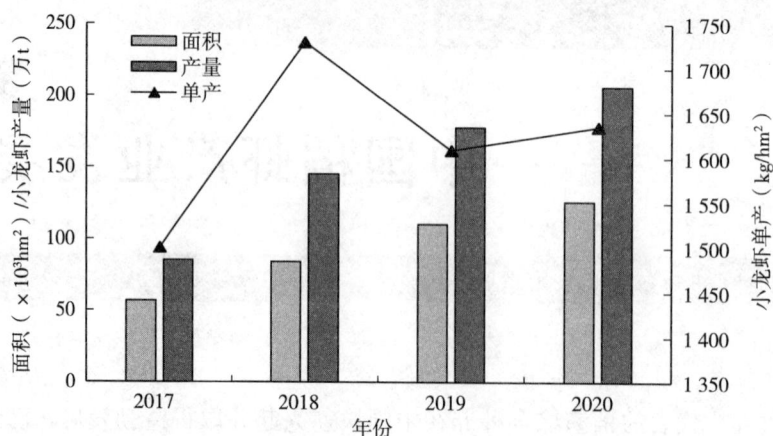

图 2-1 2017—2020 年中国稻虾种养发展变化
(数据来源：2018—2021 年中国小龙虾产业发展报告)

长贡献率已经由 2017—2018 年度的 169.56% 下降到 2019—2020 年度的 63.59%
(表 2-1)，表明中国稻渔综合种养面积增长已经由过去依靠稻虾单一模式拉动向多种
模式共同拉动转变，中国稻渔综合种养模式发展更加多元。但稻虾种养对小龙虾养殖
面积增长贡献率已经由 2017—2018 年度的 85.62% 上升至 2019—2020 年度的 92.80%
(表 2-1)，表明小龙虾养殖面积的增加归因于稻虾种养，稻虾种养仍然是小龙虾养殖
的主导模式。

表 2-1 2017—2020 年稻虾面积变化及对稻渔和小龙虾增长贡献变化分析

	2017—2018 年度	2018—2019 年度	2019—2020 年度
稻虾面积年际变化（万亩）	+411	+397.15	+233.88
稻虾面积年际增长率（%）	+48.35	+31.49	+14.10
稻渔面积年际变化（万亩）	+242.39	+433.84	+367.8
稻渔面积年际增长率（%）	+8.66	+14.26	+10.58
小龙虾面积年际变化（万亩）	+480	+249	+252
对稻渔面积增长贡献率（%）	169.56	91.62	63.59
对小龙虾面积增长贡献率（%）	85.62	159.50	92.80

注：稻虾对稻渔（或小龙虾）面积增长贡献率计算方法是同一年度稻虾面积年际变化与稻渔（或小龙虾）面积年际变化的比值。

3. 稻虾种养的比重变化

截至 2020 年，中国稻虾模式的发展面积为 126.13 万 hm^2，占中国稻渔综合种养面积
的 49.22%（图 2-2）；稻虾种养的小龙虾产量为 206.23 万 t，占中国稻渔综合种养的
63.38%（图 2-3），表明稻虾模式是中国稻渔综合种养第一大模式。

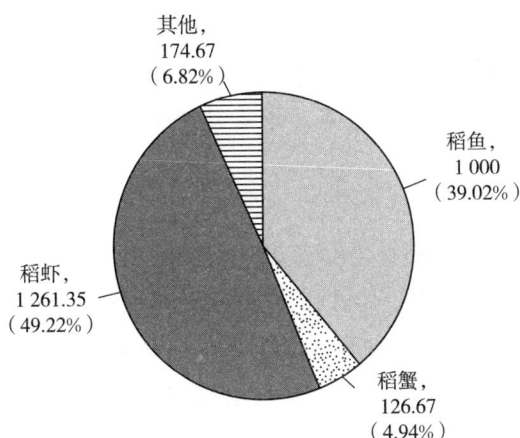

图 2-2 2020 年中国稻渔综合种养模式
面积（×10³ hm²）

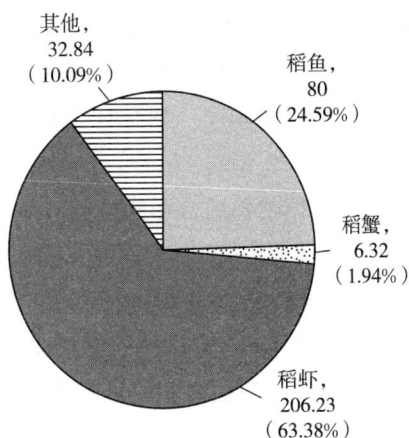

图 2-3 2020 年中国稻渔综合种养模式
水产品产量（万 t）

（数据来源："十三五"中国稻渔综合种养产业发展报告）

"十三五"期间，中国稻虾种养的地位不断上升（图 2-4）。在稻渔综合种养模式中，稻虾模式的面积比重由 2017 年的 30.36％上升到 2020 年的 49.22％，小龙虾产量比重由 2017 年的 42.98％上升到 2020 年的 63.38％；在小龙虾养殖方式上，稻虾模式的面积比重由 2017 年的 70.83％上升到 2020 年的 86.61％，产量比重由 2017 年的 75.24％上升到 2020 年的 86.15％。稻虾种养的发展也助力小龙虾产业的发展，目前小龙虾已经成为我国继大宗淡水鱼之后的全国第六大水产品（舒新亚，2021）。但无论是稻虾种养面积占稻渔综合种养面积还是占小龙虾养殖面积的比重，其年际增加量却在逐渐减少，表明稻虾种养的地位在当前阶段逐步趋向稳定。

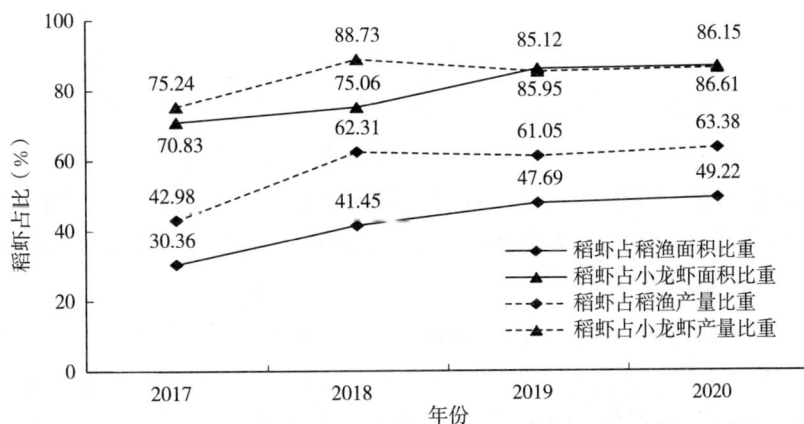

图 2-4 2017—2020 年稻虾种养在中国稻渔和小龙虾中的比重变化

二、稻虾模式及类型

稻虾模式（rice-crayfish farming）是将水稻种植和小龙虾养殖有机结合的稻田生态种

养模式，不同地方依据资源禀赋差异集合自身发展特色形成了各具特色、种类繁多的模式技术，丰富了稻虾模式技术内涵。目前稻虾种养的生产模式类型多样，在不同地区的叫法也多种多样，如稻田养虾、虾稻种养、虾稻模式等。笔者从4个维度进行归纳（图2-5）：

1. 根据物种结合形式分类

可以将稻虾模式划分为稻虾连作、稻虾共作、稻虾轮作等3种。

（1）稻虾连作模式。强调在一年周期内或年间同一块稻田，夏秋季节种植一季水稻，冬春季节养殖一季小龙虾，种稻时不养虾、养虾时不种稻，一年收获一季水稻一季小龙虾。这种模式是稻虾产业发展初期推出的一种种养模式，也是目前我国稻虾种养在生产应用上的主要模式之一，这种模式技术操作简单，投资少产量低，经济效益一般。适合冬季气温不低，小龙虾能够在自然条件下实现安全越冬的地区，如黄河流域、淮河流域、长江流域以及珠江流域等地。

（2）稻虾共作模式。强调在一年周期内同一块稻田，只在水稻种植季节养殖小龙虾，水稻和小龙虾在时间和空间上是全方位互利共生，严格地说稻虾共作模式是一季稻一季虾，这季虾是在水稻生长季养成。目前在长江流域广泛层面上的稻虾共作模式（如潜江地区的稻虾共作模式）准确地应该称为稻虾连作＋共作模式，因为这种模式除了在水稻生长季收获一季小龙虾，还在冬春季节稻田淹水养殖一季小龙虾，一年收获一季水稻两季虾，把这种模式称为稻虾共作模式是错误的（舒新亚，2021），说法是不准确的、不科学的、不全面的。据文献调查发现，稻虾共作模式在东北地区以及贵州、四川、云南、广东等的山区存在。东北地区冬季寒冷且漫长，小龙虾难以实现越冬，无法推广稻虾连作模式，而夏季长且水温大多低于30℃，是稻虾共作模式推广的适宜区域（舒新亚，2021）。另有部分地区也存在稻虾共生模式，从种养结合形式的概念本质上不存在共生概念，或者说更好地是实现了周年上的稻虾连作和共作的衔接，如江苏盱眙的一稻三虾模式。此外，在山区地带（如广西等地），存在水稻季节只放养一季小龙虾，实现水稻和小龙虾的共作，这些地区习惯性称这种模式为稻虾混养，实际上是稻虾共作模式。

（3）稻虾连作＋共作模式，多被称为稻虾共作模式，是湖北省水产科学研究所在2010年依托小龙虾国家科技支撑计划项目探索出的一种新模式，强调每年水稻收割后投放种虾，秋冬季在稻田繁育、生长，翌年3~5月收获一季成虾，待5月底整田插秧前后，提升水位继续养殖留存在环形养殖沟中的幼苗，或根据情况适量补投虾苗，6月底至7月初捕捞第二季成虾，8~9月收获水稻（舒新亚，2021）。注意该模式强调的是种植一季中稻而非早稻或晚稻抑或是一季晚稻。由于长江流域夏季稻田水温高，不适合小龙虾生长，因此在长江流域单纯地开展稻虾共作模式难以获得较高的小龙虾产量（舒新亚，2021）。据调查发现，对于现行的稻虾共作模式（实则稻虾连作＋共作模式），在共作期的小龙虾产量只占该模式周年小龙虾产量的30%左右。

目前，我国绝大多数地区的稻虾模式本质上仍然是稻虾连作，尽管在水稻收获前还收一季小龙虾，但这季小龙虾据调查发现虾苗主要是春季未长成成虾的幼虾、小虾生长所得，没有进行专门投苗，且这季小龙虾生长的主要场所是在环形养殖沟，绝大多数农户也没有进行专门的投喂管理（舒新亚，2021），与水稻共作时间短，不存在所谓的水稻和小龙虾在稻田中共同生长的共作概念，因为水稻和小龙虾的生长在空间层面实际上是分离的，这在生产实际中是非常普遍的现象，表现为稻虾共作模式中的水稻管理同普通水稻的夏季稻田管理几乎相同，多数地方的环形养殖沟只是小龙虾在夏季的暂养场所，环形养殖沟与稻田之间在水肥气等管理上存在空间分离，而且一些地区把共作期内生长的小龙虾常作为种虾留种而非专门用于售卖，所以不能称为稻虾连作＋共作模式。

（4）稻虾轮作模式。强调在同一块稻田内，第一年种稻，第二年养虾，轮次往复。目前这种模式在生产中应用较少，一般多存在于传统渔业区，利用稻虾轮作模式改善小龙虾精养池塘的生态环境，部分地区如安徽三流的稻虾轮作模式实质上是稻虾连作模式。

2. 根据种养物种组成分类

可以将稻虾模式划分为稻虾单养、稻虾混养、稻虾复合种养、稻虾立体种养等4种。

（1）稻虾单养模式。强调在稻田中只养殖小龙虾一种经济动物，多称为稻田养虾，从隶属关系上无论是稻虾连作、共作、共生、轮作都属于稻虾单养。

（2）稻虾混养模式。强调同一块稻田在水稻种植季节同时养殖小龙虾和其他一种及多种经济动物，实现动物营养关系及生态位的互补，如稻鳖虾、稻虾蟹、稻虾鸭模式等。

（3）稻虾复合种养模式。强调为丰富食物营养关系，延长食物链而引进次要物种形成增益环，多物种共栖以提高水稻和小龙虾生产效益，如稻草虾模式等。

（4）稻虾立体种养模式。强调结合田间工程建设，从时间和空间上充分利用稻田资源、田埂及沟侧、沟凼等栽种其他经济作物，通过多种生物组合，建立复合生态系统，形成立体生态农业模式，如"四水"农业模式［田埂种植水果，环形养殖沟种植水生蔬菜，田面种植水稻，田中养殖水产动物（小龙虾）］。

3. 根据繁养结合形式分类

可以将稻虾模式划分为稻虾繁养一体化、稻虾繁养分离、稻虾育养分区等3种模式。

（1）稻虾繁养一体化模式。强调小龙虾的繁殖和养殖在同一块稻田中进行，先繁后养，水稻收割后秋冬季投放种虾繁苗，春夏季养殖成虾，至水稻种植前捕捞结束，是目前的主流模式，本质上属于稻虾连作模式，因此在有些地方又称为稻虾连作繁养一体化模式。

（2）稻虾繁养分离模式。强调小龙虾繁殖和养殖不在同一块稻田进行，春季投放一定规格虾苗，一个月后开始起捕，直至水稻种植前结束，在概念范畴上属于利用稻田春季空闲期采用寄养方式养殖小龙虾，本质上属于稻虾连作模式。

（3）稻虾育养分区模式。强调在同一块稻田中用网片划分两个区域，四周环形养殖沟为苗种繁育区，中间田块为放苗养殖区（唐建清和张远华，2021），春季于繁育区起虾苗至养殖区，20d后起捕成虾，而后按每5kg成虾放1kg虾苗，至水稻种植前结束。

4. 根据田间结构工程分类

可以将稻虾模式划分为宽沟、窄沟、平板、生态池等 4 种模式（后文详细阐述，在此略）。

综合上述分析，稻虾模式分类概括为图 2-5。

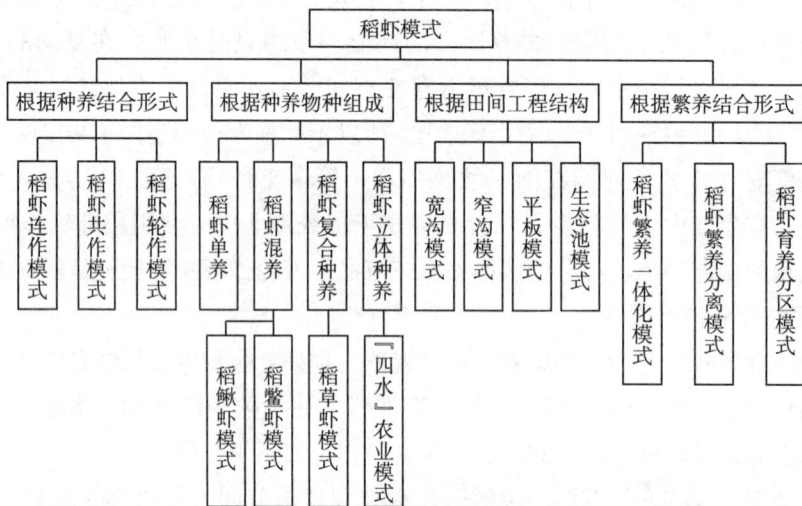

图 2-5　稻虾模式分类

三、区域稻虾模式差异

地区降水量和灌溉面积显著地影响稻渔综合种养模式的搭配选择与区域布局，稻虾模式的亩均年耗水量为 2 800～3 130t，是水稻单作模式的 7 倍，是稻鱼、稻鳖、稻鳅等模式的 3.9 倍，开展稻虾种养同比稻鱼等模式需要巨大水资源，故而多分布于雨水丰富、河湖众多、低洼沿江沿湖的稻田地区，笔者在实地调研基础上根据不同区域资源条件下存在的稻虾模式，将其划分为平原水乡湖区稻虾模式、沿江环湖渍水区稻虾模式和低山丘岗易涝区稻虾模式等三种典型类型。

1. 平原水乡湖区稻虾模式

平原水乡湖区，地势平坦，平均海拔 10～50m，地下水位较高，存在大面积的低湖田、冷浸田、烂泥田，这类稻田地势低洼、排水不畅、土壤透气性差、营养成分少，其中冷浸田由于长期浸渍于冷水中，土温低，泥稀散，水稻产量低且不稳定。但平原水乡湖区的稻田集中连片，单块稻田面积 30～50 亩，依靠附近的河网沟渠灌溉和地下水补给灌溉，水资源极其丰富，为稻虾模式的发展提供了良好资源条件，形成了平原水乡湖区稻虾模式，代表性模式是湖北潜江稻虾共作模式。

潜江稻虾共作模式的技术特征是"一季稻，两季虾"。技术要点是以 40～50 亩稻田为一个单元，在稻田四周开挖环形养殖沟（宽 3～5m，深 1.2～1.5m）；4～6 月在收获第一季商品虾后，未达到商品规格的幼虾随稻田退水至环形养殖沟中继续生长（若幼虾数量少可酌情补投种苗），待水稻定植后，再提升稻田环形养殖沟水位促使幼虾进入稻田继续生长，8～9月再收获一季商品虾（陈松文等，2020）。该模式亩产水稻500kg以上，亩产小龙虾150～200kg，亩均纯利润3 000元。适合于河湖冲积平原、水网交错地带的冷浸田、落河田、烂泥田中地下水位高、水资源充足、40亩以上的大田块（陈松文等，2020）。目前这种模式主要分布在湖北江汉平原、湖南洞庭湖平原以及江西鄱阳湖平原等地区（图2-6）。

图2-6 平原水乡湖区稻虾模式航拍
（注：拍摄地点是湖南省益阳市南县南洲镇班嘴村，反映了洞庭湖平原稻虾种养生产景象）
（陈松文供图）

2. 沿江环湖渍水区稻虾模式

沿江环湖渍水区，由于受到季节性降水和区域性江河水位的影响，季节性稻田地下水位变化大，旱涝灾害频发，生产生活条件差，稻田多属于涝渍排水性中低产田，田块单元面积15～30亩，稻田灌溉主要来自自然降水和附近江河水系。这些地区稻虾种养不同于平原水乡湖区，形成了具有沿江环湖渍水区特点的稻虾模式，代表性模式是安徽霍邱稻虾连作模式。

霍邱稻虾连作模式（又称"三流模式"）的技术特征是"一季稻一季虾"。技术要点是围埂筑坝，不开沟或开窄沟小沟，每年10～11月秋收后于稻茬田内灌水，沤田一次排水再注新水至20cm，冬季自然放养，春季投放大豆、玉米等天然饲料，翌年3～5月全部捕捞上市，6～10月进入水稻生长季。霍邱稻虾连作模式的特点是不挖沟、工程小、稳粮效果好，亩产水稻600kg，亩产小龙虾80～130kg；采用早投苗稀养殖的方式，投放大豆和玉米，化肥和农药用量大幅减少，由于早春养殖气温低、水质稳定病害少，生态效果好；投入小、成本低、见效快，亩均增收2 000～3 000元，带动脱贫致富能力强。适合于沿江环湖的行蓄洪区及涝渍易发区的水资源季节性不足、土壤条件良好的中小型田块。目前这种模式主要分布在鄂东南沿江地区、安徽淮河行蓄洪区等地区（图 2-7）。

图 2-7 沿江环湖渍水区稻虾模式

（注：拍摄地点是湖北省黄冈市黄梅县下新镇下新村，反映了长江沿线龙感湖周边地区稻虾种养生产景象）

（陈松文供图）

3. 低山丘岗易涝区稻虾模式

低山丘岗易涝区，地形起伏大、集中连片稻田面积小、单块稻田面积小（多为 5～15 亩），稻田类型多是岗田、塝田和冲垄田，地下水位中等，灌溉主要利用地形优势及小型集水区，灌溉的水源多来自丘陵山区的水库以及稻田周边的低洼池塘蓄水。形成了具有低山丘岗易涝区特点的稻虾种养模式，代表模式为湖北浠水稻虾寄养繁苗模式及稻虾连作模式。

浠水稻虾寄养繁苗模式的技术特征是"种一季中稻繁一季虾苗"，水稻收获前后投放亲虾，利用水稻收割后冬闲田为亲虾产卵孵化提供场所，春季主攻小龙虾繁苗。技术要点是水稻品种（如晶两优华占）一般于 5 月底至 6 月初直播，9 月底至 10 月初收获，11 月小龙虾出苗，次年 3 月 12 日开始贩卖虾苗。适合于分布在土质黏重、营养物质丰富地区的稻虾田（沙质地、高塝地不适合开展育苗，且水源要充足，否则易出现铁壳虾、红壳虾等），代表性地区如浠水县清泉镇菱角塘村（图 2-8）。

浠水稻虾连作模式的技术特征是"种一季晚稻养一季小龙虾"，亩产小龙虾 70～75kg，具体技术操作流程是选用水稻品种（如晶两优华占）作晚稻，采用育秧移栽方式种植，7 月 20 日前栽插完毕，或 6 月中下旬直播，这种模式延长收虾时间，能够育大虾卖成虾，一年收两季虾（3～4 月和 6～7 月），3 月放苗，5 月视情况补苗，一定程度上避开小龙虾市场"五月魔咒"的影响。适合于丘陵库区、沿河两岸、缓坡畈地及池塘蓄水灌溉区的稻田，代表性地区如浠水县清泉镇菱角塘村、武穴市余川镇余川村及花桥镇花桥村。

图 2-8　低山丘岗易涝区稻虾模式

（注：拍摄地点是湖北省黄冈市浠水县清泉镇菱角塘村，反映了大别山余脉低山丘岗地区稻虾种养生产景象）

（陈松文供图）

四、稻虾模式的省区分布

稻虾模式在中国广泛分布，东北的黑龙江、西北的新疆、黄河流域的陕西和山东地区、长江流域、珠江流域、海南地区等地均有稻虾种养的足迹（图 2-9）。但是中国 90% 以上的稻虾种养集中在长江中下游地区，密集地分布在两湖地区、鄱阳湖地区、江淮地区和太湖流域等河湖水网发达的周边地区。

1. 代表性省份稻虾模式及分布

地处长江中下游地区的湖北、湖南、江西、安徽和江苏等 5 个主产省份的稻虾模式发展面积占中国稻虾面积的 94.19%（以 2020 年数据计算），各省份稻虾模式的发展面积均在 150 万亩以上，形成了各自主要分布区及富有地域特色的代表性模式（表 2-2）。此外，近年来成渝地区、广西及海南等地依托地域气候优势也在积极探索稻虾模式。

表 2-2　2020 年长江中下游地区主产省份的稻虾模式情况

地区	面积（×10³hm²）	面积占比（%）	主要分布区	代表性模式
湖北	486.67	38.58	江汉平原、鄂东沿江平原	潜江稻虾共作模式
安徽	276.67	21.93	沿淮、沿江和环巢湖地区	霍邱稻虾连作模式
江苏	116.7	9.25	环洪泽湖区	盱眙稻虾共生模式
湖南	174.88	13.86	环洞庭湖区	南县稻虾共作模式
江西	133.33	10.57	环鄱阳湖区、吉泰盆地	稻虾连作共作模式

2. 代表性省份稻虾产业发展概况

（1）湖北省稻虾产业发展。湖北省稻虾模式发源于潜江市。2004 年潜江市成功研发出"稻虾连作模式"；2006 年湖北省委 1 号文件将"稻虾连作"模式写进其中，促进了早期稻虾连作模式在湖北省各县（市、区）的发展。2012 年在全国新一轮稻渔综合种养发展的大背景下，湖北省技术推广中心在潜江、仙桃和洪湖开展"稻虾连作"模式试验示范区建设，2014 年湖北省农业厅在潜江市召开全省稻田综合种养推进现场会，促进了以"稻虾共作"模式为重点的稻田综合种养在全省的大面积快速推广。目前，湖北省稻田综合种养以稻虾模式为典型代表，广泛分布在除鄂东北、鄂西北、鄂西南山区之外的农业生产区，集中分布在江汉平原区和鄂东沿江平原地区。

（2）江苏省稻虾产业发展。江苏的稻虾模式发展比较快，主要得益于小龙虾产业的发展。20 世纪 80 年代末，江苏淮安、盐城等小龙虾自然资源丰富的地区开展发展捕捞加工业，到 20 世纪末，逐步发展成为江苏省主要出口水产品之一。进入 21 世纪，随着盱眙"中国龙虾节"的连续成功举办，江苏龙虾餐饮文化走向全国（陈焕根等，2018）。江苏稻虾模式类似"稻虾连作"，田间结构简易；在 2019 年初，盱眙县小龙虾"一稻三虾"种植模式取得突破性进展，推动了江苏省稻虾模式发展。目前，江苏稻虾种养遍布 13 个县（市、区），集中分布在宿迁、淮安和盐城，代表性县（市、区）是盱眙、泗洪、兴化等地，采用"一次放养，多年收获"的养殖模式，形成了饲料加工、苗种繁育、成虾养殖、成品加工、销售、特色餐饮、调味品种植与加工等为一体的小龙虾产业链（农业农村部渔业渔政管理局等，2018）。

（3）湖南省稻虾产业发展。湖南省稻田综合种养也以稻虾模式为主。2017 年，湖南省稻田综合种养面积达 332.25 万亩，稻田综合种养水产品产量达 19.02 万 t，其中小龙虾产量达 13.57 万 t，位居全国第三。湖南省稻田养虾主要集中在洞庭湖周边，代表县（市、区）如南县、华容、临湘、沅江等地，代表性模式是稻虾轮（连）作模式、稻虾轮作＋共生模式（一稻三虾）和稻田-池（藕）塘耦合连作模式（王冬武等，2018）。目前，湖南省稻虾形成了以南县为核心区，辐射带动沅江市、大通湖区、资阳区、赫山区等周边区市，带领 10 万农户联合共建"稻虾生态种养"示范基地 100 万亩，辐射环洞庭湖 300 万亩基地（钱炬炬等，2018）。

（4）安徽省稻虾产业发展。安徽省稻虾综合种养技术起源于 20 世纪 70 年代，但一直处于零星自我发展状态。2006—2010 年期间，安徽省将小龙虾进稻田作为实施渔业"三进工程"重大专项之一，着力推广稻虾连作、稻鳅（青虾）间作（吴明林等，2018）。近几年，稻虾种养面积迅速增加，2017 年，安徽省小龙虾养殖面积 148 万亩，其中稻虾综合种养面积 90 万亩，增加 83.62％，其中稻虾种养面积最大。安徽省稻田养虾分布在沿江江南、江淮之间以及沿淮区域，集中在淮河与长江之间的安徽中南部，代表性地区如全椒、霍邱、长丰、宣州等地。代表性模式是稻虾连作和稻虾共作模式（蒋军等，2018）。

（5）江西省稻虾产业发展。江西省稻田养鱼比较早，拥有1 000多年的历史。20世纪50～80年代以平板式稻田养鱼为主，80年代中期出现沟池和沟垄养鱼，90年代进入稻渔工程标准化阶段，2010年后进入产业化、规模化发展阶段。2018年，江西省稻田综合种养突破100万亩，创建了"鄱阳湖"牌稻渔品牌。江西省稻虾模式主要分布于环鄱阳湖周边地区。稻虾模式主要分为稻虾连作和共作模式，多分布于冬闲田地区（江西省水产推广总站，2018）。

第二节　稻虾模式的综合效益

稻虾种养充分利用稻田光、热、水及生物资源，依托水稻种植和小龙虾养殖的相互作用、种养结合、资源互补、相互促进，取得了"一水两用、一地双收"的良好效果，保障了粮食安全、促进了农民增收、实现了生态友好，符合新时代农业发展的战略方向，取得了经济效益、社会效益和生态效益的统一。

一、稻虾模式经济投入产出分析

本文运用成本-效益分析法（cost-benefit）评估稻虾模式经济系统。成本-效益分析法是通过比较项目的全部成本和效益来评估项目价值的一种方法。在市场条件下，农业生产系统的成本投入由生产成本（包括固定投入和可变投入）和交易成本组成，在此不考虑交易成本（如信息成本、谈判订立合约成本、监督执行合约成本、管理成本等）（蔡秀玲，2003）。

评价农业经济系统的指标有很多，如土地生产率、经济利润、产投比、投资利润率、劳动生产率［利润/（劳动天数×人数）］、经济产量［秸秆、籽粒和水产（注意：此处的秸秆只是计算被移除田外的秸秆，假如全量还田则不计算）］等。土地生产率是指单位面积经济产品产量，是衡量农业经济系统的综合质量指标；经济利润是反映农业经济系统运行效果的经典指标；产投比是指单位成本投入的经济产出，是反映农业经济系统要素结构配置是否优化的重要知识性指标；投资利润率是年均净利润与投资总额的比率，是反映农业经济系统回报率的重要参数，评估回报年限。农民生产积极性主要受经济产投比、投资利润率及劳动生产率所影响（刘某承等，2010），而非经济利润。在评价农业经济系统时应注意选择合适的指标，客观全面评估农业经济系统的结构配置与运行效率情况。

1. 稻虾模式投入产出项目组成与核算方法

与水稻单作系统相比，稻虾模式经济成本投入项目组成更加复杂，生产投入分为固定投入和可变投入。固定投入包括地租、农业保险、田间工程改造、捕虾地笼、投饵作业船、水体增氧设备、灌溉设备、初始小龙虾种苗等。可变投入包括种苗、养分、药物、劳动力、机械与能源等。经济产出由水稻产出、小龙虾产出以及其他经济水产品等3个项目组成（图2-9，表2-3）。

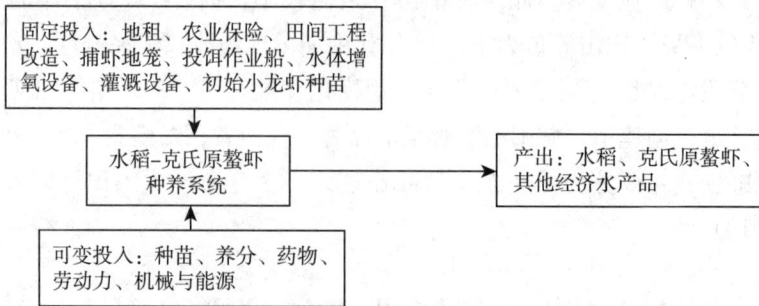

图 2-9　稻虾模式经济投入与产出项目组成示意

2. 稻虾模式投入成本与效益分析

（1）经济投入产出情况。中国稻虾模式的年均投入总成本约为 45 338 元/hm²；年均总产值约为 89 448 元/hm²（图 2-10），其中小龙虾产值占稻虾模式总产值的比重约为 68.89%（图 2-11），是稻虾模式主要经济产出产品；年均净利润约为 44 856 元/hm²。

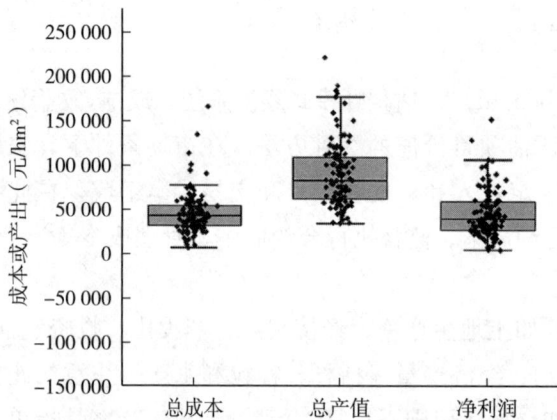

图 2-10　稻虾模式的总成本、总产值和净利润

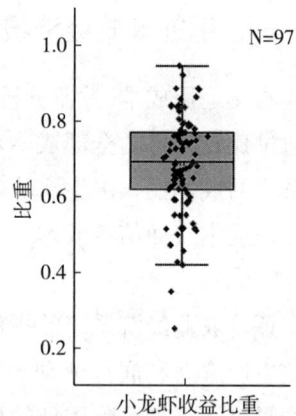

图 2-11　稻虾产出结构

（数据来源：知网、万方和维普数据库中有关稻虾模式的 116 篇论文）

（2）经济投入成本结构。对湖北江汉平原潜江关山①的问卷调查进行分析，总体上固定成本占比约为 35.15%，可变成本占比约为 64.85%，固定成本与可变成本比约为 1∶1.84。在固定成本中，地租和初始小龙虾种苗费是主要投入，在可变成本中，小龙虾种苗、小龙虾饲料费和小龙虾收虾人工费是主要投入（图 2-12、图 2-13），说明小龙虾的引入显著提升系统经济投入成本；在稻虾模式各项投入成本中，地租、小龙虾种苗费、饲料费和收虾人工费是主要支出部分，这部分比重约为 73%。

---

　　① 湖北省潜江市白鹭湖农场关山分场是潜江市开展稻虾种养较早的地区（90%以上农户种养年限均在 10 年以上），地处四湖地区腹地，是江汉平原稻虾种养典型代表地区。

表2-3 稻虾模式经济投入产出的项目组成与核算方法

序号		项目	要素组成与解释	核算方法
1	固定投入	地租	田租	
2		农业保险	水稻保险、小龙虾保险	
3		田间工程改造	挖沟、筑埂、防逃网、进排水设施	每年田间工程改造费用可根据初始一次性投资建设成本按3年进行折旧核算,因为生产中惯例上是3年进行一次环形沟养殖清淤和修筑田埂
4		捕虾地笼	因不同规格地笼价格存在差异,故根据总成本与种养面积比值换算单位面积捕虾地笼成本投入	根据初始一次性购买成本按3年进行折旧核算,使用周期约3年
5		投饵作业船	单块稻田面积大于30亩时,多数农场主会考虑购买投饵作业船及投饵作业机	根据投饵船购买成本一次性购买成本按10年进行折旧核算
6		水体增氧设备	单块稻田面积大于30亩时,多数农场主会考虑购买投饵作业设备,以增加春夏季水体溶解氧浓度,创造小龙虾适宜的生长环境	根据增氧设备初始一次性购买成本按10年进行折旧核算
7		灌溉设备	当田间无法实现春夏季水体溶解氧灌溉时,农户购买潜水泵或柴油汽油机灌溉	根据灌溉设备初始一次性购买成本按10年进行折旧核算
8		初始小龙虾种苗	农户开展稻虾种养一般多采用一次性初始投放+每年补投种苗,一次性初始投放多为亲虾而非虾苗,补投多为虾苗	根据初始小龙虾种苗投入成本按3年进行折旧核算
9	可变投入	种苗	水稻稻种、小龙虾虾苗、水草(伊乐藻、沮草等)	根据苗种均价(投放量、种植密度)与对应种价格乘积核算
10		养分	包括水稻肥料、小龙虾饲料,冬春季节用于有机肥水的有机肥料(如小牛类)。在小龙虾不同生长阶段投入不同蛋白质含量的饲料因品牌种类、蛋白质含量而不同	水稻肥料和用于有机肥水的投放量均根据苗情不同阶段的投喂天数、不同阶段每天投料价格乘积的求和核算
11		药物	包括农药(杀菌剂、除草剂利除虫剂)、虾药和水质调节药品(用于改善稻田环境和水体环境)	农药和虾药每次用药类型及用药量,特定类型药品价格核算,单位面积每亩用药品组成十分复杂,水质调节药品分为消毒、除杂、改底、补肥、补药五个部分,根据每单位药核算规则相同可
12		劳动力	包括水草种植、水稻育秧及捅秧、小龙虾饲料投喂、水稻施肥、小龙虾收获、其他项目等	根据劳动力人数、劳动时长单位时长劳动力价格乘积核算
13		机械与能源	包括机械整田、机械育秧及捅秧、机械灌溉(燃油或电力)、机械收割等	根据单位面积各项目费用求和核算
14	经济产出		包括水稻、小龙虾和其他经济水产品	水稻经济产出根据苗产量与价格乘积核算;小龙虾经济产出根据收获期间当天市场价格乘积的求和核算

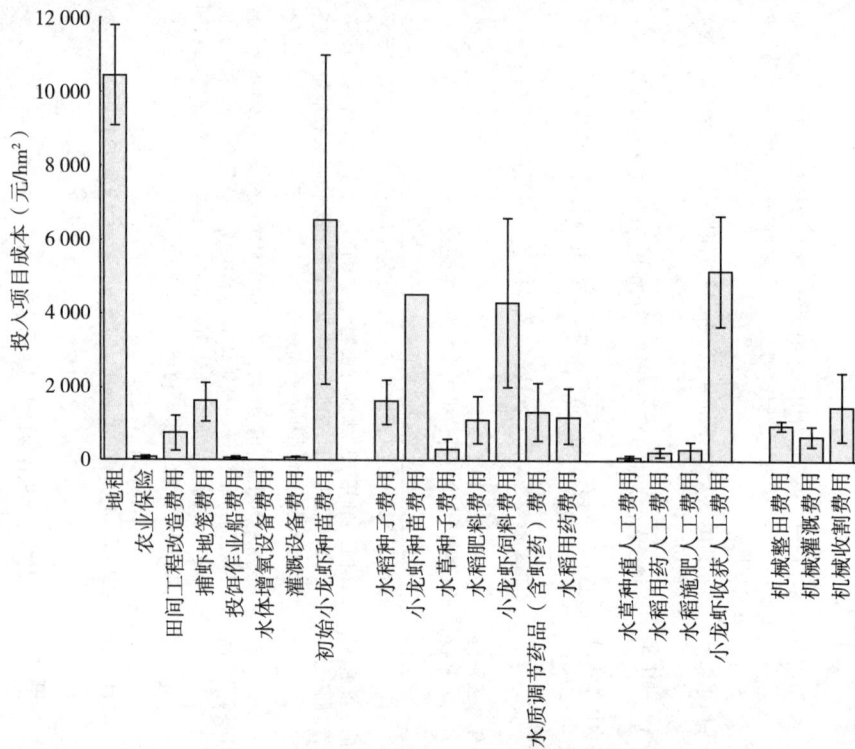

图 2-12　稻虾模式经济投入项目成本费用

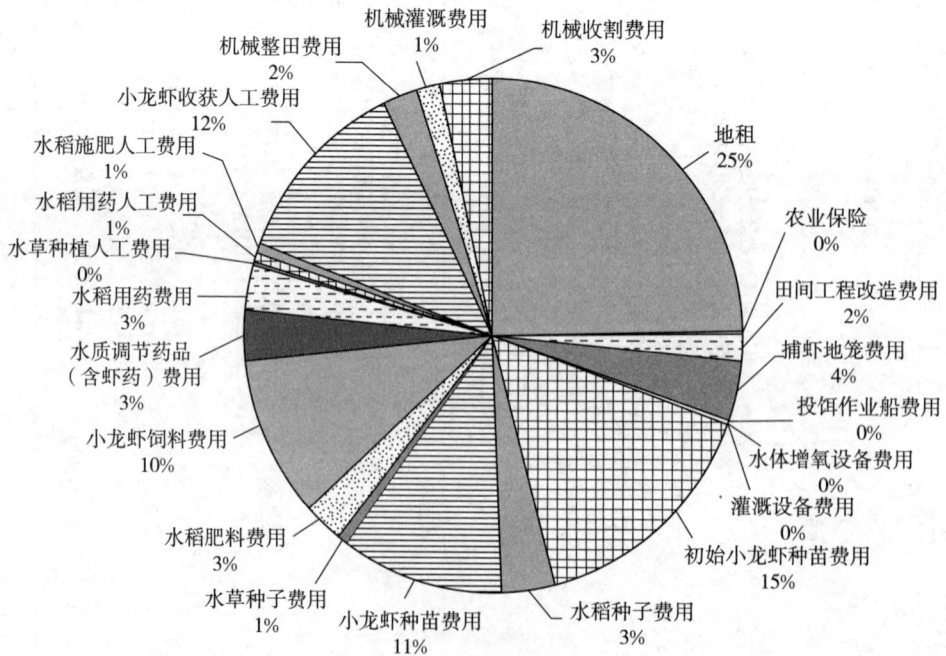

图 2-13　稻虾模式经济投入项目成本费用结构

（3）经济产量产出情况。中国稻虾模式的单位面积水稻平均产量约为 7 504kg/hm²，总体超过水稻平原地区开展稻渔综合种养水稻单位面积平均产量不低于 7 500kg/hm² 的产量红线；而单位面积小龙虾平均产量约为 1 706kg/hm²，相较于期望目标产量 2 250kg/hm² 仍有 24.18％的产量提升幅度（图 2-14），且宏观上小龙虾产量主要受到纬度而非经度影响，随纬度升高，单位面积小龙虾产量呈现降低趋势（图 2-15）。

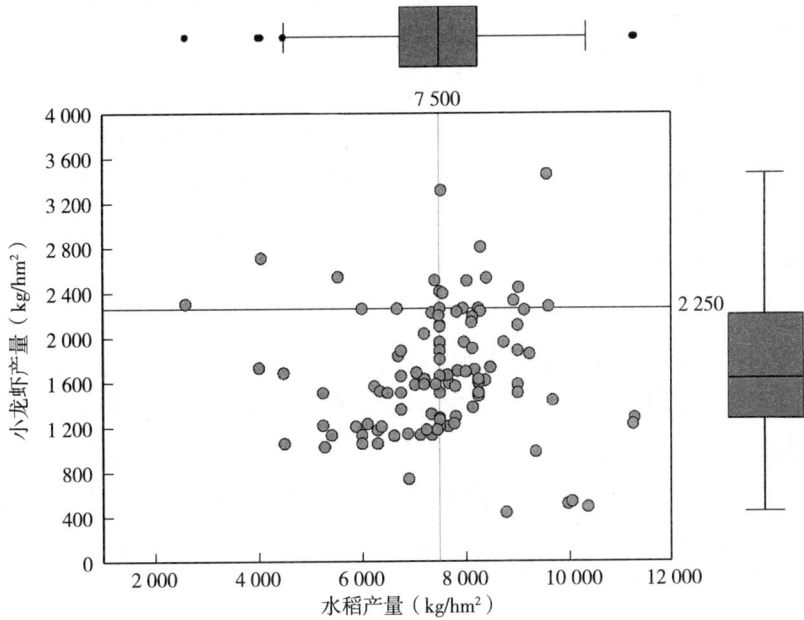

图 2-14　稻虾模式的水稻和小龙虾单位面积产量

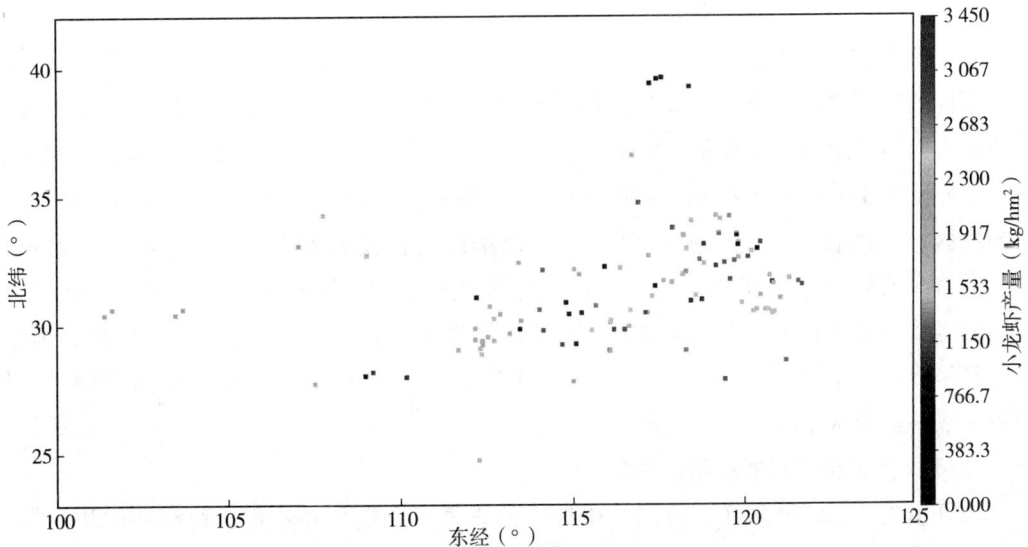

图 2-15　小龙虾产量与区域地理位置之间的关系

3. 稻虾模式经济投入产出的效率情况

有研究指出，农户采用稻虾共作模式后并没有改变粗放经营方式，共作农户土地利用效率与单作农户土地利用效率没有显著差别，效率损失仍然存在。但若考虑环境约束，稻虾共作模式的土地-环境利用效率显著高于水稻单作，只是目前均处于低效率水平。进一步分析发现，投入冗余对土地利用效率的负向影响最大，表明了当前稻虾种养的资源过量投入消耗是制约土地利用效率进一步提升的关键因素。对各种投入要素的冗余程度进行计算发现：肥料、病害治理和劳动力的冗余率均超过了60%，表明减少肥料、病虫害治理和劳动力投入是降低成本、提升土地利用效率的重点。要素投入冗余出现的原因：一方面与农户期望通过增加要素投入提高产品产出以获得更高收益相关，如通过大量投饲投肥期望提升小龙虾产量；另一方面与农户生产技术掌握程度低、生产管理水平和评价手段不足相关，技术管理水平低的农户在面对复杂生产问题时（如小龙虾病害防控等方面）往往倾向于通过投入大量药物等生产资料，降低小龙虾养殖过程中出现的疫病风险，另外，稻虾田的水稻施肥因缺少有效手段，而难以准确科学判断土壤肥力，从而导致主要凭借自身经验和邻里效应施用化肥。

与水稻单作模式相比，开展稻虾共作水稻种植的成本效率几乎无差异，且由于农户过量投入导致两者的水稻生产效率都处于较低水平，两者均有70%以上农户的水稻生产效率值处于（0，0.4）区间。表明：目前，开展稻虾共作的农户并没有充分发挥新技术资源配置能力，在稻虾种养中以高投入换取高产出的粗放型生产模式并没有得到根本改变，以现有技术状态和管理方式开展稻虾共作模式存在较大的效率损失（王晓飞和谭淑豪，2020）。理论上，若消除效率损失，稻虾共作农户的生产成本降幅达62.4%。

二、稻虾模式经济效益分析

1. 不同区域稻虾模式经济效益

不同区域开展稻虾模式，受具体种养模式、经营规模、区域资源条件和管理技术水平等多方面因素影响而导致在亩均投入成本及小龙虾和水稻产值效益上存在差异。长江流域是稻虾模式分布的主要区域，区域之间的稻虾模式亩均净效益总体差别小（图2-16），两湖地区、太湖地区和洪泽湖-高邮湖地区以稻虾共作模式为主，模式成熟、技术水平高，经济净效益均高于45 000元/hm^2，但两湖地区由于农户掌握稻虾种养技术水平不一而致使经济收益不稳定，生产风险大；而环鄱阳湖地区及皖江地区以稻虾连作模式为主，虽然经济净效益平均约34 000元/hm^2，相对于其他地区偏低，但由于稻虾连作模式操作简单、农户接受水平高，生产风险低。

2. 不同类型稻虾模式的经济效益

稻虾模式类型多种多样，根据应用推广面积主要存在稻虾连作、稻虾共作和稻虾混养3种模式。稻虾连作模式主要分布在低山丘陵及湖区向低山丘陵的过渡地带，稻虾共作模式多分布在低洼湖区等水资源丰富地区，稻虾混养目前在南方丘陵山区和东北地区等

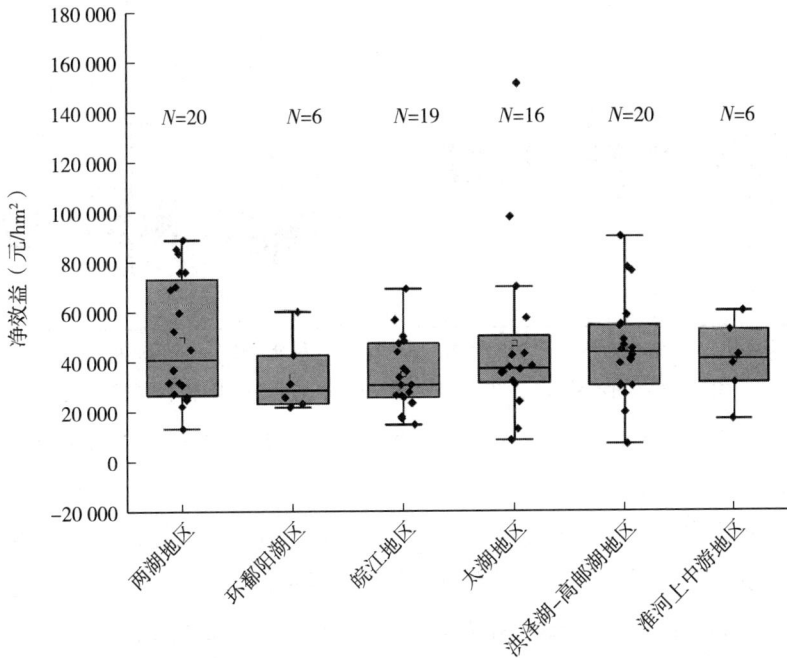

图 2-16　长江中下游地区不同区域间稻虾模式亩均净效益比较

地存在，同稻鱼共生系统类似，在水稻种植期间养殖小龙虾。

（1）稻虾模式成本效益。对 3 种模式的净效益进行比较（图 2-17），稻虾连作模式的平均净效益约为 36 954 元/hm²，稻虾共作模式的平均净效益约为 54 474 元/hm²，而稻虾混养模式的平均净效益约为 61 595 元/hm²。对 3 种模式的总成本进行比较（图 2-17），稻虾连作模式的总成本约为 40 924 元/hm²，稻虾共作模式的总成本约为 50 304 元/hm²，稻虾混养的总成本约为 64 644 元/hm²。对 3 种模式的产投比比较（图 2-18），稻虾连作模式的产投比为 2.01，稻虾共作模式的产投比为 2.16，稻虾混养模式的产投比为 2.03。

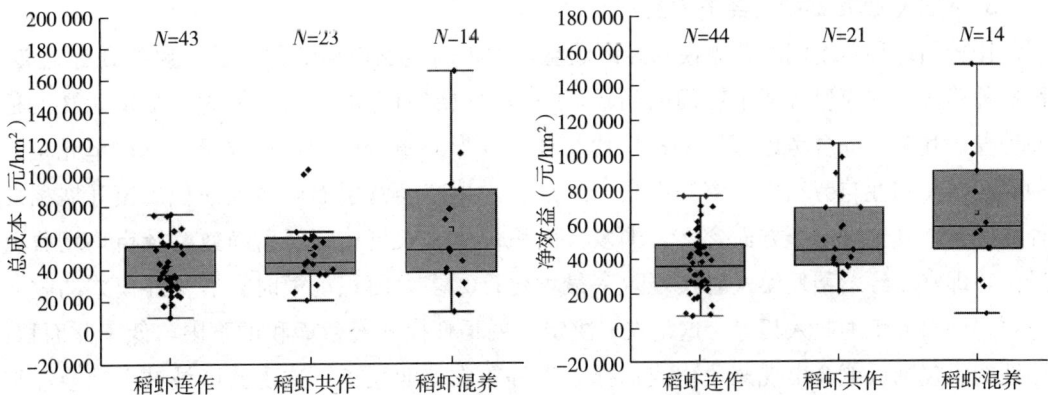

图 2-17　稻虾连作、共作和混养 3 种模式的总成本和经济净效益比较

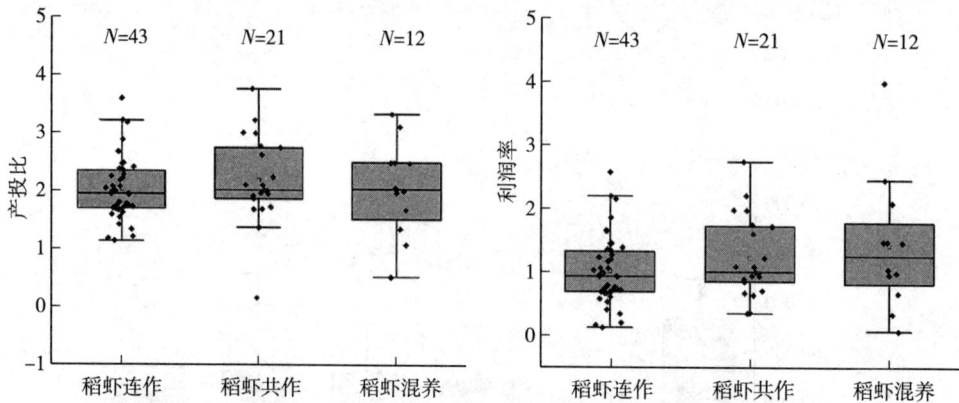

图 2-18　稻虾连作、共作和混养 3 种模式的产投比和利润率比较

（2）稻虾模式经济产量。稻虾连作、共作和混养 3 种模式对单位面积水稻平均产量影响差别不大，分别为 7 374、7 270、7 696kg/hm² （图 2-19）。稻虾连作、共作和混养的单位面积小龙虾平均产量分别为 1 609、1 897、1 847kg/hm² （图 2-19），表明稻虾共作模式小龙虾产量水平最高，而连作模式的小龙虾产量最低。

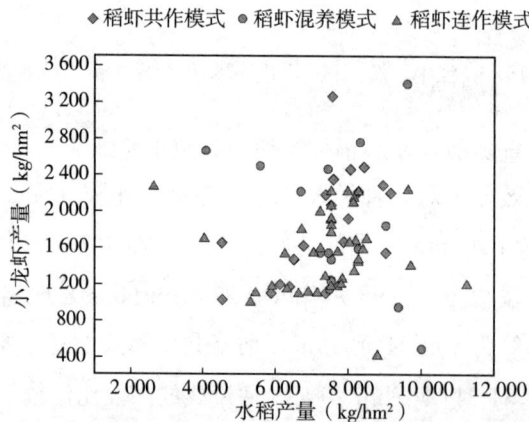

图 2-19　稻虾连作、共作和混养 3 种模式的单位面积水稻产量和小龙虾产量分布

3. 不同规模稻虾模式经济效益

比较稻虾种养不同经营规模的经济效益，对于确定农户稻虾种养适宜规模具有意义。稻虾种养适宜规模包含两个层面的问题，一是田块层面上以多大规模为一个单元开展稻虾种养，其需要综合考虑区域稻田田块特征、环形养殖沟面积占比要求、单块单元稻虾种养经营便利性与劳动生产率等因素；二是农户生产经营层面以多大面积规模开展稻虾种养经营，其包含三个方面含义，①多大面积规模时农场稻虾经营净效益及亩均增收值最优，即农场经营稻虾模式时实现效率最大化；②多大面积规模时开展稻虾模式的收入与农户外出务工的收入相等，这是农户决定开展稻虾模式经营面积的下限，低于此面积，理性的农户则可能会出现兼业化或选择务工等非农就业渠道，这受到区域城乡社会经济发展水平的影响；③农户自身资金供给保障能力、当地社会化服务能力决定着农户开展

稻虾种养经营面积的上限。此小节重点关注的是比较不同面积规模时稻虾经营净效益和亩均增收值的变化。

稻虾模式的经营面积规模影响单位面积经济净效益，随着经营面积规模增加，稻虾单位净效益呈现下降趋势（图2-20），当经营规模为20～40hm² 时，单位面积经济净效益相对最低，为42 958元/hm²，同比规模为0～6.67hm² 的净效益低13.27%，这可能是由于稻虾模式属于半劳动密集型农业模式，面积规模小，能够通过增加劳动力投入提高收入从而提升经济净效益，更趋向于通过平本增产模式实现单位面积增收（图2-21）；而当经营规模大于30hm² 时，随着经营面积规模增加，稻虾模式经济净效益呈现增加趋势，这主要是面积扩大所带来的单位面积平均成本投入降低所引起的，更趋向于通过降本平产模式实现单位面积增收（图2-21）。进一步，随着经营规模增加，稻虾经营的单位面积增本呈现由平缓逐渐降低的趋势，单位面积增值和单位面积增收呈现先减少后增加趋势，三者变化的经营规模拐点是30hm²（图2-21）。

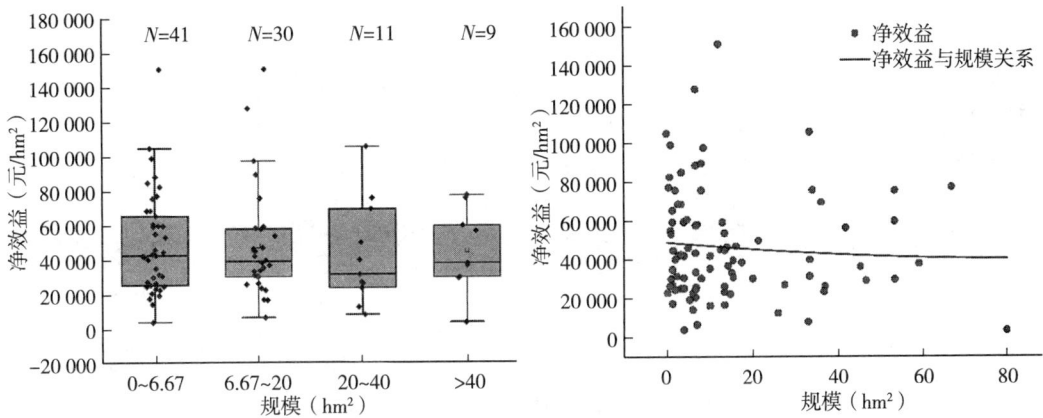

图2-20　稻虾模式经营面积规模与净效益关系

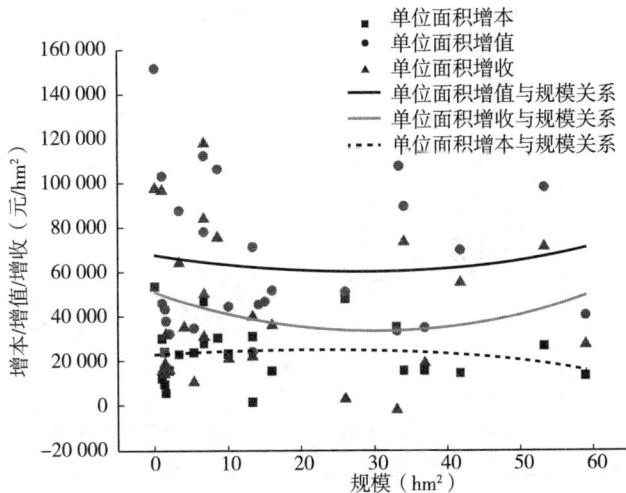

图2-21　稻虾经营面积规模与单位面积效应变化

三、稻虾模式的综合效益分析

稻虾种养具有稳定国家粮食安全、保障食品供给安全、维护生态环境安全、产业扶贫助力乡村振兴、优化产业结构实现农业增效提升农业综合竞争力等多重功能；是稳粮增收的"稳定器"、供给侧改革的"驱动轮"和农业绿色发展的"推进剂"，破解了国家要粮、农民要钱和生态要绿的多重矛盾（张胜金戈，2018）；实现了经济效益、生态效益和社会效益的有机统一，符合新时代中国农业的发展方向。

1. 经济效益

稻虾模式显著提高了稻田净效益。与单一水稻种植模式相比，开展稻虾模式的平均成本虽然增加了 24 863 元/hm²，但是平均产值增加 62 717 元/hm²，所以同比平均增收 39 899 元/hm²（图 2-22）。这是由于在经济成本投入与效益产出上，稻虾模式具有较高的经济投入产出比和投资利润率。图 2-23 表明开展稻虾模式的平均经济产投比为 2.14，

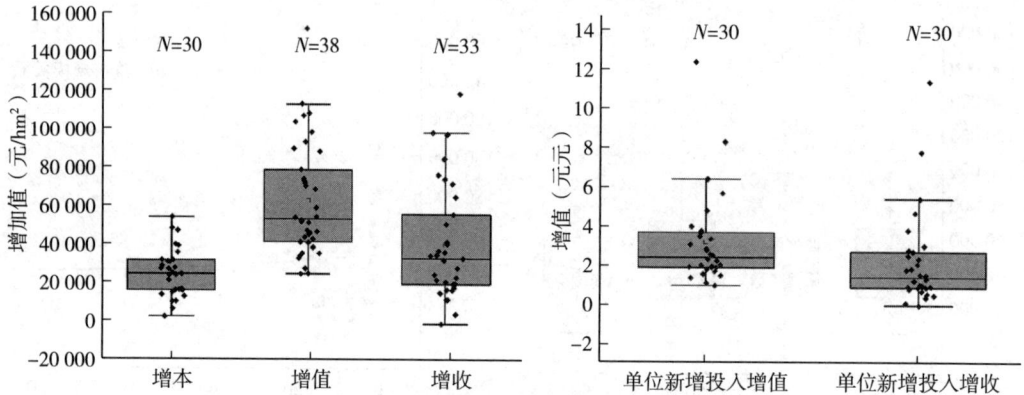

图 2-22 稻虾模式增加值及单位新增投入增值变化

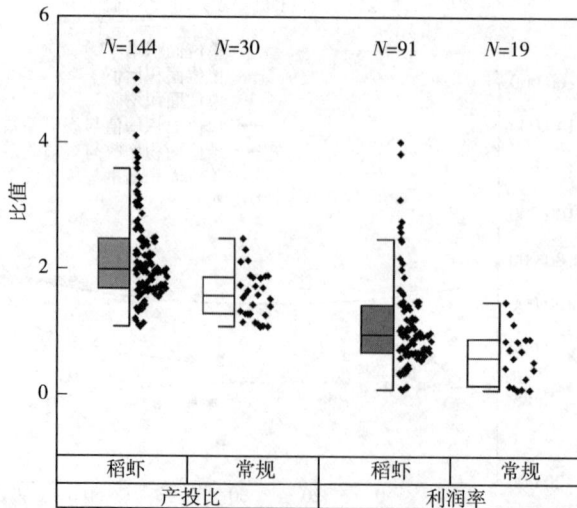

图 2-23 稻虾模式与常规模式的产投比和利润率比较

同比水稻单作模式（常规）高 0.57；稻虾模式的平均利润率为 1.12，同比水稻单作模式（常规）高 0.52；同比水稻单作模式（常规），开展稻虾模式投入成本增加 1 个单位，能够增加为 3.17 个单位产值和 2.18 个单位的增收值（图 2-23）。随着稻虾产业中的绿色生态优势产业化挖掘、文化教育艺术等价值的开发、绿色品牌价值的逐渐彰显、三产融合的进一步发展，稻虾模式的综合经济产值将得到进一步提升。

2. 生态效益

（1）减肥减药。据调查，湖北省一季水稻种植纯氮用量约为 160kg/hm^2，而稻虾模式水稻纯氮用量约为 100kg/hm^2，下降约 37.5%。在湖北省开展的多地农户调查均显示：与水稻单作（对照）相比较，开展稻虾模式减少了纯氮输入（图 2-24）。此外，小龙虾残余饵料、虾粪、水稻根际沉析物以及植物地下部分残留物和秸秆等有机物质的输入，能够保持营养物质，培肥稻田土壤。同时，稻虾种养农药用量同比降低 30% 以上，且考虑小龙虾生长，农户大多使用福戈、艾苗、康宽、吡虫啉、苏云金杆菌等高效低毒农药（表 2-4）。化肥和农药的减量使用具有双重效益，不仅降低了生产成本，同时也减少了因化肥农药过量使用而产生的面源污染，有利于生态环境保护，促进食品安全生产。

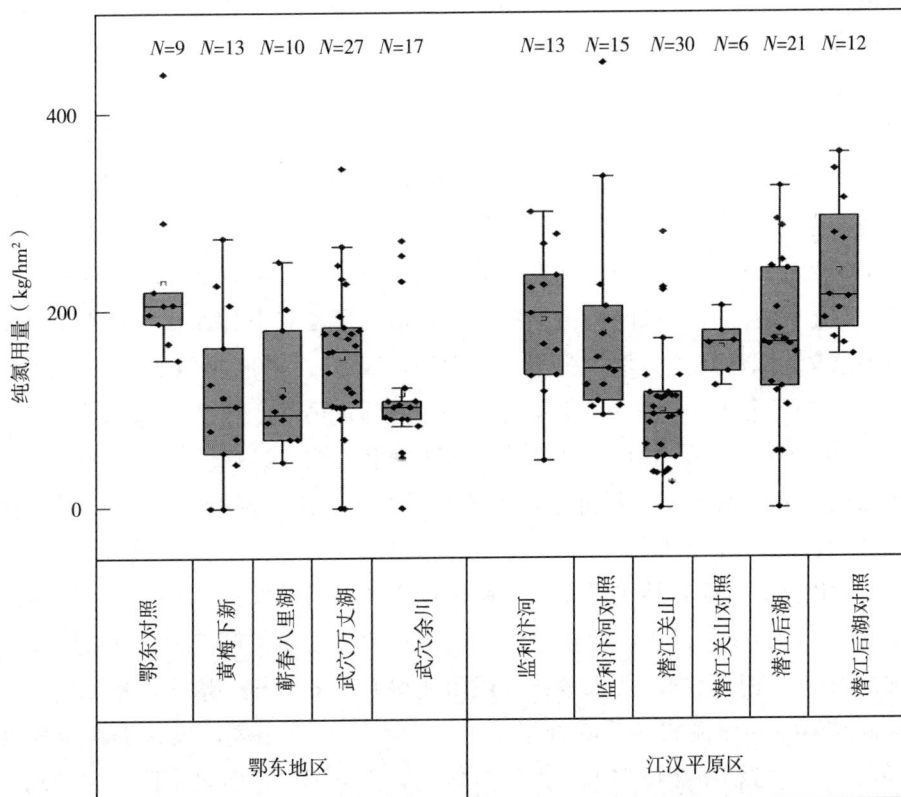

图 2-24　湖北省不同区域稻虾模式纯氮用量比较

表 2-4　基于农户问卷调查的稻虾模式农药使用统计情况

模式	稻虾模式	水稻单作模式
用药次数	2~3 次	4~5 次
用药类型	高效低毒制剂	高毒化学制剂
用药成本	80~120 元/亩	100~180 元/亩

（2）改善环境。

①工程结构与生物多样性变化。开展稻虾种养需要进行田间工程改造和配套农田水利设施建设，而输水管道的疏通和稻田四周环形养殖沟的建设为稻田动物提供了良好生境，夏季稻田晒田期间环形养殖沟为稻田水生动物提供暂时避难所，冬春季稻田淹水环境为候鸟及青蛙等提供繁殖栖息环境，利于保持稻田较高的生物多样性（Yosihiro Natuhara，2013）。

②固碳减排，改善环境。开展稻虾种养实施秸秆全量还田，增加土壤固碳；同时小龙虾引进减少了冬春季节由于淹水作用产生的甲烷排放，减少了碳排放，调节气体；开挖环形养殖沟降低冷浸田稻田水位改善低洼冷浸稻田中的水稻种植环境，同时可增强水源涵养和蓄水抗旱的功能；此外，开展稻虾种养的水网地区，蚊幼基本上得到消除，减少了蚊虫危害，改善了农村的环境卫生。

3. 社会效益

（1）稳定生产，保障国家粮食安全。开展稻虾种养由于实现了一田双收，相比单一水稻种植模式提升了种粮比较效益，激发了农民生产积极性，稻田抛荒问题和"非粮化、非农化"问题得到有效缓解，促进了土地由碎片化向集中规模化发展，促进了水资源丰沛的冷浸田、低洼田等中低产田的开发。县级层面上，水稻种植面积不降反升；同时还带动一部分冬春作物非优势区的种植结构调整，增加了稻谷播种面积，对于稳定水稻生产具有重要意义。以潜江市为例（张勇和吴学兵，2021），耕地面积由 2010 年的 6.7 万 hm² 增长到了 2017 年的 10.89 万 hm²，增幅 62.54%；稻谷产量由 2010 年的 28.84 万 t 增加到 2017 年的 63.71 万 t，增幅 121%。以荆州市为例，2000—2019 年的近 20 年中，稻谷种植面积也由原先的 550 万亩增长到了 683 万亩（中国水产，2022），稻谷产量由 288.32 万 t 增长到 375.64 万 t。

（2）有效供给，保证食品质量安全。稻田综合种养不同模式同比一季水稻在化肥用量方面呈现一定程度上的减少，由于水产动物活动改善土壤供肥能力，速效氮磷肥投入减少，加之水产动物排泄物以及水稻秸秆还田使得有机养分投入增多，稻米食味品质得到改善；同时稻虾共作模式显著降低了稻米垩白粒率和垩白度，改善了稻米外观品质（曹凑贵等，2017）；稻田环境中由于天然饵料多、鱼类饲料投喂量下降，水产动物活动力增强，提升了淡水水产品品质，稻虾种养为市场提供了绿色水稻和绿色小龙虾，契合国内国际消费者市场需求。

（3）增加就业，促进农民脱贫致富。稻虾种养作为一种结合水稻种植和水产养殖的模式，属于典型劳动密集型产业，其社会保障价值体现在不仅能够增加农村地区的就业机会，解决富余劳动力基本生存问题，也促进社会稳定发展（孙新章等，2007），具有很高的劳动力就业价值[①]；稻田农产品的多样化生产能够补充增加家庭经济收入，特别是稻虾模式中的水稻和小龙虾季节性收入维持了稳定的资金链，增强了农业生产经营系统的连续性与稳定性，降低了农业生产因资金链断裂而面临的经营破产风险，维护了农民的生计，实现了产业脱贫。同时稻虾种养的发展也带动了种苗、饲料、农资、小龙虾收购、物流、交易以及小龙虾加工、餐饮文化等产业链环节的发展，新增了大量的就业机会。以湖南南县为例，稻虾产业直接带动了 12.8 万人的就业，约 1.5 万户贫困户依托稻虾种养实现脱贫。

第三节　中国稻虾产业的业态分析

与传统稻渔综合种养发展不同，新一轮稻渔综合种养发展呈现出产业化发展新趋势。各地把稻虾种养作为产业进行培育，并坚持规模化开发、产业化经营、标准化生产和品牌化运作的培育思路（农业农村部渔业渔政管理局，2020），扩大稻虾产业规模，建立稻虾产业集群，不断提升稻虾产业化水平。

一、稻虾种养产业化发展情况

在推进稻虾产业发展过程中，注重推进水稻产业和小龙虾产业协同发展，积极培育稻虾产业集群，推进稻虾米和小龙虾产业化，取得了系列成果。

1. 稻虾米产业化情况

稻虾米，是利用稻虾模式生产出的一种稻米，又称虾稻米。稻虾米的产业发展历程相对较短，较早重视稻虾米开发的地区是湖北省潜江市，代表性企业如湖北省虾乡食品有限公司（2011 年成立）。近年来，居民对稻米品质的要求提升，稻虾米开发日益受到地方政府的重视，潜江市注册了"潜江虾稻"商标，依托项目建立万亩"虾乡稻"生产基地，先后孵化了"水乡虾稻""虾稻人家""虾乡稻"等稻虾米品牌（蒋代铭等，2013）（图 2-25）。

湖南南县是目前阶段稻虾米开发较为成熟的地区。2017 年湖南省启动了"湘米工程"，以南县为代表的地处环洞庭湖区县（市、区）依托稻虾种养模式开始发展稻虾米产业。2018 年南县被中国粮食协会授予"中国虾稻米之乡"称号，"南洲虾稻米"成为国家

[①]　劳动力就业价值，又称为社会保障价值，可用国家支付人均维持生存的最低生活保障水平来衡量（＝带动就业人数×城市最低社会保障标准×农村居民生活消费与城市生活居民消费开支的比值）（孙新章等，2007）。

图 2-25　潜江市创建的几款稻虾米品牌

地理标志产品[①]。目前南县拥有稻虾米加工企业 30 余家，年加工能力超过 50 万 t。除了湖北潜江、湖南南县，部分地区在近两年也开始逐步重视稻虾米的产业化开发，上海、江苏盱眙等地都纷纷出台发布了地方品牌稻虾米的团体行业标准（表 2-5）。

表 2-5　部分地区制定的稻虾米质量标准

地区	发布时间	标准	编号
上海	2020-05-07	稻虾米	T/SCOA 0001—2020
湖南南县	2020-11-09	南县稻虾米团体标准	T/NXLX 001—2020
湖北潜江	2021-05-25	潜江虾稻	T/QJCRIA 001—2021
湖北	2018-06-12	荆楚大地 虾稻米	T/HBLS 0006—2018
湖南	2018-05-26	湖南好粮油 虾稻米	T/HNAGS 004—2018
江苏	2018-06-01	盱眙龙虾米 第3部分：成品米	T/XYLX 007.3—2018

2. 小龙虾产业化情况

相比于稻虾米，中国小龙虾的产业化发展水平较高，特别是进入"十三五"时期，中国小龙虾产业进入快速发展阶段。在产业产值变化上，小龙虾产业产值已由 2017 年的 2 685 亿元增加到了 2020 年的 3 448 亿元，小龙虾已经成为我国水产业第六大水产品种，单品综合产值上升居第一位（舒新亚，2021）。小龙虾产业间结构近几年也在不断优化（表 2-6），一产产值占比降低，二产产值占比增长，三产产值占比稳定，表明小龙虾第二产业得到发展，产业间结构日益优化，产业抗风险能力得到增强。

尽管小龙虾产业发展很快，但产业发展进程中也呈现出一些新的变化趋势，中国小龙虾产业的发展水平仍需要进一步提升。在小龙虾产量上（表 2-7），虽然每年都在增加，但是年际间的增量却在逐渐减少，表明中国小龙虾产量增长已经由高速增长期转向了缓慢增长期。在小龙虾总产值上，除 2020 年外均实现了年际正增长，但年际间的产值

---

① "南县稻虾米"品牌建设的现状、问题及对策 . https://wenku.baidu.com/view/e04188d983eb6294dd88d0d233d4b14e85243e0f.html.

增长量却在减少，表明中国小龙虾产业发展进入缓慢增长阶段。

表 2-6 中国小龙虾产业间的情况变化

年份		2017	2018	2019	2020
产量（万 t）		112.97	163.86	208.96	239.37
一产	产值（亿元）	485	680	710	748
	占比（%）	18.06	18.43	17.27	21.69
二产	产值（亿元）	200	284	440	480
	占比（%）	7.45	6.72	10.70	13.92
三产	产值（亿元）	2 000	2 726	2 960	2 220
	占比（%）	74.49	74.85	72.03	64.39
总产值（亿元）		2 685	3 690	4 110	3 448

注：二产指加工；在此忽略小龙虾进出口。

表 2-7 近年来中国小龙虾产业情况变化

年份	小龙虾产量（万 t）	小龙虾总产值（亿元）	年度	产量年际变化（万 t）	产值年际变化（亿元）
2017	112.97	2 685	2017—2018	50.89	1 005
2018	163.86	3 690	2018—2019	45.1	420
2019	208.96	4 110	2019—2020	30.41	−662
2020	239.37	3 448			

二、稻虾种养生产发展情况

稻虾种养生产发展是产业化发展的基础，生产发展体系建设决定产品生产力和有效供给。推进稻虾种养生产体系需要品种资源创新、区域布局优化和地域稻虾模式创新升级，从而推动稻虾种养生产方式转型。

1. 专用品种及种质资源创新

种质资源和品种选育是产业发展的基石。小龙虾品种选育和苗种繁育先后经历了稻田人工繁育一体化、规模化人工诱导稻田育苗、稻田小龙虾苗种选育改良等 3 个不同发展阶段。2005 年，由湖北水产专家舒新亚教授牵头主持的"克氏原螯虾人工诱导繁育技术"项目启动，旨在寻找最佳条件最大限度提高小龙虾产卵数量，这是全国相对较早地开始着手小龙虾苗种选育的研究。2008—2012 年，湖北莱克水产食品股份有限公司（莱克集团）利用中央财政现代农业项目，建立起全国首个也是最大的小龙虾人工诱导繁育规模化工厂育苗基地（张振立，2017）。2013 年，在湖北省人民政府的大力支持下，依托莱克集团，投资近 3 亿元的全国最大的小龙虾苗种选育和繁育中心落户潜江。同年，莱克集团与中国科学院合作建立了桂建芳院士工作站，旨在整合科技资源，突破工厂化苗种选育和良种规模化繁育。2017 年华中农业大学成立双水双绿研究院，把小龙虾品种遗传改良作为重点研究攻关内容之一，旨在解析重要经济性状的遗传基础，借助分子辅助选择与设计育种，培育小龙虾新品种/系（图 2-26）。

相比于小龙虾品种选育工作，适用于稻虾种养的专用水稻品种的筛选与培育工作开展相对较晚。表 2-8 是稻虾种养不同地区采用的代表性品种。与水稻单作模式相比较，稻虾模式由于小龙虾的引入致使稻田生态环境发生了明显变化，表现

图 2-26　小龙虾种质资源圃航拍
（陈松文供图）

为：①淹水时间显著增加；②引入了小龙虾。由于稻田淹水时间延长，对水稻的抗倒伏能力提出更高要求；同时考虑小龙虾的生存需要，对水稻自身的抗病能力以及水稻病虫草害防治用药等方面也提出了新的要求，加之为避免水稻和小龙虾生长之间面临的茬口矛盾，对水稻生育期也应有所考量，同时结合消费者对水稻产品的目标期待，所以对稻虾种养专用水稻品种提出了新的要求。

表 2-8　不同地区开展稻虾模式采用的代表性水稻品种

地区	代表县（市、区）	代表性品种	参考文献
洪泽湖-高邮湖地区	兴化、东台、泗洪、盐都、淮安、江都、建湖等地	南粳系列（9108、46、2728、5055）、甬优 2460、武运粳 21	孙炳林等，2019；王夏雯等，2021；王显等，2019
淮河上中游地区	霍邱、潢川、凤阳、桐柏	晶两优 534、隆两优华占、两优 33	
环鄱阳湖地区	九江	黄华占	巢思琴等，2019
两湖地区	潜江、监利、洪湖、南县、华容	鄂香 2 号、黄华占、桃湘优粒晶、丰两优系列、泰优系列	汪本福等，2018；柴克蓉等，2021；石世杰，2020
太湖地区	长兴、余杭、海燕、嘉兴、常熟、桐乡、仪征、苏州	南粳系列（9108、46）、软香系列（1 号、2 号）、甬优 1540、种嘉 58	
皖江地区	芜湖、庐江、全椒、巢湖、六合	南粳系列（5055、506）、隆两优 1307、丰两优香 1 号、天协 1 号、镇稻 18、广源占 15、玖两优黄莉占	

适应于稻虾种养的水稻品种应至少具有以下 4 个方面特性：一是抗倒能力强；二是抗病抗虫能力强；三是生育期较短，110～120d 为宜；四是产量稳定、米质优良。调研发现，目前主产省份逐渐重视稻虾种养专用水稻品种筛选与选育工作（表 2-8），2020 年 5

月"南县稻虾米产业研究院"成立，开始着手"南县稻虾米"专用优质品种培育和配套栽培技术等研究①。此外，江苏省农业科学院泰州农业科学研究所，粮食作物种质与遗传改良湖北省重点实验室，江西省邓家埠水稻原种场，安徽省水稻遗传育种重点实验室，潜江市农业技术推广中心，江苏省农业科学院宿迁农业科学研究所，华中农业大学双水双绿研究院等单位纷纷开展适用于稻虾种养的水稻品种筛选工作，目前大多数省份在稻虾种养专用水稻品种筛选与培育工作上的重点是利用已有地方优质水稻品种在稻虾田环境进行品种筛选（图 2-27），而专门针对稻虾田环境变化所要求的专用水稻品种培育工作相对滞缓，暂时只有湖北省 2019 年培育出的全国首个适应于稻虾种养的专用型水稻品种——虾稻 1 号。

图 2-27　稻虾种养水稻品种筛选试验场景
（陈松文供图）

宜城品种试验　　枝江五岭品种试验　　蕲春八里湖高垸品种试验　　潜江龙湾品种试验　　钟祥品种试验　　天门品种试验

2. 区域稻虾模式创新

稻虾模式的叫法多种多样，富有地域特色。调查发现，安徽省稻虾模式存在稻虾兼作型、稻虾轮作型和繁养分离模式，其中繁养分离又分为巢湖 2080 模式、芜湖 115 模式、大棚育苗模式；另外，安徽霍邱形成了原生态稻虾种养"三流模式"。湖南省稻虾模式主要分为稻虾轮作模式、稻虾轮作＋共生模式、稻田-池（藕）塘耦合连作模式。湖南长沙望城区形成了独具特色的"荷花-虾"模式，此外，湖南省水产科学研究所根据湖南省稻虾种养实

---

① 23 进 5 南县稻虾米专用新品种选育进入食味品鉴阶段 . https：//baijiahao. baidu. com/s？ id＝1720291531088552417&. wfr＝spider&. for＝pc.

践提出了全周期多链式 ABC 理论稻虾模式。江苏省的稻虾模式则分为稻虾共作、稻虾连作；此外，江苏省里下河地区农业科学研究所提出了"一稻三虾"模式，以及盱眙等地针对小龙虾大规格减少且龙虾集中上市，稻虾米优质不优价问题，探索提出了"双早双优"模式（施冠玉等，2021），扬州农业部门探索创新出了"稻虾鸭"模式等①。湖北省作为稻虾模式较早开始发展的地方，目前稻虾模式主要分为稻虾连作、稻虾共作模式。2021 年湖北省水产科学研究所提出了"无沟化虾-稻轮作"技术模式②，丰富了稻虾模式内涵。

三、稻虾种养经营组织情况

稻虾种养组织经营体系建设关乎提升经营管理效率和集聚生产要素运用，可促进稻虾适度规模经营，提升经营组织化程度，增强产业市场衔接程度，利于更好促进稻虾种养产业化。

1. 稻虾经营主体的培育

各地积极把培育稻虾种养经营主体作为壮大稻虾产业促进乡村振兴的重要举措，围绕稻虾种养的全产业链培育新型经营主体。以湖北省为例，近年来湖北推行新型农业经营主体主办行制度，由农业发展银行等 4 家涉农金融机构对口开展金融服务，每年安排 1 400 万元扶持农民专业合作社发展，安排 3 000 万元支持龙头企业打造园区产业链③。2015 年、2017 年和 2019 年先后出台了系列意见通知④，推动新型农业经营主体发展由"增量"转向"提质"⑤，先后培育百亩规模以上种养大户 7 900 个，种养专业合作社和家庭农场 2 419 家，以及莱克、华山、虾皇等龙头企业（2018 年数据）。以湖南省为例，截至 2020 年，环洞庭湖区域从事稻虾种养的公司有 100 多家，专业合作社及协会有 800 多家，家庭农场有 800 家（农业农村部渔业渔政管理局等，2020），其中南县作为环洞庭区稻虾重点发展县，其从事稻虾种养的新型经营主体数量由 2015 年的 370 家增长到 2020 年的 2 357 家，种养农户发展到 3.5 万户，从事小龙虾产业的人员达 13.5 万人。

2. 稻虾经营模式与联结机制

目前，开展稻虾种养生产的经营模式存在 4 类：①小农户自家经营，这是当前中国稻虾种养的主要经营形式，经营面积不大，普遍为 15～60 亩，其经营特点是自筹资金改造、自购生产资料、自己学习技术、自我经营管理、自我营销产品，多出现在初期探索阶段，

---

① 稻田生态良性循环 扬州市推出"稻虾鸭"综合种养新模式 . https：//baijiahao. baidu. com/s？ id=1705819461130009015&wfr=spider&for=pc.

② 不挖沟也能在稻田里养虾 湖北创新"无沟化虾-稻轮作"技术模式 . https：//t. ynet. cn/baijia/30921012. html.

③ 湖北新型农业经营主体已超 22 万个 . http：//www. gov. cn/xinwen/2017－09/10/content＿5224124. htm.

④ 这些意见通知，如《湖北省水产局 中国邮政储蓄银行湖北省分行关于印发创新湖北现代渔业金融服务工作实施方案的通知》、《关于加快构建政策体系 培育新型农业经营主体的实施意见》和《关于促进新型农业经营主体高质量发展的通知》。

⑤ 湖北推动新型农业经营主体"提质". http：//www. hubei. gov. cn/zwgk/hbyw/hbywqb/201908/t20190831＿1410039. shtml.

多处于模式起源地的临近周边地区。②公司主体经营，多采用公司＋农户＋基地或公司＋技术员＋工人＋基地模式，公司＋农户＋基地是依托政府项目和自身资金开展土地平整和稻虾田田间工程改造，以返租倒包形式由农户自己经营，能够激发农民生产积极性，通过订立产销合同，公司随行就市收购农户经营的小龙虾产品和水稻产品。该模式在初期生产成本低，易形成规模经济效应；技术来源有保障，可以有效应对病虫害风险，稳定产量保证质量；集中订单化销售可有效规避市场风险，降低交易成本；公司＋技术员＋工人＋基地模式依托政府项目和自身资金开展田间工程改造，依靠公司技术员指导，雇工生产，稳定保证货源供应，但容易造成粗放化管理生产，较适合粗放化、机械化、规模化、全程社会化服务程度高的作物种植，如水稻等，在应用稻虾模式等劳动力投入较多的模式上可能面临较高的生产监督成本。③合作社经营，多采用合作社＋农户模式，其经营特点是农户将土地经营权流转给合作社，合作社对土地按照稻虾田间工程要求进行改造，然后再返租有能力农户从事稻虾生产，合作社可以为加入合作的农户提供生产技术、农资服务等，农户也可以通过合作社销售渠道销售产品。调研走访发现，很多旱涝频发的贫困地区纷纷将稻虾产业作为实现脱贫和乡村振兴的产业路径，成立了稻虾种养专业合作社，统一流转土地、统一田间工程改造，然后返租倒包给农户经营稻虾种养，贫困农户能够以资金、土地及劳动力等多种要素，通过资金入股、土地入股、务工就业、兜底分红等多种利益联结方式参与稻虾种养生产而实现脱贫。

3. 稻虾产业组织联盟建设

国家层面上，中国水产流通与加工协会成立小龙虾分会；省级层面上，湖北省在2018年成立湖北虾稻产业协会；县级层面上，各县（市、区）纷纷成立了小龙虾和稻虾产业协会或联盟，代表如江苏省盱眙龙虾协会、湖南南县稻虾产业联盟、长沙望城区小龙虾产业联盟等（农业农村部乡村产业发展司和渔业渔政管理局，2021）。各省产业联盟积极举办稻渔（稻虾）产业发展论坛和发展交流会等，如第十三届中国·合肥龙虾及虾稻产业发展高峰论坛、2020年虾-稻产业高质量发展交流会（湖北）、2019稻虾生产种养产业发展大会、2019湖南（南县）首届稻虾高效高产养殖模式发展论坛等，论坛的举办有利于探寻稻虾产业发展规律，引导规范稻虾产业发展，促进稻虾产业交流与对外合作。

四、稻虾种养政策与保障措施

稻虾产业发展离不开产业政策和系列保障措施，为了促进稻虾产业发展，省市地方围绕稻虾产业发展出台系列相关产业政策、制定产业规划、采取系列行动，完善财政、金融、保险及科技支撑，引导稻虾产业合理有序健康发展。

1. 产业政策

自2011年起，我国稻渔综合种养进入新一轮高效发展阶段以来，从中央至地方高度重视支持发展稻渔综合种养，出台了一系列政策意见，实施了多项重点工程与行动计划，召开了多次推进稻渔综合种养产业发展的会议，促进了中国稻渔综合种养产业的发展。

（1）国家政策。早在 2007 年，农业部将"稻田生态养殖技术"列入渔业科技入户主推技术，2011 年农业部渔业局将稻田综合种养作为渔业拓展的重点领域而被列入《全国渔业发展第十二个五年规划（2011—2015 年）》后（陈健等，2018），稻田综合种养开始受到重视，进入了有计划地系统发展阶段。2015 年《国务院办公厅关于加快转变农业发展方式的意见》，提出要开展稻田综合种养技术示范，并将其作为发展种养结合循环农业的重要内容，这标志着发展稻田综合种养已经由部级层面主导上升到了国家层面支持，在随后的 2016—2018 年中央 1 号文件及国家有关文件多次提到支持稻田综合种养发展，这为稻田综合种养的发展创造了良好的政策环境。2017 年农业部开展了国家稻渔综合种养示范区创建工作，2019 年出台了《稻渔综合种养技术规范 第 1 部分：通则》，推动了我国稻渔综合种养的规范提质发展（表 2-9）。

表 2-9　国家和农业农村部支持稻田综合种养的重要文件和系列政策

时间（年）	发文机构	文　件　名
2015	国务院办公厅	关于加快转变农业发展方式的意见
2016	中共中央 国务院	关于落实发展新理念加快农业现代化 实现全面小康目标的若干意见
2017	中共中央 国务院	关于深入推进农业供给侧结构性改革 加快培育农业农村发展新动能的若干意见
2018	中共中央 国务院	关于实施乡村振兴战略的意见
2017	中共中央 国务院	关于创新体制机制 推进农业绿色发展的意见
2020	国务院办公室	关于防止耕地"非粮化"稳定粮食生产的意见
2015	农业部等八部委	全国农业可持续发展规划（2015—2030 年）
2015	农业部	关于进一步调整优化农业结构的指导意见
2016	农业部	关于加快推进渔业转方式调结构的指导意见
2017	农业部	关于组织开展国家级稻渔综合种养示范区创建工作的通知
2018	农业农村部	农业绿色发展技术导则（2018—2030 年）
2019	农业农村部等十部委	关于加快推进水产养殖业绿色发展的若干意见
2019	农业农村部	关于规范稻渔综合种养产业发展的通知
2017	农业农村部	稻渔综合种养技术规范 第 1 部分：通则
2020	农业农村部	稻渔综合种养技术规范 第 4 部分：稻虾（克氏原螯虾）
2020	农业农村部	关于印发《稻渔综合种养生产技术指南》的通知

（2）地方政策。湖北省是中国稻虾产业发展较早的地区，早在 2006 年就已经将稻虾连作模式写进了湖北省委 1 号文件，自 2016 年起先后出台了《关于推进小龙虾产业健康发展的通知》《湖北省推广"虾稻共作 稻渔种养"模式三年行动方案》，促进了湖北稻虾产业的快速发展；安徽省分别在 2016 年和 2018 年出台了《关于印发安徽省稻渔综合种养双千工程实施意见的通知》《关于稻渔综合种养百千万工程的实施意见》，先后实施稻渔

综合种养"双千"工程、"百千万"工程，推动了本省的稻虾种养快速发展；湖南省和河南省聚焦稻虾产业扶贫功能，分别出台了《关于大力发展稻田综合种养 加快贫困农民脱贫致富的指导意见》和《关于大力发展稻渔综合种养 加快产业精准扶贫的意见》；江苏省发布了《关于加快推进稻田综合种养发展的指导意见》；浙江省出台了《浙江省稻渔综合种养百万工程（2019—2022 年）实施意见》，提出到 2022 年，力争全省稻渔综合种养面积达到 100 万亩，走出一条具有浙江特色的稻渔综合种养发展之路。这些意见举措推动和促进了地方稻虾产业发展（表 2-10）。

表 2-10　地方省市支持稻虾产业的政策意见

省份	发文时间	文件名称
安徽	2016-12-7	关于印发安徽省稻渔综合种养双千工程实施意见的通知
	2018-12-18	关于稻渔综合种养百千万工程的实施意见
江苏	2017-2-3	关于加快推进稻田综合种养工作的通知
	2019-11-26	关于加快推进稻田综合种养发展的指导意见
浙江	2019-10-28	浙江省稻渔综合种养百万工程（2019—2022 年）实施意见
四川	2017-4-24	关于加快发展稻渔综合种养的指导意见
河南	2018-3-12	关于大力发展稻渔综合种养 加快产业精准扶贫的意见
湖北	2017-8-7	关于加快推进稻渔综合种养发展的意见
	2018-9-3	关于印发《湖北省推广"虾稻共作 稻渔种养"模式三年行动方案》的通知
	2019-5-20	湖北省"虾稻共作 稻渔种养"产业发展规划（2019—2022 年）
湖南	2015-11-16	关于大力发展稻田综合种养 加快贫困农民脱贫致富的指导意见
江西	2018-12-11	关于开展整县推进稻渔综合种养示范县创建的通知
	2019-7-29	关于严格规范高标准农田项目区发展稻渔综合种养的通知
黑龙江	2020-3-25	关于印发《黑龙江省稻渔综合种养发展规划（2020—2022 年）》的通知
广西	2020-4-13	关于加快推进稻渔综合种养产业发展的实施意见

2. 行动举措

（1）规划。2019 年针对稻虾产业，湖北省人民政府办公厅出台了《湖北省"虾稻共作 稻渔种养"产业发展规划（2019—2022 年）》，这是中国第一个有关稻虾产业的专项规划，首次从规划层面系统提出了促进湖北省稻虾产业迈向高质量发展的战略路径和系列举措；2021 年湖北省财政厅和农业农村厅又联合发布了《湖北省小龙虾产业发展规划（2021—2025 年）》，提出了新时代下小龙虾全产业链的升级路线。湖南省在 2018 年制定了《环洞庭湖区稻虾产业发展规划（2019—2023 年）》，为引导湖南省环洞庭湖区的稻虾产业有序发展提供了顶层设计；江西省将稻虾种养列入渔业供给侧结构性改革，2020 年印发了《江西省小龙虾产业发展三年行动方案（2020—2022 年）》。此外，主产县（市、区）也在积极开展稻虾产业规划的编制工作，如湖北省监利市在 2019 年编制了《监利市双水双绿产业发展规划（2018—2025 年）》，湖南省南县在 2021 年编制了《南县稻虾产业"十四五"发展规划》。

（2）行动。自 2017 年 6 月农业部在湖北潜江召开全国稻渔综合种养现场会后，各省纷纷召开有关稻渔或稻虾工作现场会以推进稻虾产业发展（表 2 - 11），如湖南省于 2017 年在岳阳市南县召开了湖南省稻田综合种养工作推进现场会；江西省于 2017 年在九江市彭泽县召开了江西省稻田综合种养现场会；安徽省于 2017 年在合肥宣城召开了安徽省稻渔综合种养现场会；陕西省于 2019 年在汉中召开了陕西省稻渔综合种养现场会；河南省于 2018 年在潢川召开了河南省稻渔综合种养产业扶贫现场会等，工作会的召开统一了思想认识，推动了稻虾种养在各地快速发展（表 2 - 11）。

表 2 - 11　国家及地方支持稻田综合种养而召开的相关会议

会议时间	会议名称	地点	主办单位
2011 - 11 - 8	全国稻田综合种养技术示范现场交流活动	辽宁盘锦	农业部渔业局和科技教育司
2014 - 8 - 5	湖北稻田综合种养推进现场会	湖北潜江	湖北省农业厅
2016 - 8 - 3～9 - 1	全国稻田综合种养现场观摩交流会	湖北潜江	全国农业技术推广服务中心
2016 - 11 - 26	首届全国稻渔综合种养产业发展论坛	上海	中国稻田综合种养产业技术创新战略联盟
2017 - 4	湖南省稻田综合种养工作推进现场会	益阳南县	湖南省农业厅
2017 - 6 - 20	全国稻渔综合种养现场会	湖北潜江	农业部
2017 - 7 - 31～8 - 1	安徽省稻渔综合种养现场会	宣城宣州	安徽省农业委员会
2017 - 9 - 1～12	全国稻田综合种养现场观摩交流会	浙江杭州	全国农业技术推广服务中心
2017 - 9 - 12	江西省稻田综合种养现场会	九江彭泽	江西省农业厅
2017 - 9 - 12	山东省稻渔综合种养现场会	淄博高青	山东省海洋与渔业厅
2018 - 9 - 4	河南省稻渔综合种养产业扶贫现场会	信阳潢川	河南省农业厅
2018 - 9 - 7	2018 年全国稻渔综合种养工作研讨会	辽宁盘锦	农业农村部渔业渔政管理局
2018 - 11 - 30	第二届全国稻渔综合种养产业发展论坛	江苏盱眙	中国稻田综合种养产业技术创新战略联盟
2019 - 7 - 12～13	第十三届中国·合肥龙虾及虾稻产业发展高峰论坛	安徽合肥	安徽省农业农村厅渔业渔政管理局、合肥市农业农村局
2019 - 8 - 8	第三届稻渔综合种养产业发展高峰论坛	宁夏银川	中国稻田综合种养产业技术创新战略联盟
2019 - 8 - 8～9	全国稻渔综合种养集中研讨和现场观摩会	宁夏银川	农业农村部渔业渔政管理局
2019 - 9 - 3～4	陕西省稻渔综合种养现场观摩推进会	陕西汉中	陕西省农业农村厅
2019 - 11 - 26	江苏省稻田综合种养工作推进会	江苏盱眙	江苏省农业农村厅、自然资源厅、水利厅
2020 - 7 - 11	2020 年虾-稻产业高质量发展交流会	湖北潜江	湖北省农业农村厅、湖北省农业事业发展中心、潜江市人民政府
2020 - 9 - 2	全国稻渔综合种养发展提升现场会	四川隆昌	农业农村部
2020 - 9 - 3	第四届全国稻渔综合种养产业发展高峰论坛	四川隆昌	中国稻田综合种养产业技术创新战略联盟

3. 相关保障

（1）财政支持。自"十二五"以来，国家层面高度重视稻渔综合种养产业发展，农业部科技教育司在 2012 年和 2013 年连续两年每年安排 200 万元支持稻渔综合种养发展，2014 年和 2015 年农业部渔业渔政管理局安排资金支持稻渔综合种养技术示范，2016 年农业部投入 4 800 万元用于支持 16 个示范基地实施稻渔综合种养工程项目等。地方省市也积极整合涉农项目资金支持稻虾产业发展，如安徽省通过实施渔业"三进工程"，切块用于补贴稻虾综合种养；江西省将小龙虾基地建设纳入现代渔业建设项目；湖南省在 2018—2019 年从省级投入 8 000 万元财政资金用于启动创建 10 个稻渔综合种养示范县；江苏省将小龙虾养殖基地建设纳入省级高效设施渔业建设项目；河南省通过省级财政农业结构调整项目、国家及省财政农业综合开发项目支持小龙虾苗种繁育等。

（2）金融保险。银行贷款方面，目前湖北、安徽、江苏和湖南等省份针对稻虾种养都设立了银行贷款，如湖北的虾稻贷、欣农贷等，安徽的稻虾贷、稻虾连作绿色贷款，江西的稻虾贷、"银行＋协会＋稻虾会员"金融服务，江苏的盱眙龙虾贷、虾稻（莲）致富贷、阳光扶贫贷，湖南的福祥·稻虾贷、稻虾共生惠农带、惠农 e 贷"小龙虾贷"等。政策保险方面，目前江苏、湖北和湖南针对小龙虾养殖设立保险，如湖南的小龙虾气象指数保险等。信贷担保方面，目前仅湖北省开展相关方面的探索，如湖北的楚农贷、农担抗疫信用贷等。

（3）科技支撑。国家层面上，成立了中国稻渔综合种养产业技术创新战略联盟和国家虾蟹产业技术体系；省级层面上，湖北省设立了现代产业技术体系"稻田综合种养项目"，安徽省成立了现代农业虾蟹产业体系，江苏省成立了江苏现代农业（克氏原螯虾）产业体系，江西省成立了江西省稻田综合种养产业技术体系，湖南省成立了文和友小龙虾产业研究院等，科研机构和科研团队的成立增强了地方稻虾产业发展的科技支撑与创新发展能力。各地相继颁布了有关稻虾种养技术规程和标准（表 2-12）。2020 年农业农村部第 329 号公告发布了《稻渔综合种养技术规范 第 4 部分：稻虾（克氏原螯虾）》；各地在"十三五"期间发布了 22 项与稻虾相关的技术标准（中国水产学会，2021），如 2017 年和 2020 年湖南省分别发布了《稻虾生态种养技术规程》和《稻虾蟹综合种养技术规程》，2020 年上海市发布了《稻虾共生技术操作规程》，2020 年江苏省发布了《"一稻三虾"生态种养技术规程》，2021 年湖北省潜江市建立了虾稻全产业链标准体系等。

表 2-12　国家及地方涉及稻虾种养的技术规程

地区	时间	技术规程	标准号
国家	2013 - 05 - 16	潜江龙虾 "虾稻共作" 技术规程	HYGC 02/516—2013
	2020 - 08 - 26	稻渔综合种养技术规范 第 4 部分：稻虾（克氏原螯虾）	SC/T 1135.4—2020

（续）

地区	时间	技术规程	标准号
湖北	2008 - 09 - 08	虾稻轮作 克氏原螯虾稻田养殖技术规程	DB42/T 496—2008
	2012 - 01 - 12	虾稻连作中稻种植技术规程	DB42/T 804—2012
	2016 - 09 - 01	虾稻共作养殖技术规程	DB42/T 1193—2016
	2016 - 09 - 01	虾稻共作 中稻绿色种植技术规程	DB42/T 1192—2016
	2018 - 05 - 22	小龙虾稻田综合种养技术规范	DB4210/T 2—2018
	2019 - 07 - 23	荆门漳河清水小龙虾"虾稻共作"生产技术规程	DB4208/T 66—2019
	2020 - 09 - 22	虾稻共作模式下稻田养分管理及水稻主要病虫害防治技术规程	DB42/T 1574—2020
	2020 - 12 - 04	稻虾共作模式下优质稻机插栽培技术规程	DB42/T 1606—2020
江苏	2008 - 07 - 01	稻-虾（克氏原螯虾）共作技术操作规程	DB3201/T 129—2008
	2013 - 04 - 10	克氏原螯虾稻田养殖技术操作规程	DB32/T 2304—2013
	2013 - 07 - 03	克氏原螯虾、水稻共作技术规程	DB32/T 2346—2013
	2018 - 06 - 08	盱眙虾稻共生繁养技术规程 第二部分：虾稻共生田克氏原螯虾养殖技术规程	T/XYLX 004.2—2018
	2018 - 06 - 01	盱眙龙虾米 第1部分：稻虾综合种养技术规程	T/XYLX 007.1—2018
	2019 - 09 - 26	稻虾连作生态种养技术操作规程	DB3208/T 118—2019
安徽	2020 - 06 - 22	稻虾鳖综合种养技术操作规程	DB34/T 3633—2020
	2016 - 06 - 15	冬闲稻田养殖克氏原螯虾技术操作规程	DB34/T 2660—2016
	2019 - 07 - 01	稻田克氏原螯虾秋放养殖技术规程	DB34/T 3337—2019
浙江	2021 - 03 - 10	平原水乡稻渔综合种养技术规范 第3部分：稻虾	DB3304/T 046.3—2021
	2020 - 05 - 15	虾稻共作技术规范	T/ZNZ 026—2020
湖南	2017 - 12 - 31	稻虾生态种养技术规程	DB43/T 1381—2017
	2020 - 08 - 25	稻虾蟹综合种养技术规程	DB43/T 1832—2020
四川	2018 - 12 - 20	稻渔综合种养 食用小龙虾养殖技术规程	T/LCDY 001—2018
	2021 - 02 - 10	稻渔种养技术规范 稻虾（克氏原螯虾）	DB51/T 2754—2021
河南	2018 - 12 - 03	稻虾共作技术规程	DB4115/T 055—2018
江西	2018 - 11 - 28	赣抚平原小龙虾与一季稻连作模式生产技术规程	DB36/T 1075—2018
辽宁	2019 - 12 - 02	克氏原螯虾稻田养殖技术规范	DB2101/T 0013—2019
山东	2019 - 11 - 11	稻田克氏原螯虾养殖技术规程	T/DKSCSH 004—2019
上海	2020 - 06 - 05	稻虾共生技术操作规程	T/CMHXXH 001—2020

第四节　稻虾种养产业链建设

促进稻虾种养转型升级，需要立足稻虾种养全产业链，明确稻虾产业链组成环节，明晰各环节发展现状水平，发现产业链建设存在的不足与问题，结合地方稻虾产业发展阶段，优化稻虾全产业链建设，增强稻虾产业抗风险能力，实现稻虾产业健康发展。

一、稻虾产业链构成

稻虾产业链由水稻产业链和小龙虾产业链两个部分组成（曹凑贵和陈松文，2020）。水稻产业链分为上游、中游和下游3个部分（图2-28），上游产业链涉及农资供应环节，由化肥、种子、农药、农机等组成；中游产业链涉及生产及社会化服务环节，包括种植、收获、烘干、储存、运输等；下游产业链涉及稻谷及其副产物加工环节，包括稻谷初加工和精深加工。

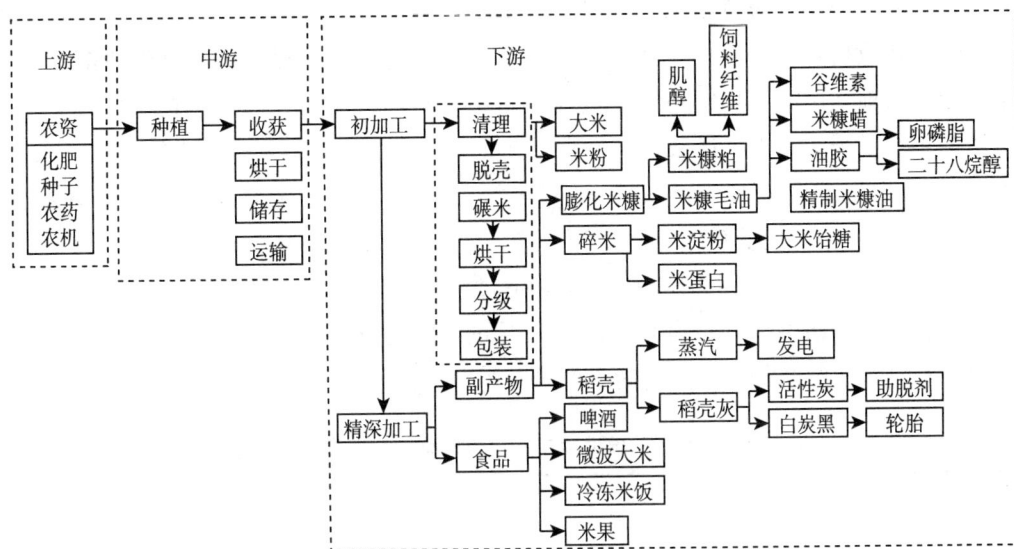

图2-28 水稻产业链示意

小龙虾产业链也分为3个部分（图2-29），上游产业链包括苗种繁育、小龙虾养殖和小龙虾捕捞，中游产业链包括小龙虾物流和小龙虾加工，其中小龙虾加工又可以分为初加工和精深加工；下游产业链包括小龙虾餐饮、节庆文化、电商服务和休闲旅游等。

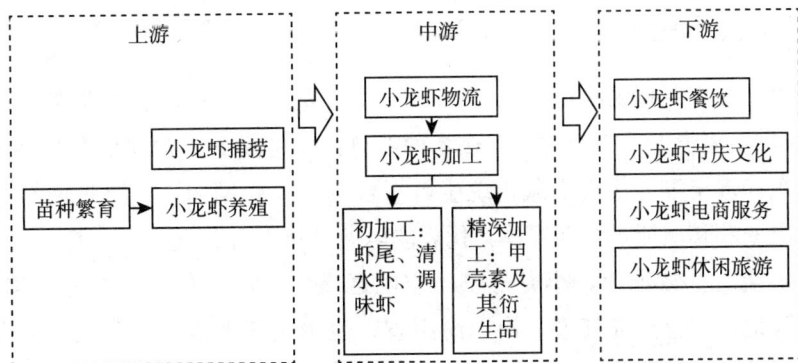

图2-29 小龙虾产业链示意

二、产前农资供给

稻虾种养的水稻种植农资包括水稻品种、化肥和农药。在稻虾种养应用的水稻品种上，既有常规稻也有杂交稻系列，常规稻包括黄华占、鄂香 2 号、中籼 91 等，杂交稻包括两优系列、泰优系列、超优系列等。稻虾田使用的化肥种类，大多数农户使用常规化肥，但目前市场上也涌现出永壮虾稻专用肥、中化虾稻宝等稻虾专用肥。在稻虾田的农药应用上，以福戈、艾苗、康宽、吡虫啉、苏云金杆菌等高效低毒农药为主。

稻虾种养的小龙虾农资供给包括种苗、饲料、各类水质调节品等。当前小龙虾育种正在步入遗传改良育种新阶段。随着集约化稻虾种养的发展，投放饲料已经逐渐受到农民的重视，目前稻田的亩均饲料投喂量约为 100kg（中国水产，2021），投入的具有较大影响力的饲料品牌有正大、通威、海大等。目前全国小龙虾饲料年产规模约 110 万 t，产值约 55 亿元，生产企业共有 200 多家（表 2-13）（农业农村部渔业渔政管理局等，2021），按小龙虾年消耗量 0.05～0.2t/亩计算，全国小龙虾饲料需求量约为 150 万 t（中国水产，2020）。除饲料投入外，小龙虾养殖过程中涉及清塘、消毒、改底、培肥、调水、补钙、防病等诸多环节，因此药物投入品的种类也十分繁多，常用药品有生石灰、碘制剂、补钙剂、氨基酸等，目前尚未形成专业生产企业。

表 2-13　2020 年中国小龙虾饲料企业调查

名　称	产量（万 t）	产量份额（%）	产值（亿元）	产值份额（%）
通威饲料有限公司	10.4	9.45	5	9.01
广东海大集团股份有限公司	8.1	7.36	3.58	6.51
新希望六和股份有限公司	5.13	4.66	2.72	4.94
武汉正大水产有限公司	3.89	3.54	1.75	3.18
深圳澳华集团股份有限公司	3.27	2.97	1.54	2.8
总计	30.79	27.98	14.59	26.44

三、产中生产供给

当前阶段，在小龙虾供给模式上，86.15% 的小龙产量是稻虾模式供给（以 2020 年数据计算）；在供给渠道上，当前主要存在 3 种渠道：一是线下小龙虾批发交易市场，二是以阿里、京东和苏宁等为代表搭载传统生鲜平台的小龙虾网店，三是近两年涌现的以短视频、直播电商和私域流量等新媒体为代表的电商销售平台。

在区域供给时空特征上，小龙虾供给空间区域广，广泛分布在东北、华北、西南、华中、华南等地，北至黑龙江省，南至海南省，但小龙虾供给主要区域是华中和华东地区。长江中下游地区的湖北、湖南、江苏、安徽和江西 5 个主产区年小龙虾产量供给占比 91.36%（2020 年数据）（图 2-30）；小龙虾供给时间呈现地域性和季节性，小龙虾生长发育进程受温度及热量的影响，由于区域维度及海拔的差异，不同区域小龙虾上市时间不同（表2-14）。总体上看，随着纬度升高，小龙虾集中大量上市时间逐渐推迟，小龙虾供给季节性表现为4～6月为供给旺季，超过70%的小龙虾是在这几个月集中上市，这一期间小龙虾市场价格呈现U形变化，导致这种现象发生的原因：一是小龙虾生长的周期规律，二是长江中下游地区的湖北、湖南、江苏、安徽和江西5个省份的稻虾种养面积约占94.19%（2020年数据），是小龙虾主产区，这5个省份的小龙虾上市时间集中在4～6月。

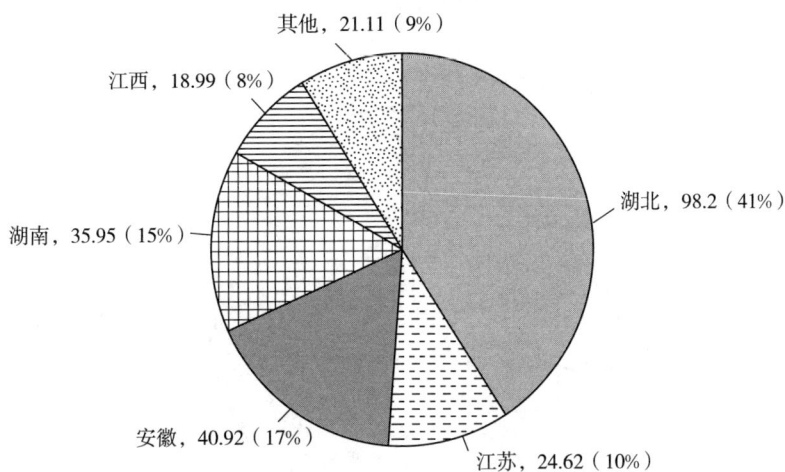

图2-30　2020年中国各省份小龙虾产量（万 t）
[数据来源：中国小龙虾产业发展报告（2021）]

表2-14　不同地区小龙虾上市时间

编号	区域	代表县（市、区）	上市时间	代表性模式
1	赣南地区	会昌	2～3月，6～7月，9～10月	稻虾混养
2	岭南地区	南宁、百色	2～3月	稻田生态养虾
3	淮河上中游地区	潢川、霍邱	5～6月	稻虾连作
4	两湖平原区	潜江、南县	4月中下旬至6月上旬	稻虾共作
5	环鄱阳湖区	都昌	5～6月	稻虾共作
	皖江地区	全椒、芜湖	4月底至6月上旬	稻虾共作
6	洪泽湖-高邮湖地区	泗洪、盱眙	5月中旬至6月中下旬	稻虾共作（一稻三虾）
7	华北平原区	曹妃甸	8月中旬后	稻虾混养
8	东北平原区	勃利	8月末	稻虾混养

四、产后加工出口

小龙虾加工发展势头良好，加工企业数量稳步增加，规模加工能力稳步上升，加工集中度日益提高，截至2020年规模加工企业（年加工量100t以上）达123家，年加工能力共计 88.07 万 t，主要集中在湖南、江西、安徽、湖北、江苏等地，其中湖北省小龙虾的加工能力占 69.79％，是中国小龙虾加工第一大省份（图 2－31）（农业农村部渔业渔政管理局等，2021）。近年来，由于受到欧盟关税调整、美国反倾销调查及国内原料虾价格上涨等因素的共同作用影响，小龙虾的加工市场已经由过去的欧美市场出口贸易型主导转向现在的国内市场消费型主导，进出口量占比逐年降低，2020 年小龙虾的加工总量为 88.07 万 t，是 2017 年 22.5 万 t 的 3.91 倍，占小龙虾年消费量的 20％～30％，小龙虾加工产值 480.07 亿元，是 2017 年的 2.4 倍（表 2－15）。

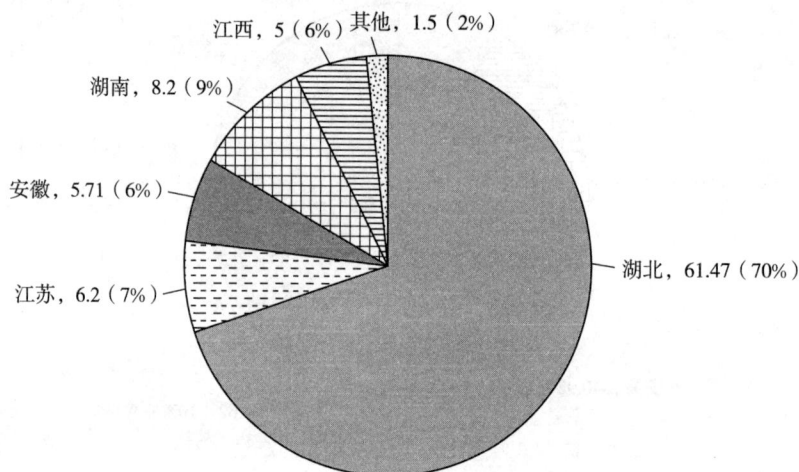

图 2－31　2020 年中国各省份小龙虾加工量（万 t）
［数据来源：中国小龙虾产业发展报告（2021）］

表 2－15　中国小龙虾加工与进出口情况

年份	2016	2017	2018	2019	2020
规模加工企业数量（家）	100	100	—	113	123
年加工能力（万 t）	90	90			12.3
实际加工量（万 t）		22.5	32	80.7	88.07
精深加工量（万 t）				3	3
年加工产值（亿元）		200			480.07
精深加工产值（亿元）		25			
进口量（万 t）	0.85	0.39			0.3 761
进口额（亿美元）	4.08	0.53			0.591
出口量（万 t）	2.35	1.93		1.49	0.774
出口额（亿美元）	2.66	2.17		1.68	0.7 562

数据来源：中国小龙虾产业发展报告（2017—2021）。

小龙虾加工产品分为速冻制品、即食食品、副产物加工食品、调味料等四大类别（农业农村部乡村产业发展司和渔业渔政管理局，2021）。

1. 小龙虾初加工

当前阶段，以虾仁、虾尾和整虾为主要类别的初加工产品的国内市场行情好、产品利润率较高且市场需求空间巨大，加之精深加工技术不成熟、研发投入资金需求大、生态环境保护力度大等，以及精深加工的原料集中度不高导致收购成本高等诸多因素共同作用，形成了当前阶段的小龙虾加工"以初加工为主，精深加工比例很低"的格局。据调查发现，加工厂是根据小龙虾的规格进行分类加工，大规格（体重 6 钱以上，1 钱＝5g）的小龙虾加工为整虾（调味虾）；规格稍小（体重 4～6 钱）的小龙虾加工成虾仁，以出口欧美市场为主；规格更小（体重 4 钱以下）的小龙虾加工成虾尾或虾球。目前，中国小龙虾的加工形势是初加工技术成熟，初加工产品市场前景巨大，处于供不应求状态；虾仁出口比重已经由原先的 80％下降至现在的 20％，而虾球和整只调味虾的比重逐渐上升，达到 60％～70％，且以国内市场为主。

2. 小龙虾精深加工

小龙虾含肉率仅为 18％，随着小龙虾初级加工业规模的增大，加工后产生的大量废弃虾头和虾尾壳等副产物资源化再处理问题成为制约小龙虾初加工的瓶颈，加之单纯水产品初加工的利润率相对较低，推动了小龙虾精深加的发展。事实上，我国开展小龙虾副产物开发利用研究的时间并不长，建设经验少、开发程度低，副产物精深加工在小龙虾加工总产值中的比重仍然较低（李楚君等，2022）。小龙虾精深加工早期阶段以甲壳素为主，如湖北潜江华山公司曾投资 4.5 亿元建成年处理 10 万 t 废弃虾壳提取氨盐和虾鱼加工资源再利用项目，实现年产甲壳素 3 500 万 t，年产值 20 亿元。但是由于甲壳素提取过程中污染很大，龙虾副产物脱矿物质、脱蛋白及脱色干燥后才能获得纯度较高的甲壳素，因此如何高效提取生物材料且不破坏结构成本、注重成本利用、简化工艺条件，以更环保和可持续的方式生产高质量的产品仍然是需要关注的重点（李楚君等，2022），况且在当前阶段生态环保政策的高压形势之下，实际上利用虾头、虾壳等副产物制备甲壳素的政策空间较小。现在绝大多数小龙虾加工厂主要是以物理手段将虾头、虾壳直接烘干加工成虾壳粉作为饲料添加剂，但产值不高，探索小龙虾副产物精深加工，如利用虾肝生产虾肽和虾膏，利用虾壳生产氨基葡萄糖盐酸盐（一种工业中间体，生物农药、印染、医药等领域的重要原料）、虾蛋白粉等还有待进一步开发。

五、产业服务与三产融合

（1）品牌建设。品牌就是生命力、竞争力、话语权，是优质产品实现优价的转化器，产业品牌化能够解决信息不对称问题。近些年，各类机构授予共计 21 个涉及小龙虾的区域公共品牌，至 2020 年小龙虾区域公共品牌覆盖的小龙虾产量占总产量的 36.04％（农业农村部渔业管理局，2021）。特别是稻虾种养的主产县（市、区）也在积极开展地域品牌建设，如素有"中国虾稻米之乡"之称的湖南南县和江苏建湖，素有"中国小龙虾种源保护第一县"之称的江苏泗洪，素有"中国生态稻虾第一县"之称的安徽霍邱，素有

"全国水稻第一县"和"中国小龙虾第一县"之称的湖北监利等。

（2）节庆文化建设。如湖北省的潜江龙虾节、监利龙虾节和洪湖龙虾节，江苏省的盱眙龙虾节，安徽省的合肥龙虾节、中国安徽（六安）龙虾节、江西的鄱阳湖龙虾节、湖南省的岳阳龙虾节、山东省的鱼台龙虾节等（农业农村部渔业渔政管理局，2020），先后举行了小龙虾节、虾王争霸赛、口碑小龙虾美食评鉴会等系列活动，品牌建设与节庆文化不断相互融合。

（3）小龙虾餐饮发展。在江苏盱眙、湖北潜江、湖南长沙、安徽合肥及六安、江西吉水等地都建立了龙虾餐饮一条街，形成了以江苏南京的金陵鲜韵系列，湖北潜江的油焖大虾、武汉的巴厘龙虾、武汉的小亮蒸虾、武汉的靓靓蒸虾，安徽的老谢龙虾、阿胖龙虾，湖南长沙的文和友小龙虾，四川的 Lee 叔叔龙虾馆、霸王虾、豪虾传等为代表的品牌餐饮（农业农村部渔业渔政管理局，2020），基本形成了线下龙虾大排档、中高端品牌餐饮和线上小龙虾外卖等三条主要消费渠道。

参 考 文 献

蔡秀玲，2003. 农业小规模经营与交易成本初探 [J]. 当代经济研究（1）：54 - 57，67.

曹凑贵，江洋，汪金平，等，2017. 稻虾共作模式的"双刃性"及可持续发展策略 [J]. 中国生态农业学报，25（9）：1245 - 1253.

巢思琴，夏立明，张立进，2019. 稻虾种养模式下水稻品种间的生长表现 [J]. 广西农业机械化（5）：69.

柴克蓉，刘经虎，张国栋，等，2021. 江汉平原虾稻共作模式水稻品种筛选试验 [J]. 农业科技通讯（5）：80 - 84.

陈健，李良玉，杨壮志，等，2018. 稻渔综合种养的发展及制约因素 [J]. 渔业致富指南（14）：17 - 20.

陈松文，江洋，汪金平，等，2020. 湖北省稻虾模式发展现状与对策分析 [J]. 华中农业大学学报，39（2）：1 - 7.

蒋代铭，王小兰，张渊，等，2013. 潜江市发展虾稻共作 生产生态精品大米的对策 [J]. 农民致富之友（14）：82，118.

李楚君，涂宗财，温平威，等，2022. 中国小龙虾产业发展现状和未来发展趋势 [J]. 食品工业科技，43（8）：463 - 470.

农业农村部乡村产业发展司，渔业渔政管理局，2021. 小龙虾全产业链图谱（2021 年版）[J]. 中国水产（11）：25 - 33.

农业农村部渔业渔政管理局，全国水产技术推广总站，中国水产学会，2018. 中国小龙虾产业发展报告（2018）[J]. 中国水产（7）：20 - 27.

农业农村部渔业渔政管理局，全国水产技术推广总站，中国水产学会，2019a. 中国稻渔综合种养产业发展报告（2018）[J]. 中国水产（1）：20 - 27.

农业农村部渔业渔政管理局，全国水产技术推广总站，中国水产学会，2019b. 中国小龙虾产业发展报告（2019）[N]. 中国渔业报，09 - 02（A04）.

农业农村部渔业渔政管理局，全国水产技术推广总站，中国水产学会，2020. 中国小龙虾产业发展报告（2020）［J］. 中国水产（7）：8-17.

农业农村部渔业渔政管理局，全国水产技术推广总站，中国水产学会，2021. 中国稻渔综合种养产业发展报告（2020）［J］. 中国水产（10）：12-19.

农业农村部渔业渔政管理局，全国水产技术推广总站，中国水产学会，2022a. 中国小龙虾产业发展报告（2021）［J］. 中国水产（7）：27-33.

农业农村部渔业渔政管理局，全国水产技术推广总站，中国水产学会，2022b. "十三五"中国稻渔综合种养产业发展报告［J］. 中国水产（1）：43-52.

钱炬炬，雷晓峰，李宏亮，等，2018. 益阳市南县"稻虾生态种养"一二三产业融合发展探析［J］. 天津农业科学，24（3）：43-46.

施冠玉，王晓鹏，赵凡，等，2021. 虾稻共生"双早双优"新模式试验分析［J］. 科学养鱼（7）：37-38.

石世杰，李纯杰，曹凑贵，等，2020. 稻虾共作模式下不同播期对水稻产量和品质的影响［J］. 华中农业大学学报，39（2）：25-32.

舒新亚，2021a. 浅析小龙虾产业中的几个重大问题（二）［J］. 渔业致富指南（12）：38-41.

舒新亚，2021b. 浅析小龙虾产业中的几个重大问题（六）——"产业发展"和"产业发展报告"［J］. 渔业致富指南（17）：40-46.

孙炳林，章国庆，马里荣，等，2019. 太湖县稻虾综合种养水稻品种筛选试验［J］. 安徽农业科学，47（23）：14-16，18.

孙新章，周海林，谢高地，2007. 中国农田生态系统的服务功能及其经济价值［J］. 中国人口·资源与环境（4）：55-60.

唐建清，张远华，2021. 稻虾种养好处多问题也多专家建议从四方面加快产业发展［J］. 中国食品（18）：74-77.

汪本福，张枝盛，李阳，等，2018. 灰色关联度法在湖北省稻虾专用优质水稻品种筛选中的应用［J］. 湖北农业科学，57（24）：70-73.

王夏雯，王飞飞，金倩，等，2021. 苏北地区稻虾共作模式粳稻适栽品种（系）的筛选［J］. 北方农业学报，49（6）：58-64.

王显，杨大柳，胡中泽，等，2019. 稻虾共作模式下不同水稻品种的种植表现［J］. 中国稻米，25（6）：10-12，15.

王晓飞，谭淑豪，2020. 基于非同质DEA的稻虾共作土地经营模式成本效率分析［J］. 中国土地科学，34（2）：56-63.

吴明林，崔凯，李海洋，等，2018. 安徽稻渔综合种养经济模式的探索与实践［J］. 科学养鱼（4）：3-5.

张胜金戈，刘佩，文志安，等，2018. 基于"稻虾共作"模式的SWOT分析及可持续发展战略研究［J］. 中国水产（2）：57-61.

张勇，吴学兵，2021. "虾稻共作"模式对国家粮食安全的影响研究——基于湖北省潜江市的调研［J］. 湖北农业科学，60（23）：201-204.

张振立，2017. 湖北潜江做大做强小龙虾产业的成功经验及启示［J］. 渔业致富指南（15）：18-20.

Natuhara Y，2013. Ecosystem services by paddy fields as substitutes of natural wetlands in Japan ［J］. Ecological Engineering，56：97 – 106.

Hofkin B V，Hofinger D M，Koech D K，et al.，1992. Predation of biomphalaria and non-target molluscs by the crayfish *Procambarus clarkii*：implications for the biological control of schistosomiasis ［J］. Annals of Tropical Medicine & Parasitology，86（6）：663 – 670.

在稻虾模式快速推广应用发展过程中，由于理论落后于生产实际、相关认识存在偏差、产业链发展建设不完善、产业政策与管理保障滞后等原因，部分地区稻虾产业发展存在一些问题、面临系列困境，不仅了违背稳粮增效、绿色发展的初衷，也带来负面影响和认识上的偏差，从而困扰着稻虾产业的高质量发展。

第一节　重虾轻稻背离绿色发展初衷

理论上，水稻和小龙虾两者之间存在互利共生关系，有"利稻行为"和"庇护作用"，如增肥、改土、改水、控草、控病、控虫（陈松文，2020），因此稻虾种养能够实现稳粮增收、提质增效、生态友好。但实际上，受小龙虾高价位及稻米低价位的影响，水稻生产比较效益低下，经营者为了获取更大的经济效益，重视小龙虾养殖以追求更高产量，而忽视水稻种植及潜在价值，出现了重虾轻稻、稳粮与增收不协同、资源利用与农田保护矛盾、破坏环境影响绿色发展等问题，违背了稳粮、生态、绿色发展的初衷。

一、影响水稻生产

当前阶段，总体上中国稻虾产业中的水稻和小龙虾产业之间发展不平衡，在农户种养生产、政府政策规划、产销市场培育、品牌文化建设等方面均呈现"重虾轻稻、虾强稻弱"现象，根本原因是水稻和小龙虾之间悬殊的经济效益。统计表明，小龙虾产值占稻虾产品总产值的比重约为 68.89%，小龙虾产值约为水稻产值的 2.15 倍。在实际生产中，受多方面因素影响，往往出现重虾轻稻现象，表现为 3 个方面：一是随意扩大养殖沟比例，养殖沟占比超过 10%，导致实际种稻面积下降，据在湖北多地调查发现，农户生产中的稻虾种养环形养殖沟面积占比多为 15%～20%（图 3-1）；二是只养虾不种稻，利用稻田变相开展提水养殖；三是水稻种植管理粗放，只种不管，看天收，此外为延长小龙虾生长时间，推迟水稻种植时间，导致水稻灌浆结实遭受低温的风险增大，影响了水稻产量。这种重虾轻稻、虾强稻弱的现象违背了稳粮基础、稻虾共生的发展初衷，发展稻虾种养应该把握好"种植"和"养殖"两者之间的关系。

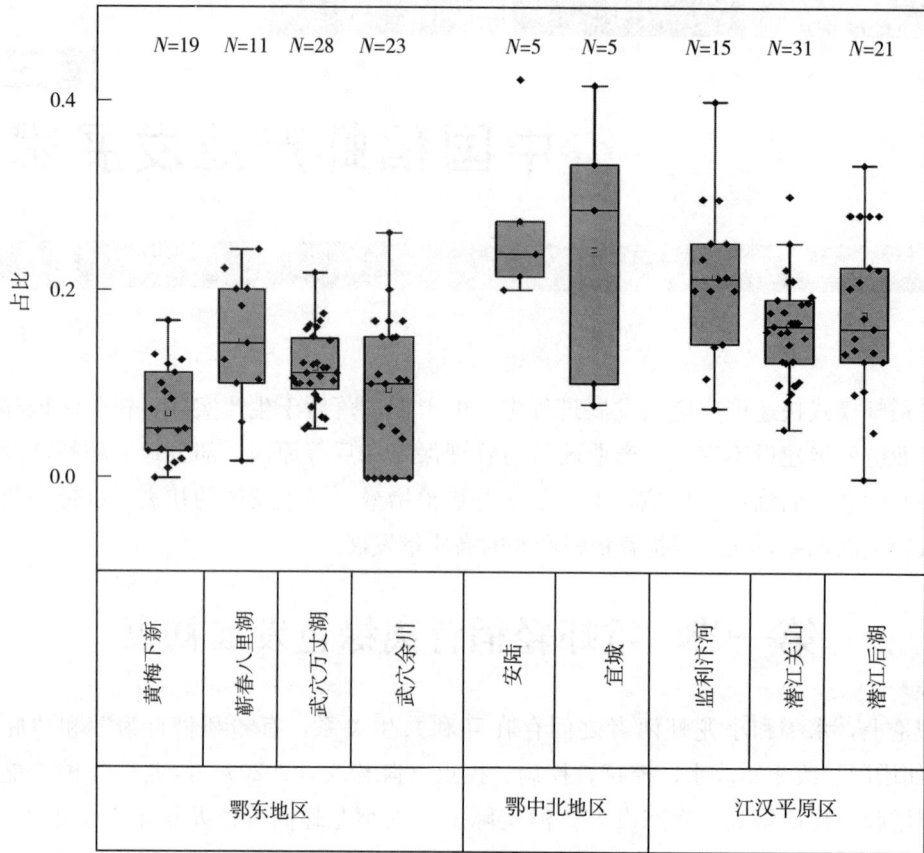

图 3-1　湖北省稻虾种养农户稻虾田环形养殖沟面积占比

近两年，中国稻虾模式单位面积水稻平均产量实为 7 448kg/hm²，接近开展稻渔综合种养的平原水稻产量不低于 7 500kg/hm² 的红线，尽管总体上看，开展稻虾模式基本稳定了水稻产量，但同比常规水稻单作模式单位面积水稻产量平均减幅 10.77%（图 3-2）。

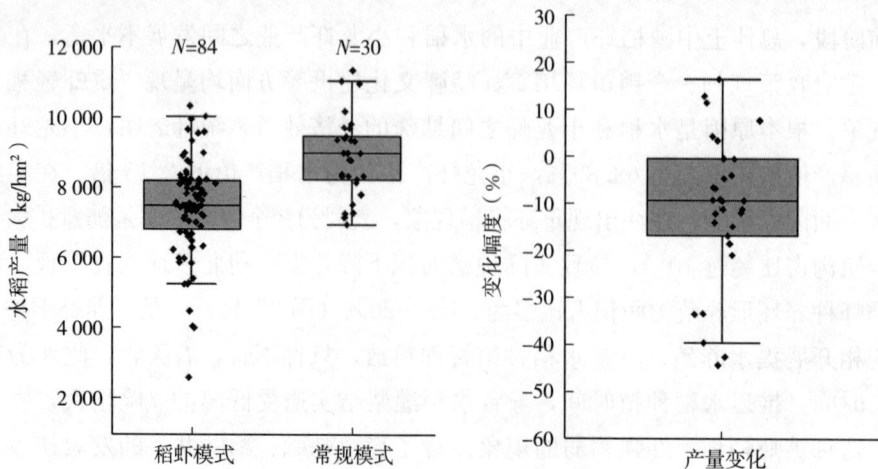

图 3-2　稻虾模式和常规模式的单位面积水稻产量比较及产量变化

二、导致农田破坏

相比于水稻单作模式，稻虾种养显著提升稻田经济效益，加之小龙虾良好的市场经济驱动，"十三五"期间稻虾种养面积呈现快速增长。在经济利益的驱动下，一些地方出现养殖沟越挖越宽，部分地区环形养殖沟宽度甚至达到10m左右，虽然增加了养虾面积但减少了水稻种植面积；另一些地区不因地制宜发展稻虾种养，没有考虑水资源、田块面积、土壤土质等因素，而遵照平原地区稻虾田田间工程标准，往往只关注环形养殖沟的4～5m宽，而没有考虑田块面积，导致沟占比严重超标，水稻种植面积犹如稻田中的一座孤岛；为了形成利于养虾环境的池塘环境，除了在稻田四周开挖环形养殖沟，还推去稻田表面的耕作层，严重破坏了农田，对稻田造成了不可逆性损伤。稻虾田田间工程建设涉及工程模式及相关参数，这受到田块面积、长宽比、区域稻田属性及地域适宜模式等影响，关乎水稻稳产和土壤可持续性耕作。不合理不规范的田间工程会影响水稻产量，同时也大面积地破坏稻田耕层，导致稻田土壤结构不稳定，影响稻田可耕性。

三、造成水污染加重

环境破坏与绿色发展问题本质上是处理好稻虾种养发展过程中"生产"与"生态"之间的关系。受小龙虾良好的市场效应影响，部分地区发展稻虾种养没有很好地坚持生态优先，违背了绿色发展的初衷，出现了一系列环境破坏与绿色发展问题。一是部分地区存在盲目发展现象。由于地方稻虾产业规划编制落后及标准制定执行不到位等，稻虾生产发展没有建立在资源承载力的基础上，流域稻虾发展没有建立在流域生态环境容量的基础上。而因地制宜，注重资源环境与区位市场优势，把稻虾种养发展建立在当地资源承载力和流域生态环境容量的基础上是稻虾种养实现健康持续发展的根本前提。二是重量轻质，生产中经营者比较重视小龙虾的经济产量，强调养殖高产而忽视稻田承载力和养殖容量，采用高密度养殖小龙虾，过度投肥投饲和滥用药物，加剧了稻虾田的水体污染和富营养化风险（图3-3），影响周边水域生态环境等。这需要加强经营主体管理，严格规范稻虾种养投入品追溯管理机制，实现稻虾绿色清洁生产。

环境是稻虾产业的隐形竞

图3-3　富营养化严重的稻虾田
（汪金平供图）

争力，良好的水土环境减少了外来投入品的投入从而降低了生产成本，也有利于降低疾病发生率减少农药渔药使用，同时有利于提升产品质量安全水平。要以环境为根基，以市场需求为导向，构建绿色产品定价机制体系，建立以环境-产品协调发展的绿色技术体系，推动稻虾产业绿色发展。投入品层出不穷，被大量使用的原因是绿色技术掌握成本与效益回报比低于投入品的投入产出比，技术复杂、掌握难度大、耗费精力多均影响了绿色技术推广应用，投入品投入少见效快故而被农民接受，但如何对症下药，提高效果稳定性仍是难题。

第二节　理论落后于生产实际

理论上，稻虾种养可以实现水稻和小龙虾共赢，但当前阶段，稻虾种养的基础理论和关键技术研究不足。在理论科学上，基础理论研究碎片化、不系统、不深入，仍缺乏稻虾种养的理论体系（张启发，2020）；在实际生产中，技术模式多来源于实践经验总结，仍缺乏规范化、标准化生产体系，模式集成创新与配套技术体系不足，也缺乏相应的优质品种。因此必须通过学科交叉与整合，建立稻虾种养系统的理论体系及技术体系。

一、基础理论研究有待深入

1. 水稻和小龙虾互作机制不明

目前，学术界对于稻虾系统中水稻和小龙虾之间存在相互作用关系及功能效应基本形成共识，但如何增强稻虾生物间的效应仍然无法回答。需要研究稻虾互作关系，探明稻虾的互作、化感、刺激、代谢组、食物营养等关系机制，明晰基本问题［水稻和小龙虾之间究竟怎么相互作用，水稻植株对小龙虾生长过程、活动及蜕壳的影响有哪些，小龙虾对水稻的机械刺激形式、强度以及水稻的植株形态、生长发育动态、抗病抗倒伏性能和生理响应是什么，生物间相互作用的功能效应受什么因素影响，系统物质能量利用效率和转化规律是怎样的，系统良性发展的临界条件是什么，如何通过相关举措（如品种搭配、密度调控、放养时间等）改善或提高生物间相互作用的功能效应］，提高稻虾种养模式水稻和小龙虾之间的密切性和有效性，充分挖掘作用潜力等。

2. 水资源利用与水环境保护矛盾

如何做好稻虾种养周年管理特别是非稻季时期的水分管理、水体水质调控以及提升饲料化肥利用效率，如何做好稻季养殖沟水分管理和再循环利用，是提升水资源利用率、减少稻田面源污染需要回答的关键问题，因此需要明确稻虾种养对稻田水体水质的影响及其规律，以及对周边环境的影响。此外，在宏观区域尺度上，应根据区域空间结构和水资源分布特点开展水资源管理与利用研究（图3-4），一方面根据不同区域特点和水资源状况采取不同水分管理利用策略，因地制宜选择不同工程结构的稻虾模式；另一方面需要针对特定区域，采取整体观对水资源进行统一调度管理，需要深入研究稻虾模式在不同尺度上的水分利用特点和水文循环特征，需要明确稻虾种养对稻田水文环境及周围气候环境的影响，以及如何提高稻虾系统水分利用效率。

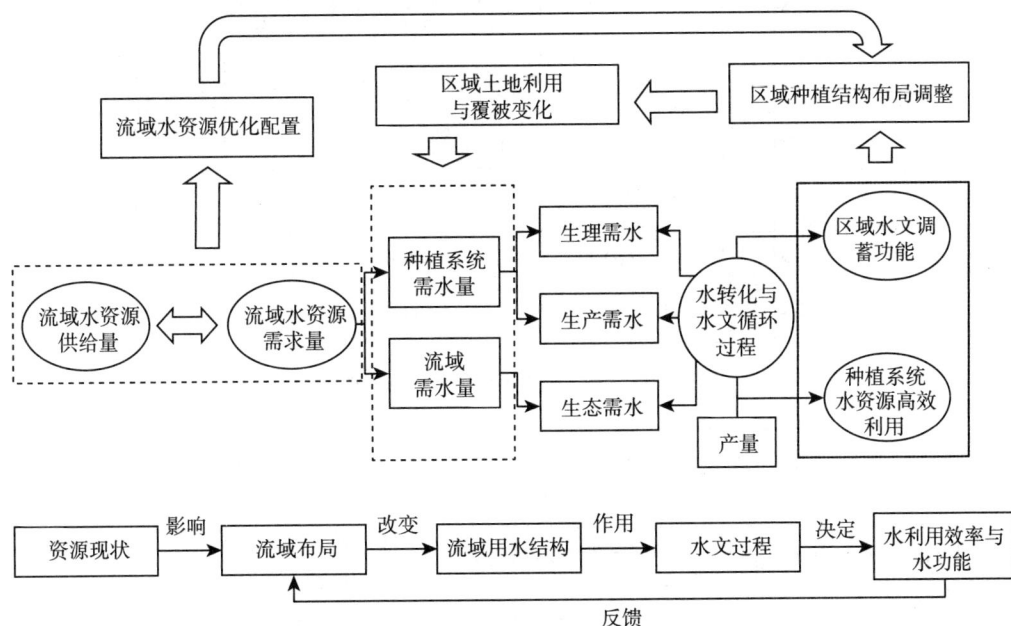

图 3-4 种植系统变化与流域水资源利用及水功能的关系

（陈松文供图）

3. 土壤特性及物质循环过程机制不清

（1）稻虾种养对土壤理化性质及土壤结构影响问题。需要深入研究稻虾种养对土壤理化特性、结构、碳库及温室气体排放的影响规律，定量确定小龙虾在稻田的活动对土壤的生物扰动[①]及其田间分布情况，探讨稻虾种养对土壤结构、演化及土壤肥力的影响机制。

（2）稻虾种养对土壤碳氮转化与肥力特性影响问题。结合土壤物理、化学性质及微生物组成和结构分析，探明土壤碳库变化的微生物驱动机制以及土壤碳氮转化与功能微生物相互之间的作用机制，加强稻虾种养系统农艺措施对土壤氮、磷等营养元素的物质循环特征及其对土壤肥力、水体营养的影响规律研究（图 3-5）。

（3）稻虾种养对土壤重金属影响问题。稻虾种养农艺措施变化所导致的多种土壤理化性质的改变对土壤重金属的赋存形态变化、迁移规律以及水稻植株的吸收等的影响机制目前仍不清楚（图 3-6），需要明确种养系统镉、砷、汞等重金属元素的转化特征及沿食物链传递和对食品安全的影响机制，提出相应举措降低土壤重金属含量，实现稻虾健康种养。

（4）精确定量施肥及健康土壤培肥问题。确定稻虾模式中小龙虾的粪便量以及未被

---

① 生物扰动（bioturbation）是指底栖动物，特别是沉积食性大型动物由于摄食、爬行、建管、避敌、筑穴等活动对沉积物初级结构造成的改变。生物扰动会造成沉积物的垂直搬运和混合，加速间隙水与上覆水的物质通量交换，以及微型生物和小型生物对有机质的分解、矿化和代谢过程（孙刚等，2006）。

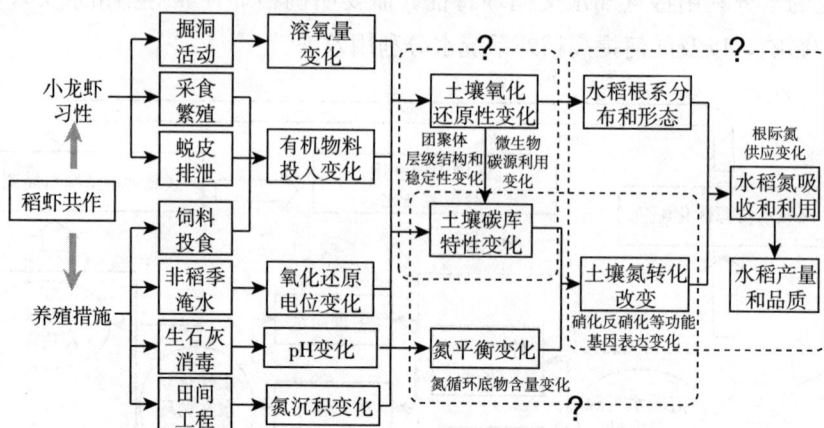

图 3-5 稻虾共作与土壤碳氮转化关系

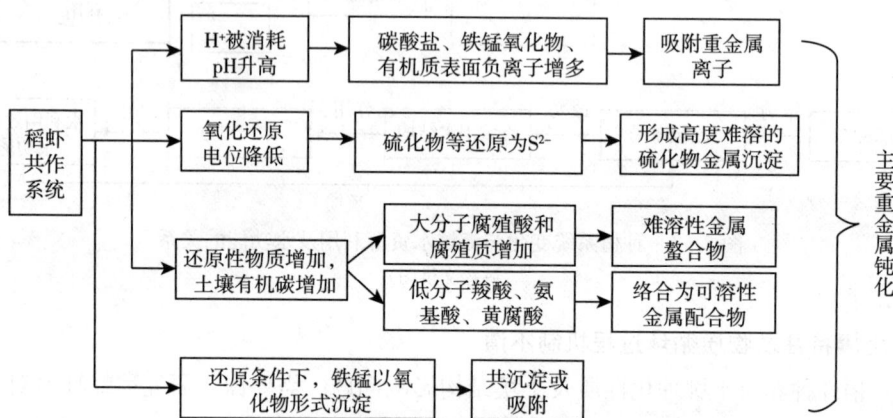

图 3-6 稻虾共作系统土壤变化及对重金属生物有效性的影响
（袁鹏丽，刘敏供图）

利用的饲料中氮含量及其对肥料氮的替代量，据此研究精确动态性的施肥技术。土壤培肥管理举措包括科学施肥、秸秆还田、合理轮作、合理施用土壤改良剂等多个方面，需要深入研究这些举措对稻虾田土壤肥力性质的影响及作用机制，为提升土地资源利用和健康土壤培肥提出合理举措。

4. 区域环境效应有待评估

与零散化、小规模发展稻虾模式不同，大范围大面积推广稻虾种养实际上是一场涉及区域层面水稻种植方式的耕作制度改革。一些县（市、区）稻虾种养面积占总稻田面积超过 30%，部分县（市、区）甚至超过 50%（如潜江 67.21%，洪湖 0.71%）。稻虾种养中小龙虾活动、田间工程及农艺举措的改变，对稻田水文循环、土壤特性、温室气体排放及生物多样性产生了明显影响（图 3-7）。大范围耕作制度改革必然影响到区域稻田湿地结构及功能，如生物多样性、区域水文循环、区域温室气体排放等，因此有必要探索长江中下游大面积稻虾耕作改制对区域湿地生态功能及生态过程的影响机制。

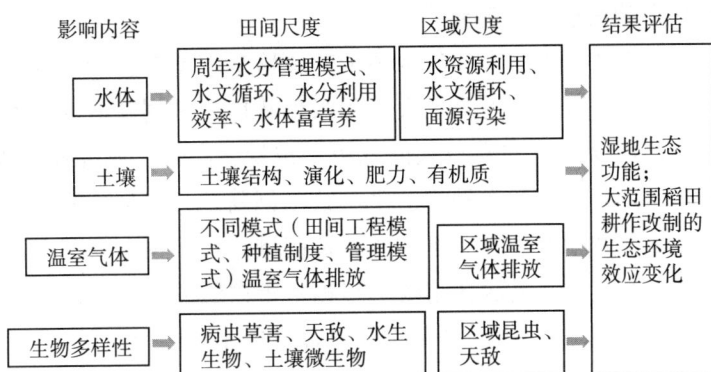

图 3-7 大范围耕作改制的生态影响
(曹凑贵供图)

二、绿色优质稻品种及清洁栽培技术缺乏

1. 绿色优质稻品种不足

当前，稻虾种养应用的水稻品种抗倒伏能力不强，优质营养水稻品种缺乏，品种抗逆境能力不强，品种资源利用效率不高，品种生育期不相适应等。稻虾种养的绿色优质稻品种的育种目标是优质、品质功能多样化、高产、抗病虫害、耐逆境、抗倒伏。需要运用品种资源研究和功能基因组研究的新成果，充分利用水稻基因资源，有机整合常规育种和分子育种技术，在基因组水平上优化组合各种有利基因（张启发，2021），培育适合稻虾种养的绿色优质稻品种（图 3-8）。需要加强品种种质资源研究和功能基因组研究，根据区域稻虾田环境条件加快水稻品种的适应性筛选。

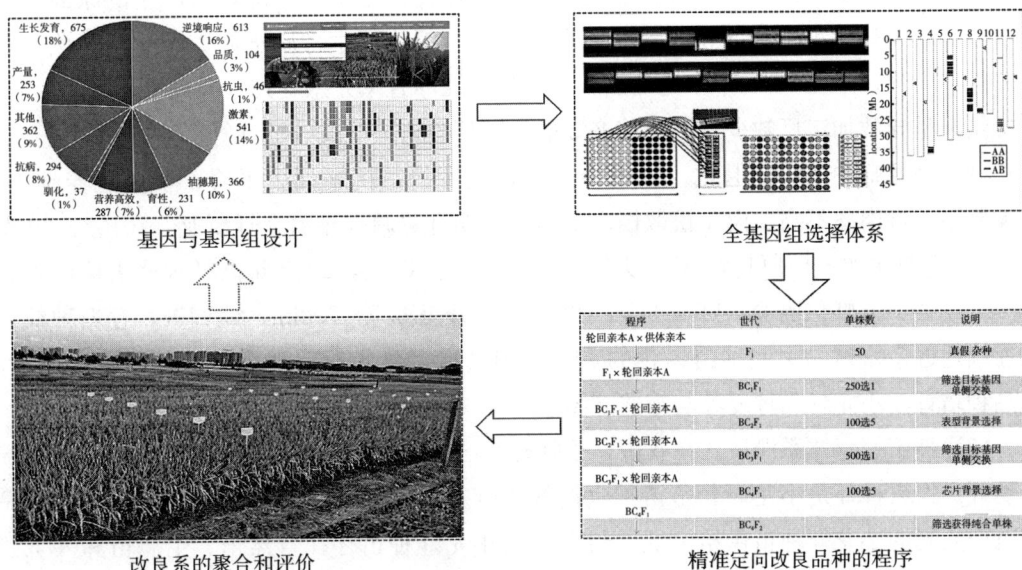

图 3-8 绿色超级稻培育的基因组育种策略
(张浩博等，2022)

73

2. 水稻绿色优质栽培技术需创新

当前，稻虾种养的水稻栽培管理与常规水稻栽培基本没有区别，没有建立稻虾种养绿色水稻栽培技术体系。所以，需要加大水稻绿色栽培技术创新研究力度，包括两个方面：①水稻清洁生产，要围绕实现投入品绿色、减量、高效、无废物和无残留的目标，对水稻全生育期进行控制，开展水稻清洁生产技术创新。②水稻优质栽培。一方面是安全优质栽培，需要重点关注农药等有害物质残留问题，水稻重金属问题。另一方面是美食味栽培，需要关注施肥量、氮素利用效率与稻米蛋白质的关系，以及与环境因素和栽培方式之间的关系，明确栽培环境影响稻米食味品质的生理机制。

3. 水稻绿色防控技术需创新

当前，稻虾种养的水稻防控举措是采用高效低毒型农药的化学防控为主，物理防控和生态防控，特别是利用生物间相互作用的防控举措应用推广面积少。在稻虾共作系统中，随着年限增加，稻飞虱、二化螟和稻纵卷叶螟得到控制，但水稻基腐病显著加重，小龙虾养殖后草害总量减少，但在养虾第四年之后，部分杂草（如千金子、稗和莎草）等数量开始回升。因此，需要根据稻虾系统对病虫草的影响发生规律有针对性地创新水稻绿色防控技术。

三、小龙虾种质创新及绿色养殖技术不足

1. 小龙虾优质种苗供给不足

当前，小龙虾种苗面临的问题已经由初期产业快速扩张所引起的种苗数量供给严重不足转向了当前产业稳定发展的优质种苗供给不足。表现为：

（1）野生种质资源数量下降。表现为天然水域捕捞量明显下降，其产生的原因是由于市场对小龙虾供小于求，导致各地出现过度捕捞而使野生种质资源数量下降。该问题并非近年出现，早在2003年小龙虾加工最发达的江苏省率先感受到资源数量下降的影响，直接结果是导致加工厂缺少货源而使2/3的加工厂被迫关闭或外迁（舒新亚，2010）。

（2）小龙虾种质质量退化。表现为生长速度变慢、抗病能力下降、个体越养越小、头大尾小、含肉率不高、肉质松散档次不高。早期有关调查显示（舒新亚，2010）：20世纪90年代湖北加工厂原料虾35g以上的比例占70%以上，2010年同样规格占比已不到30%，过去1kg虾仁需原料虾5.5kg，2010年上升至6.5～7.0kg。经调查，存塘种虾之间连续地近亲繁殖是引起种苗退化的重要原因，这需要各地重视小龙虾种质资源创新、新品种培育、小龙虾品种复壮与筛选（图3-9）。

（3）种苗繁育体系滞后。在我国，稻虾种养的小龙虾种苗主要依靠投放种虾和长3cm的幼虾。投放种虾是小龙虾养殖苗种供给的传统方式，投放幼虾是在稻虾产业发展到一定时期兴起的小龙虾种苗供给方式。目前我国小龙虾种苗存在自然苗、生态苗和人工繁育苗等三种类型（舒新亚，2021）。自然苗，即池塘湖泊及稻田自繁自养，规格为长3cm于春季4～5月大量上市的虾苗。当前阶段，湖北、湖南、安徽、江苏、江西等主产区小

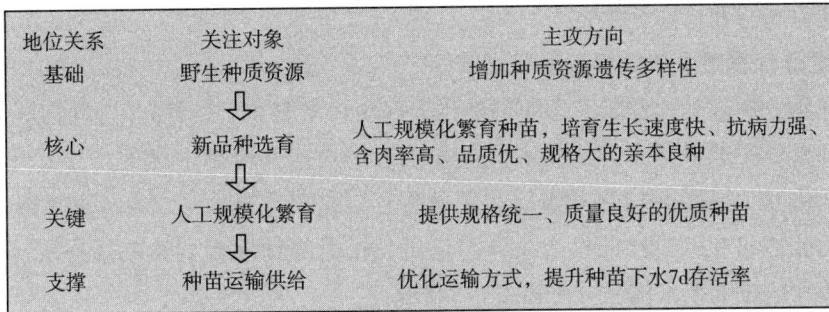

地位关系	关注对象	主攻方向
基础	野生种质资源	增加种质资源遗传多样性
核心	新品种选育	人工规模化繁育种苗，培育生长速度快、抗病力强、含肉率高、品质优、规格大的亲本良种
关键	人工规模化繁育	提供规格统一、质量良好的优质种苗
支撑	种苗运输供给	优化运输方式，提升种苗下水7d存活率

图3-9 小龙虾种苗体系组成及地位关系示意

龙虾种苗供应的主要来源是传统池塘或稻田自繁自养等（中国水产，2020），表明自然苗是当前小龙虾苗种的主要形式，传统稻田自繁自养模式容易受到多变气候影响而引起产苗量不稳，出苗时间晚致使春季养殖时间短（仅1个月），种苗规格不一，繁苗量化难度大等问题，从而导致稻虾田养殖产量和养殖规格都不理想。生态苗与自然苗没有本质区别，均是来源于自繁自养，区别点在于虾苗上市时间在4～6月。人工繁育苗是选择优良亲本虾，人工诱导批量繁育提供长1cm、2cm和3cm等不同规格的种苗，其具有质量优、生长快、规格整齐、数量多等优势。而且同比其他种苗，规格更小的人工苗能够扩展的养育面积更大（表3-1）。种苗规格决定了生长时期的长短，当前种苗繁育体系滞后问题的核心是多数省份地区不能提供规格整齐的1cm的早秋苗和3cm的早春苗，从而成为制约稻田小龙虾养殖快速发展的关键瓶颈。

表3-1 不同类型种苗特点及对稻虾种养面积扩展效果

（舒新亚，2021）

类型	规格	规格特点	出苗方式	亩产量	养殖亩投放量	面积扩展效果	供应时间	有效生长期
种虾	≥35g	整齐	陆续出苗	150kg	15kg	10亩	3～7月	秋季和春季3.5个月
自然苗（自繁自育苗）	长3cm	不整齐	陆续出苗	200kg	50kg	4亩	4～6月	春季1个月
人工苗（早秋苗）	长1cm	整齐	批量出苗	40万尾	2万尾	20亩	9～10月	秋季和春季4.5个月
人工苗（早春苗）	长3cm	整齐	批量出苗	150kg	45kg	3.3亩	3～4月	春季2个月

（4）种苗供给体系不健全。据相关文献显示，我国小龙虾种苗供给通常是用蛇皮袋或虾框大小混装，运至市场后再进行分拣，此种操作对小龙虾幼苗伤害大，严重损伤小龙虾幼苗，致使下水7d后存活率显著下降；此外不当的运输方式也是降低小龙虾幼苗生命力，影响种苗质量的另一个关键因素，长期以来小龙虾3cm长的幼苗都是采用干运法进行长途运输，但干运法下水后7d存活率一般不超过50%，这是由于幼虾长时间脱水致使腮部干燥导致呼吸功能受损引起蜕壳困难而提高了种苗死亡率。因此建立完善小龙虾

幼苗运输体系与行业标准至关重要。

2. 小龙虾营养需求与饲料开发研究不够

目前在小龙虾基础营养研究方面仍然比较薄弱，需要在 4 个方面得到加强：一是加强完善小龙虾营养需求数据库，建立不同生长阶段的最适营养需求标准；二是开展小龙虾营养生态学研究，提高饲料营养物质利用效率；三是研究具有抗应激、提高免疫力、促进蜕壳的功能性和专用颗粒饲料产品；四是研究小龙虾精准投饲策略及技术体系，建立科学合理环保的投饲技术体系（张启发，2021）。

3. 小龙虾健康养殖技术缺乏

针对稻田水体特点，发挥稻田生物多样性的优势，利用种养互利共生关系，加强综合种养技术间耦合和配套技术完善，围绕建立健康养殖技术体系，加强水草种植与环境营造、亲虾的投放和种苗培育、种苗投放密度、水体水质精准调控、饲料精准投喂等多个方面的技术研究，而其中的关键科学问题是应明确稻虾种养的水环境与水生生物群落、小龙虾生长之间的关系，实现健康养虾、简单养虾和自然养虾。

4. 小龙虾病害绿色防控技术缺乏

小龙虾病害主要分为病原性病害和非病原性病害。由于对小龙虾病理、病原致病机制、快速诊断技术、防治药物等相关基础研究较为薄弱、不系统、不同步，致使养殖病害呈上升趋势（成汉高和宋长太，2021），部分地区甚至高达 70%，且 3～5 年出现高发期（陈婧铱，2020）。对于病原性病害，由白斑综合征病毒引起的小龙虾白斑综合征是当前疾病防治的难点，其致病机制仍不清楚。对于非病原性病害，需要建立各环节的技术标准，如水体环境动态信息化监测、龙虾种苗运输和投放技术标准、小龙虾饲料投喂技术标准等。小龙虾用药技术不规范，特别是小龙虾疫病防控能力有待加强，投入品监管力度和监督机制还有待进一步完善。

四、模式集成与技术规范不够

1. 模式有待规范

生产上，经营者往往只关注 4～5m 的宽沟而忽略了沟占比，忽略了田块单元面积和立地条件等，加之早期阶段模式技术体系制定不及时，致使田间工程建设不规范；此外，部分经营者为了提高养殖产量，不断增加养殖密度，投放不符合标准的物料，重视规模产量提升而忽视了质量标准建设。因此必须根据立地条件进一步研究不同地域的田间工程布局及绿色种养技术。

2. 种养结合不紧

时间层面上，水稻种植和小龙虾养殖两者之间仍然存在茬口矛盾，体现在幼虾育肥与水稻育秧移栽、中稻收获与小龙虾幼卵孵化等环节。空间层面上，养殖沟和稻田两者之间联系不紧密，水稻和小龙虾在夏季有效共作期短。管理层面上，水土肥气等种养管理间联系不紧密，水稻种植管理同传统稻作方式类似。必须立足生态种养，从时间、空间和管理上优化模式，构建种养结合共生系统，实现物质能量的循环高效利用。

3. 技术集成困难

近年来，关于稻虾种养的技术专利发明日益增多（图3-10），特别是稻虾种养主产省份专利数量较多（图3-11）。在专利发明类别上，发明公开型专利占比超过60%（图3-12），表明稻虾科技创新能力强。但这些技术专利多是在特定条件下的相对成熟，未形成适应规模化、机械化和标准化的技术体系，技术间系统性不强，难以实现技术集成与组装，围绕稻虾种养模式各环节还没有形成全面的技术研发体系系统性技术及解决方案需求迫切；此外，配套技术不完善，当前稻虾种养面临关键技术瓶颈在于如何出早虾和养大虾，据在湖南省水产科学研究所调研发现，目前温棚繁育虽然能够出早苗，但室外利用温棚繁育的早苗开展养殖早虾和大虾的配套技术尚未形成。必须立足种养模式各环节，建立系统性技术体系和完善配套技术，实现技术有效集成组装。

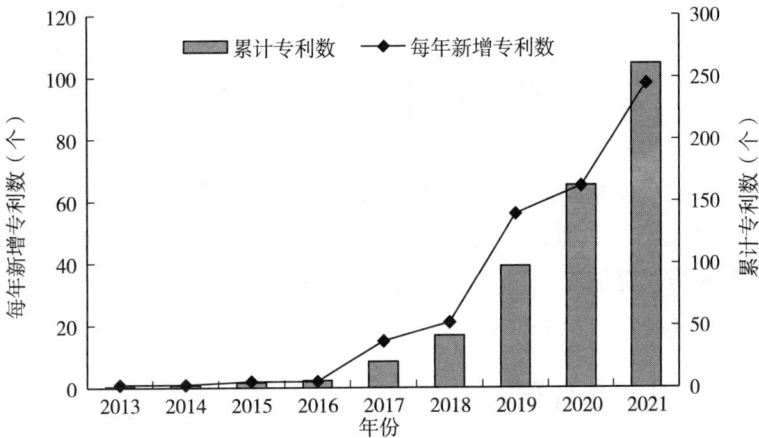

图3-10　近年来国内涉及稻虾种养的专利数

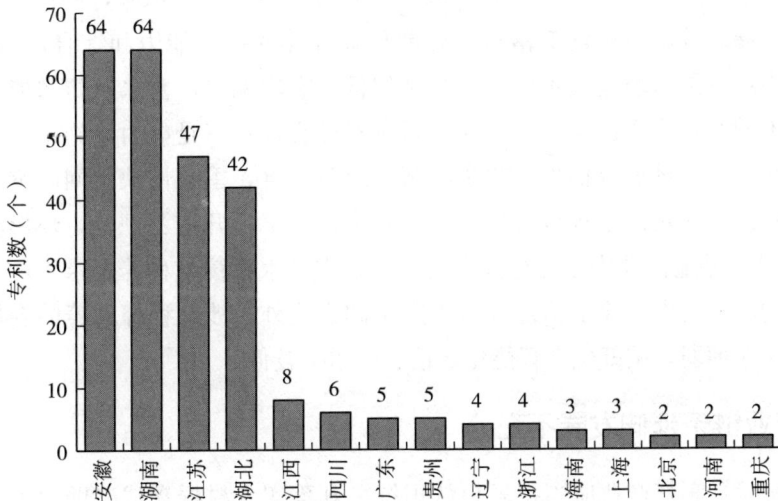

图3-11　各省份涉及稻虾种养的专利数分布

外观设计
1%

发明授权
7%

实用新型
30%

发明公开
62%

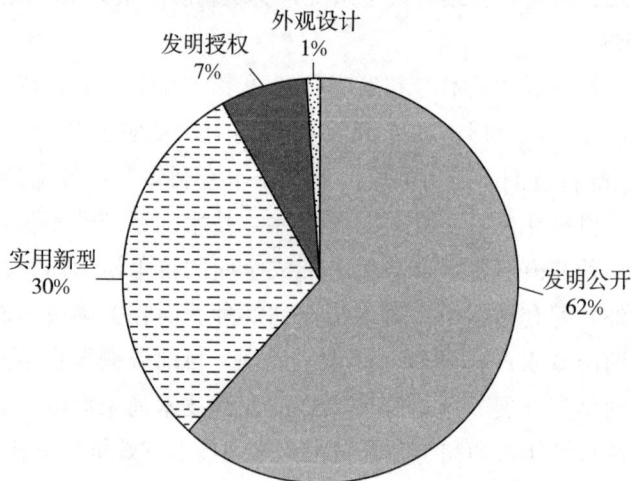

图 3-12 稻虾发明专利类别

第三节 产业体系有待完善

当前阶段，无论是在水稻还是小龙虾的第一、第二和第三产业之间，总体上稻虾产业发展存在着不协同、不平衡、不充分的问题，除了个别地区外，绝大多数地区稻虾产业发展呈现"重种养、轻加工、三产弱"问题，在稻虾产业发展中，一产发展速度过快，而二三产业发展速度缓慢，稻虾种养全产业链建设亟待加强。

一、产业基地生产条件落后

据有关调查显示，除省级以上示范点外，绝大多数地区的稻虾生产基地设施仍不健全、不规范（李雪莹等，2020），增加了农户的建设成本与经营风险，制约机械化、集约化和产业化发展。基础设施配套落后，开展稻虾种养的抗灾能力和综合产出能力较弱。不健全表现为：一是田埂建设不健全，高度偏低，宽度偏窄，蓄水及防逃能力差；二是机耕道建设不健全，严重影响生产运输，限制对外交通；三是电力设施不配套，影响塘口生产、田间增氧及排灌等操作；四是灌溉系统不完善，季节性缺水问题突出，冬春季节小龙虾养殖供水困难。不规范表现为：一是少部分基地开挖不规范，环形养殖沟占比超过10％，种养基地标准化程度有待提高；二是进排水系统与种养要求不配套，水源易受常规稻田的肥料污染。除了稻虾种养生产基础设施外，涉及稻虾种养的仓储物流体系基础设施也相对薄弱，稻虾生产智能化、信息化水平较低。

二、产业链条延伸发展不充分

支持培育发展稻虾产业应当把思想认识统一到落实乡村振兴战略助力乡村产业振兴上，而非仅仅聚焦于稻虾种养的生产发展，未来稻虾产业的竞争不是生产层面、加工层面或者某几个经营主体之间的竞争，而是涉及稻虾种养全产业链的竞争。多地调研发展，当前各地稻虾产业链条延伸不充分，主产区稻虾产业链总体呈现"以鲜品销售、初加工为主，精深加工滞后，休闲观光旅游等新业态发展较为缓慢"的格局（图3-13）。

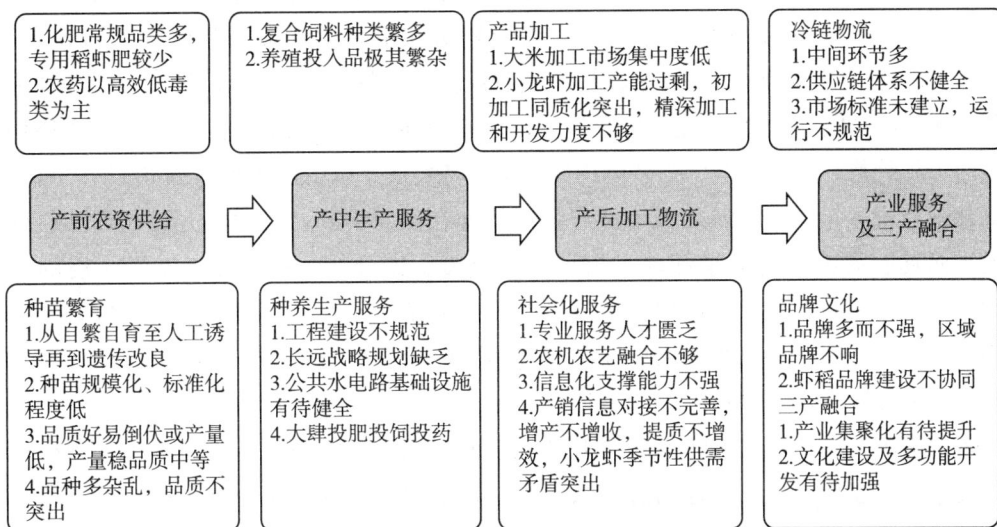

图3-13 稻虾种养全产业链环节分析

1. 小龙虾供应链有待优化

当前阶段小龙虾供给侧存在矛盾，表现为：一是地域性供需矛盾，二是季节性供需矛盾。地域性供需矛盾表现为当前94.3%的小龙虾供应集中在长江中下游平原5省份，而小龙虾消费区主要位于北京、上海、广州、深圳、成都等地。生产端和消费端地域差异性迫切要求小龙虾供应链向高效健康稳定专业发展。季节性供需矛盾不仅表现为产量供给春夏多秋冬少，还表现为品质供给春夏优秋冬劣，养殖户时常面临增产不增收，有市无价和有价无市的现象，餐馆经营主体时常面临"赚四月、平四月、亏四月"的现象，消费者面临着吃虾成本居高不下的困惑。实现小龙虾周年供应，减少季节或地域限制，需要从区域空间布局、加工保鲜储藏、养殖模式技术创新、抗高温小龙虾品种培育等多个方面开展工作。

2. 产业链延伸不够长

大多数地区稻虾产业链主要集中在稻虾种养和初加工两个环节，向上游研发环节，下游精深加工环节、服务环节、餐饮文化及休闲等环节的延伸力度还不够，农产品精深加工占比较低，缺乏高附加值和高科技产品，原料优势没有转化为产业优势，产业集群尚未形成。特别是涉及稻虾种养的相关服务产业，如苗种供给、技术服务、病害防控、政策保险等均未跟上，若是遇到小龙虾规模性病害暴发、不可抗拒的自然灾害、小龙虾滞销等情况（黄国林等，2019），稻虾产业将遭受重创。各地应加快构建集科研示范、苗种繁育、生态种养、加工出口、健康餐饮、冷链物流、精深加工于一体的稻虾产业链。

3. 产品附加值开发不充分

无论是水稻还是小龙虾加工均以初级加工为主，具有高附加值的精深加工产品不多，缺乏向休闲食品、医药、保健等领域延伸的产品，精深加工技术工艺落后。以小龙虾虾头和虾壳处理为例，据调查大部分地区目前主要加工形式是直接将其粉碎作为饲料添加成分且比例较小，而以小龙虾等副产物综合利用和甲壳素提取的精深加工占比较小，2020 年加工总量为 3 万多 t（农业农村部渔业渔政管理局等，2020），仅占小龙虾加工总量的 3.41%。根据小龙虾单位产量产值表，除三产外的一产和二产的单位产量产值均呈现逐年下降趋势，表明一产、二产的内部仍然有待发展。以二产为例（表 3-2），虽然小龙虾加工产量逐年增加，但加工单位产量产值却在逐年下降，表明小龙虾初加工得到快速发展而具有高附加值的精深加工发展较为缓慢。据分析，精深加工发展缓慢的原因（李楚君等，2022）：①产品提取技术或制备工艺复杂；②在生产过程中存在危害分析和关键控制点管理困难；③产生大量导致环境污染的废液以及进一步处理废液的成本较高等，致使许多新技术尚停留在实验室阶段，未能进入工业化生产阶段。大多数企业以购买引进先进工艺和高端设备的方式提升产品精深加工水平，而对主动研发投入积极性不强，技术开发创新、科技人才引进投入不足，这主要是归因于企业规模小、流动资金缺乏，致使发展后劲不足。

表 3-2   中国小龙虾单位产量产值情况变化（元/kg）

年份	2017	2018	2019	2020
一产	42.93	41.49	33.96	31.24
二产	88.89	88.75	55	54.50
三产	105.85	94.95	107.72	58.3
总体	237.67	225.19	196.68	144.04

注：二产指加工；在此忽略小龙虾进出口。

4. 小龙虾加工以手工人力为主

加工高峰时期面临着季节性剥虾工难招、人力成本高、剥虾效率低等困境。需要在小龙虾加工品质调控、小龙虾加工副产物综合利用、小龙虾智能化加工设备等方面加强技术研发（农业农村部渔业渔政管理局等，2021）。

三、产品质量及品牌建设有待加强

1. 全产业链质量标准体系建设滞后

目前，稻虾种养全产业链质量标准体系建设呈现 3 个特征，一是相对于第二和第三产业，稻虾种养第一产业的质量标准体系建设相对完善，很多地区都制定了稻虾种养生产技术规程；二是相对于小龙虾，稻虾种养水稻产业链质量标准体系建设滞后；三是进一步针对小龙虾全产业链质量标准体系加强建设，并侧重于苗种繁育（表 3-3）。需要围绕产前、产中和产后各个环节，通过质量标准体系建设实现产前优种、优产，产中优储、优购和优加，产后优销、优品。

表 3-3　关于小龙虾的一些质量标准

分类	质量标准名称	标准号
苗种	克氏原螯虾亲本选育技术规程	DB34/T 1204—2019
	克氏原螯虾人工繁育技术规范	DB42/T 613—2010
	克氏原螯虾苗种 工厂化繁育生产技术规程	DB32/T 1685—2010
	克氏原螯虾稻田生态繁育技术规程	DB34/T 2661—2016
	克氏原螯虾稻田生态繁育技术规程	DB42/T 1166—2016
	克氏原螯虾苗种土池繁育技术操作规程	DB32/T 2303—2013
	集约式克氏原螯虾苗种繁育操作规程	DB34/T 2516—2015
	稻田克氏原螯虾苗种繁育技术规程	DB3213/T 1017—2020
	克氏原螯虾大棚苗种繁育技术规程	DB4212/T 32—2020
	克氏原螯虾养殖技术规范 苗种	DB51/T 1816—2014
	克氏原螯虾池塘苗种生产技术规程	DB37/T 2077—2012
	盱眙虾稻共生繁养技术规程 第一部分：虾稻共生田克氏原螯虾苗种繁育技术规程	T/XYLX 004.1—2018
	克氏原螯虾苗种捕捞与运输技术规程	DB32/T 3511—2019
田间基建	稻虾模式田间工程建设标准	DB4210/T 29—2019
质量控制	小龙虾稻田养殖质量安全控制技术规范	DB4210/T 40—2021
	稻虾模式面源污染防控技术规程	DB4210/T 30—2019
冷链物流	小龙虾冷链物流服务标准	DB42/T 1490—2018
饲料	克氏原螯虾配合饲料	DB42/T 1572—2020
	小龙虾配合饲料	T/QJCIPA 004—2021
	克氏原螯虾（小龙虾）配合饲料	T/HNSX 001—2020
绿色防控	克氏原螯虾白斑综合征防控技术规程	DB3401/T 220—2021
产品分级	活体小龙虾分级标准	DB42/T 1394—2018
	盱眙龙虾分等分级	T/XYLX 007.3—2018
	鲜活小龙虾购买指南	T/QJCIPA 003—2021
	淡水小龙虾购销规范	SB/T 10876—2012
产品烹饪	金湖蒜泥龙虾烹制操作规范	T/JHNX 013—2020
	楚菜潜江油焖小龙虾	T/HBPX 003—2020

2. 产品品牌影响力仍然不够

调研发现，很多地方认为稻虾种养水稻难以实现优质优价关键是品牌没有建立起来，品牌效应没有充分发挥出来。总体上，各地围绕稻虾米和小龙虾也打造了系列品牌，但品牌影响力仍有待加强（图 3-14），陷于"区域品牌叫不响、企业品牌做不大"的尴尬局面。各地品牌建设力量不足和品牌宣传力度不够、品牌创建主体各自为营是有牌无名的根本原因。

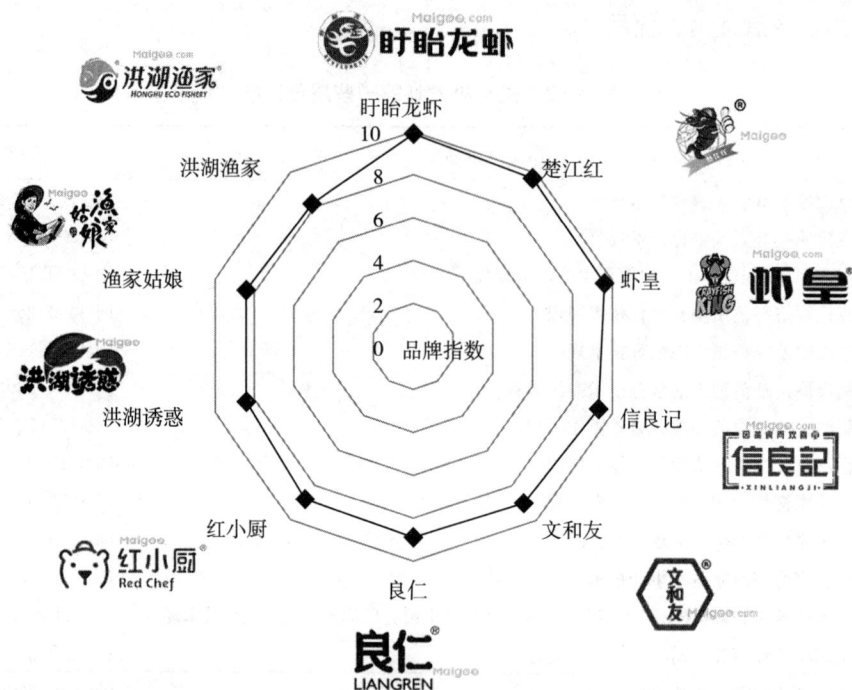

图 3-14　小龙虾餐饮品牌前十强排行

（数据来源：中国十大小龙虾品牌-小龙虾品牌排行榜．https://www.maigoo.com/maigoo/5043xlx_index.html）

　　在公共区域品牌影响力上，与江苏盱眙龙虾和湖北潜江龙虾相比较，安徽合肥龙虾在区域公共品牌建设、节庆文化品牌和产品品牌建设等方面还有待加强，品牌影响力与产业规模影响力不相称，区域品牌覆盖率较低。在产品品牌上，品牌数量多但优势品牌少、品牌知名度不高、缺少知名品牌。在品牌协同建设上，存在"稻强米弱"和"虾强稻弱"的问题，稻虾米的价值和小龙虾品牌潜力挖掘不够，很多地方的稻虾品牌建设和运营滞后于产业发展。

　　在个体品牌建设上，于一家一户的小农户而言，由于经营规模小、种养产量规模不大，致使品牌创建的成本高、收益小，加之部分农户对农业收入依存度不高、教育素质相对偏低等原因均使得小农户群体难以成为品牌创建的主体。调研发现，家庭农场、合作社以及龙头企业等新型经营主体是品牌创建的主体，该类主体具有共性特征：一定的产业规模，这意味着一定的产品产量。创建了品牌并不意味着产品优价，其前提是能够稳定地连续地供应优质的产品，而这通常需要优质的良种及标准化的生产加工技术体系，以及产品质量标准管控体系加以保证；同时要求品牌创建主体拥有一定的时间精力与资金开展品牌运营管理，"有牌无名"现象的根本原因是品牌运营管理能力的不足，而这种现象往往出现在以家庭农场为主的品牌创建主体中，这是由家庭农场经营属性所决定的。

四、产品市场优质优价机制不健全

总体上，除少数地区示范点外，绝大多数地方的稻虾米市场并未真正打开，未建成优质优价机制，"重产轻销"问题突出，稻虾米"提质不增效"，小龙虾"增产不增收"现象普遍。

1. 稻虾米未能实现优质优价

在稻虾米产品上，当前阶段，受制于精力不够、能力有限、有心无力等多种因素，从业者侧重于种养环节，忽视了加工销售及品牌环节的建设，产销结合不紧、信息不通、渠道不畅、销售不稳、价格不明且随意性大，绝大多数稻虾田的稻谷被当作普通稻谷贱卖，稻虾米的附加值未得到体现（图3-15）。有数据显示，湖北每年生产优质虾稻10多亿kg，但50%的虾稻被作为普通稻米售卖，剩余50%被加工成虾稻米，但售价与普通大米差别不大，市场价值和生态价值被严重低估（张勇和吴学兵，2021）。但同时据调查，很多地方表示，由于稻虾种养生产过程中不打农药不施化肥，水稻品质及口感有所提升，市场售价要高于普通稻米。据有关科研单位检测发现（谢程成等，2019），与传统常规稻米相比较，稻虾米水分含量高、直链淀粉和脂肪酸含量低，重金属含量普遍偏低，表明稻虾米口感好，更安全。目前，稻虾米市场价高于普通大米，主要是其质量安全得到了保障，这是由于化肥和农药（高残留）的减施，保证了稻米的质量安全，但致命问题是稻虾米在口感上并无突出表现，说明打造培育稻虾米品牌，必须要培育适应稻虾田环境、口感品质突出的稻米品种。

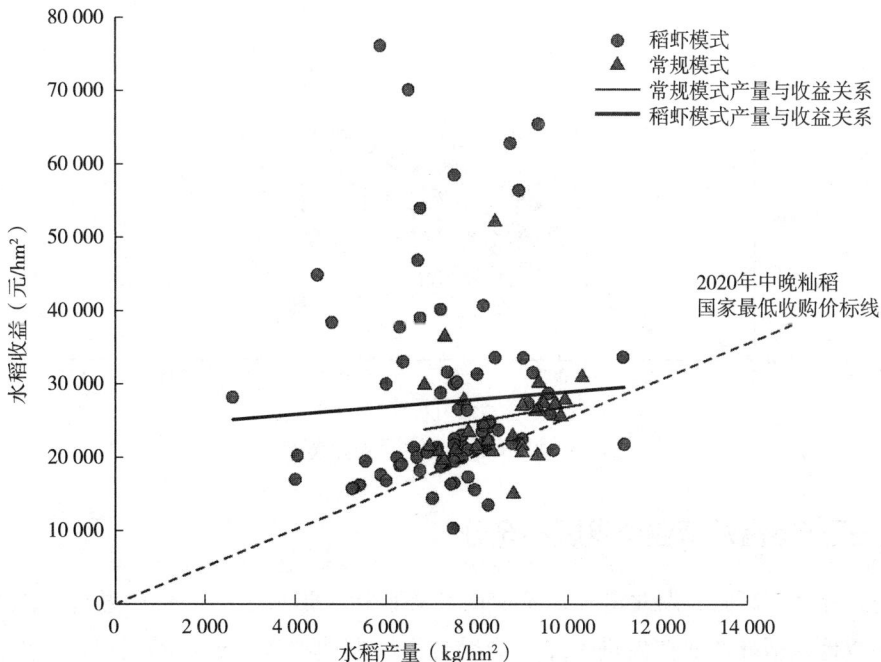

图3-15 稻虾模式和常规模式（水稻单作）的水稻产量与水稻收益之间的关系

2. 小龙虾未能实现增产增收

在小龙虾产品上，以鲜销为主，小龙虾每日价格波动影响大，由于没有规模的区域性大型小龙虾综合交易市场，多数种养户的销售渠道以农产品经纪人上门收购方式为主，采取传统销售思维模式和行为，缺乏开拓销售渠道意识，销售渠道单一（贡伊林等，2019），难以形成稳定和固定的销售渠道，销售价格不稳定，特别是5～6月小龙虾大量集中上市时，价格受市场短时供需矛盾（供大于求）冲击大，大部分养殖户应对市场冲击能力弱（陈婧铱，2020），极易出现小龙虾增产不优价，农户的小龙虾经济效益得不到保障。小龙虾价格问题不仅体现在生产端小龙虾集中上市时价格剧烈波动而出现的增产不增收，还体现在消费端小龙虾集中上市时的价格居高不下，生产端与消费端的市场价格差别太大。

调查显示，半数以上调查点的小龙虾价格高于年均价格，但在一部分的调查点仍然有不增收现象（图3-16）。同时，从小龙虾单位产量产值（小龙虾年均价格）看，2020年的单位产量产值同比2017年降低了11.59元/kg，跌幅27%，农民开展稻虾种养的增收难度呈现增大趋势。

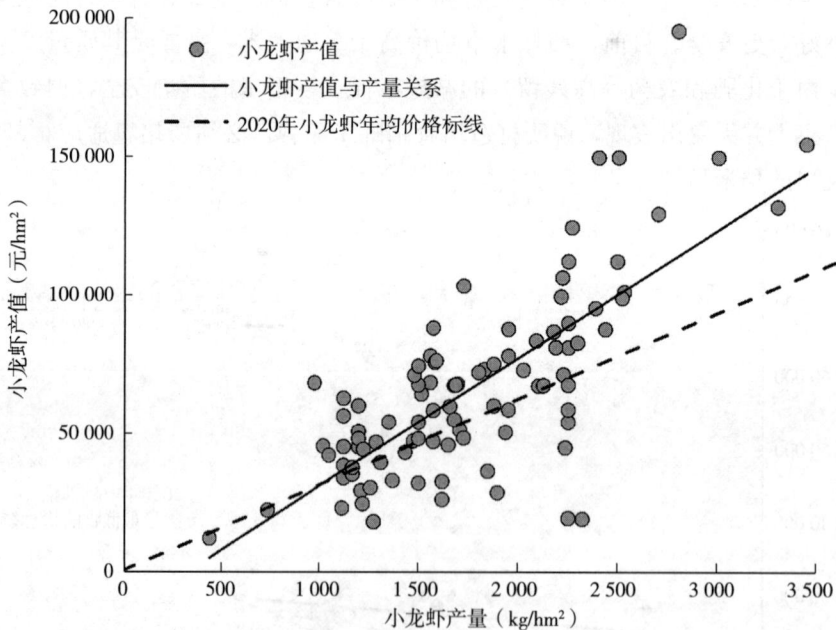

图3-16　小龙虾产值与产量关系

五、三产融合及新业态发展不充分

目前，除江苏盱眙、湖北潜江、湖南南县等地初步形成了一二三产融合发展的大格局外，多数地区稻虾产业在促进一二三产融合发展方面的作用还不够突出，与电商、休闲、教育、文创、康养等领域结合还不够紧密，新业态新模式的发展仍然不充分。由于大部分地区稻虾从业者都是小面积生产的散户，往往没有条件和能力拓展产业链，从而导致在生产规模和稳定的产品质量、产品认证认可层面难以与二三产业的企业实现衔接以保双赢（李阳阳等，2021），同时绝大多数地区也没有一批龙头企业和合作组织将小农户组织起来，因此产业化、规模化、标准化、品牌化发展进程相对较慢。稻虾产业种苗、种养、加工、物流、电商、餐饮、文化等全产业链发展的产业化运营机制、产业发展体系、产业科技支撑体系和产业服务体系建设还不够完善，一二三产融合的水平还不够高，距离依托稻虾产业促进农村一二三产融合，带动乡村振兴发展的目标还有差距。

第四节　政策保障有待明确

产业的发展壮大离不开产业政策的支持和相关制度体系的保障，推动稻虾产业发展由重量到提质转变，将资源优势转化为原料优势，将原料优势转化产业优势，充分发挥生态优势，协同稻虾品牌建设，推进地方稻虾产业提档升级发展，需要理清相关认识、完善产业政策、优化管理服务、加强主体建设、创新体制机制、构建产业政策与制度保障体系，从而促进稻虾产业发展需要的资源、市场、技术、政策与法规等要素集聚与优化配置。

一、相关认识存在偏差

理论上，稻虾种养能够实现稳粮增效、生态友好、绿色发展，是一种稻田生态农业模式。但在实际生产中，部分经营者受到水稻和小龙虾比较效益的影响，盲目扩大沟占比、增加水肥投入追求小龙虾高产以获取更高收益，对此，应该加强引导和规范稻虾种养生产管理，确保稻虾良性发展。当前阶段，稻虾产业界存在着一些认识不足和偏差，夸大了稻虾模式的问题和不足，混淆了问题本质，部分地区消极应对稻虾模式存在的问题与不足而出现"一刀切"现象，阻碍了稻虾产业的高质量发展。

1. 忽视稻虾模式"稳粮增效"的效果

"稳住粮食安全"与"促进农民增收"之间不是简单地相互对立关系，不应将其彼此孤立，而是进行统一融合，保障粮食安全根本在于稳定粮食生产面积，稳定粮食生产根本出路在于提高农民种粮积极性，而提高农民种粮积极性关键在于提升种粮整体效益，所以实现水稻和水产协同发展的根本出路是提高种粮整体效益，促进农民增收，保障国家粮食安全，以此化解国家要粮与农民不愿种粮的矛盾。长期以来单一水稻种植，稻田生态环境恶化、面源污染严峻、稻谷品质差；同时近年来化肥和农药成本不断上升，种粮效益持续走低，虽然保住了粮食，但人心凉、生态荒。未来粮食安全不再是简单的数量安全，还涉及质量安全、流通安全、环境安全和收入安全等多个方面[①]。农民是水稻生产的主体，只有提

---

① 半月谈｜1 261万亩小龙虾引争议，要虾还是要稻？https://baijiahao.baidu.com/s? id=167860472871529 1448&wfr=spider&for=pc.

高整体种粮效益增强全产业链竞争力，给农民带来稳定的、可期的、持续性的收入，粮食底盘才能稳得住。稻虾种养提升了种粮整体效益，是乡村产业振兴的重要抓手。

2. 夸大稻虾养殖沟对粮食安全的影响

回顾稻虾种养的生产发展历史，从最初以"无沟、窄沟、小沟"为特征的稻虾连作模式发展到以"大沟、宽沟、深沟"为特征的稻虾共作模式，环形养殖沟开挖的初衷是为了解决稻虾连作模式小龙虾繁苗效果差、小龙虾生长周期短、春季上市稚虾多的问题。后期由于小龙虾市场得到发展，在小龙虾经济利益的驱动下，为了提升小龙虾产量，获取更大经济效益，各地参照平原湖区宽沟深沟实行稻虾共作模式从而导致养殖沟越挖越宽，进而影响了稻虾产业的健康发展。

发展稻虾种养，首先开挖养殖沟不是必要条件。调查发现，过去及当前阶段稻虾模式是以四周开挖环形养殖沟为特征的稻虾共作模式为主，这是特定历史背景下的产物。未来，随着各地小龙虾种苗繁育供给体系逐步建立，苗种供给能力逐步增强，加之繁养一体化模式导致的苗种种质退化问题日益突出，无环形养殖沟的繁养分离、育养分区模式将会逐步得到应用推广。从某种程度上讲，只要各地能够实现小龙虾种苗规模批量供给，满足市场需求的早春苗，稻田四周也可不必开挖环形养殖沟。农民之所以开挖环形养殖沟，主要是基于三个方面考虑：一是延长小龙虾育肥时间，实行稻虾共作，8～9月再收获一季小龙虾，提高小龙虾商品价值，提升稻田收益；二是发展初期小龙虾种苗区域化、规模化集中供应体系并未建立起来，小龙虾种苗价格很高，通过开挖环形养殖沟实现小龙虾种苗稻田自繁自养从而减少每年投放种苗的成本（因减少稻田水稻种植面积所损失的水稻收益少于种苗稻田自繁而减少的每年投苗成本）；三是实行稻虾共作，水稻施肥和用药过程会影响稻田小龙虾生长，环形沟为小龙虾提供了避难所。

其次，应辩证看待开挖养殖沟。一方面，环形养殖沟开挖对于小龙虾种苗繁育是至关重要的，这对于早期阶段推广稻虾种养而种苗繁育供给能力严重不足的情况下是必要的，也侧面说明解决好稻田养殖沟开挖重要举措之一是应加快建立小龙虾规模化种苗繁育基地，尤其是拟准备大力推广稻虾种养的地区，只要各地能够实现小龙虾种苗规模批量供给满足市场需求的早秋苗或早春苗，稻田四周也不必开挖环形养殖沟，这对于因稻虾种养挖沟降低水稻实际种植面积而影响稻虾田水稻产量从而威胁粮食安全问题具有重要意义。另一方面，应因地制宜开挖环形养殖沟，对于降水丰沛、地下水位较高的沿江沿湖地区的冷浸田、低湖田，常年水稻产量低，开挖养殖沟降低稻田地下水位，使"暗水"变"明水"，改善稻田通气环境，反而利于水稻生长；对于地下水位较深、水资源相对紧缺的坡岗地，开挖养殖沟反而会增加耗水量而加剧区域水资源供需矛盾。对于田块面积较小的地区，养殖沟的开挖还会对水稻的实际种植面积造成显著的影响。以在安徽省的调研看，稻虾模式已经呈现出区域分化特征，形成了适合小田块、小农户、旱涝频发区的霍邱三流模式，即稻虾连作模式，也形成了适合地处水网地带、水资源丰沛的全椒稻虾模式，即稻虾共作模式，还形成了适合平原湖区、农户种养面积规模较大的繁养分离模式，如巢湖 2080 模式、芜湖 115 模式和大棚育苗模式等。

最后，正确认识开挖养殖沟与粮食安全的关系。需要特别注意的是不应把稻虾田需要挖环形养殖沟直接等同于造成粮食减产，从而威胁粮食安全，进而借威胁粮食安全的噱头来直接否定稻虾种养或稻渔综合种养产业。专家学者和农业农村部有关文件均指出稻田综合种养的养殖沟面积占比控制在稻田总面积的 10% 以内（Hu et al.，2016），水稻可利用边行优势、水生动物的作用和土壤基础肥力的提升等而抵消因养殖沟开挖减少的水稻种植面积对水稻造成减产的影响，从而使水稻产量基本不降低而实现稳产；总体上看，稻虾田水稻产量与环形养殖沟面积占比呈现负线性相关关系（图 3-17），随着沟占比增加，水稻减产幅度增大（图 3-18）。

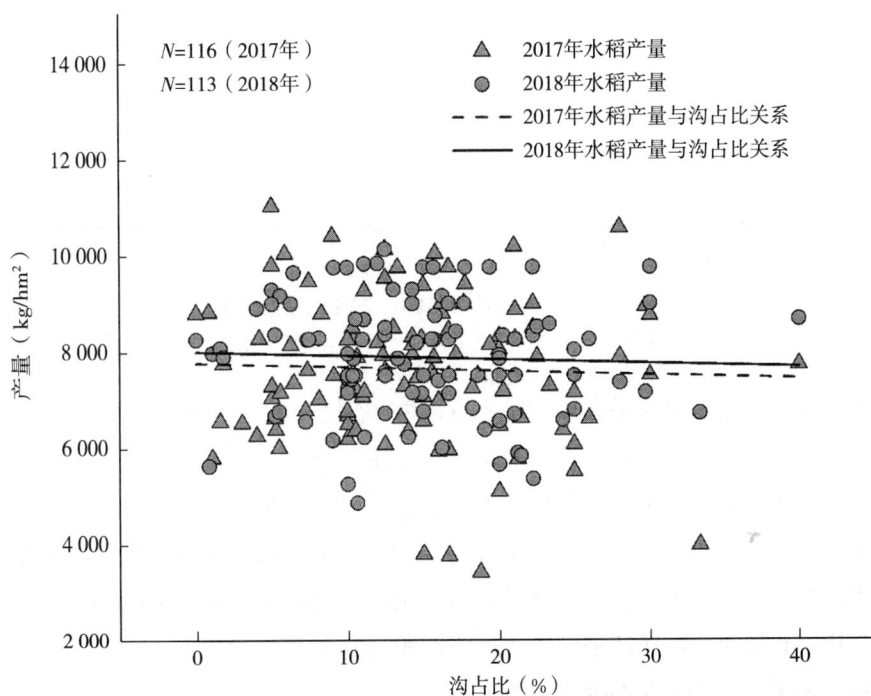

图 3-17　沟占比与水稻产量的关系

需要防范的是不应以挖环形养殖沟利于更好发展稻虾种养为借口从而出现环形养殖沟越挖越宽、环形养殖沟面积占比超标的现象。挖不挖养殖沟属于技术创新问题，不是水稻种植和小龙虾养殖能否结合的问题，不是稻虾种养能否发展的战略性问题，这其中涉及工程结构与技术创新、种养模式技术标准制定、技术推广与标准监督监管等诸多问题。当然，由于当前阶段水稻和小龙虾的比较效益悬殊，部分农户为提高小龙虾产量以获取更大的经济效益，而出现养殖沟越挖越宽等现象，从而直接减少了水稻种植面积，进而减少了原稻田水稻总产量，违背了稳粮发展的初衷，威胁了粮食安全。在培育稻虾产业发展过程中，要防范稻虾种养演变成提水养殖的现象，但也应注意不能因为担心稻

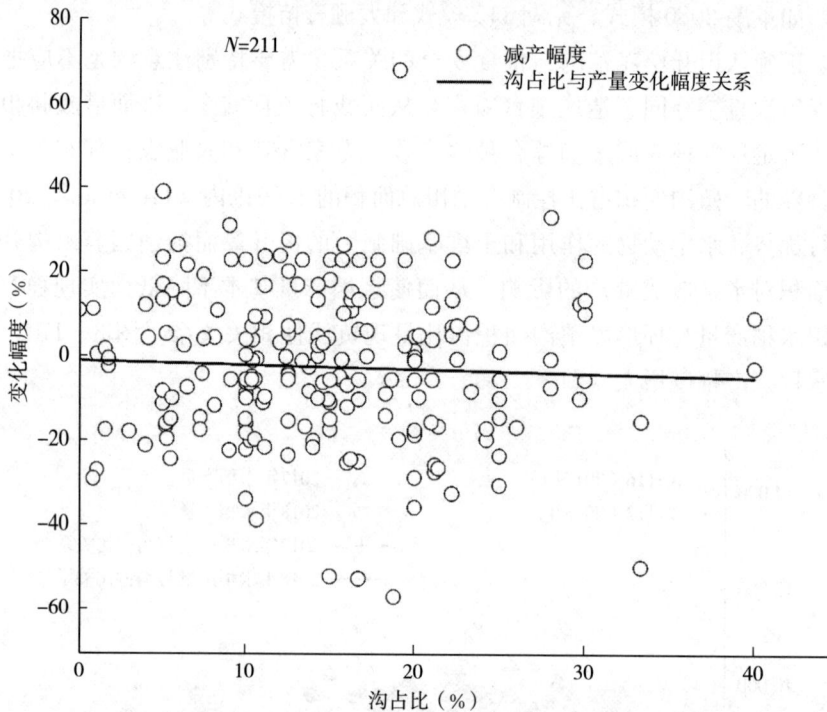

图 3-18　沟占比与水稻产量变化幅度关系
（数据来源：2017 年和 2018 年湖北省江汉平原和鄂东沿江平原农户问卷调查数据）

虾种养变相成为提水养殖而采取不鼓励不发展①的态度，如何判别界定是稻田综合种养还是提水养殖，在当前阶段的根本标准是养殖沟面积占比是否超过 10%。建议政府部门在整治过程中，要从技术、市场和管理角度来综合治理，不能"一棍子打死"，不能"一刀切"式退虾还耕，不能简单粗暴地发布文件不准养，应该要做的是通过工程结构与技术创新、种养模式技术标准制定、技术推广与标准监督监管等多种措施解决问题，不让技术问题上升到战略问题，保证稻虾产业始终健康持续发展。

3. 夸大稻虾模式对水体环境的影响

部分地区由于产业发展规划滞后，农民盲目开发、粗放发展，在发展稻虾种养过程中出现稻田生态失衡的现象，表现为稻田水体富营养化而影响稻田和周围水域的水质和生态环境、单一高密度小龙虾养殖致使疫病增多和防控难度增加，从而违背了绿色发展的初衷，触碰了生态优先的红线，威胁了生态安全。特别是经营者为追求效益，比较重视小龙虾的产量，忽视稻田承载力和养殖容量，盲目增大养殖密度，盲目过量投放饲料，致使土壤和水体富营养化，面源污染加剧，养殖疫病增加，产品品质不达标，显著提高了稻田水体养分含量，虽然有利于水稻生产，但同时也增加了水体富营养化的风险（黄

---

① 妥善化解水产养殖与粮食种植争地矛盾　稻田综合种养不可"一刀切". https：//baijiahao. baidu. com/s？id=1625217917572110926&wfr=spider&for=pc.

志才等，2019；陈松文等，2020）。

但从本质上讲，稻虾种养能减少化肥和农药使用量，从而降低农业面源污染发生风险，进而促进地区生态环境的改善（图3-19）；同时稻虾田冬春季节水草种植能够改善稻田水质环境。政府部门应深入分析部分地区稻虾种养未能达到预期效果的根本原因是专项规划编制滞后，还是经营主体种养管理不到位，还是标准制定及执行不到位等，不能因为部分地区稻虾种养违背绿色种养而简单地不鼓励、不支持、阻碍或反对稻虾产业发展。稻虾种养发展应建立在资源承载力的基础上，流域稻虾种养发展应建立在流域生态环境容量的基础上，所以在发展稻虾种养过程中处理好"生产"和"生态"的关系，因地制宜，注重资源环境与区位市场优势，实现稻虾种养健康持续发展，其次应加强经营主体管理，严格规范稻虾种养投入品追溯管理机制，实现稻虾绿色清洁生产。

图3-19　两种模式环形养殖沟水体水质比较
（左图：水稻单作模式；右图：稻虾模式）
（汪金平供图）

4. 对小龙虾和稻虾米认识存在严重不足

在稻虾种养的主产区和主要消费区域，稻虾米和小龙虾都存在随行就市的现象。优质产品不优价现象突出，一个重要原因是消费市场对稻虾产品的认识存在严重不足。在小龙虾认识方面，侯子楠等（2019）对上海市开展的284份问卷调查结果显示，相比质量认证及品牌广告，消费者更加关注小龙虾的感官信息（新鲜程度、味道、口感及外形完整度等），表明食品卫生状况而非品牌及场地是影响小龙虾消费的主要因素。但是目前，大多数消费者对于小龙虾从哪里来、小龙虾健康与否等问题并不是非常清楚，大多数消费者吃小龙虾更多追求的是味蕾刺激和社交氛围，对于什么虾是好虾，怎么吃好虾，如何健康品虾等问题缺乏认识，部分人群尤其是中老年人群普遍坚持对小龙虾的刻板差评，认为小龙虾是在污水环境长大，不健康、不可食。

在稻虾米认识方面，消费者对稻虾米的认知度不高。张纯等（2021）对贵州、山东、山西和安徽等 4 省市围绕稻虾米市场开展了问卷调查，521 份调查问卷的结果显示，49.52％的受访者没有听说过优质虾稻米，36.85％的受访者对虾稻米略有耳闻，8.25％的受访者对其有所了解，仅有 5.38％的受访者对虾稻米有深入了解，表明当前稻虾米的市场占有率不高，对稻虾米的认知度较低，主要原因是地域影响。进一步调查发现，口感和品质已经成为居民选择稻米的首要因素，其次是安全健康，稻虾米同比其他稻米在质量安全上具有一定优势，如何进一步提升口感与品质，提高市场占有率，是培育稻虾米市场的重点。

处理好稳粮与增收，生产和生态，种植和养殖，产品与市场之间的关系，对促进稻虾种养健康发展是重要的[①]。要处理好这些关系，应该注意始终坚持运用市场机制手段解决问题，政策手段和道德教育手段是暂时手段，农民在其中不能获利，则稻虾种养发展没有生机。例如，针对重虾轻稻问题，本质是水稻和小龙虾的比较效益悬殊，做优水稻品质、提升水稻价值是解决问题的突破口，倡导农户重视水稻生产、强调种植水稻对小龙虾生长有利、政策规定养殖沟面积占比不超过 10％红线等是重要措施，但长远来看关键是做好稻虾米产业开发，提升稻虾米产品价值。又例如，近年来虽然一直在强调推动稻虾种养的生态化转型，实现绿色低碳发展，提出系列理念与口号，但促进农民积极践行绿色发展理念的核心是要让绿色技术应用后的绿色价值以某种形式得到经济价值转化，将这种绿色效应市场化，当然制定绿色稻虾技术体系，政府加强宣传引导是必须且必要的。

二、产业政策亟待完善

1. 政策规划

在产业政策上，部分地方政府支持稻虾产业的政策系统性与连续性不强。在产业规划上，稻虾产业发展专项规划（既包括系统性空间规划和顶层发展规划，也包括长远发展战略性规划）不足，表现为：一是产业规划编制跟不上产业发展速度，二是部分规划与产业契合度不高、适应性不强。稻虾产业涉及种植、水利、渔业等多个部门，由于缺少统一产业规划和布局，致使农田规划、水利建设、技术推广、水肥管理、病虫害防治等难以实现有效整合（朱永猛等，2017）。而产业规划的制定与政府重视程度密切相关，确定主导产业、制定产业规划需要考虑到产业的能源评价、投资强度、税收强度、产业带动能力等。

2. 土地政策

稻虾种养经营主体在开展稻虾种养过程中受到一些土地问题的制约，表现为：一是

---

① 全省稻渔综合种养暨"四优四化"优质水产品专项扶贫现场会在罗山召开. http://www.luoshan.gov.cn/ department _ news. php? id＝13242.

土地流转周期短，而稻虾前期投入大，制约了经营主体投资建设的愿望；二是土地细碎化问题严重、经营组织化程度不高，制约了稻虾种养向连片规模经营发展；三是土地流转机制不健全，阻碍了种养大户开展田间工程的建设；四是稻虾产业发展受到耕地红线政策的制约，鼓励以稻虾种养为核心发展二三产业需要设施用地，但相关部门在解决土地问题上缺少协调畅通的机制，该问题在湖南长沙周边县（市、区）表现较为突出。

3. 金融税收

（1）养殖户贷款难（贡伊林等，2019）。很多农村合作金融机构开展了信用村、信用户评定，根据信用程度设置相关贷款，但实际上由于信用信息征集难、公安调查数据采集难等问题，致使信用体系不健全，导致养殖贷款准入难；同时整个贷款申请流程和手续比较复杂，且抵押担保存在一定问题；金融优惠政策仍然没有形成具体模式（陈婧铱，2020），出现养殖户贷款难、难贷款问题。

（2）小龙虾加工企业融资贷款难。小龙虾经济价值高、收购时间短，短期内需要大量的人力资源和流动资金（王凯等，2019），然而据在湖南顺祥食品有限公司走访调研发现，小龙虾加工企业普遍存在着融资成本高、银行贷款难、企业融资难度大、争取农业项目资金支持门槛高等问题，一些小龙虾加工企业的实际加工产能严重低于设计加工产能，关键原因在于融资困难，国家层面虽出台了一系列政策支持农业企业贷款，但政策执行落地困难重重，农业企业贷款难、融资难问题已经成为农业企业壮大发展的重要制约因素。

（3）进项税问题。在安徽等地调查发现，小龙虾收购发票税收政策与当前农产品流通政策不相符，由于当前阶段通过小龙虾经纪人卖虾渠道收购小龙虾尚未纳入农产品税收制度，而目前小龙虾加工企业中的小龙虾有80％～90％都来源于经纪人，但加工企业从经纪人手中收购小龙虾不能抵扣进项税，这增加了小龙虾加工企业约9％的原料收购成本。

三、产业服务需要健全

1. 种养管理

除各省份示范区和示范点外，农户稻虾种养技术处于低水平发展阶段，表现为：一是生产方式较为落后，生产模式较为单一；二是绿色生态理念体现不明显，化肥农药渔药及改水调节剂等应用普遍，饲料选择及投喂盲目；三是养殖亩产量低且不稳定，疫病时有发生，精准种养程度不够（成汉高等，2021）；四是养殖技术培训少，一些地方协会每年开展2～3次集中短期培训，多数地区并无协会或协会存在度较低（陈婧铱，2020）。这导致养虾的成本不断攀升，除饲料外，渔药等动保产品成本年年上升，已由原来的45～75元/亩上升至现在的600～750元/亩。很多地区都制定了稻虾种养生产技术标准，但技术推广和技术实用性需进一步提升，以湖北省为例（鲁国梁等，2020），有关调研显示农户自己摸索和农户间相互交流是农户获取稻虾技术的主要渠道，占比达到75.2％，而来源于专业技术部门的指导仅占 24.8%。

2. 平台搭建

当前阶段，稻虾种养公共平台搭建在 3 个方面存在不足：一是稻虾产业联盟建设滞后，目前除湖北省建立了省级稻虾产业联盟外，其他省份大多在县级层面建立了以产业协会为主导的稻虾产业联盟；二是主产省份纷纷创建了国家综合种养示范区，而加工园区、三产融合等方面的国家级平台建设步伐相对缓慢；三是绝大多数县（市、区）稻虾产业服务中心建设缓慢，这限制了土地流转、养殖技术获取、线上线下销售、主体人才培训、金融贷款交易、品牌建设等多方面工作的统筹协调。

3. 行业标准

当前阶段，稻虾产业的行业标准在以下几个方面亟待建立：一是稻田小龙虾种苗办理许可证问题，目前农业农村部并未出台相关文件以明确稻田开展小龙虾种苗繁育能否办理小龙虾种苗生产许可证。二是稻虾种养农资供给整体混乱，生产资料本身缺乏质量标准或缺少质量监管。冯妹等（2021）调查发现，目前稻虾投入品除常规农资外，还有上百种非药品，这些非药品品牌繁多、品种繁杂、成分不明、质量参差不齐，没有明确且严格的生产行业标准和国家标准，时常引发农商纠纷。由于投入品中的非药品既不属于渔药也不属于农药，国家相关法律和规章至今尚未界定这些非药品的监管责任主体，致使监管出现空白。三是小龙虾加工行业"包冰"问题标准缺失，部分企业为追求利益致使小龙虾包冰量不断增加，长远看将影响加工行业信誉，不利于行业健康发展。四是地方稻虾米和小龙虾产品标准缺失，企业各自为营，稻虾米市场较为混乱，消费者辨别困难。

四、主体建设需加大力度

1. 经营主体建设

稻虾种养新型经营主体数量不多、素质不高、组织化程度不高、利益联结机制不紧密、协同发展意识不足是经营体系建设方面的短板。各地在行业协会、大型合作社、龙头企业等组织建设培育上不充分，稻虾龙头加工企业少、加工能力弱、带动能力不强，表现为数量少、规模小、实力弱，组织引领示范作用不明显等。当前绝大多数稻虾经营主体、合作社缺乏品牌专业策划、设计和运作的能力，基本上是有想法没能力。据在湖南省益阳市资阳区新飞村嘉兴种养专业合作社的走访调查显示，当地人认为品牌培育是提升稻虾米和小龙虾市场价值的重要路径，但面临的困难是既没有品牌，也没有专业技术人才，并且短期培训效果不是十分明显。当前稻虾产品品牌培育及运营人才和稻虾种养社会化服务人才很少，综合素质不高、能力不强，这制约了稻虾种养加工销售和品牌建设。

2. 专业人才培养

当前阶段，稻虾种养专业人才培育不充分，培育机制亟待建立。一是乡镇基层农技体系普遍存在人员结构老化、业务素养不高、缺编离岗严重等问题。竺平等（2019）调查显示：一般乡镇农业技术服务中心缺少水产养殖专业技术人员，80％以上为兼职的水产技术人员，乡镇极度缺乏稻虾技术服务人员。二是部分地区不重视水产人才培养体系建设，存在专业性人才与实际工作错位现象，专业化人才培育机制不健全。三是技术推广机制需要进一步完善，据调查，相关企业和从业人员大多以自身利益出发点从事技术或产品推广而未考虑环境可持续性、技术实行性等，出现了稻虾生产投入品、生产成本、经营风险及环境污染的概率增减，经济效益和生态效益受到影响。

参 考 文 献

陈婧铱，2020.基于农业产业链资源整合、发展问题对策的探究——江苏省小龙虾产业链的调查研究 [J].中国商论 (4)：118-119.

陈松文，江洋，汪金平，等，2020.湖北省稻虾模式发展现状与对策分析 [J].华中农业大学学报，39 (2)：1-7.

成汉高，宋长太，2021.小龙虾稻田养殖的现状、存在问题与对策措施 [J].渔业致富指南 (7)：21-23.

冯妹，孙冰辉，李学章，等，2021.南县稻虾种养投入品现状调查及对策 [J].乡村科技，12 (1)：74-76.

贡伊林，陈婧铱，陈安然，2019.农业产业链金融发展与金融产品创新——以小龙虾产业为例 [J].商讯 (36)：6，8.

侯子楠，李显显，高超，2019.小龙虾（克氏原螯虾）市场消费特征及营销策略研究 [J].中国渔业经济，37 (6)：63-69.

黄国林，曾斌，李卫东，等，2019.湖南环洞庭湖区稻渔综合种养发展模式与优化建议 [J].湖南农业科学 (12)：59-63.

黄志才，周昆，黄为，等，2019.湖南省稻田综合种养存在问题与发展对策 [J].湖南农业科学 (7)：114-117.

李楚君，涂宗财，温平威，等，2022.中国小龙虾产业发展现状和未来发展趋势 [J].食品工业科技，43 (8)：463-470.

李雪莹，王艳，吴炜，等，2020.乡村振兴背景下合肥市稻虾产业发展规划研究 [J].江苏农业科学，48 (7)：36-40.

李阳阳，江军梁，陈泽，等，2021.江苏省稻田综合种养产业发展现状与问题探讨 [J].中国稻米，27 (2)：11-14.

鲁国梁，许淼，汪本福，等，2020.湖北省虾稻产业可持续发展的调研思考 [J].湖北农业科学，59 (19)：23-26.

农业农村部渔业渔政管理局，全国水产技术推广总站，中国水产学会，2020.2020中国小龙虾产业发展报告 [J].中国水产 (7)：8-17.

农业农村部渔业渔政管理局，全国水产技术推广总站，中国水产学会，等，2021.中国小龙虾产业发展报告 (2021) [J].中国水产 (7)：27-33.

舒新亚，2010.克氏原螯虾产业发展及存在的问题 [J].中国水产 (8)：22-25.

舒新亚，2021. 浅析小龙虾产业中的几个重大问题（三）[J]. 渔业致富指南（13）：46-51.

孙刚，盛连喜，千贺裕太郎，2006. 生物扰动在水层-底栖界面耦合中的作用[J]. 生态环境（5）：1106-1110.

王凯，余其照，王虎，2019. 长丰县稻虾综合种养产业发展存在的问题及对策[J]. 现代农业科技（23）：200-201.

谢程成，郭金星，王冬梅，2019. 虾稻和常规大米的品质与安全性分析[J]. 检验检疫学刊，29（3）：39-41.

张纯，高庭峰，黄炎炎，等，2021. 虾稻米市场需求调研[J]. 现代农业科技（18）：256-258.

张浩博，吴伊宁，莫伊凡，等，2022. 绿色超级稻的研究进展与展望[J]. 华中农业大学学报，41（1）：28-39.

张启发，2021. 双水双绿理论与实践[M]. 北京：科学出版社.

张勇，吴学兵，2021. "虾稻共作"模式对国家粮食安全的影响研究——基于湖北省潜江市的调研[J]. 湖北农业科学，60（23）：201-204.

朱永猛，施继标，蔡孝洲，2017. 稻田综合种养产业发展探析——以江苏省泗洪县为例[J]. 农村经济与科技，28（1）：56-58.

竺平，张开惠，宋德玉，等，2019. 荆州市稻虾共作生产现状、存在问题与建议[J]. 基层农技推广，7（3）：101-103.

Hu L，Jian Z，Ren W，et al.，2016. Can the co-cultivation of rice and fish help sustain rice production? [J]. Scientific Reports，6：28728.

第四章
稻虾绿色高质量发展科学内涵

稻虾种养的发展推动了集约化水稻种植和集约化水产养殖的生态转型，利用生物间的相互作用减少了化肥、农药和渔药的投入，是水稻种植和水产养殖生态转型的1.0版本，而推进稻虾绿色高质量发展是在稻虾种养基础上实现水稻种植和水产养殖由1.0版本向2.0版本转型，旨在充分发挥水稻和水产生物间的相互作用，利用科技创新进一步减少外来投入，强化物质循环和能量流动，实现资源利用效率的极大提升，从而推动稻虾产业由粗放型发展向高质量发展转型。

第一节　稻虾绿色高质量发展的内涵特征

为促进稻虾产业转型升级，在深入调研分析稻虾产业发展现状的基础上，立足当前阶段稻虾产业发展问题，结合我国农业发展面临的新形势新要求，提出了稻虾种养绿色高质量发展的理念，建立了稻虾绿色高质量发展的理论体系，明确了科学内涵及发展目标，阐述了基本特征，提出了推进稻虾种养实现绿色高质量发展的基本路径，旨在更好引领稻虾产业健康发展。

一、基本内涵及目标

稻虾绿色高质量发展是依托沿江沿湖低洼田及丘岗冷浸稻田资源优势大力发展稻虾种养，促进水稻和小龙虾协同发展，做大做强水稻和小龙虾产业，做优做特稻虾米和小龙虾产品，做美做新青田绿水和稻虾文化，实现稳粮促渔、生态友好、优质营养、融合发展、文化繁荣的目标（图4-1）。

稳粮促渔是稻虾绿色高质量发展的根本前提，体现粮、渔两者之间的位置关系。稳粮是中国稻虾产业发展的根本前提，是关乎粮食安

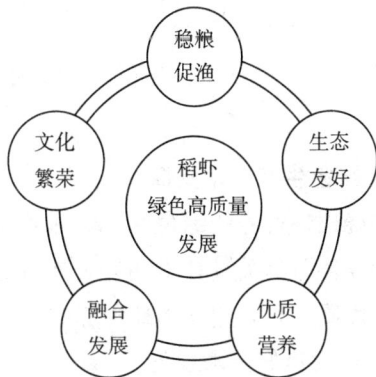

图4-1　稻虾种养绿色高质量发展五大目标

全的战略问题；促渔是发展稻虾种养的重要目的。利用稻田拓展渔业空间，促进渔业繁荣发展；依托渔业繁荣发展，提升种粮积极性，促进水稻稳定生产；发挥稻虾互利共生，实现粮渔共赢发展。

生态友好是稻虾绿色高质量发展的内在要求，关乎稻虾种养的长远可持续发展。实现稻虾高质量发展不应该也不允许将产业发展建立在资源环境负荷增加的基础上，必须走生态优先、绿色发展的道路，以生态农业方式发展稻虾种养。

优质营养是稻虾绿色高质量发展的紧迫任务，体现对水稻和渔业供给侧改革的目标要求。增加优质营养农产品供给是满足人民群众对美好物质生活的要求。把稻虾种养作为推进水稻供给侧改革和渔业供给侧改革的重要举措，建立健全产品绿色质量体系和产品优质优价机制，实现优质营养产品稳定保供。

融合发展是稻虾绿色高质量发展的现实路径，是提升稻虾产业质量效益和竞争力的手段。竞争力和生产方式、满足社会需求能力、未来社会期许等密切相关，一方面是成本问题，一方面是品质问题，一方面是环境问题。良好生态环境、绿色高效生产是竞争力；成本低、效益高，供应质量安全优质营养产品是竞争力；可持续发展能力强是竞争力。

文化繁荣是稻虾绿色高质量发展的内在表征。稻渔综合种养本身具有悠久历史，文化内涵深厚，蕴含着中国稻作农业持续发展的思想，体现了物种间和谐共生之道。稻虾模式作为新兴稻渔综合种养模式，可挖掘历史文化，拓展非农生产功能，促进与餐饮文化、科普教育、休闲体验结合，实现稻虾文化繁荣发展。

二、发展基本路径

推动稻虾绿色高质量发展，不是简单的稻虾种养生产模式层面的升级创新，而是一种关乎产业发展模式、理念和目标的升级，根本目标关系到生态文明建设和乡村振兴战略。推动稻虾绿色高质量发展应从四个方面渐次有序着手（图4-2）。

图4-2 稻虾种养与产业发展及乡村振兴的关系
（陈松文等，2020）

1. 绿色生产技术支撑

围绕稻虾种养的绿色水稻、水产品种，绿色种养技术、共生互利关系等相关科学问题和种养环节的关键技术问题，研究建立良好的稻虾互作生态基础体系，研发绿色调控技术和优质品种，建立稻虾种养的理论体系和技术体系。

2. 建立良好技术规范

围绕稻虾种养的田间工程、绿色品种、水稻清洁生产、小龙虾健康养殖、绿色加工及副产物再利用等全产业链各环节开展资源节约型、环境友好型的技术研究与示范，加强技术标准及技术规程研究，建立稻虾产业的技术标准及技术保障体系。

3. 助力产业转型升级

建立稻虾产业经营体系及政策保障体系，政府、产业、企业、学校、科研机构相互配合，发挥各自优势，培育经营主体，建立产业联盟，完善利益联结机制，延伸产业链条，创新产业体系，促进产业转型升级。

4. 推动乡村全面振兴

通过推进稻虾绿色高质量发展，改变生产方式，实现资源节约、环境友好，促进产业健康发展，推动生态友好、三产融合及乡村生态文明体系建设，推进乡村振兴，繁荣鱼米之乡。

三、发展基本特征

稻虾绿色高质量发展，"稻虾"是产业发展对象，"绿色"是产业发展基本特征，"高质量"蕴含着产业发展的目标要求与现实路径。推进稻虾种养绿色高质量发展，应注重把握其基本特征，强调生产过程绿色、生产产品绿色、生态环境绿色、繁荣鱼米之乡。

1. 生产过程绿色

过程绿色主要是清洁生产，对生产过程与产品采取整体预防的环境策略，减少或者消除生产过程对环境的可能危害，充分满足人类需要，实现社会经济效益最大化（段宁，2001）。稻虾种养清洁生产不仅包括水稻清洁生产、小龙虾绿色养殖及产业链的绿色清洁，还应注重产业协同发展，强化产业间副产物资源循环再利用，通过产业协同、互惠互利、减少排放、控制投入，实现生产过程绿色的目标。

水稻清洁生产包括投入品绿色、减量、高效、无废物、无残留。要求从绿色品种到绿色技术对水稻全生育周期进行控制，从源头消减污染，提高肥料、农药、水资源利用率，最终实现节能、增效和减少面源污染，同时保证水稻优质、安全（丁长红，2008）。

小龙虾绿色养殖，充分利用稻田环境，净化水质、减少病害、健康养殖，控制虾药使用；充分利用稻田丰富的碎屑食物链，补充动物性饲料，减少人工饲料投入，简单养虾；科学调节水体，种植水草，减少调水改底等物料投入，自然养虾。

稻虾绿色产业链是指在整个产业价值链中，通过生产环节、运输环节、加工环节、销售环节的绿色发展，实现与自然、与社会各相关群体的良性互动（图 4-3），达到短期利益和长期发展的统一。要求稻虾种养的生产资料符合质量标准、生产过程清洁，加工、包装、储运、物流生产安全无污染。

2. 生产产品绿色

产品绿色是稻虾产业的重要目标，要求稻虾米和小龙虾产品符合绿色产品要求。稻虾产品内涵丰富，不仅包括优质营养的饮食产品（丰富物质的食品），还包括绿色宜人的

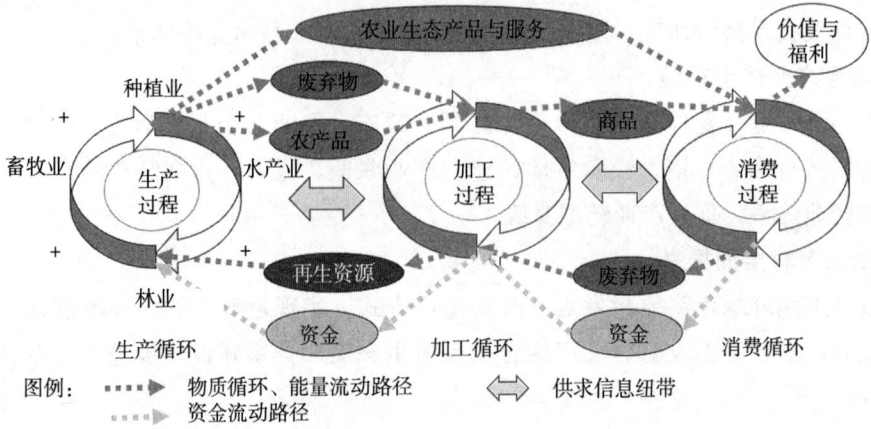

图4-3　稻虾绿色产业链过程环节循环示意

生态产品（优美的生态环境，固碳减排的能力），也包括滋养身心的文化产品和休闲观光产品，以及为广大农民提供立命谋生的生计机会（图4-4）。在此，稻虾产品侧重于稻虾米、稻田虾等。

生产产品绿色强调在绿色稻田环境上采用绿色品种、绿色技术的高质量稻虾模式生产稻虾米和稻田虾，并通过优质优价体制机制与品牌文化建设，做优做特稻虾米和小龙虾产品，实现稻米和小龙虾优质供给。这关乎稻虾米和小龙虾产品全产业链体系建设，不仅涉及优质产品生产，还涉及优质产品加工物流、市场优质优价体制机制建立、产品品牌培育与文化建设。

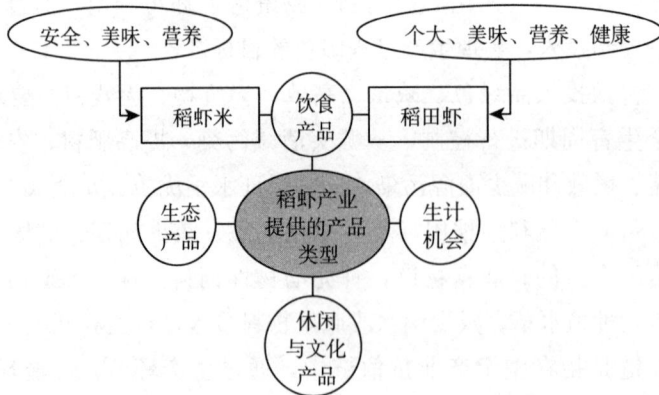

图4-4　稻虾产业提供的产品类型及饮食产品发展方向

（1）稻虾米。稻虾米的主攻方向是安全、美味和营养。①安全型优质稻米。稻虾共作对化肥、农药严格控制，依靠养殖物的食物链关系进行病虫草害的防治，基本不打农药，利用农家有机肥和养殖物的排泄物代替化肥，生产绿色、有机稻米。②美味型优质稻米。直链淀粉含量和蛋白质与食味值呈负相关，蛋白质含量6%～7%食味较好，超过

7％食味下降；一般来说，随着直链淀粉含量下降，米饭表现为柔软、润滑、光泽好、口感佳，优质大米直链淀粉含量为 13％～22％。③营养型优质稻米。营养品质指稻米中的营养成分，包括淀粉（直链淀粉和支链淀粉）、植物纤维、游离糖、蛋白质、氨基酸、脂类、无机质、维生素和其他药用价值成分。

（2）稻田虾。小龙虾的主攻方向是个大、美味、营养、健康。①个大。当前阶段，规格大小是小龙虾定价的重要参考指标，而且价格与小龙虾重量不呈线性关系，而呈近似指数函数关系，表明市场更加青睐规格更大的小龙虾。②美味。活力足、虾壳靓、虾尾 Q 弹（肉质紧密有嚼劲）的小龙虾更美味。尽管围绕小龙虾已经创造了各种特色餐饮菜肴，但小龙虾品质过硬是美味的根本。③营养。小龙虾具有高蛋白（13.88％）、低脂肪（1.76％）、低热量的特征，且虾尾肌肉属于优质蛋白，呈味氨基酸含量占比为34.75％～36.70％，高于南美白对虾等常见虾类；脂肪含量虽低，但含有 18 种脂肪酸。④健康。受小龙虾早期传入历史等因素影响，部分消费者仍对小龙虾持有偏见，其所关注的核心是健康问题。小龙虾来自哪里，虾壳重金属含量是否超标，小龙虾渔药残留是否超标等问题牵连消费者的敏感神经。小龙虾消费市场是"信心市场"，小龙虾生产应高度重视产品安全，将产品安全生产作为底线。

3. 生态环境绿色

环境绿色包括产前绿色产地和产后产地绿色、环境优美。

一是产地环境无污染。生产绿色稻米和绿色小龙虾的前提是产地环境优良，要求生产环境水、气、土壤等环境本底无污染、无残留，符合相关要求标准。

二是净化生产环境。生产过程不留污染和没有不良影响，甚至对环境具有净化及生态修复的功能。通过生物互利共生，发挥湿地生态功能，净化稻田环境，减少控制面源污染。

三是美化生态环境。稻虾绿色高质量产业的目标对接鱼米之乡及乡村振兴，通过产业发展，带动环境美化和乡村文化建设，发展田园综合体，建设生态文明，实现乡村美丽。

4. 繁荣鱼米之乡

鱼米之乡是美好田园乡村的生动写照，也是稻虾绿色高质量发展的落脚点与最终目标。稻虾绿色高质量发展不仅关系到种质创新、生产过程清洁、产品绿色健康、生态环境优美，还关系到稻虾种养全产业链、新业态新文化新生活的发展。以稻虾产业发展促进乡村产业振兴，以稻虾绿色生产促进稻田绿色和水体绿色，打造绿色环境，建设乡村生态文明，以稻虾新文化新业态发展带动乡村文化繁荣，促进传统乡村繁荣发展。

第二节　稻虾绿色高质量发展的理论基础

纵观稻虾产业发展历史，从单一种植到种养模式，从稻虾种养生产到稻虾产业发展，从粗放型发展到规范提质发展，稻虾产业发展引领水稻和水产生产方式、发展方式、产业模式创新，稻虾产业发展离不开基础理论的创新，基础理论创新为稻虾绿色高质量发展的理论体系提供了支撑。

一、绿色超级稻理念

长期以来，为保障粮食供给，中国一直将提升水稻等农作物产量放在首位，但是化肥、农药的过度使用，对土壤肥力、生物多样性和生态系统产生诸多负面影响。为了保障国家农业与环境的可持续发展，保障国家粮食安全，破解农业生产与资源和环境的矛盾，1999 年，农业科学家提出以"少投入、高产出、保护环境"为特征的第二次绿色革命，张启发院士于 2005 年提出"绿色超级稻"理念。基本内涵是将品种资源研究、基因组研究和分子技术育种紧密结合，加强抗病、抗虫、抗逆、营养高效、高产、优质等重要性状的生物学基础研究和基因发掘，进行品种改良，培育大批抗病、抗虫、抗逆、营养高效、高产、优质等绿色性状的新品种，实现"少打农药、少施化肥、节水抗旱、优质高产"的目标（张启发，2005）。

二、两型农业生产理论

粗放型农业生产方式下化肥、农药和水资源利用效率低，以高投入换取高产出的农业模式造成了水资源大量消耗，化肥和农药滥用，耕地质量下降，水土环境恶化等一系列问题。加快转变农业发展方式，构建资源节约型、环境友好型农业（简称"两型农业"）生产体系是实现中国农业持续发展的根本路径，是转变农业发展方式的理念、理论和方法，既是生产范式的革命，又是新的技术范式和制度范式的革命。

两型农业生产体系是以发展优质、高产、高效、生态、安全的现代农业为目标，依靠技术创新和政策创新为主要动力推动实现农业生产方式转变，大力发展循环农业、生态农业、集约农业，提高资源利用效率和保护环境，保障粮食安全和农产品有效供给，构建农业可持续发展的综合生产体系（图 4 - 5）（张启发，2015）。

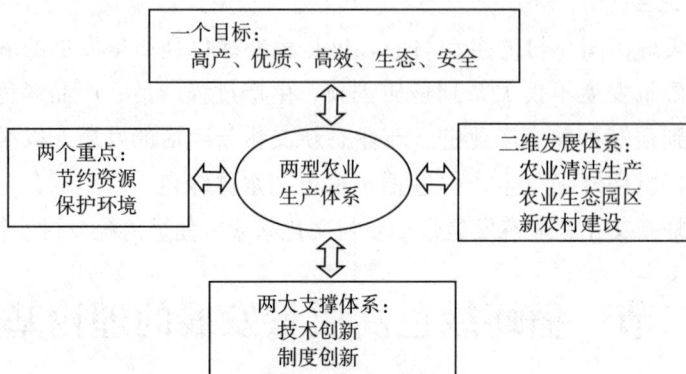

图 4 - 5　资源节约型、环境友好型农业生产体系框架示意

三、农业绿色发展理念

鉴于农业生产资源约束加剧，农业面源污染形势严峻，农业生态系统退化严重，农产品有效供给能力和保障农产品质量安全压力，中共中央办公厅、国务院办公厅《关于创新体制机制推进农业绿色发展的意见》提出"农业绿色发展"理念（图4-6）。一是要实现经济增长与资源环境负荷的脱钩，即经济增长不会引起资源环境负荷的增加，解决好突出生态环境问题，改善可持续性；二是要使可持续性成为生产力，让绿色、生态有利可图，生态优势能够转化为经济优势，推动"绿水青山"变为"金山银山"（曹凑贵和陈松文，2020）。

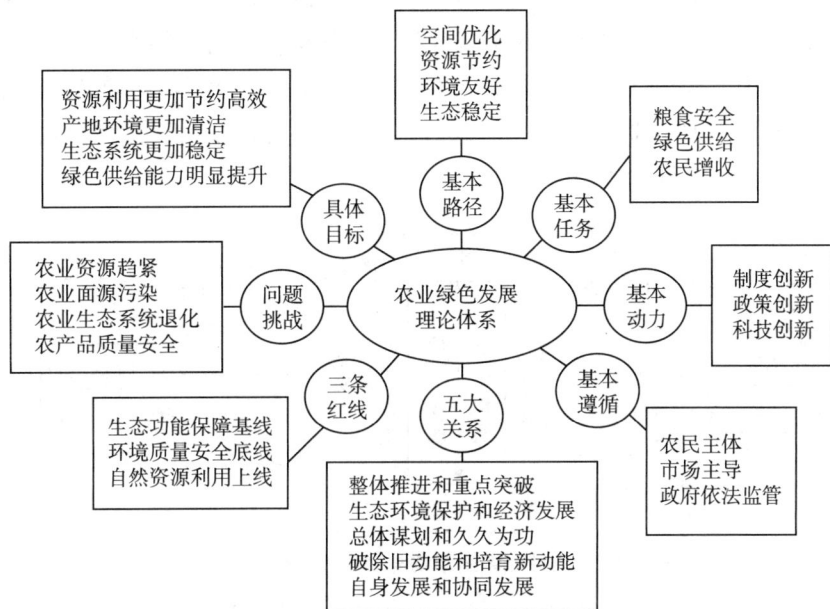

图 4-6 农业绿色发展理论体系框架示意

绿色发展的实现路径是产业生态化和生态产业化，构建绿色经济体系。产业生态化是立足经济发展可持续，通过减少冗余投入，促进物质循环，提升资源利用效率，减少废物排放，增加有效产出，实现经济效率最大化，同时对环境影响最小化。生态产业化，是运用市场机制推动产业的生态化转型，通过农业的生态功能等附加值（如减少温室排放、增加土壤碳汇、增加氧气供给、调节区域气候等）市场化赋予定价权，从而推动农艺革新以及绿色技术的发展与快速推广，另外，这需充分考虑外部性功能价值，建立农业系统经济核算框架体系，创新功能产品的市场机制，推动农业生态产业化。

农业绿色发展是通过建立以绿色生态为导向的制度体系，基本形成与资源环境承载力相匹配、与生产生活生态相协调的农业发展格局，努力实现耕地数量不减少、耕地质量不降低、地下水不超采，化肥、农药使用量零增长，秸秆、畜禽粪污、农膜全利用，实现农业可持续发展、农民生活更加富裕、乡村更加美丽宜居。

四、稻田生态种养理论

传统稻作仅利用了其中的植物生产，而忽略了众多其他生物的功能，稻田引进畜禽水产等动物后，形成种养结合共生系统，稻田物种组成得到充实、环境得到改善、结构得到优化、湿地生态功能得到强化（曹凑贵和蔡明历，2017），是一种利渔利稻的生态农业模式。稻田种养系统普遍存在着"利稻行为"和"庇护作用"。

1. 利稻行为

稻田引进动物，一方面可通过改变系统组成，影响能量流、食物营养关系来影响水稻生长；另一方面可直接影响，或通过环境条件的改善间接影响水稻生产（图 4-7）。大量研究报道证实了稻田养殖对水稻群体结构和生长状况的改善，为水稻增产提质奠定了基础。把它归结为"利稻行为"，主要体现在"一增二改三防控"，即增肥，改土、改水，控草、控病、控虫（曹凑贵和蔡明历，2017）。这种"利稻行为"是稳产增效、减肥减药、资源节约、环境友好的作用效应机制。

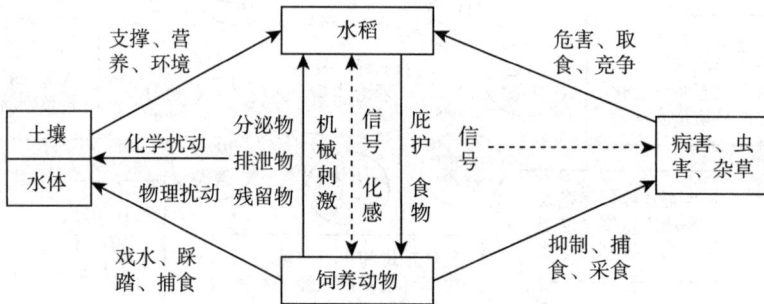

图 4-7　稻田种养系统水稻与动物相互作用关系示意
（曹凑贵和蔡明历，2017；仿郑华斌等，2015）

2. 庇护作用

稻田和池塘、湖泊等水体不同，是典型的人工湿地，生物多样性复杂，一方面水稻优势群体控制整体环境，水稻、稻田生物对养殖动物起到了庇护作用，遮阴、调温、提供氧气，为动物提供生活场所及良好的生存条件；另一方面，稻田生物资源丰富、草牧食物链简单、碎屑食物链多样，为养殖动物提供了丰富的食物。这为减少饵料、控制病害，实现绿色水产健康养殖提供了可能（曹凑贵和蔡明历，2017）。

五、低碳稻作理论与技术

水稻生产具有碳汇和碳源双重功能。碳汇功能与水稻品种、稻作模式、耕作方式、水肥和残茬管理、气候及土壤类型等相关；而碳源功能与播种面积、农资及人力投入（尤其是氮肥投入）、耕作和管理过程、气候及土壤类型等相关。针对区域气候土壤特点，从区域布局、品种结构、稻作模式、耕作方式、管理举措等方面进行技术创新，增强稻田土壤固碳、减少温室气体排放、降低农资能耗，通过固碳减排稳步提升碳盈余量，在更大程度上发挥水稻生产碳汇功能并将其作为助力国家碳中和的重要手段（陈松文等，2021）。

低碳稻作是以高产低排高效为目标，以增加碳汇、减少碳排、降低能耗、促进循环为路径，从品种结构、稻作模式、耕作方式、管理举措等方面协调水稻生产碳源和碳汇功能，实现高效率、低能耗、低碳排、高碳汇的稻作体系。构建低碳稻作理论与技术体系包括 4 个方面（曹凑贵等，2014）：一是控制碳的生产性输入及消耗，二是减少水稻生产系统的碳排放，三是增加水稻生产系统的碳汇，四是提高水稻生产系统的碳利用效率，构建"增汇优先、减耗为主、减排为重、循环利用"的低碳稻作体系。

第三节　稻虾种养的生态学原理

稻虾种养系统，是一种结合水稻种植和小龙虾养殖的立体种养循环农业模式。水稻和小龙虾之间通过时间生态位互补、空间生态位互补、物质能量互补得以构建稻虾生态系统。在生产中，水稻种植和小龙虾养殖常常有矛盾的地方，需要正确认识面临的生态矛盾，协调水稻和小龙虾之间的关系，构建绿色种养技术体系，实现可持续健康发展。

一、稻虾系统的组成及结构

生态系统是由生物群落和非生物环境两大部分组成，具体分为 4 个基本功能单位，即无机环境、生产者、消费者、分解者（曹凑贵和展茗，2015）。稻虾种养生态系统也是由 4 个单位组成（图 4-8），生产者包括水稻、水草、杂草和水藻等；消费者包括小龙虾、杂鱼、昆虫、浮游生物和底栖生物等；分解者包括小龙虾、菌类及浮游动物等；无机环境包括光能、氧气、营养等共同构成的环境。水稻在稻虾种养生态系统中是主要生产者。

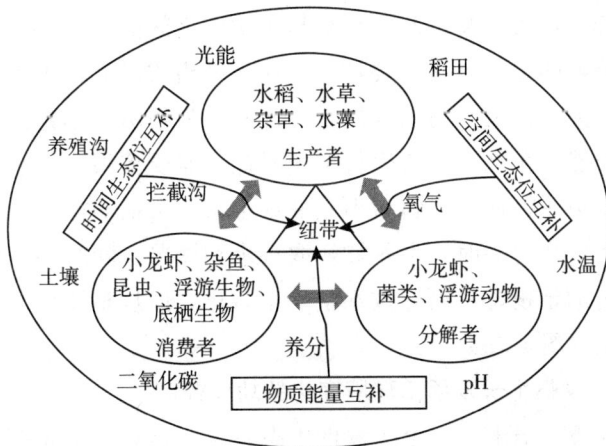

图 4-8　稻虾共作生态系统组成及构建原理

小龙虾在稻虾种养生态系统中的角色既属于消费者也属于分解者。两者从总体上属于互利关系。这种关系表现在三个方面，即时间生态位互补、空间生态位互补、物质能量互补。三个互补是稻虾种养生态系统构建的基础。

1. 时间生态位互补

时间生态位互补是水稻与小龙虾生长时期的互补。中稻在长江中下游地区生长期是6～10月，生育期一般120～140d；小龙虾在长江中下游地区全年生长，3～6月是幼虾生长育肥黄金期，6～9月是亲虾交配产卵时期，10月至翌年3月是幼卵孵化及幼虾生长时期。稻虾种养系统时间生态位互补体现在两个层面，一是幼虾生长育肥时期与中稻生长期的互补，并且这是稻虾系统构建的核心基础；二是亲虾交配繁殖及幼卵孵化与中稻中后期管理及收获之间的协调互补。稻虾连作模式系统构建基础是幼虾育肥时期与中稻生长期的互补。

2. 空间生态位互补

空间生态位互补包括水平空间和垂直空间互补。在水平空间角度上，稻虾共作相比稻虾连作最大的不同在于前者稻田四周开挖环形养殖沟，解决了两个矛盾：①水稻幼苗生长与小龙虾共存矛盾，即在稻田四周开挖环形养殖沟，在水稻幼苗定植之前，通过水位调节，促使小龙虾暂时寄养在环形养殖沟内，既能够延长小龙虾育肥生长时间，也能保证水稻幼苗定植生长；②亲虾繁殖及幼卵孵化与水稻中后期晒田管理及收获之间的矛盾，即在8月中旬晒田及水稻收获期，处于交配中的亲虾能够在四周环形养殖沟内外侧壁掘洞，在洞穴中交配产卵孵化。在垂直空间角度上，7～10月是稻虾共作时期，小龙虾生活在稻田水稻间，小龙虾的掘土及游动活动在一定程度上能够疏松土壤、增加水体含氧量；而水稻能够显著调节稻田小气候，茎秆、叶片为小龙虾遮阴、降温以及充当庇护所。

二、水稻和小龙虾之间的关系

在稻虾种养系统中，认识及协调好水稻与小龙虾之间的关系对于推广稻虾模式、认清稻虾种养对生态环境的影响具有重要意义。在稻虾模式没有被大面积推广之前，农民通常将小龙虾作为一种"害虫"而加以控制，普遍认为稻田中小龙虾通过取食水稻而危害水稻正常生长。诚然，在水稻秧苗生长定植时期，需要将秧苗与小龙虾进行空间隔离或者稻田整田之前将小龙虾捕尽，因为小龙虾食性杂，水稻幼苗生长定植时期正处于小龙虾育肥黄金期，在食物短缺时，小龙虾会取食水稻幼苗，同时小龙虾活动也会在一定程度上影响水稻秧苗的定植，从而导致水稻严重减产。但从整体上看，水稻和小龙虾之间存在相互作用关系（图4-9）。

1. 种植水稻对小龙虾生长及稻田环境变化的功能效应

（1）改善水体环境。稻田是一个半湿地生态系统，相对于小龙虾池塘精养模式，水稻栽培能够在一定程度上吸收小龙虾未食用完的饲料以及小龙虾粪便中的氮、磷，降低

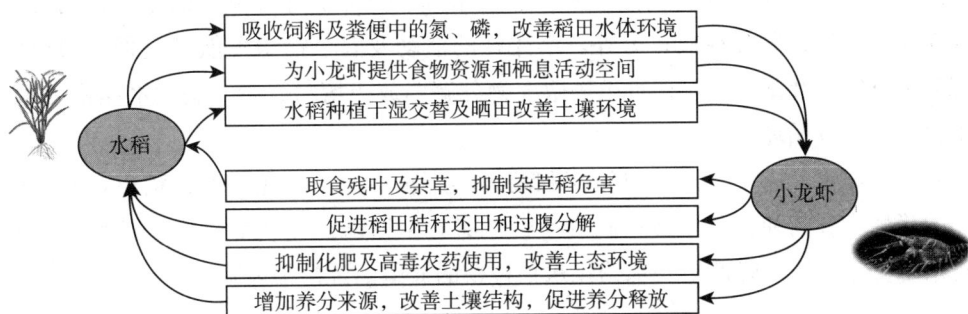

图 4-9　水稻和小龙虾相互作用关系示意

水体氮、磷含量，从而减小水体富营养化发生的风险。

（2）提供食物资源。水稻收获后，秸秆还田为虾苗繁育生长提供了栖息活动场所，同时秸秆也是浮游生物养分和小龙虾食物的重要来源。

（3）改善土壤环境。水稻分蘖期和水稻生长后期晒田改善了稻田土壤环境，干湿交替促进了小龙虾种虾的繁育孵化。

2. 养殖小龙虾对水稻生长及稻田环境变化的功能效应

（1）捕食功能。小龙虾是杂食性动物，能够取食水稻残叶、杂草，同时能够摄食散落谷粒，在一定程度上避免了连续直播杂草稻的蔓延危害。

（2）分解功能。开展稻田养虾，促进了水稻秸秆的处理方式由过去的直接焚烧处理转变为现在的秸秆还田处理（图 4-10），增加土壤有机质及无机养分，冬春季节稻田淹水养殖小龙虾，一方面能够淹死水稻秸秆中的越冬害虫（如二化螟、稻纵卷叶螟），减少了次生虫源；另一方面小龙虾的存在能够取食水稻秸秆，加速秸秆分解。

图 4-10　小龙虾促进稻田秸秆分解的实景图
（陈松文供图）

（3）养分供给。随着稻虾种养集约程度提升，投放饲料提升小龙虾产量，未被小龙虾利用的饲料及小龙虾粪便能够成为稻田养分来源，增加了外源氮素的投入；同时小龙虾的存在促进了秸秆养分释放；另外，小龙虾的活动及农艺措施等能够改善稻田土壤结构，降低土壤容重和紧实度，促进土壤微生物分解释放土壤氮、磷，刺激水稻根系吸收，进而加快土壤养分循环。

（4）环境改善。由于小龙虾对氨氮和菊酯类药物敏感，小龙虾引进稻田，对水稻种植使用的菊酯类农药和化肥形成一种内生性约束，从而减少了化肥和农药的使用，有利于提升水稻安全品质，降低单一集约化水稻种植的氮磷面源污染风险。

三、稻虾种养的生态矛盾及协调

稻虾共作利用了稻田水面、土壤和生物资源，是一种利渔利稻的先进生产方法，但实际生产中，由于受技术标准制定滞后、农户掌握技术程度不够等多种因素的制约，稻虾种养优势发挥出现了系列矛盾，阻碍了稻虾种养健康发展。

1. 注重培肥土壤，降低土壤破坏风险

在低湖田、涝渍地等常年淹水、地下水位较高的地区，稻田土壤容易出现潜育化而成为冷浸田、烂泥田，导致水稻植株生长不良、产量低，但是稻田引进小龙虾，由于小龙虾在稻田的活动，如取食、排泄、打洞等，以及养虾对土壤微生物群落和功能多样性的影响，使得稻虾种养能够缓解不良效应，改良土壤结构，增加土壤有效养分释放，提升稻田土壤肥力。但是随着养虾年限延长，稻虾田的土壤潜育层会逐渐增厚，表明次生潜育化水平在土壤剖面加重，并且沿土壤剖面有向下发展的趋势，养虾5～6年以上还会出现潴育层（图4-11）。所以，在生产中应注意通过晒田管理、清塘晒沟等措施改善土壤长期淹水而造成的厌氧状态，保护土壤。

稻虾共作 5 年　　　稻虾共作 2 年　　　水稻 单作

图 4-11　稻虾共作与水稻单作的土壤剖面
（曹凑贵等，2017）

2. 增强水源涵养，减少水分消耗

传统稻田水分循环是开放式的，稻田保持一定水层，分蘖后期、成熟期要排水晒田，平时水多即排、水少即灌，水分利用率不高。而对于在地下水位高的低湖田、落河田实

行稻田综合种养，储水功能增强，沟田相通、排蓄结合（图4-12），水分利用率得到提高，排水、防渍已不是主要矛盾。地下水位低的灌溉稻田、丘陵岗地的垄田、山垄田实行稻田综合种养，每公顷稻田蓄水量可增加3 000m³，有利于稻田蓄水，大大增强了抗旱能力。但在地下水位低的高塝地、沙壤土、漏水田、滩涂地等实行稻田综合种养会增加水分消耗，灌溉稻田将增加耗水量50%～80%，一些水源不充足的丘陵岗地不宜实施稻虾种养，沟渠、水网不完善的稻田养殖系统水分利用率也会下降。所以，在生产中应注重因地制宜，综合考虑稻田区位、地下水位等诸多因素而不能盲目开展稻虾种养。

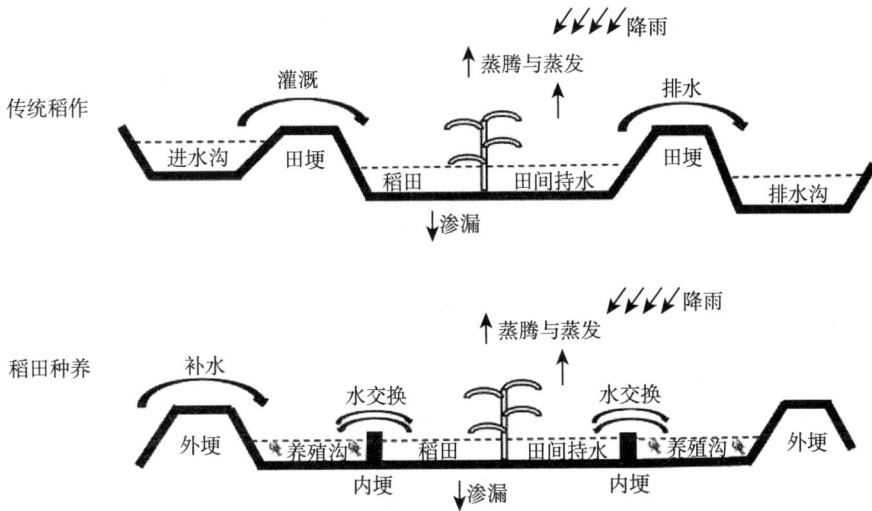

图4-12 传统稻作系统与稻虾种养系统水分循环模式比较

（曹凑贵等，2017）

3. 净化水质，降低富营养化风险

稻虾模式减少了农药化肥的施用量，减轻了由于重施农药而造成的农田环境污染，同时冬春季节水草栽种调节水体净化水质。但在实际生产中，由于秸秆还田和饲料的投入，稻虾共作相对于水稻单作田面水的氮（全氮、硝态氮、铵态氮）、磷含量偏高，并且由于经营者比较重视小龙虾的产量，往往投放较多的饲料，显著提高了稻田水体的养分含量（图4-13）。所以，在生产中应注重减少化肥使用，提高饲料利用效率，注重水稻及小龙虾品质，打造健康水体，促进稻虾绿色清洁生产。

4. 减轻虫害，加强草害治理力度

在稻虾共作模式中，随着养虾年限的延长，虫害明显减少，稻飞虱、二化螟、稻纵卷叶螟等得到有效控制（表4-1）。特别是二化螟，由于稻虾田冬季淹水作用使得冬后二化螟幼虫基数为0。但是，水稻茎基腐病却随着稻虾共作年限的延长而显著加重。而对于草害，养虾后稻田杂草总量减少（图4-14），但随着养虾年限延长，千金子、稗草和莎草等部分杂草迅速回升。所以，在生产中应根据稻虾田病虫草害年际间变化开展绿色防控。

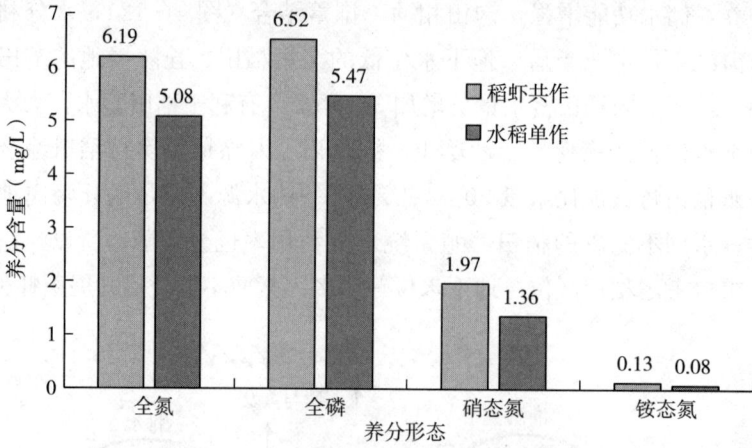

图 4-13 稻虾共作与水稻单作田面水中的养分含量

（曹凑贵等，2017）

表 4-1 稻虾共作稻田病虫害发生情况

（曹凑贵等，2017）

稻虾共作年限 （年）	稻飞虱 （头/m²）	枯心率 （%）	卷叶率 （%）	蜘蛛 （头/m²）	稻曲病 （株/m²）	基腐病 （%）
0	380	5.2	9.8	20	24	5.2
1	634	3.2	5.4	22	22	5.6
2	350	1.9	4.9	20	20	17.8
3	0	0.5	10.7	25	3	19.3
6	0	0.8	2.2	28	7	28.9

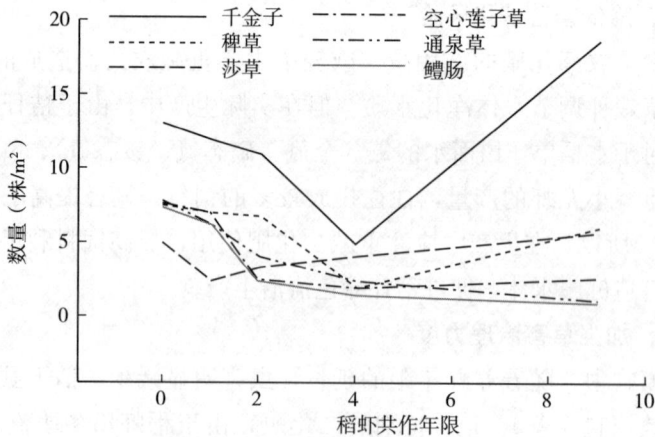

图 4-14 稻虾共作系统杂草数量的变化

（曹凑贵等，2017）

5. 生物多样性有"升"有"降"

稻虾模式，一方面引入小龙虾改变了食物营养关系；另一方面改变了田间结构、耕作制度及田间管理方式，从而影响着稻田生物多样性。与传统水稻单作稻田相比，开展稻虾共作由于田间工程的建设，因此稻田生物多样性会显著降低，但随着系统发展，生物多样性会逐步恢复和提高（表 4-2）。稻田昆虫受栽培模式变化的影响较小，田间工程实施一年后即开始恢复，昆虫总数均是随稻虾年限越长呈先降后升的趋势，中性昆虫数量最多，植食性昆虫次之，寄生性昆虫最少；稻虾共作多年后保持较高的天敌数量，如蜘蛛，但部分稻田杂草回升也较快，特别是在水稻直播条件下，部分恶性杂草会成为优势种。

表 4-2　稻虾共作田和水稻单作田昆虫数量

（曹凑贵等，2017）

稻虾共作年限 （年）	植食性昆虫 （头/m²）	捕食性昆虫 （头/m²）	中性昆虫 （头/m²）	寄生性昆虫 （头/m²）	总数 （头/m²）
0	21.0cd	6.3cd	24.0b	1.3c	52.6b
1	20.3de	5.0de	20.0cd	0.3e	45.6c
2	18.7e	4.1e	18.0d	0.7d	41.5c
3	23.3bc	7.0c	21.7c	1.5bc	53.5b
4	25.4b	9.0b	32.0a	1.7b	68.1a
9	29.3a	11.7a	31.3a	2.3a	74.6a

参 考 文 献

曹凑贵，蔡明历，2017. 稻田种养生态农业模式与技术 [M]. 北京：科学出版社.

曹凑贵，陈松文，2020. 湖北省"双水双绿"产业发展战略研究 [M]. 北京：中国农业出版社.

曹凑贵，江洋，汪金平，等，2017. 稻虾共作模式的"双刃性"及可持续发展策略 [J]. 中国生态农业学报，25（9）：1245-1253.

曹凑贵，李成芳，展茗，等，2014. 低碳稻作理论与实践 [M]. 北京：科学出版社.

曹凑贵，展茗，2015. 生态学概论 [M]. 3 版. 北京：高等教育出版社：25-26.

陈松文，江洋，汪金平，等，2020. 湖北省稻虾模式发展现状与对策分析 [J]. 华中农业大学学报，39（2）：1-7.

陈松文，刘天奇，曹凑贵，等，2021. 水稻生产碳中和现状及低碳稻作技术策略 [J]. 华中农业大学学报，40（3）：3-12.

丁长红，2008. 水稻种植业清洁生产控制措施 [J]. 现代农业科技（19）：254-255.

段宁，2001. 清洁生产、生态工业和循环经济 [J]. 环境科学研究（6）：1-4，8.

张启发，2005. 绿色超级稻培育的设想 [J]. 分子植物育种（5）：601-602.

张启发，2015. 资源节约型、环境友好型农业生产体系的理论与实践 [M]. 北京：科学出版社.

郑华斌，贺慧，姚林，等，2015. 稻田饲养动物的生态经济效应及其应用前景 [J]. 湿地科学，13（4）：510-517.

第五章
稻虾绿色高质量发展科学依据

如何推动稻虾种养迈向绿色高质量发展，科技创新是根本动力。深入认识并建立稻虾种养的水稻绿色生产和小龙虾绿色养殖的基础理论体系，明晰稻虾种养发展对水、土、气及生物多样性方面的影响，对于优化稻虾种养体系，改进稻虾种养技术，推进稻虾种养绿色转型具有重要理论意义。

第一节　水稻绿色生产

一、品种培育与筛选

1. 品种培育进展

与水稻单作模式相比较，由于小龙虾的引入致使开展稻虾模式的稻田生态环境发生了明显变化，体现为淹水时间延长、秸秆及饲料等额外投入提升稻田肥力、用药类型及次数变化、水稻种植与小龙虾养殖之间的茬口矛盾等，加之未来市场对稻米品质需求的提升，对适应稻虾种养的绿色水稻品种培育及筛选提出一些要求，即：抗倒能力强，抗病抗虫能力强，生育期较短（110～120d），耐逆境能力强，产量稳定，米质优良，品质功能多样化。

目前，围绕稻米品质遗传、水稻生物逆境和非生物逆境抗性、氮磷养分资源高效利用等主要农业性状找到了系列重要基因，培育了一批重要种质资源及骨干亲本，如93-11、黄华占、鄂香2号和鄂中5号等。培育改良适应于稻虾种养的绿色水稻品种是一个复杂且充满挑战性的过程，遗传上绿色性状涉及大量有利基因，随着水稻功能基因组的研究深入，大量控制绿色性状的优异基因被挖掘、定位和克隆，但目前难以将这些优良基因在同一背景下聚合并加以利用，导致常规育种与功能基因组研究严重脱节。

为此，目前提出的基本改良策略是以最优良的品种为起点，以优质为基础，综合应用品种资源研究和功能基因组研究的新成果，充分利用水稻的各种基因资源，有机整合常规育种和分子育种技术，在基因组水平上优化组合各种有利基因，逐步实现功能多样化，具备抗多种病虫害、高效的养分吸收效率和对生物逆境的抗性能力，培育出不打农药、少施化肥、优质多抗、资源节约、环境友好、营养健康的水稻新品种（张启发，

2021)。

2. 稻虾水稻品种筛选

在水稻品种选择与搭配上，稻虾种养的水稻品种选择应统筹考虑产量与品质、稻田环境变化、水稻和小龙虾协调等诸多因素。①在品种产量与品质上，由于稻田四周开沟减少了种稻面积，所以从稳产角度出发应选择与常规水稻产量相当甚至产量潜力更高的品种，即高产品种；同时随着安全、美味且营养日益成为新消费追求，应从供给角度选择对有害物质（如重金属）吸收富集能力低、适口性好且营养价值较高的品种。②在稻田环境变化上，秸秆还田和投食增加外源氮素供给，土壤养分供给来源渠道增加，土壤肥力不断增强，需要品种具有更强耐肥能力，不贪青不晚熟；同时由于冬春季节长期淹水，稻田土壤结构松散，对水稻抗倒伏能力提出更高要求；为了保证引入的小龙虾健康生长，迫使高毒农药使用减少，要求水稻品种具有更强抗病抗虫及抗草害能力；由于稻田冬春季长时间淹水，土壤氧化还原电位降低，使得土壤中三价铁易被还原，导致 Fe^{2+} 等还原性物质增多，从而抑制水稻根系生长及分蘖发生，因此要求水稻品种具有较强的分蘖特性。③在水稻和小龙虾茬口矛盾协调上，考虑到与小龙虾生长相协调，解决水稻种植与小龙虾生长繁殖的茬口矛盾，建议选择生育期在 $110\sim120d$ 的水稻品种。综上，适应稻虾模式的水稻品种应该具有如下特性：①高产优质；②耐肥抗倒伏能力强；③抗病虫害能力强；④分蘖能力强；⑤生育期偏短。

任何一个水稻品种的选择，前提始终都是优先保证水稻顺利完成正常的生长过程。稻虾田由于冬春季节长期淹水致使土壤松散、泥脚深，夏秋水稻生长季节稻田水位相对于普通稻田高，加之晒田时间相对变短，能否抗倒伏已经成为制约水稻安全生产的重要因素，因此，水稻品种抗倒伏能力应作为稻虾田水稻品种筛选的第一目标，必须得到优先保障。水稻市场价格体制机制（即优质优价体系）尚未完善，一个较好的水稻产量始终是经营主体种稻效益的基本保障，也是稻虾产业健康发展的首要原则，因此，具备较高单产或至少不低于当地常规水稻单作单产水平是稻虾田水稻品种筛选的第二目标。病虫草害是影响水稻产量的重要威胁因素。由于小龙虾引进稻田，为"照顾"小龙虾，与常规水稻单作相比，稻虾种养的水稻用药次数减少，用药类型发生转变，因此为了减少水稻产量损失，抗病虫草害能力是稻虾田水稻品种筛选的第三目标。在水稻产量得到保障的前提下，要实现稻虾种养中水稻和小龙虾协同发展，避免重虾轻稻现象出现，根本上必须提升水稻生产比较效益，口感好、品质优、健康营养的优质稻契合当下及未来市场的消费需求，优质是实现水稻商品化的最重要条件，也是稻虾田水稻品种筛选的第四目标。

不同稻虾模式对水稻品种筛选要求也存在差异（郭哈伦等，2021）。稻虾连作模式是种一季稻养一季虾，冬春季节长时间淹水养虾，夏秋季节种植水稻，同一季中水稻栽培管理差别不大。从经营主体角度看，延长小龙虾养殖时间提高小龙虾产量从而提升稻虾连作种养效益是其关心的重点，故对水稻品种的期待是生育期短，能够实现迟栽早收

（郭哈伦等，2021），为了确保水稻能够正常生长发育完成灌浆结实进程，对水稻抽穗扬花和灌浆结实期耐高温能力提出更高要求，因此稻虾连作模式对水稻品种的特别期待是生育期偏短且耐高温能力强。而稻虾共作模式是种一季稻收两季虾，在水稻定植后，经营主体会提升稻田环形养殖沟水位促进原先在环形养殖沟中未达到商品要求的幼虾、稚虾重新进入稻田生长，在水稻生长过程中会长时间保持 25～40cm 的深水位，然而深水灌溉使得水稻茎秆基部节间伸长，导致重心高度上升、弯曲力矩增大，同时由于结构性碳水化合物积累减少，从而使得基部茎秆机械强度下降，致使茎秆抗倒伏能力下降（郭哈伦等，2021），水稻生产面临倒伏风险增加。同时，长时间深水灌溉会抑制水稻分蘖（郭哈伦等，2021），增加水稻基腐病害发生风险。所以，稻虾共作模式对水稻品种的特别期待是茎秆粗壮、抗倒伏能力强、分蘖早发快生、耐长期淹水、抗病抗虫能力强。

二、水稻绿色栽培

水稻绿色栽培是在选用绿色超级稻品种的基础上，应用绿色生产技术，如稻田种养、精准施肥、绿色防控等技术，实行绿色水稻生产。绿色栽培的基本特征：一是水稻清洁生产，二是水稻稳产优质栽培；三是水稻轻简高效栽培。其主要目标包括 3 个方面，一是栽培管理绿色环保，二是稻米品质优良，三是水稻生产稳产高效。稻虾种养的水稻绿色栽培技术涉及水稻品种筛选、播期与光温资源搭配、水稻植株健康群体构建、养分运筹管理、水质调控与面源污染控制。

1. 播期与品种搭配

与水稻单作相比，稻虾共作模式由于小龙虾的引进，经营主体希望水稻播期有所推迟而收获日期提前，从而实现稻田早日上水繁育虾苗、延长冬春季节小龙虾养殖收获时间。调研发现，稻虾模式水稻播期相比水稻单作平均推迟 15～20d。播期调整对稻虾田水稻生长发育进程产生何种影响，怎样影响水稻产量和品质，结合稻虾模式需求，如何确定适宜播期，实现光温资源利用效率最大化，充分发挥品种潜力是本小节关注的重点。

适宜播期的确定受到地域气候因素、种植模式、品种特性等多方因素影响。避开夏季高温[①]和秋季寒露风[②]，使水稻抽穗扬花期和灌浆结实期处于较佳光温状态是水稻播期确定的重要原则。因为播期的本质是温度，播期提前，一方面早期气温低、光照不足、积温少致使水稻生长缓慢，另一方面水稻灌浆结实期可能遭遇高温，致使灌浆进程加快，从而出现灌浆不充实和结实率下降；播期延迟，生育后期可能遭遇冷害，影响产量和品

---

① 高温是指夏季连续 3d 及以上日平均气温高于 30℃或日最高气温高于 35℃。根据高温持续天数分为轻度危害（3～5d）、中度危害（5～7d）和重度危害（≥7d）。如果水稻幼穗分化至抽穗扬花期遭遇高温会显著降低每穗颖花数和受精率，空秕粒率增加，进而导致水稻减产。多发生于黄淮以南的中稻或一季晚稻及再生稻种植区。

② 日平均气温≤20℃持续 3d 或日最低气温≤16℃，构成轻度寒露风危害；日平均气温≤20℃持续 4～5d 或日最低气温≤16℃持续 3d，构成中度寒露风危害；日平均气温≤20℃持续 5d 或日最低气温≤16℃持续 3d 以上，构成重度寒露风危害。如果水稻抽穗扬花期遭受寒露风，将会导致受精率下降而形成空壳、瘪粒以及"包颈"现象；如果水稻灌浆结实期遭受寒露风，将会影响灌浆结实进程而导致籽粒不饱满、亚白粒率上升，影响产量和品质。

质。播期会显著影响水稻生长发育进程，主要作用于水稻营养生长期，一方面，水稻是喜温作物，日温会随着播期推迟逐渐升高，使播种至抽穗阶段的生育进程加快，所需积温减少致使生育天数缩短；另一方面，由于水稻是短日照作物，日长随着播期推迟逐渐缩短，也使得进程加快，所需日照时数减少致使生育天数缩短，故播期推迟生育进程加快，缩短了营养生长期，从而使生育天数缩短（姚义等，2012）。播期会通过影响生育进程，使营养生长期积温和光照时数减少，影响群体光合物质的积累，从而影响产量和品质。研究表明，水稻产量一般随生育天数缩短而呈现减产趋势，即播期推迟导致水稻减产。

另外，品种选择应与播期相协调，不同水稻品种的感光性和感温性存在差异，因此播期对水稻生育进程影响的相对程度还受到品种自身特性的影响，如感光性强的早稻品种相对于感光性弱的品种，播期推迟会明显缩短其营养生长期，导致其生长量更低，有效穗数减少，虽然能够正常抽穗结实，但最终因有效穗数减少而导致产量水平下降（张在金等，2008）。另外，还应考虑品种自身生育期长短。根据生育期相对长短，水稻熟性可划分为早熟、中熟和晚熟。如晚熟品种，虽然播期推迟能够缩短其营养生长期，但是由于其生育期过长，容易在灌浆结实期遭受低温冷害而影响开花受精及灌浆结实（许轲等，2013），从而影响水稻产量和品质，所以要协调考虑播期变化与地区稻季温光资源条件及水稻生殖生长期受高温和寒露风等气象风险的影响，合理选择品种，安排适宜播期。

2. 密度与栽插方式

（1）密度对水稻生长发育及产量品质的影响。密度通过影响稻田温光水肥等生态因子从而对水稻生长发育和群体结构具有重要调控作用（苏祖芳和霍中洋，2006）。密度增大虽然人为增加了单位面积总穗数，但是高密度栽培致使田间通风透光条件变差且湿度大，病虫害发生率增加，另外高密度栽培加剧了单株个体间的生长矛盾，容易使水稻茎秆基部节间变细长、茎壁变薄、茎秆纤细，茎鞘中的淀粉、纤维素和木质素等物质含量变低且充实度变差而容易出现倒伏（杨世民等，2009），且容易出现穗粒结构失调，而难以形成壮秆大穗；单茎干物质积累量下降而导致灌浆不充分，使每穗粒数和结实率降低，出现穗数多、穗型小、穗粒数少、粒重轻等现象；密度降低能够充分发挥单株生长潜力，有利于水稻个体分蘖的发生，显著提高分蘖成穗率，利于形成粗壮茎秆，提高单株有效穗粒数和灌浆结实率，但易因单株水稻分蘖数难以达到取得高产的基本有效穗数，从而导致群体单位面积有效穗数严重不足，继而降低单位面积水稻产量，同时温光资源浪费也不利于杂草控制。栽培密度过高或过低会加剧单位面积有效穗数和穗粒数之间的矛盾，因此只有在适宜的种植密度下才能挖掘水稻增产潜力（李阳阳，2021）。

以高密度处理为对照，稻虾模式中低密度处理极显著降低水稻产量，这是由于低密度处理下的水稻有效穗数显著降低，尽管每穗粒数和结实率显著增加。作物产量是由群体所决定的，低密度处理会发挥个体生长优势，个体之间竞争减少，单株成穗率提升

（姚义等，2021），单株干物质积累量、剑叶光合特征参数 SPAD 值、植株净光合速率、单茎茎叶重及转运量等增大（朱聪聪等，2014），但群体叶面积指数、群体干物质积累量、各阶段物质积累量及干物质转运量却随着密度降低而下降（姚义等，2021）。以高密度处理为对照，稻虾模式中低密度处理显著提高了精米率和整精米率，且显著降低了籽粒垩白度和垩白粒率（董明辉等，2021）；蛋白质和直链淀粉含量显著增加，崩解值和糊化温度升高，消减值降低（董明辉等，2021），所以稻虾种养低密度栽培，能够改善稻米品质。

（2）栽插方式对水稻生长发育及产量品质的影响。水稻栽插方式可以分为直播和移栽。移栽可进一步分为人工移栽和机插，人工移栽可以分为手栽和抛秧。机插根据育苗方式可以分为毯苗机插和钵苗机插，根据是否等行距又可以分为等行距机插和宽窄行机插。以毯苗机插和钵苗机插为例，在秧苗素质上，与毯苗机插相比，钵苗机插秧苗素质高、移栽无植伤（张洪程和龚金龙，2014）；在分蘖效果上，毯苗机插由于植伤重因而缓苗期长，虽然其秧苗进入分蘖期后分蘖数迅速增加，但高位分蘖占比大，使无效分蘖增多，而钵苗机插带土移栽无植伤，移栽活棵早，因而能够提早 7～9d 进入返青分蘖，低位大分蘖多而高位成蘖较少从而利于有效分蘖的形成，降低无效分蘖的发生（秦炎和秦亚平，2017），弥补了钵苗机插基本苗相对低的不足；在水稻群体结构上，相比毯苗机插，由于钵苗机插移栽行距大，因此田间通风效果好，减轻了病虫害的发生，同时利于形成壮秆大穗（汪洪洋等，2014）；在水稻产量构成上（李阳阳，2021），与毯苗机插相比，钵苗机插单位面积有效穗数相对降低，但显著增加有效穗粒数，结实率和千粒重无显著差异。多数研究表明（朱聪聪，2014；张洪程等，2013；胡雅杰，2016），钵苗机插比毯苗机插具有增产优势。

（3）密度、栽插方式和品种三者之间的关系。密度高低直接影响群体穗数，当水稻品种分蘖能力差、稻田环境及气候因素抑制水稻分蘖时，应该通过增密措施增加单位面积穗数以降低单株分蘖数不足所带来的有效穗数不足而使产量下降的风险；不同类型品种（常规稻和杂交稻，籼稻品种和粳稻品种等）对于密度变化所引起的个体生长变化（如单株分蘖数、每穗粒数及结实率）存在差异。在密度与机插方式的关系上，与毯苗机插相比，采用钵苗机插使单位面积基本苗数量下降，若水稻品种分蘖能力不强，应该增加钵苗机插密度以稳住基本苗，规避有效穗数不足带来产量下降的风险。一般而言，采用钵苗机插能够利于水稻个体生长潜力的充分发挥，更加适合于杂交水稻品种。在栽插方式和品种上，相比于钵苗机插、人工插秧，采用毯苗机插，因秧苗植伤严重而使缓苗期延长，因此应该选择水稻根系生长快、分蘖能力强的品种，以尽量减小毯苗机插对秧苗带来的不利影响。

因此，在稻虾田的水稻健康群体创建上，应培育壮矮、茎叶重量大和充实度高、发根力强的健苗，通过控制适宜的插秧深度（2～3cm）和适当的密度促使低节位和低位次分蘖稳定发生，进而构建有效茎数比率高，"秆长＋穗长"长且茎秆粗壮的主茎，具有低节位、低位次发生的粗大分蘖，二次枝梗着生粒数少的稻穗的理想株型。

3. 施肥与养分利用

氮素是协调作物生产和环境生态，关乎作物产量和作物品质的重要元素。氮素输出高，则氮素损失大，存在环境污染风险。氮素对于作物生产也是一把双刃剑，在一定范围内，稻米品质和水稻产量随氮肥增加而提高（柳金来等，2005；李国生等，2007），但施氮过多会导致水稻植株营养生长过剩，贪青晚熟，"青米"粒增多，后期容易倒伏，影响水稻产量和品质（谢成林等，2017）。

（1）氮素对水稻生长发育及产量品质的影响。与不施氮对照相比，稻虾共作模式土壤中的铵态氮和硝态氮含量随着施氮量增加显著提升（可能是因为氮肥激活了土壤微生物活性，促进土壤氮素循环），使水稻植株吸收的氮增加，继而促进水稻生长，显著提高水稻植株干物质积累量（黄飞等，2022）。不同氮肥施用量对水稻单作和（长期）稻虾共作模式的水稻产量影响具有差异，水稻单作模式中施氮量增加使水稻有效穗数和穗粒数增加，但是对结实率和千粒重无显著影响（彭成林等，2020）；稻虾共作模式中施氮量增加会使水稻有效穗数和千粒重增加，但是对穗粒数影响不显著（黄飞等，2022；彭成林等，2020），而结实率先增加后降低（彭成林等，2020）。水稻产量变化并非随着施氮量增加而呈线性增加，而是呈现先增加后降低的趋势（黄飞等，2022；彭成林等，2020）。

秸秆还田、投食（小龙虾排泄物及残留饲料）是稻虾种养系统额外氮素的来源。与水稻单作相比，秸秆还田和投食对稻虾共作的水稻增产作用是因为增加了有效穗数和穗粒数，而投食的主要作用是增加了水稻的穗粒数（郭子元，2019）。研究表明，稻虾共作模式与秸秆不还田对照相比，秸秆还田对水稻产量有促进增产的作用，但不显著，秸秆还田处理的效益对稻虾共作经济效益贡献较小，但由于解决了秸秆焚烧的问题，增加了土壤有机质，改善了土壤结构及肥力，减少了氮肥及饲料投入以及减少了土壤硝态氮的淋失，从而降低了农业面源污染（郭子元，2019），因而具有较高的生态效益。

稻田生态种养模式能够改善稻米品质，是因为养殖动物的代谢活动提高了有机肥的投入量，导致田间氮素投入增加，因此在一定程度上提高了整精米率，降低了稻米的垩白粒率和垩白度，改善了稻米的加工品质和外观品质，同时降低了直链淀粉含量和蛋白质含量（陈灿等，2015；寇祥明等，2018）。水稻籽粒结实率与植株生长初期干物质快速积累和生长后期充分灌浆有关，而灌浆速率和时间显著影响着水稻品质，氮素影响着水稻籽粒灌浆结实进程（增施穗肥），因为后期施氮利于提升籽粒灌浆速率，缩短灌浆时间，提升籽粒饱满度（European Journal of Agronomy，2016）。与生育前期追施氮肥相比，抽穗期追施氮肥，稻米的垩白粒率和直链淀粉含量降低，蛋白质含量提高，因此施氮方式和时期很重要（彭春瑞等，2020）。

（2）稻虾模式对水稻氮素吸收利用影响的研究进展。氮素在水稻产量和品质形成中发挥着关键作用，明晰土壤氮素供应和水稻氮素吸收特征，对于协调水稻产量和品质具有重要意义。与水稻单作相比，稻虾模式水稻植株体内氮素含量在分蘖期和拔节孕穗期均无显著差异，而在抽穗期和成熟期显著高于水稻单作（佀国涵等，2019b；李文博，

2021)［也有研究指出仅在成熟期显著高于水稻单作（李文博等，2021）］，表明稻虾共作促进了水稻生长后期对土壤氮素的吸收和利用。这与土壤供氮特征以及水稻生长后期根系氮素吸收密切相关，这个过程涉及土壤总氮、有效态氮转化与释放，根系氮吸收与转运等过程，李文博等（2021）分析可能的原因在于：一是土壤氮素来源增多，包括未被小龙虾完全利用的饲料氮、小龙虾蜕壳及排泄物及秸秆还田等；二是土壤供氮尤其是根际供氮能力增强，这可能是因为小龙虾田间活动影响土壤通气、氧化还原状态，促进土壤有效养分释放（蔡晨等，2019），或是因为稻虾模式水稻结实期根系分泌物（如有机酸、氨基酸和酚酸）显著增加，为土壤微生物提供了碳源，使其在水稻根际周围聚集，加速土壤有效养分释放供给（陶先法等，2021）。

在不同稻虾种养年限的稻田中，水稻氮素累积量均随着施氮量的增加呈现先增加后降低的趋势。但是在同一施氮水平下，水稻氮素累积量和氮素吸收效率却随着稻虾共作年限的增加而逐渐降低，表明长期稻虾共作不利于水稻氮素吸收转化，水稻氮素吸收效率下降，但却提高了氮素利用效率、氮素收获指数，表明长期稻虾共作利于籽粒氮吸收，促进水稻植株氮素向籽粒转化，这可能是由于土壤氮素积累随稻虾共作年限的增加而增多，致使土壤氮素补偿效应明显，故相同施氮水平会盈余更多氮素从而致使氮素吸收利用效率下降（郭子元，2019）。与水稻单作模式相比，长期稻虾共作模式的水稻氮素利用效率得到提升，且在施氮水平较低的情况下会使水稻增产和氮素利用效率提升更加明显（彭成林等，2020）。

（3）稻虾种养的养分管理。由于秸秆还田和小龙虾饲料投食增加了外源氮素投入，改善了土壤理化性质，增加了土壤铵态氮含量，更加利于水稻生长。根据诸多学者研究稻虾共作模式年限、氮肥梯度对稻虾田水稻产量的影响结果，建议与水稻单作模式相比，稻虾共作模式应减少氮肥投入，且随着年限增加，减氮幅度应适当提高。如彭成林等（2020）建议长期稻虾共作氮肥合理用量为 102.4kg/hm²，郭子元等（2019）在有限的氮肥梯度处理试验下研究得出 75kg/hm² 相比于 150kg/hm²、225kg/hm² 施氮水平的氮素利用吸收转化等各项指标均最高，并且水稻产量水平最高，黄飞等（2022）对稻虾共作模式下不同氮肥梯度水稻产量、干物质产量及氮素利用效率表现等进行了研究，其建议稻虾共作模式的适宜施氮量为 120~130kg/hm²。为了减施氮肥，可以根据目标产量利用斯坦福（Stanford）的差值法来确定氮肥施用总量从而实现氮肥精确定量优质栽培；通过叶色诊断法和叶片氮含量设计出在蛋白质含量不过高的范围内确保产量的施肥方法，从而确定实现优质栽培的穗肥施用量。

4. 水分管理与水资源利用

水稻需水分为生理需水和生态需水。水稻的水分管理方式分为常规淹水灌溉、干湿交替灌溉以及湿润灌溉等。已有诸多学者研究比较了不同灌溉方式以及在水稻特定生育时期水分管理对水稻产量及品质和水分生产效率的影响。稻虾种养的水稻水分管理与常规水稻单作存在显著差异，轻搁田、长时间淹水灌溉是稻虾田水稻水分管理的突出特征。

与常规水稻单作相比，稻虾田水稻季水分管理方式的改变对水稻生长发育及产量品质产生的影响值得关注。

（1）淹水对水稻生长发育及产量和品质的影响。在淹水环境下，水稻生长会发生一系列生理反应。淹水低氧浓度会诱导 1-氨基环丙烷-1-羧酸（ACC）合成，促进植物源乙烯合成，提升水稻对低浓度内源赤霉素的响应，从而刺激细胞分裂使水稻植株显著增高；淹水后水稻根系的呼吸作用发生改变，加之长期淹水使大量还原性有毒物质含量增加（周建林等，2001），导致水稻的根系生长受到抑制，根系活力下降（张荣萍等，2015），根系对矿物质及养分吸收和向上运输的能力减弱（Cheeseman et al.，1979），同时水稻分蘖发生受到抑制，生长后期易出现早衰现象，使茎蘖成穗率下降，并影响籽粒灌浆结实进程和灌浆效果，导致每穗粒数和结实率下降（陶龙兴等，2004），最终影响水稻产量。

淹水深度、淹水时长及淹水胁迫水稻所处生育期共同决定了水稻生长发育及产量品质。水稻不同生育时期对淹水胁迫的敏感程度不一，孕穗期、抽穗开花期相比分蘖期、成熟期对淹水胁迫更加敏感。苗期和分蘖期受到淹水胁迫会抑制水稻分蘖形成从而使茎蘖数减少、成穗数不足而导致减产（田小海等，2000）。孕穗期遭遇淹水胁迫会严重影响幼穗分化及颖花的形成（侍永乐，2016），从而直接减少有效穗数和穗粒数，同时也会显著降低结实率和千粒重（李阳生等，2002；陈祖玉等，2010），损失程度与淹水时间呈正相关（李阳生和李绍清，2002）。抽穗开花期遭遇淹水胁迫会降低花粉活力，影响授粉受精从而降低结实率导致空秕粒率增加，同时也会降低每穗粒数，该时期遭遇淹水胁迫不仅影响水稻库的形成，也会影响源的生产。水稻干物质生产积累约有 60% 是在生殖生长期进行，由于淹水胁迫会使叶片发生萎蔫，黄叶增多而绿叶减少，从而严重影响水稻叶片光合作用和干物质积累。灌浆结实期遭遇淹水胁迫会影响水稻功能叶片的光合作用以及干物质向籽粒的转运进而导致减产。

（2）稻虾模式的水分管理研究进展。由于小龙虾的引进，稻虾模式水分管理方式与常规水稻单作存在显著差异。稻虾模式搁田程度轻，水稻生长中后期长期处于 30～40cm 的深水位淹水环境中以利于小龙虾生长和活动，意味着水稻生长中后期将一直处于淹水涝渍胁迫状态。有研究指出（宋世龙，2021），与"薄浅深搁湿"的常规灌溉模式相比，稻虾模式水稻中后期（水稻进入分蘖期，株高至 40cm）淹水灌溉会推迟水稻生育进程，且淹水越深生育进程越延后；水稻茎蘖数在淹水状态下呈现减少趋势，且淹水越深茎蘖数下降越明显，但茎蘖成穗率却显著提高，可能是深水位不利于分蘖的发生或抑制了无效分蘖的形成，但是总体上随着淹水加深，有效穗数呈下降趋势，同时干物质积累量也呈显著下降趋势，表明水稻中后期的长期深水淹灌不利于其生长和发育。稻虾种养的水深显著影响水稻产量，淹水越深水稻产量下降越显著，因为单位面积穗数和每穗粒数随着淹水深度的增加而呈现显著下降趋势。

5. 稻虾对水稻产量和品质的影响

（1）稻虾种养对水稻产量影响的生理机制。稻虾种养的水稻产量受品种、沟占比、水肥管理、地域条件等诸多因素影响。多数研究都表明，与水稻单作相比，稻虾种养能够促进水稻单产增加（此处指净稻田水稻单产），一种解释是由于受到环形养殖沟的边际效应影响，但目前对于这种边际效应究竟有多大缺乏科学评估，而且边际效应主要发生在靠近边沟的 1~4 行水稻中，其对整个稻田单产的贡献有多大目前尚不清楚。与水稻单作相比，稻虾共作能否促进水稻单产水平提升应该需要进一步从水稻生长发育动态和生理机制层面深入分析稻虾共作农艺措施对水稻产量构成要素（有效穗数、每穗粒数、千粒重和结实率）的影响。

研究表明，与水稻单作相比，稻虾种养使水稻产量小幅度减产，进一步分析水稻产量构成因素表明，稻虾种养对有效穗数影响不显著，但显著降低每穗粒数，并显著提高结实率和千粒重（梁正其等，2021）；寇祥明等（2018）研究认为，稻虾种养导致小幅减产是因为有效穗数减少，而每穗粒数、结实率和千粒重没有变化；也有研究表明，与常规水稻单作相比，稻虾种养的水稻产量下降 4.95%~5.80%，产量构成分析表明，稻虾种养水稻产量降低主要是受到有效穗数和每穗粒数显著降低的影响，而与结实率和千粒重关系不大（车阳等，2021）。稻虾共作的有效穗数降低可能是因为长时间淹水，土壤中 Fe^{2+}、Mn^{2+} 等还原性物质增加，不利于水稻根系生长（活棵和发育），影响根系对养分的吸收，抑制水稻分蘖形成，导致僵苗，前期生长缓慢，茎蘖数下降（姚义等，2021）；同时搁田轻或不搁田，也不利于水稻生长发育（车阳等，2021）。但是稻虾种养由于秸秆还田、小龙虾代谢物及残余饲料的后效作用提升水稻生长后期的土壤氮肥供应能力，使得冠层功能叶片不早衰、后期叶面积衰减慢、剑叶光合特性较好（姚义等，2021），使得群体光合生产与干物质积累能力仍然较高，所以利于提高穗粒数、结实率和千粒重。

（2）稻虾种养对水稻品质影响的生理机制。稻米外观品质由垩白度和垩白粒率、粒长及长宽比、透明度等指标反映，而稻米加工品质由糙米率、精米率和整精米率等指标反映。与糙米率和精米率等由品种遗传特性决定所不同，垩白度、糊化温度、胶稠度、直链淀粉含量及蛋白质含量等对环境的变化均较为敏感，因为容易受到栽培措施的影响，即外观品质和食味品质相较于加工品质可以通过栽培进行调控。与水稻单作相比，稻虾种养对稻米糙米率和精米率影响不显著（主要由品种遗传特性决定），但显著提高了整精米率和结实率（梁正其等，2021；寇祥明等，2018），且显著降低了垩白度和垩白粒率（梁正其等，2021；车阳等，2021；董明辉等，2021），但寇祥明等（2018）研究显示，稻虾种养对稻米垩白度和垩白粒率的影响不显著，但二者存在降低趋势，表明稻虾共作改善了稻米外观和加工品质。这可能是因为实施稻虾种养秸秆还田、残余饲料以及小龙虾代谢活动和其代谢物导致外源氮素供给的增加，致使整精米率增加，垩白粒率降低。但车阳等（2021）研究表明，与水稻单作相比，稻虾种养水稻糙米率、精米率和整精米率均显著下降。胶稠度、崩解值、消减值及直链淀粉含量是评价稻米蒸煮与食味品质的指标。胶稠度、崩解值以及蛋白质含量影响米饭口感，胶稠度越大、崩解值越大，米饭口感越柔软；而直链淀粉含量和消减值影响米饭质地、黏度及柔软性，直链淀粉含量越低，蒸煮品质越好，消减值越低，米饭口感越柔软。另外，稻米蛋白质含量既是衡量稻米营养品质的指标之一，也是影响稻米食味品质的重要因素（薛杨，2016）。蛋白质含量升高，食味品质下降，这是因为蛋白质在稻米蒸煮过程中抑制了稻米淀粉的糊化，导致淀粉糊化不够充分，最终米饭较硬和黏度低，食味品质变差，所以稻米蛋白质含量与胶稠度呈显著负相关而与糊化温度呈显著正相关。梁正其等（2021）研究显示，与水稻单作相比，稻虾模式对稻米胶稠度影响不显著，但也有研究显示稻虾模式显著提升了稻米胶稠度（寇祥明等，2018）。寇祥明等（2018）、车阳等（2021）和董明辉等（2021）进一步研究显示，稻虾模式生产的稻米峰值黏度和最终黏度升高，热浆黏度显著降低，崩解值显著升高，消减值显著降低，糊化温度升高或差异不显著。与水稻单作相比，稻虾模式使稻米的蒸煮与食味品质得到改善的原因可能是小龙虾活动促进了土壤稳态有机质向易分解态转化（徐国伟等，2011），同时小龙虾排泄物增加了表层土壤易氧化态有机碳来源（曹凑贵等，2017），改善了土壤结构，促进根系生长，加之长期淹水，共同促进水稻根系分泌过多乳酸（杨建昌，2011）；并且有研究证明，与水稻单作相比，稻虾模式显著提高水稻根系有机酸和氨基酸的分泌量（陶先法等，2021），而有机酸和氨基酸能够调节灌浆时间或籽粒蔗糖-淀粉代谢途径中的关键酶活性，从而影响稻米品质（Yang et al.，2009）。另外，长期稻虾种养的稻田养分供给能力增强，应适当减少氮素投入，降低蛋白质含量从而改善稻米食味品质（董明辉等，2021）。

三、水稻绿色防控

水稻绿色防控是围绕水稻绿色安全生产，建立在具有自我控害能力的平衡生态系统的前提下，综合利用生态调控、农艺栽培措施、生物防治、物理防治和应急性精准化学防治等一系列措施，以减少化学农药使用的一套综合性技术体系（宋莹和胡宝贵，2020；赵景等，2022）。

1. 水稻生态调控

水稻生态调控立足于水稻-害虫-天敌及其与周围环境的相互关系，依托生态工程技术通过调控生态因子与非生态因子，使害虫种群控制在生态经济阈值水平以下。生态调控的技术策略包括抗虫水稻品种的培育与利用、稻田系统中天敌支持植物的选择与布局以及基于推拉策略的控制技术等（赵景等，2022）。目前，在稻虾种养生产中，利用水稻生态调控技术还不是非常普遍。小龙虾的引进，倒逼稻田农药使用量的减少，而选用抗虫水稻品种是应对害虫的主动手段之一，目前在水稻抗虫基因（主要集中在抗褐飞虱、白背飞虱和灰飞虱领域）的挖掘鉴定与抗性材料及品种的培育上（如华中农业大学培育的抗虫水稻华恢1号、Bt汕优63）取得了系列进展。

2. 水稻栽培措施

水稻栽培措施是从农事操作措施角度破坏害虫生存环境以及通过合理施肥管理实现

水稻的健身栽培，包括稻田残茬处理和耕灌、水稻品种播期调整、合理水肥运筹管理等。与水稻单作相比，开展稻虾共作的农艺栽培措施发生一定变化，导致水稻的病虫害发生产生变化。

（1）秸秆还田和淹水。秸秆还田和冬春季长时间淹水降低螟虫次生虫源发生，因为二化螟、大螟等钻蛀性螟虫多是以高龄幼虫在水稻秸秆及杂草上越冬，冬春季节淹水加之小龙虾养殖促进秸秆分解，破坏螟虫越冬寄居场所和越冬环境。

（2）播期推迟。由于开展小龙虾养殖，稻虾共作模式的水稻播期较水稻单作延迟近一个月，水稻播期的延迟能够在一定程度上显著降低越冬害虫或迁飞害虫的危害（朱金良等，2011）。

（3）氮肥减施。由于秸秆还田和小龙虾投食所带来的外源氮素供给增加，开展稻虾共作相比水稻单作平均减施化肥30%，从而减少了纯氮使用量。有研究指出氮肥减施有利于降低稻飞虱和稻纵卷叶螟的种群发生数量（郑许松等，2015；张桂芬等，1995）。

3. 物理防控技术

物理防控技术是利用各种工具及物理因素抑制虫害发生，包括物理隔离育秧、基于趋光性诱杀技术等。目前，在稻虾种养生产中常利用频振式杀虫等，有效地降低了稻飞虱和稻纵卷叶螟的发生数量（龙艳等，2012）。

4. 生物防治技术

生物防治技术是利用天敌昆虫捕杀、性诱剂及食诱剂防治和生物农药以及复合种养模式生物相互作用实现对害虫防治的技术。目前，在稻虾模式中，生物农药应用较为普遍。据调查发现，苏云金芽孢杆菌和阿维菌素等应用较为普遍。苏云金芽孢杆菌用于防治二化螟和稻纵卷叶螟，阿维菌素用于防治稻纵卷叶螟（赵景等，2022）。同时，稻虾种养属于稻田复合种养模式中的一种，自身属于一种生物防治，目前对于小龙虾直接影响虫害的研究还未见相关报道。

5. 应急性精准化学防治

应急性精准化学防治主要是在当害虫种群密度较高时的一种控制虫害发生的快速高效方法，包括控制用药次数、选择使用低毒高效对靶农药、精准减量用药等技术。据调查，与水稻单作相比，稻虾共作的用药次数平均减少1～2次；同时，由于小龙虾引进，迫使农药用药类型由高毒农药转向低毒农药，如在稻虾生产上广泛使用一种农药——康宽（有效成分为氯虫苯甲酰胺），其是一种高效低毒低残留农药。

第二节　小龙虾绿色养殖

一、小龙虾良种繁育

小龙虾优质种苗繁育体系是稻虾产业规模扩大的基石，而种质资源和品种选育是根本。当前阶段，小龙虾种质退化严重，"头大尾小"、含肉率低且病害频发，迫切需要培育生长快速、肉质饱满、规格大、抗病力强的小龙虾新品种。遗传育种是培育小龙虾新品种/系的主要途径，在小龙虾育种创新上，建议分三步走，第一步开展种苗提纯复壮，提高生长速率、含肉率与规格整齐度；第二步提高抗病性与抗逆性（耐低氧）；第三步提升腹肌肉的品质与口感（张启发，2021）。

1. 小龙虾种苗繁育

在小龙虾种苗繁育上，要注重规模化人工繁育和稻田生态繁育，加强早秋苗繁育和小龙虾越冬技术研究。在育种策略与方案上，利用小龙虾特异的 SSR 标记对各个群体的遗传变异进行评估与分析，弄清它们的遗传多样性与遗传结构，为遗传育种提供种质资源；对不同地域品系的体长、生长速率、含肉率与抗病性等性状采用对应方法通过选择育种选择繁育 2～3 代；将选择出的不同优良品系分别进行杂交选育 2～3 代，聚合不同优良性状；将聚合不同优良性状的杂交品系纯化繁育 2～3 代，稳定各优良性状。此外，通过遗传作图与全基因组关联分析（genome-wide association study，GWAS）解析小龙虾重要经济性状的遗传基础，为分子辅助选择与设计育种打下基础，同时探索多倍体育种与诱变育种。

2. 小龙虾繁殖、幼苗孵化

小龙虾交配活动与小龙虾卵巢发育时间相匹配，5～6 月卵巢处于发育早期，7～8 月处于发育期，9 月发育成熟并开始交配，一般 9 月下旬至 10 月中旬是亲虾交配产卵的高峰时期（魏青山，1985）。小龙虾属于变温动物，韩晓磊等（2011）研究发现小龙虾正常交配产卵的温度为 20～25℃，且小龙虾喜欢在洞穴水草中等光线较弱的环境下交配产卵；与大多数卵生动物一样，温度对小龙虾幼体孵化具有"积温"效应，在适宜温度下，温度越高，幼卵发育进程越快，同时也能提高幼体成活率；而在不利的温度下，孵化进程会受到影响，产卵后遇低温（低于 8℃），雌虾附肢停止摆动，低于 5℃ 时，虾体完全僵直，低于 1℃ 时，雌虾卵全部坏死。

幼卵一旦孵化成幼虾后，幼虾的体长与体重能够随着水温升高而明显加快，但幼虾却不耐高温，成活率随之下降，10℃ 以下低温也明显不利于幼虾生长；为此，25～30℃ 最适合幼虾的生长发育（韩晓磊等，2011）。30℃ 以上温度已经超过幼虾耐受温度，同时高温情况下，幼体可能也因微生物易滋生而感染致死，低于 5℃，小龙虾基本不进食，生长十分缓慢，低于 1℃，小龙虾活动停止甚至死亡；进一步研究发现在 25℃ 水温条件下利于体长增长，而在 28℃ 水温条件下利于体重增长，这与韩晓磊等推荐的适宜幼虾发育温度基本类似（李铭等，2006）。

二、小龙虾健康养殖

1. 小龙虾营养需求与饲料开发

营养需求与饲料开发是绿色健康养殖的重要前提，小龙虾营养需求包括蛋白质、脂类、碳水化合物、维生素、矿物质和饲料添加剂等。①在蛋白质需求上，小龙虾不同养殖阶段存在一定差异，一般成体阶段的营养需求量要低于幼体生长阶段。②在脂类需求上，饲料中脂质需求量以4%～7%为宜，因为饲料脂肪含量增加会使小龙虾肌肉中蛋白质水平降低、脂肪水平升高，对增重率和存活率都有影响。③在碳水化合物需求上，随着小龙虾生长阶段的变化，蛋白质和脂肪含量逐步降低，碳水化合物含量逐步增加，推荐饲料中的糖类含量幼虾期为20%，育成前期为25%，育成中后期为30%（刘襄河和孔江红，2017）。④在维生素需求上，作为参与调节物质代谢、维持机体健康所必需的一类物质，在小龙虾的快速生长阶段，特别是养殖中后期，可通过伴料方式定期补充0.5%的复合维生素，提高小龙虾的免疫和抗应激能力。⑤在矿物质需求上，矿物质作为对生长、蜕壳和健康具有影响的必需无机营养素，除从水体吸收外，需要在饲料中添加约1.5%钙、1%有效磷和3～6μg/kg硒以满足小龙虾健康快速生长的需要。⑥在饲料添加剂上，添加免疫增强剂或者一些营养物质可以促进小龙虾生长并且增强其免疫力（史振鹏等，2019），如0.5%～1.0%甲壳素、1%雨生红球藻、0.5%～1.5%低分子壳聚糖、1%左右的复方中草药（黄芪、金银花、板蓝根、大黄等）以及枯草芽孢杆菌等有益微生物。

2. 小龙虾生长与投饲研究

小龙虾体重随体长增加而呈凹型向上弯曲曲线（李浪平等，2006），即符合幂函数曲线规律，体长6cm以前，体重增长速度非常缓慢，雌雄虾规律相同；但之后明显加快，且雄虾超过雌虾；但7cm以后体重相对增长速率迅速下降，因此，小龙虾体重增长呈S形曲线，体长6cm是体重凹型拐点，体长7cm是体重凸型拐点。从生态学意义上讲，捕捞规格在体长6～7cm，即全长在8～9cm时最佳，此时小龙虾体重为15～20g（李浪平等，2006）。

3. 小龙虾摄食行为及食谱差异

小龙虾在不同生长阶段的食谱是存在差异的。Ⅰ期虾苗以自生卵黄为食；Ⅱ期虾苗以藻类、轮虫等为食；幼虾以浮游动植物和有机碎屑为主要食物；而成虾则以饲料、水草和水生昆虫为主要食物（徐增洪等，2012）。小龙虾主要摄食时间在上午8～10点和晚上7～10点两个时间段，存在昼夜变化规律，而且上午的饱满指数低于晚上，这是生产中上午投食占比1/3、晚上投食占比2/3的原因（徐增洪等，2012）。伊乐藻、小浮萍和菹草相对于水花生、水葫芦对小龙虾生长具有更好的效果，且小龙虾规格越大效果越明显，这与不同水草的适口性及不同阶段的小龙虾摄食转化能力不同以及生存环境中饵料丰富度等有关，这为稻虾田水草栽种品类的选择提供了指导。

影响小龙虾摄食的环境因素主要是光照和水温。光照是影响小龙虾日摄食节律的主要因子，个体大小及性别影响不大（周文宗和赵风兰，2007）；小龙虾摄食也受到水温的影响，李浪平等（2006）研究发现从季节尺度上看，成虾全年摄食，以春、夏、秋三季偏强，冬季由于水温低等原因致使小龙虾在12月和1月的摄食率及摄食强度相当低。

三、小龙虾病害防控

小龙虾病害主要分为病原性病害和非病原性病害。病原性病害按病原生物分类分为病毒性疾病、细菌性疾病、真菌性疾病和寄生虫性疾病（易玉婷等，2019），在众多病原性疾病中，由白斑综合征病毒（*White spot syndrome virus*，WSSV）引起的小龙虾白斑综合征是目前小龙虾养殖过程中病虫害防治的难点，具有发病快、死亡率高的季节性特点，目前阶段对于其致病机制仍不清楚。

非病原性病害主要是由于水温剧变、水质恶化、缺氧、营养不良、机械损伤、重金属或药物敏感等非生物因素造成的病害，大体可分为环境因子胁迫、药物胁迫和人为胁迫等三大类。预防并减轻非病原性病害的发生需要建立各环节的技术标准，如水体环境动态信息化监测、小龙虾种苗运输和投放技术标准、小龙虾饲料投喂技术等。

第三节　绿色水体与水资源高效利用

一、稻虾种养对水体环境的影响

由于小龙虾的引进、秸秆还田和小龙虾的投食、周年复杂水分管理措施、冬春季节水草种植等因素，与常规水稻单作相比，稻虾种养的水体环境发生了变化。水体环境分为水体物理环境、水体化学环境和水体生物环境。色度、浊度、水温、电导率、氧化还原电位是评价水体物理环境的常用指标，水体化学环境则通过总氮、总磷、化学需氧量、溶解氧、水体 pH、总溶解固体、叶绿素 a、硝态氮（$NO_3^- - N$）、铵态氮（$NH_4^+ - N$）、亚硝态氮（$NO_2^- - N$）、磷酸盐（$PO_4^{3-} - P$）等反映。作为稻田生态系统生态环境的重要组成部分，水体（水环境）的变换影响着水稻、小龙虾、水草、浮游植物及水体微生物的生长发育，同时这些生物的变化及秸秆还田和投食等非生物因素也共同影响着水体环境的变化。

1. 水体物理环境变化

（1）电导率和水体氧化还原电位。与水稻单作模式相比，夏季稻虾共作期间两者均呈现上升，电导率上升可能是因为稻虾田水体营养物质和悬浮物含量增加，水体氧化还原电位上升可能是多种复杂因素共同作用的结果，这说明稻虾共作模式在稻虾共生期间处理生物代谢的还原性有机物质的能力增强（易芙蓉等，2019）。

（2）色度。与水稻单作相比，在水稻生长季节稻虾共作模式显著提升色度，可能是因为残饵、排泄物以及秸秆还田增加了土壤有机质，土壤相关酶活性的提高促进了有机质的分解（易芙蓉等，2019）。

2. 水体化学环境变化

（1）溶解氧。在冬春稻田淹水期间稻虾共作稻田的水体溶解氧显著低于水稻单作稻田，这是由于小龙虾的呼吸作用以及微生物分解秸秆而消耗了水体的溶解氧，并且以秸秆分解消耗作用为主（刘卿君，2017）；在夏季水稻与小龙虾共作期间，稻虾共作稻田的溶解氧也显著低于水稻单作稻田，可能是由于小龙虾自身消耗溶解氧，以及土壤微生物消耗溶解氧用于分解有机物质，同时小龙虾的扰动作用降低了阳光穿透率而抑制了水生植物光合放氧过程等多种因素共同作用的结果（易芙蓉等，2019）。

（2）水体 pH。与水稻单作相比，稻虾共作在水稻和小龙虾共作期间的水体 pH 上升，可能是因为冬季消毒使用的生石灰以及龙虾蜕掉的甲壳等物质能够中和田间 H^+（易芙蓉等，2019），但是施用氮肥会降低田面水体 pH，以基肥为例，在施用 7d 后会降至最低，这可能是由于高温促使氨挥发加快，从而导致田面水体 H^+ 浓度增加而降低水体 pH（李成芳等，2008）。

（3）总氮和总磷。相比于水稻单作，稻虾共作的秸秆还田和小龙虾的投食显著提升了冬春季节淹水养殖小龙虾后的水体营养物质含量（佀国涵等，2019a）。

（4）水体铵态氮（$NH_4^+ - N$）和硝态氮（$NO_3^- - N$）含量。水体铵态氮和硝态氮含量是影响小龙虾生长、生存和生理机能的主要因素，因此在小龙虾养殖中严禁投放氮肥。稻虾共作模式需要在水稻生长阶段施肥以促进植株生长，但是施氮后会使得田面水体铵态氮含量迅速升高，亚硝态氮含量会在施肥后 4～5d 达到峰值，两者均在 7d 后降至较低水平（黄飞等，2022）。

3. 水体生物环境变化

稻虾共作稻田水体的浮游植物细胞密度和叶绿素 a 含量均呈现夏季最高、春秋季次之、冬季最低的变化规律（宋庆洋等 2019；隋燚，2018；毛栽华和汪习兵，2019），这种变化规律的出现与稻虾田总氮和总磷的季节性变化呈显著正相关，因为水体中总氮和总磷的含量是影响稻虾系统浮游植物群落的关键因子，其中浮游植物的细胞密度与水体总氮含量具有显著正相关关系，而叶绿素 a 含量与水体总磷含量具有显著正相关关系（宋庆洋等，2019）。这种变化规律的出现可能是因为在 4～6 月未食用的残饵、小龙虾的粪便以及秸秆的分解使得水体氮磷浓度上升促使浮游生物大量繁殖；而在 6 月小龙虾大量出售后小龙虾密度降低引起投食量减少及粪便减少加之稻田退水进水，降低了浮游植物生长速度，导致细胞密度和叶绿素 a 含量下降；进入 8 月，在高温下环形养殖沟底泥中的氮磷营养元素持续释放致使浮游植物生长加快，浮游植物的细胞密度和叶绿素 a 含量又开始回升，部分稻田因为环形养殖沟种植大量水花生及水葫芦（具有抑制藻类生长且吸收氮磷营养盐能力）致使浮游植物细胞密度和叶绿素 a 含量处于下降趋势；9 月及后期随着水温逐渐下降，温度逐渐成为限制浮游植物生长的因子，有研究显示稻田水体浮游植物种类数量与温度呈显著正相关关系。

二、稻虾水资源需求与灌溉管理

稻虾种养的水资源需求包括水源需求、水质需求等。在水源需求上，水源充足是前提，保证稻虾田雨季不淹、旱季不涸；排灌方便是基础，要求灌得进，排得出，落水快，避旱涝；水体清新是必要，水温高、水质肥、中性偏弱碱性，以河、湖、塘、库水为好，地下水需要经过曝气处理后才能用于稻虾田灌溉。在水质要求上，要求水体颜色、悬浮物质、水体pH、水体溶解氧、水体肥度、水体大肠杆菌等有害微生物等方面达到正常要求。

稻虾种养的水资源需求既要满足水稻对水分的生理需求，又要满足小龙虾等水产动物的生产需水，还要满足改善稻田田间小气候环境、维持水文功能的生态需水。水稻自身的生理需水较少，水分直接用于维持水稻正常生理活动及保持体内平衡（胡立勇，2008）。小龙虾等水产动物的生产需水，要根据水温、溶解氧、水质、饵料生物生长和小龙虾生物习性等要求进行灌溉。稻田生态功能需水，主要用于调节空气、温度、湿度、养料、抑制杂草等生态因子，以创造适于水稻生长发育的良好田间环境等。

三、区域稻虾绿色高效利用水资源

1. 区域水文格局与耕作模式布局

不同地区存在不同的水文格局，不同水文格局影响地区耕作模式布局。影响区域水文格局的因素很多，但根本上由降水量和蒸发量之间的关系决定。根据降水量和蒸发量的关系可以将地区分为两大类，第一类是降水量大于蒸发量的地区，这类地区水文治理工作的重点是防洪排涝，第二类是降水量小于蒸发量的地区，这类地区水文治理工作的重点是抗旱保墒。

（1）降水量大于蒸发量的地区。降水量大于蒸发量的平原地区，地下水补给多，地下水位高，土壤面临潜育化风险；地表径流大，面源压力大，洪涝灾害频发。降水量大于蒸发量的山区，地表径流大，容易出现山洪泥石流，土壤侵蚀程度高。因此，在耕作模式布局上，应该选用蒸散发较大的作物类型或耕作模式，栽种常绿阔叶林木增大蒸散发量，增加土壤持水能力，降低洪涝发生、土壤侵蚀和面源污染风险。

（2）降水量小于蒸发量的地区。降水量小于蒸发量的平原地区，地下水位低，地下水补给少，地表沉降，土壤地表干旱，易遭受风蚀。降水量小于蒸发量的山区，土壤水分易蒸发。因此，在耕作模式布局上，应该选用蒸散发较小的作物或种植模式，栽种落叶林，增加土壤覆盖，减少地表蒸发和风蚀。

以湖北省的两个代表性农业生产区（图5-1）为例，分析区域水文格局与耕作模式布局的关系（表5-1）。

表5-1　湖北省代表性农业生产区水文格局与耕作模式布局的关系

	江汉平原农业区	鄂中北农业区
特点	降水量大于蒸发量	降水量小于蒸发量
区域水文格局	①地势低，地表径流集中汇聚，长江汉江过境客水量大；②降水量1 000～1 300mm，相比鄂中北地区高出300mm	地势高，坡度大，降水少，水土流失严重，蒸发大

（续）

	江汉平原农业区	鄂中北农业区
区域水文管理工作重点	防洪防渍排涝，增强各种水分流出与储存能力；减少源头养分的流失与控制	减少水分流出，抗旱保墒
水文治理相关举措	从作物种植结构布局角度考虑，选择用蒸散发大的作物类型和复种套种等模式以增加年际区域蒸散发量，如水稻，以及稻虾种养模式、双季稻系统；从农田水利工程角度考虑，增加蓄水，加强排水，如修建池塘、退田还湖、挖沟筑坝建设稻虾田、修建泵站及水利设施等	从作物种植结构布局角度考虑，选用蒸散发小的作物类型，如小麦、玉米等，周年覆盖，减少土壤蒸发，降低风蚀，减少水土流失。大力推广保护性耕作措施，改良土壤结构，增强水肥保持力，降低土壤蒸发

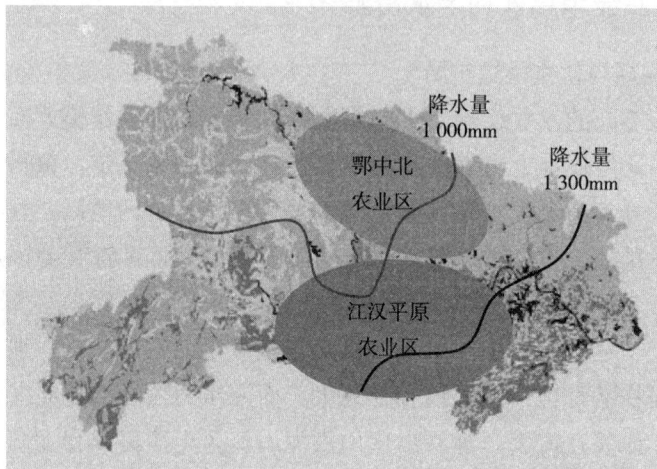

图 5-1　湖北省代表性农业生产区——江汉平原农业区和鄂中北农业区

2. 稻虾绿色高质量水资源管理

绿色高质量水资源利用理论是在坚持"节约用水"和"清洁用水"并重基础上，综合产-流-汇、循环利用、区域时空等理论研究，运用系统学方法，以适合稻虾种养系统、融合"空间、时间和产业"于一体的三维立体水分利用及水质管理的理论，其由区域空间用水理论、周年水分管理理论和全产业链用水理论等组成。

（1）区域空间用水理论。根据区域空间结构和水资源分布特点开展水资源管理和利用，通过"以水定需"实现水资源空间均衡。一方面要求根据不同的区域特点和水资源状况因地制宜选择不同工程结构的稻虾模式，采用不同的水分管理利用策略；另一方面针对特定的区域，在明确水源区水资源总量和可供水量前提下，优化水源渠系及稻虾田等空间布局，根据区域内不同用水单元的需水预报和可供水量进行平衡，采用整体观进行水资源统一管理和调控。

（2）周年水分管理理论。根据稻虾种养对水资源量和水质要求的周年需求变化特点，并根据稻虾种养系统水体水质周年变化及其对农业面源污染的影响，提出适合周年变化的水分管理理论，其着眼于周年全时间段做好稻田水分利用和管理，实现周年节约用水、清洁用水及稻田水体环境的改善。

（3）全产业链用水理论。对稻虾田面源污染产生与发展过程进行全程管控、拦截和阻断，不破坏灌溉水源水质，径流、渗漏等流失水循环利用，实现节约用水、提高水分利用率和洁净水体的目标。在源头控制上，要求以产定投、精准投饲、减肥增效、生态种养，提高饲料氮磷等物质利用效率。在稻虾生产过程中，充分利用自然及生物资源，发挥水稻和小龙虾共生效应，建立健康水体环境实现绿色产品生产，根据稻虾田水质变化及农业面源污染发生规律建立稻田水资源周年水分管理技术体系，实现节水减排保肥增效绿色环保的目标。在终端修复上，建立生态沟渠消纳尾水氮磷，建立环形养殖沟和稻田之间的水资源互动机制，实现尾水和环形养殖沟水资源再利用。

第四节　健康土壤与环境保护

一、土地资源利用及适宜土壤条件

土地资源利用关乎提升稻田土地资源利用效率，关乎稻田合理开发，例如，在一些土壤质量较差、水稻生产效率低下的滩涂田、低洼地，若发展稻虾种养，会因工程措施、农艺灌溉措施等影响，强化稻田湿地功能，增加稻田生物多样性，挖掘稻田生产潜力，从而提升稻田资源利用效率。

开展稻虾种养，稻田位置的选择是关键，涉及宏观和微观两个方面。

宏观层面上稻田位置的选择涉及区域布局等，稻田所处的地理气候带决定着当地气温、降水、积温等，这些气候因素决定小龙虾能否正常越冬以及水稻种植类型（一季稻、双季稻等），影响稻虾种养的生态适宜性及地域模式创新。

微观层面上涉及土壤、水源、水质等方面。①土壤，在土壤土质方面，应选择保水保肥能力强的黏土或壤土，而不选择沙性土壤，因为沙土稻田漏水漏肥，湿时板、干时散、土温不稳定、肥料养分分解快，土壤比较瘠瘦，也不适合小龙虾打洞；在土壤肥力方面，应选择高度熟化、高肥力的土壤，呈中性或微碱性的壤土为好；在土壤健康方面，前提是要求周边没有污染源和潜在污染源的（无重金属或固液废弃物污染）稻田，另一方面是选择集中连片的稻田，土壤肥沃、旱涝保收、无病害、土壤健康的稻田。②水源和水质。在水源方面，由于涉及小龙虾冬春季节养殖和满足水稻夏季生长，故要求水资源丰富且不存在季节性缺水问题；在水质方面，由于小龙虾对重金属以及敌百虫、菊酯类杀虫剂等非常敏感（袁旭峰，2017），所以要求稻田尽量远离污染源。

二、稻虾种养对土壤理化性质与重金属的影响

与水稻单作相比，稻虾模式引入小龙虾后，土壤理化性质及重金属会发生一定变化。一是养殖动物的活动，如小龙虾扰动过程、摄食、蜕皮及排泄等生长活动以及掘

洞作用；二是田间工程建设，如环形养殖沟开挖；三是种养农业措施的变革，如稻田冬春季节长期淹水、秸秆还田、水草种植等，都会影响到土壤理化性质及生物化学过程，从而对土壤理化特性、生物学特性、养分及元素循环，乃至土壤结构、肥力及演化产生影响。

1. 土壤物理性质变化

土壤容重和孔隙度是土壤的重要理化性质，受当地气候、土壤动物和微生物及耕作措施的影响。土壤容重和孔隙度极大地影响着土壤透气性能、持水量、抗侵蚀能力和根系生长阻力（郑纪勇等，2004）。总体上，开展稻虾种养会降低土壤容重，增加孔隙度，降低紧实度，提高土壤氧化还原电位。

（1）土壤容重。长期稻虾共作，0～40cm土层的土壤容重降低8.3%～19.2%。

（2）土壤孔隙度。长期稻虾共作，0～40cm土层的总孔隙度提升8.2%～20.9%，毛管孔隙度提升6.8%～14.6%，同时土壤水分渗透率提高。

（3）土壤紧实度。长期稻虾共作会使稻田15～30cm土层的土壤紧实度降低14.7%～29.9%，而对0～15cm和大于30cm土层的土壤紧实度影响不显著（佀国涵等，2017）。

（4）土壤氧化还原电位。稻虾共作40cm土层的氧化还原电位高于20cm土层，说明长期稻田养虾可能改善深层土壤氧化还原状况，有利于降低稻虾田CH_4的排放量（徐祥玉等，2017）。

（5）土壤团聚体粒径变化。稻虾种养对不同土层的土壤团聚体粒径影响不同，但总体上稻虾共作促进了小团聚体向大团聚体的转化。0～10cm土层，稻虾共作显著提升>2mm粗大团聚体的含量，显著降低0.25～2mm细大团聚体和<0.053mm粉-黏团聚体的含量，对0.053～0.25mm微团聚体含量则无显著影响；10cm以下土层，随着土层深度的增加，稻虾共作模式>2mm粗大团聚体含量呈现下降趋势，但均高于或显著高于常规水稻单作，<0.053mm、0.053～0.25mm和0.25～2mm团聚体含量随土层深度增加呈现一定增加趋势，但稻虾共作和常规水稻单作无显著差异，这说明稻虾共作促进了微团聚体形成更大粒级团聚体。

（6）土壤水稳性团聚体稳定性。稻虾共作增强了水稳性团聚体的稳定性。稻虾共作>0.25mm水稳性团聚体含量、平均质量直径和几何平均直径随土层深度增加均呈现降低的趋势，但高于或显著高于常规水稻单作，同时团聚体分形维数随土层深度增加呈现先增加后减小的趋势，但与常规水稻单作无明显差异。说明长期稻虾共作改善了稻田土壤结构和提高了土壤团聚体稳定性，意味着土壤抗风蚀和水蚀能力得到增强；这可能是由于长期稻虾共作0～40cm土层土壤有机碳累积量的显著提高，使得有机物质的胶结作用增强，从而增加了土壤团聚体含量，同时小龙虾蜕掉的甲壳中富含的壳聚糖等多糖物质也可能促进了>0.25mm水稳性团聚体的形成（佀国涵等，2017）。

2. 土壤化学性质变化

（1）土壤pH。总体上，以水稻单作为对照，开展稻虾种养使得稻田土壤pH呈上升趋势。佀国涵等（2017）研究发现，长期稻虾共作的稻田土壤 pH 随土层深度的增加呈上升趋势，但 0～40cm 土层均与常规水稻单作无显著差异；与水稻单作相比，开展 8 年的稻虾田 0～25cm 和 25～50cm 土层土壤 pH 均呈上升趋势，但均未达到显著差异（易芙蓉等，2019）。易芙蓉等（2019）研究同样发现，以中稻单作为对照，随着养虾年限的增加稻虾田土壤 pH 呈上升趋势，且与对照组差异显著。原因可能是使用的生石灰和小龙虾蜕壳形成的含钙较多的壳灰、贝壳粉等施入稻田，中和田间 H^+，从而引起土壤 pH 缓慢升高（胡敏等，2017）。

（2）土壤还原性物质变化。土壤中存在氧化性物质和还原性物质，共同影响着土壤氧化还原状态，其中土壤还原性物质主要分为无机类（如 Fe^{2+}、Mn^{2+} 和硫化物等）和有机类（以有机类还原物质为主）（张广才等，2016）。稻虾共作冬春季节长时间淹水使得稻虾田土壤处于过饱和状态，因此：①与水稻单作相比，稻虾共作模式稻田土壤的活性还原性物质和 Fe^{2+} 含量偏高，且稻虾田土壤还原性物质总量随着养虾年限（徐荣等，2022）和淹水时间的延长（田玉聪等，2020）也在不断地增加。有研究指出（徐荣等，2022）连续开展稻虾种养 3 年的稻虾田，水稻各生育期的 0～20cm 土层中 Fe^{2+} 含量均高于冷浸低产田土壤 Fe^{2+} 含量，表明以 Fe^{2+} 代表的还原性物质的累积作为表征的土壤次生潜育化存在加重风险。②在土层剖面上，长期稻虾共作土壤中的 Fe^{2+}、Mn^{2+} 以及土壤还原性物质总量随着土层深度的增加而呈现先增加后降低的趋势，且在 20～30cm 土层含量最高。相对于常规水稻单作，土壤中 Fe^{2+} 含量除在 20～30cm 土层外均显著高于水稻单作，而 Mn^{2+} 含量无显著差异。与水稻单作相比，稻虾共作模式显著降低了稻田 0～10cm 土层的土壤还原性物质总量，而又显著升高稻田 20～30cm 土层中的土壤还原性物质总量，但对 10～20cm 和 30～40cm 稻田土层的土壤还原性物质总量影响无显著差异（佀国涵等，2017）。表明长期稻虾共作可能增加 10cm 以下，尤其是 20～30cm 土层的土壤次生潜育化风险。为此，需要进一步加强以 Fe^{2+} 含量增加为特征的土壤次生潜育化风险对水稻根系生长发育及产量的影响的研究（徐荣等，2022）。③稻虾田 Fe^{2+} 形态变化。土壤 Fe^{2+} 主要分为水溶态和络合态，水溶态含量与土壤理化性质相关，是影响水稻根系生长的离子态（于天仁和李松华，1957）；但稻虾田有机质含量高，土壤腐质化强度高，能够通过增强土壤胶体的络合能力促使 Fe^{2+} 由水溶态转为络合态（于天仁和李松华，1957），另外稻虾田水稻干湿交替的搁田降低了土壤活性自由基含量从而降低了 Fe^{2+} 对根系活性的影响（陈正刚，2014）。

（3）土壤生物酶组成及活性变化。土壤生物酶是碳循环的重要驱动力，参与有机碳的分解与转化（汤洁等，2016），促进土壤大分子化合物分解和易溶营养物质形成（马维伟和孙文颖，2020），加速碳循环。①对于同一土层深度相同年限的不同模式，稻虾共作模式相对于中稻单作，土壤脲酶和过氧化氢酶的活性都有所下降。②对于不同土层深度，稻虾模式和中稻单作中土壤脲酶的活性均随着土层深度的增加而快速降低，其中 10～20cm 土层显著低于中稻单作（佀国涵等，2020），这可能是由于长期淹水环境使土壤严格缺氧抑制多酚氧化酶活性从而使多酚类物质累积进而抑制了脲酶的活性（Fenner et al.，2005），另一方面淹水造成土壤强还原状态使 Fe^{2+} 浓度升高进而降低了土壤脲酶的活性（Freeman et al.，1996；Kang and Freeman，1999），而过氧化氢酶整体却呈现小幅波动（曹凑贵等，2017）。稻虾共作模式中的土壤蔗糖酶和酸性磷酸酶活性与水稻单作在耕作层（0～40cm）未达到显著差异，但 20～30cm 土层中的土壤纤维素酶活性却显著提高，这可能是因为耕层厚度增加促进水稻根系下扎，枯死根系促进了土壤纤维素酶活性的提升（倡国涵等，2020）。③对于同一模式同一土层深度不同年限，中短期稻虾共作增强了土壤生物酶活性，如稻虾田土壤蔗糖酶、脲酶及纤维素酶活性都优于水稻单作（戴婧婧等，2021），而长期开展稻虾共作均降低了土壤生物酶活性（龚世飞 2014）。

3. 土壤重金属含量变化

土壤重金属赋存形态、含量及迁移变化关乎土壤质量安全、种养绿色生产和食品质量安全。土壤 pH、土壤有机质和氧化物胶体等均是影响土壤重金属形态、含量及迁移的相关因素。有关研究显示，与中稻单作相比，稻虾共作模式会促进土壤 pH 升高，因而将强烈影响重金属在土壤中的赋存形态，同时增强了土壤有机质和氧化物胶体对重金属的吸附能力。以重金属镉（Cd）为例，不同稻作模式管理所引起的土壤 pH 升高和土壤有机质含量升高均会明显地降低有效镉（Cd^{3+}）的含量，这是因为稻虾共作土壤在淹水状态下，土壤氧化还原电位降低，使得 Cd^{3+} 被还原为 Cd^{2+}，从而与土壤溶液中的 SO_4^{2-} 形成 $CdSO_4$ 沉淀而降低了土壤镉的生物有效活性（宋文恩等，2014）；但对于重金属砷（As），由于三价砷（As^{3+}）属于游离态，不容易被土壤胶体所吸附，而在土壤淹水状态下，五价砷（As^{5+}）会被还原为三价砷（As^{3+}），从而使得土壤胶体对重金属砷的吸附能力大幅下降，促进了土壤砷的活化，增加了土壤溶液中游离态三价砷（As^{3+}）的含量，反而增加了水稻植株对重金属砷的吸收风险（鄢恒宇等，2015）。稻虾种养改变了稻田水分灌溉方式以及土壤理化性质，这种农艺措施变化所引起的多种土壤理化性质的变化对土壤重金属元素的赋存形态变化、迁移规律以及水稻植株的吸收等的影响机制目前仍然不清楚，然而这对于提出相应的调控举措以降低土壤重金属含量、抑制土壤重金属元素由吸附态向游离态转化和抑制水稻植株根系吸收转运及籽粒储存等，从而实现稻虾健康种养具有重要的理论和实践意义。

三、稻虾种养对土壤碳氮循环的影响

1. 土壤有机碳及其活性组分变化

土壤有机碳含量是反映土壤肥力的重要指标，对土壤团粒的粒级结构、土壤缓冲能力和净化能力具有决定性作用，也影响着土壤生物活性。

（1）长期年尺度的含量变化。相比常规中稻单作，稻虾共作第 1 年土壤有机质含量显著降低，可能由于稻虾田田间工程结构改造导致土壤有机质流失；第 2 年以后显著升高（易芙蓉等，2019），且长期稻虾共作模式显著提高 0～40cm 土层有机质含量（倡国涵等，

2017）。邵帅等（2017）研究表明，长期开展稻虾共作会提升土壤有机质含量，土壤有机质增加的主要来源是小龙虾残饵和粪便的排放以及水稻秸秆及残茬；同时稻虾田在冬春季节由于长时间处于淹水状态，土壤较差的通气性也使好氧性微生物的生物活性降低，从而使有机质的矿化分解速率变慢（管勤壮等，2019）。

（2）长期年尺度不同土层深度的含量变化及季节性变化。与常规水稻单作相比，开展8年稻虾共作，0～25cm土层的土壤有机碳含量呈升高的趋势，但未达到显著差异；8年稻虾共作显著降低了25～50cm土层土壤有机碳含量（佀国涵等，2016），这可能是由于小龙虾掘洞贯通了土壤表层和底层，从而扰动土壤还原界面，改变了微生物群落结构和组成，进而加快了底层有机质矿化速率，促进土壤深层养分释放。

（3）短期周年尺度的含量变化。管勤壮等（2019）针对不同C/N饲料喂养的稻虾共作田，在8～12月对0～15cm土层土壤有机质含量进行了调查，发现其均随月份增加呈现先上升后稳定的趋势；但土壤有机碳含量却在中稻单作土壤中呈现稳定不变的趋势，而在稻虾共作土壤中均呈现下降趋势，这可能是由于冬季稻田淹水后造成厌氧环境使得稻虾田的甲烷排放量增多从而消耗了土壤有机碳（徐祥玉等，2017），同时小龙虾的掘洞作用也可能导致土壤有机碳组分中的活性有机碳分解下降，这可能是由于掘穴行为增加了土壤易分解有机碳的比例，加快有机碳的矿化，降低了沉积物中碳的储备能力（Fanjul，2015）。

（4）土壤有机碳活性组分变化。曹凑贵等（2017）研究指出，与水稻单作相比，开展稻虾种养提高了土壤总有机碳含量，其中土壤易氧化态碳含量高于常规水稻单作田，土壤可溶性有机碳（具有一定溶解性，容易被矿化分解的一种土壤有机碳）含量低于常规水稻单作田。佀国涵等（2020）研究发现，稻虾共作相比水稻单作显著提升了土壤中水溶性有机碳含量和土壤微生物量碳，稻虾田土壤微生物量碳的提升可能与小龙虾掘洞改善了深层（30～40cm）土壤的通气状况，氧气分压提升促进好氧生物的繁殖生长有关。稻虾共作也显著提升了耕作层的土壤颗粒有机碳含量（佀国涵，2020），这可能是由于小龙虾对秸秆的摄食与分解作用增加了颗粒有机质含量（Huryn and Walla，2010），此外，残留在土壤中的水稻根系也是土壤颗粒有机碳的重要来源。稻虾共作也显著提升了10～40cm土层易氧化态有机碳含量，表明土壤矿化作用增强从而促使土壤肥力得到提升。

（5）土壤团聚体有机碳分布。佀国涵（2020）研究发现，与水稻单作相比，稻虾共作模式提高了0～30cm土层土壤粉-黏团聚体的有机碳含量和20～30cm土层土壤粗大团聚体的有机碳含量，表明稻虾共作土壤稳定性增强，粗大团聚体中有机碳含量的提升，增加了微生物可利用的碳源，也利于土壤碳源微生物的生长。

2. 土壤碳氮转化与肥力变化

稻虾种养系统中小龙虾的扰动作用及农艺措施变化会改变水体和土壤的pH及氧化还原状态，进而会影响土壤剖面有机碳（SOC）的转化和储存，继而影响稻田的土壤肥力和土壤固碳能力。稻虾共作模式通过促进大团聚体的形成而改变了土壤团聚体的层级结构，大团聚体的增加会加快土壤有机碳的周转速率，从而促进土壤有机碳的释放，同时也会促进土壤团聚体固碳。稻田土壤肥力既与饲料、秸秆等外源碳氮物质的投入有关，因为外源碳氮物质投入增加了参与土壤碳氮循环的外源底物浓度，又与微生物的群落组成结构、生物活性密切相关，它们决定参与土壤碳氮循环的物质周转速率。与水稻单作相比，稻虾模式由于水稻秸秆和残茬及残余饲料的输入从而增加了土壤无机氮含量，另外，土壤硝化及反硝化作用[①]作为参与土壤氮循环的主要作用环节，受到土壤含水量、土壤理化性质等多种因素的影响，这些因素的变化会诱导参与硝化和反硝化作用的功能微生物丰度发生变化，从而影响土壤硝化和反硝化作用速率变化，进而会影响土壤铵态氮和硝态氮的含量，最终影响土壤肥力。

3. 土壤总养分含量变化

研究稻虾共作对土壤养分肥力变化的影响，对于健康土壤培肥，精确定量施肥，提升养分资源利用效率具有重要意义。

（1）全氮、全磷和全钾含量。总体上，与水稻单作相比，开展稻虾模式可以增加土壤全氮、全磷和全钾的含量。Jha 等（2020）研究发现，稻虾共作系统中每年有 10%～13% 的表观氮盈余贡献给土壤全氮（35.6～46.3kg/hm²）。具体表现为：①在不同年限上，侣国涵等（2016）研究发现稻虾种养的稻田 0～25cm 土层土壤全氮和全磷除了在第 1 年与中稻单作无显著差异外，在第 2 年及以后全氮和全磷的含量随年限增长而逐渐增加，且差异显著；郭子元等（2019）调查发现，与水稻单作相比，长期稻虾共作（8～9 年）的稻田土壤全氮含量同比高出 32.4%～39.0%；②在对不同土层的全氮、全磷和全钾的影响上，与水稻单作相比，开展 8 年稻虾共作对 0～20cm 土层的全氮、全磷和全钾含量无显著影响，25～50cm 土层的全氮含量显著降低，对 25～50cm 土层的全磷和全钾含量无影响（侣国涵等，2016）。侣国涵等（2017）研究发现，长期稻虾共作显著提高了 0～40cm 土层土壤全钾含量、0～30cm 土层土壤全氮含量以及 0～10cm 土层全磷和有效磷含量，这可能一方面是由于残饵及粪便等外源有机物质投入的增多，另一方面是由于小龙虾掘洞降低了土壤容重，增加了孔隙度，从而提升了土壤渗透率，在长期淋洗作用下促进氮钾元素的向下迁移，而外施无机态磷由于移动性差而多吸附在土壤表层，所以难以向下迁移，致使土壤表层全磷和有效磷含量高。

（2）土壤速效养分含量。

①土壤有效氮。铵态氮、硝态氮和碱解氮是有效氮的三种形态。总体上，稻虾种养增加了稻田土壤铵态氮的含量，显著降低了硝态氮和碱解氮含量。

同一土层深度不同年限下，易芙蓉等（2019）研究发现，除第 1 年外，稻虾共作 0～25cm 土层土壤碱解氮含量随年限的增加而呈增加的趋势，且与对照组达到显著差异；郭

---

① 反硝化作用是在低氧或厌氧条件下，由反硝化细菌介导以硝酸盐或亚硝酸盐作为末端电子受体还原成气态氮化合物（N_2、NO 和 N_2O）的生物异化过程。

子元（2019）调查研究发现，与水稻单作相比，土壤铵态氮含量随着稻虾共作年限增加而增加，长期稻虾共作（8～9年）使稻田土壤铵态氮含量增加59.4%～114.9%，特别是在分蘖期，长期稻虾共作稻田土壤铵态氮含量明显高于单作稻田及短年限稻虾田，而稻虾共作稻田土壤全氮和铵态氮含量的增加可能主要是投食而非秸秆还田作用的结果；土壤硝态氮含量随着稻虾共作年限增加而显著下降，长期稻虾共作（8～9年）的稻田土壤硝态氮含量同比水稻单作降低了124.8%～182.8%。硝化作用和反硝化作用调控着土壤铵态氮和硝态氮转化，冬春季节长时间淹水致使土壤氧化还原电位较低，土壤处于强还原状态下，加之长期低氧环境抑制了土壤硝化细菌的活动强度，同时缺氧环境使得反硝化作用增强（王蓉等，2019），同时投饲和追肥也提高了稻田铵态氮含量（郭子元，2019），从而导致土壤铵态氮含量随稻虾共作年限增加而增加，硝态氮含量则呈下降趋势。

同一年限不同土层深度下，侣国涵等（2017）研究指出，稻虾共作的土壤碱解氮和硝态氮含量均随着土层深度的增加而呈逐渐降低趋势，且碱解氮在0～40cm、硝态氮在10～30cm均显著高于常规水稻单作，而铵态氮含量随土层深度的增加呈先降低后上升的趋势［这可能是因为土壤铵态氮易溶于水，在稻虾田淹水以及雨水作用下会向土壤下方迁移，但迁移距离有限，另外表层土壤通气状况好易使得表层土壤铵态氮转为土壤硝态氮而出现淋失（赵凯超，2020）］，但在0～40cm土层均与常规水稻单作无显著差异。朱杰等（2018）研究也发现与水稻单作相比，稻虾共作模式在水稻抽穗期可显著提高硝态氮含量，但对碱解氮和铵态氮含量无显著影响，这可能是由于小龙虾的掘洞行为使得深层土壤的氧气分压增大致使硝态氮含量增加而铵态氮含量降低。

②土壤有效磷。易芙蓉等（2019）研究发现从第1年开始，随年限增加稻虾田0～25cm土层土壤有效磷含量呈增加趋势，且均与中稻单作达到显著差异；侣国涵等（2017）研究也指出，长期稻虾共作增加了稻田土壤有效磷的含量，但显著降低了0～10cm土层的有效磷含量；还有研究指出，与常规水稻单作相比，稻虾共作对土壤有效磷影响不显著（养虾年限小于3年）（龚世飞，2016）或逐渐增加（养虾年限在4年内）（许元钊，2020），这是因为稻虾共作模式稻田土壤有机质含量增加，减少了无机磷的固定，从而促进其溶解，继而提高土壤有效磷含量（杨智景等，2020），而长期稻虾共作显著降低土壤有效磷的供应能力（龚世飞，2016；许元钊，2020），这是因为长期稻虾共作土壤有效磷及有机磷会不断转化为Ca-P和Fe^{3+}-P等难以利用的形态。

③土壤速效钾。易芙蓉等（2019）研究指出，除第1年外，稻虾共作稻田0～25cm土壤速效钾含量随年限增加呈增加趋势，且与对照组达到显著差异；速效钾含量均随深度增加而降低，但20～40cm土层速效钾含量显著增加（侣国涵等，2017）。

无论是土壤有效磷，还是土壤速效钾，除第1年外，其含量均随着年限增加呈现增加趋势，这可能是因为第1年为开展稻虾共作而对稻田进行田间工程结构改造，扰动了土壤，继而破坏了稻田相对稳定的土壤环境，从而加速土壤速效养分的流失致使稻虾共作的土壤速效养分相比于水稻单作偏低（徐荣等，2022）。目前，针对引起稻虾共作模式稻田土壤养分时空变异的各因素贡献程度尚未见相关报道。

四、稻虾种养对稻田温室气体排放的影响

探究稻虾模式对稻田温室气体排放影响规律及其影响因素对减少稻虾田温室气体排放具有重要意义。

1. 稻虾种养对稻田 CH_4 排放的影响

在周年尺度上，稻虾共作的稻田 CH_4 排放总量在水稻季显著高于非稻季（孙自川，2018），这主要受到土壤温度的影响，非稻季土壤温度的下降抑制了参与土壤有机质分解的微生物的活性，进而降低了土壤有机质分解速度，继而降低了稻田 CH_4 的排放强度，同时可能与稻虾田冬春季节淹水环境使土壤处于还原状态而抑制了土壤有机质的氧化分解有关。

在稻季，稻虾田的 CH_4 排放呈现双峰型变化特征；而相对于常规水稻单作，稻虾共作模式减少了稻季 CH_4 的排放。研究结果表明，以稻田冬泡和秸秆还田作对照，小龙虾的引进显著降低了水稻生长期间 CO_2 和 CH_4 的温室效应（徐祥玉等，2017），表明稻田引进小龙虾可以抵消由于秸秆还田在水稻生长期间的增排效应，且这种减排效应是通过减少 CH_4 而非 N_2O 的排放来实现的。与水稻单作（秸秆还田）相比，稻虾共作模式减少了水稻季的稻田 CH_4 排放量，可能是由于（姚义等，2021）：①稻季水体溶解氧的增加，致使土壤氧化还原电位增加，从而增加了土壤 CH_4 被氧化的概率，减少了 CH_4 排放；②稻田水稻季节的深水环境降低了土壤温度，降低了参与相关过程的微生物的活性，继而抑制了稻田 CH_4 的产生；③稻田土壤硝态氮和铵态氮含量的增加，促进了稻田 CH_4 氧化（Bodelier et al.，2011），从而实现了稻田 CH_4 的减排。

在非稻季，相比常规水稻单作，开展稻虾共作会增加稻田 CH_4 排放，主要是受到秸秆还田、冬春季淹水和小龙虾养殖等三方面的影响。秸秆还田作为土壤碳汇的重要来源，虽然增加了系统碳固定，但也因为增加了反应底物浓度，反而增强了稻田 CH_4 的排放（陈松文等，2021）。以稻田冬泡为对照，秸秆还田的冬泡稻田显著增加了水稻生长期间的 CO_2 和 CH_4 的温室效应（徐翔玉等，2017）。同时，冬春季节持续长时间的淹水会加重秸秆还田对 CH_4 排放的影响（汤宏，2013），这是因为持续长时间的淹水降低了土壤氧化还原电位。同时，冬春季节小龙虾养殖加剧了水体溶解氧的消耗，致使溶解氧浓度降低，导致甲烷被氧化的概率降低，从而增加了甲烷排放强度。

2. 稻虾种养对稻田 N_2O 排放的影响

与常规水稻单作相比，开展稻虾共作周年尺度上存在稻田 N_2O 排放降低的趋势，但排放效应没有显著差异（姚义等，2021）。徐祥玉等（2017）研究发现，与冬泡无秸秆还田处理相比较，冬泡＋秸秆还田和冬泡＋秸秆还田＋养虾处理都对 N_2O 累计排放量没有产生显著影响。具体表现为，与水稻单作相比，稻虾共作模式增加了稻季 N_2O 排放，而降低了非稻季 N_2O 排放量（仵国涵等，2019b）。这是因为在非稻季，冬春季节持续长时间的淹水作用，稻田土壤处于强还原状态，抑制了硝化作用，反硝化作用增强，从而减

少 N_2O 生成。在稻季，N_2O 的排放呈现双峰型特征，分别在水稻施肥期和水稻收获晒田期 N_2O 排放增加，这是因为增加了反应基质浓度和拥有良好的土壤通气条件，硝化作用增强，促进了 N_2O 的生成，同时小龙虾掘洞等扰动作用可能具有促进作用。

五、健康土壤质量特征与土壤培肥管理

1. 健康土壤质量特征

绿色高质量的稻虾种养要求利用不同生物的生态特性，根据自然资源的特点，有机构建水稻-小龙虾共生生态系统，建立多物种共栖、多层次配置、多级物质利用和能量循环的立体农业模式及其综合性技术（胡永军等，2010），在实现合理利用资源前提下，获得较高产品和经济效益的同时，防止土壤肥力减退，增强土壤固碳减排，减少环境污染，维持生态平衡，使稻虾种养系统始终处于良性循环之中。开展稻虾种养的原则和底线之一是不破坏稻田土壤。不能破坏稻田土壤耕作层，更为重要的是要预防土壤出现生态退化，预防土壤生产力降低和土壤生态功能的丧失。绿色高质量稻虾种养不仅要求不破坏稻田土壤，还要改善稻田土壤、培育健康的土壤，增强稻田土壤生态功能。

2. 稻田土壤培肥与管理

健康土壤培肥管理关乎稻虾种养可持续发展。土壤肥力作为反映土壤肥沃性的一个重要指标，是土壤物理肥力、化学肥力和生物肥力的综合体现（黄晶等，2017）。绿色高质量稻虾种养的土壤培肥与管理举措包括科学施肥、秸秆还田、合理轮作、合理施用土壤改良剂等多个方面（图 5 - 2）。

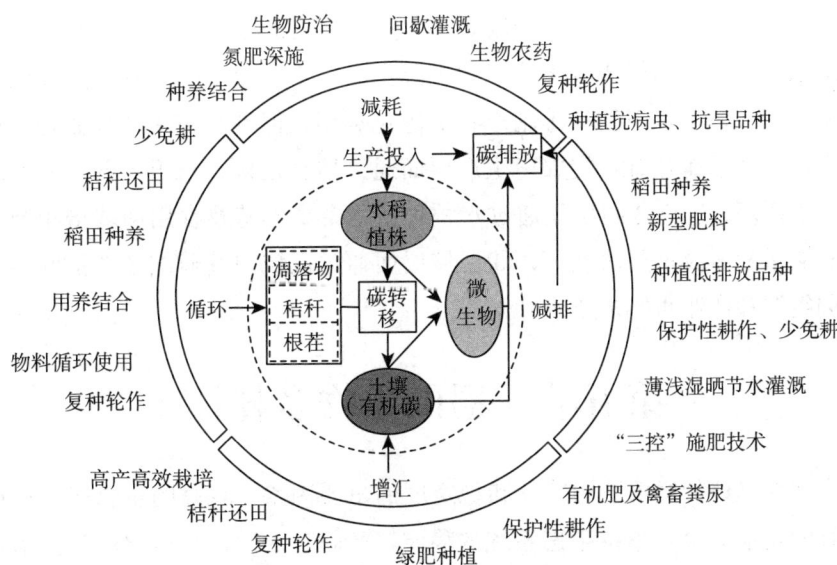

图 5 - 2　稻田土壤培肥理论与技术体系示意

一是增汇。增汇是实现水稻生产低碳高产、生态安全的核心内容。增强水稻生产碳

汇功能一方面要提升水稻生产力，另一方面要增强碳储存能力，重点在于增加土壤碳汇。增加土壤碳汇核心是提高土壤有机质含量，技术途径有：①通过秸秆还田、绿肥种植、有机肥及人粪畜尿施入、植被覆盖等措施增加土壤有机质含量，②通过复种轮作、土地整治、土壤改良、土壤修复、配方施肥等改善土壤环境从而增加土壤有机质含量，③通过控制施肥、合理轮作、保护性耕作、少免耕等措施减少土壤有机质消耗量，从而保证土壤有机碳储量增加。

二是减耗。减耗是实现水稻生产低碳高产、资源安全的主导内容。减少水稻生产能耗，既要从投入上减少肥料、农药、水资源及能源消耗，也要从过程上提升化肥、农药等资源利用效率，从而降低碳成本，提升碳效率。减少碳排放的技术路径有：①通过合理轮作、种养结合、绿肥种植、氮肥深施、配方施肥等途径实现减肥；②通过抗病虫新品种培育、利用天敌、生物农药防治、生物修复、种间关系等实现减药；③通过干湿交替间歇灌溉、种植节水抗旱品种等实现节水；④通过少免耕、生物耕作、一体化联合机械作业等实现节能。

三是减排。减排是实现水稻生产低碳高效、环境安全的根本要求。稻田直接碳排放占碳排放总量的 $50\%\sim80\%$，其中以 CH_4 形态为主的碳排放占 60% 以上，是水稻生产减排的重中之重。减少稻田直接碳排放尤其是 CH_4 排放的路径有：①通过稻田综合种养、合理水肥管理、少免耕及低排放品种种植等途径减少稻田直接碳排放；②通过使用新型肥料及先进施肥技术提高肥料利用效率，减少化肥施用，从而抑制土壤有机质分解，降低土壤 CO_2 及 N_2O 的排放。

四是循环。循环是提升水稻生产碳效率、降低污染的重要途径。水稻生产模式结构单一，系统稳定性差，不仅造成土壤肥力下降，还产生大量"废弃物"造成浪费。构建水稻生产循环体系，是实现秸秆等副产物资源化利用、促进水稻生产碳循环、提高碳效率的重要途径。技术途径有：①农田生产层面通过秸秆还田、稻田种养、用养结合等途径实现稻田小循环；②产业间层面通过水稻种植与畜禽养殖及食用菌栽培相结合实现副产物物质和能量的多级多层次利用；③区域层面通过区域内种养加产业链间耦合，实现资源在不同组织和产业间的充分利用。

第五节　稻田生物多样性

生物多样性是评价群落结构特征和稳定度的重要因素，较高的生物多样性更利于保证生态系统的功能冗余，维持生态系统的稳定（Yachi and Loreau，1999）。稻虾种养对稻田生物多样性的影响，主要涉及稻田杂草多样性、稻田虫类多样性、稻田微生物多样性、稻田水体浮游生物多样性等 4 个方面。总体上，物种丰富度随养虾年限增加呈先减少后增多的趋势，在开挖 3～4 年内生物多样性下降，4 年以后上升。

一、稻田杂草多样性

与水稻单作相比，开展稻虾共作模式显著降低了杂草多样性，且在第 4 年降至最低（图 5-3），而后呈逐渐增加的趋势。这可能是由于长期稻虾种养改变了杂草种子库，使得不适应深水环境杂草的数量减少，导致稻田杂草多样性和发生规律发生变化。长期开展稻虾种养，随着生态系统趋于稳定，能够适应环境的杂草种群数量逐渐增加，使优势种群发生变化。

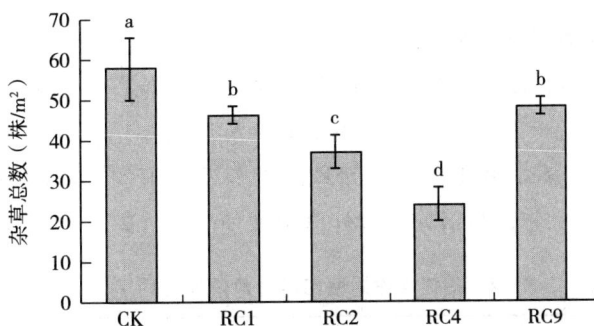

图 5-3 稻田杂草总数随稻虾种养年限的变化

CK. 水稻单作 RC1. 稻虾共作 1 年 RC2. 稻虾共作 2 年 RC4. 稻虾共作 4 年 RC9. 稻虾共作 9 年

1. 杂草类型组成

据调查，稻虾共作模式的主要杂草类型为禾本科、莎草科、菊科、蓼科和苋科杂草。

2. 单位面积杂草数量

与水稻单作模式相比，开展稻虾共作显著降低单位面积杂草总数，且在第 4 年最低而后逐渐回升；进一步看，除通泉草、鳢肠随年限增加而一直减少外，其他草如千金子、稗草、莎草、空心莲子草等呈先减少后增加的趋势（肖求清，2017）。也有研究表明（徐大兵，2015），以常规稻作做对照，2～3 年稻虾共作对阔叶杂草和禾本科杂草发生均能起到抑制作用，稻虾共作 2～3 年后，水花生、牛毛毡和铁苋菜发生频度降低至 0，对丁香蓼、水苋菜、稗草、异型莎草等抑制效果非常明显，而对千金子、陌上菜、水莎草、鸭舌草、节节菜、日照飘拂草等抑制效果较差；7～8 年稻虾共作杂草多样性和生态优势上升，但仍小于常规稻田。

3. 杂草优势种

千金子和稗草作为稻虾田主要杂草优势种，其重要值随养殖年限增加呈先降低后上升的趋势；而通泉草、空心莲子草、鳢肠、鸭舌草等杂草的重要值呈逐年降低的趋势；莎草、双穗雀稗和飘拂草等杂草的重要值呈逐年上升的趋势（郭瑶等，2020）。

稻虾共作对杂草控制的机制存在两种：第一种是冬春季节稻田长期淹水，降低了一些杂草种子发芽能力，从而降低了杂草翌年发生基数；同时开展稻虾共作，水稻生长期间的深层水体环境会限制喜湿但不耐深水层的异型莎草、陌上菜及水苋菜等杂草的萌发生长，但千金子、鳢肠等杂草由于能够很好地适应这种干湿交替环境的变化故而成为优势杂草种群（刘全科等，2017）。第二种是具有杂食性的小龙虾在稻田中的活动和取食对杂草的控制。冬春小龙虾养殖季节，小龙虾翻出田泥中的杂草幼芽或种子，降低了杂草发生基数，夏季小龙虾在稻田中的活动干扰了杂草的生长（Buhler et al.，1997），控制了杂草危害。但由于小龙虾是不喜高温生物，其在稻田中活动干扰能力究竟有多强还有待评估。

二、稻田虫类多样性

1. 对稻田昆虫多样性的影响

肖求清（2017）研究发现，相比常规水稻单作，开展稻虾共作能够显著降低昆虫总数，从昆虫种类降低幅度看，寄生性昆虫＞捕食性昆虫＞植食性昆虫＞中性昆虫；从养虾年限与昆虫数量变化看，各类昆虫数量均随着养殖年限的增加而呈先减少后增加的趋势，其年限拐点为1～2年，且后期植食性昆虫增加明显（表5-2、图5-4）。

表5-2　稻虾共作对稻田昆虫数量的影响（头/m²）

稻虾共作年限	植食性昆虫	捕食性昆虫	中性昆虫	寄生性昆虫	总数
CK	19.6±1.3b	6.8±0.7c	22.4±1.4bc	1.2±0.2b	50.0±2.3c
RC1	17.6±0.9c	4.4±0.5d	20.0±1.2c	0.8±0.1b	42.8±1.7d
RC2	18.4±1.1c	8.4±0.4b	21.2±0.8c	1.2±0.1b	49.2±2.1c
RC5	24.4±1.2a	8.4±0.6b	25.6±1.6b	2.8±0.3a	61.2±2.2b
RC10	24.0±1.1a	10.0±0.5a	44.8±2.1a	2.4±0.2a	81.2±3.2a

注：同列不同小写字母表示差异显著（$p<0.05$）。

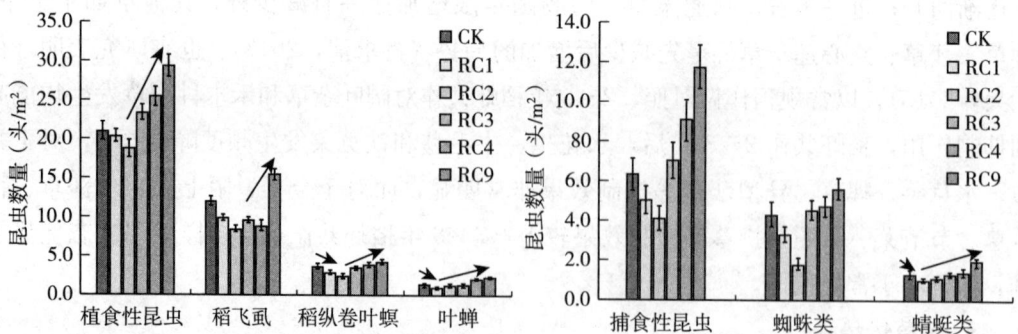

图5-4　植食性和捕食性昆虫数量随稻虾年限的变化

二化螟作为危害水稻植株生长发育的重要昆虫之一，其幼虫主要在稻秆基部活动，与常规水稻单作相比，开展稻虾共作由于冬春季节稻田长时间淹水而显著降低螟虫基数并影响其发育进程（郭灿等，2020）（表5-3）。经过冬春季节稻田淹水作用，越冬代的二化螟幼虫基数降幅为100%，二代二化螟降幅为46.6%，三代二化螟降幅为71.8%，同时推迟二化螟的发育进程（图5-5），从而推迟暴发高峰时间，利于水稻绿色生产。

表5-3　稻虾共作与常规水稻单作冬后田间二化螟基数比较

项目	后湖		白鹭湖		积玉口	
	CK	稻虾	CK	稻虾	CK	稻虾
冬前基数（头/hm²）	18 003	8 687	7 720	1 167	15 363	8 399
冬后基数（头/hm²）	13 911	0	5 953	0	12 976	0
死亡率（%）	22.7	100	22.9	100	15.5	100

注：CK为常规水稻单作田。

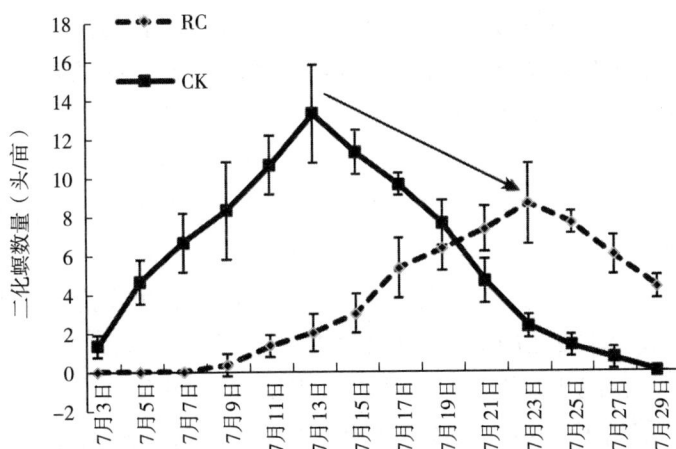

图5-5　稻虾种养冬春淹水推迟二化螟发生高峰期

2. 对土壤线虫多样性的影响

土壤线虫是调控土壤系统营养物质循环的重要组成者，而稻虾种养改变了土壤线虫的群落结构组成。

（1）线虫群落组成。研究显示，相比水稻单作，稻虾共作在水稻生长期间的食细菌线虫占比显著增加（刘赫群等，2017），且成为土壤线虫群落的优势营养类群（占比大于50%），意味着稻虾共作稻田土壤系统的土壤物质循环加快，这是因为食细菌线虫促进细菌生物量增长，土壤养分矿化率得到提高（吴纪华等，2007）；相比之下，杂食性和捕食性线虫占比则显著降低，意味着开展稻虾共作会简化土壤食物网，因为杂食性和捕食性线虫能够增强土壤食物网的稳定性。

（2）线虫c-p类群组成。与水稻单作相比，稻虾共作显著提升c-p1类线虫百分比，对c-p2类影响不显著，而显著降低了c-p3~5类线虫百分比。由于c-p1类线虫为典型的机会主义者，对土壤营养物质增加的响应最快，从而引起种群的快速增长，表明稻虾共作提升土壤营养物质，促进了营养物质循环（刘赫群等，2017）。

（3）线虫c-p类群成熟度指数。线虫成熟度指数反映了土壤生态系统抗外界的干扰程度，与水稻单作相比，整个水稻生育期间稻虾共作模式显著降低线虫c-p类群成熟度指数，表明稻田中引入克氏原螯虾可能会导致土壤生态系统的生物稳定性退化

（刘赫群等，2017）。

三、稻田微生物多样性

微生物，作为分解者，在降解有害残留物质、促进营养物质转化、驱动物质循环和能量流动、维持环境稳态等多方面发挥作用。微生物种类多样性、物种组成群落结构、微生物相对丰度及活性共同影响着生态系统的物质循环能力和能量流动效率（陈玲，2022），进而影响系统生产力和生态效益。研究微生物的种群组成、生物量、群落结构和生物多样性，能够明确参与物质循环和能量流动的作用过程的生物动力学影响机制及影响因素，对于明确解析物质循环和能量流动功能变化的原因具有重要意义。

1. 对土壤微生物多样性的影响

土壤微生物通过酶及其代谢物影响着土壤对营养成分的吸附和解吸，从而影响土壤肥力。土壤微生物的群落结构、功能多样性及基因丰度会受到土壤类型、耕作制度与农作管理、水稻根系分泌物、底栖动物的扰动、土壤营养物质及氧气供应状况等（Hesselsoe et al.，2009）土壤理化性质的影响，土壤微生物变化可作为反映土壤肥力和质量及评估土壤状态一定时期变化的重要且敏感性指标。

（1）微生物群落组成结构。与水稻单作相比，稻虾共作显著提升了耕作层中土壤细菌群落总数（戴婧婧等，2021），改变了土壤细菌的群落组成（朱秀秀等，2021），表现为中绿弯菌门、拟杆菌门、硝化螺旋菌门和芽单胞菌门的相对丰度显著提高，蓝细菌门、放线菌门和疣微菌门的相对丰度降低，这反映了稻虾共作模式稻田土壤碳氮循环作用增强，土壤有机质及氮含量得到提高，土壤肥力水平得到提升。进一步看，稻虾共作显著提高了 20～40cm 土层好氧细菌（如硝化细菌）、氨氧化细菌（AOB）和氨氧化古菌（AOA）的数量，其中在 30～40cm 土层提高幅度尤为明显（侣国涵等，2017），没有显著改变 *nirK* 基因共有物种目水平的相对丰度但改变了其群落结构组成（朱杰等，2018），这主要是受到土壤硝态氮含量的作用影响。王蓉等（2019）进一步研究显示，稻虾共作相比于常规水稻单作显著增加土壤氨氧化细菌（AOB）和氨氧化古菌（AOA）的数量，且在两种模式中氨氧化细菌数量都显著高于氨氧化古菌，这将利于促进土壤氨氧化作用的发生。

（2）微生物群落丰富度（群落功能多样性）。土壤群落功能多样性反映了土壤微生物群落状态与功能，是反映土壤质量变化的敏感参数。与水稻单作相比，长期（8 年）开展稻虾共作提升了土壤微生物群落丰富度，且朱秀秀等（2021）研究指出，长期稻虾共作（15 年）提高了 10～20cm 和 30～50cm 土层细菌的物种丰富度和多样性，但降低了 0～10cm 土层细菌的群落丰富度和多样性，可能与表层土壤长时间过饱和淹水环境降低了土壤细菌的活性有关（Si et al.，2018），表明长期稻虾共作有利于提高深层土壤的细菌物种群落丰富度和多样性（朱秀秀等，2021），这可能是由于小龙虾的掘洞行为，提升了土壤透气性，降低了底层土壤还原性及 C/N，同时土壤微生物群落 McIntosh 指数也显著高于水稻单作，表明长期稻虾共作能够提升土壤微生物对碳源的利用率（佀国涵等，2016），且存在分层现象，即表层土壤主要提升了对胺类和酸类物质进行利用的微生物群落的丰富度，而对于中底层土壤则显著提升了对糖醇类及酸类物质进行利用的微生物群落的丰富度（佀国涵等，2016）。通过一系列多样性指数[①]（如 Ace 指数、Chao1 指数、Shannon 指数、Sobs 指数）进一步表明，与常规水稻单作相比，开展稻虾共作显著降低了土壤氨氧化古菌（AOA）群落丰富度和群落多样性，而对土壤氨氧化细菌（AOB）群落丰富度和群落多样性均没有产生显著影响（王蓉等，2019），其中重要原因可能是稻虾共作模式中土壤硝态氮含量和全氮含量的增加使稻虾田土壤 pH 呈现碱性而不适合土壤氨氧化古菌（AOA）生存（王蓉等，2019）；没有显著改变 nosZ 基因微生物的群落丰富度和群落多样性（王蓉等，2019），显著增加了土壤 nirK 基因微生物的群落丰富度指数，但对其多样性指数无显著影响（朱杰等，2018），这可能是因为硝态氮含量是影响 nirK 反硝化细菌群落结构的主效因子，而稻虾共作模式显著增加了土壤硝态氮含量。进一步对水稻根际微生物的群落丰富度研究发现，与水稻单作相比，稻虾共作的水稻根际微生物中的 Methylomirabilota 和 Latescibacteria 菌群丰富度提高，这是由于稻虾共作的水稻根系分泌物组成发生了改变，即根系分泌物有机酸和氨基酸含量升高，尤其是苹果酸、酒石酸、马来酸、异亮氨酸和丝氨酸等的升高（陶先法等，2022），为以碳氮源利用为主的微生物提供了生长条件，而根系分泌物有机酸及氨基酸含量的增加和组成结构的变化与稻田肥力密切相关（赵章平等，2020）。一是小龙虾的扰动作用提高了各粒级团聚体内有机碳含量及纤维素酶活性（许元钊，2020），改善了土壤结构，提升了稻虾田土壤生物肥力。二是与常规稻作相比，稻虾共作由于以秸秆及残余饲料等额外氮素为补充而使水稻氮肥用量强度降低，研究显示中氮施肥水平下水稻根系分泌物有机酸和氨基酸含量最高（徐国伟，2018）。常二华等（2008）研究也显示，水稻植株体内氮素累积量与根系分泌物有机酸和氨基酸含量呈显著正相关，而水稻结实期氮胁迫能降低根系分泌物总量，表明土壤有效氮素供给浓度及水稻养分吸收影响水稻根系分泌物的分泌。三是由于水稻生长后期土壤氮素供应能力水平较高，水稻叶片衰老过程得到延缓，根系伤流强度降低，根系保持较高活力，这为促进水稻根系分泌物提升提供了生理保障。Methylomirabilota 菌群作为一种甲烷氧化菌，其群落丰富度的提升不仅增强了对甲烷的氧化从而降低甲烷排放，还加强了与土壤硝酸盐和亚硝酸盐的结合，促进了土壤氮素循环，增强了根际土壤氮素供给，利于水稻生长（Ettwig et al.，2010）。以苹果酸为碳源的 Latescibacteria 菌群丰富度的提升加强了蛋白质和多糖物质（秸秆纤维素）的降解，增加了单糖含量，这同时也会促进

---

① Chao1 指数和 Ace 指数均反映了各个细菌群落的丰富度，指数值越大代表该群落的丰富度就越高；而 Shannon 指数和 Simpson 指数均反映了细菌群落的多样性，Shannon 指数的取值越大，Simpson 指数的取值越小，说明该群落的物种多样性越高。

水稻根际周围以单糖为基质生存的 *Vicinamibacterales-norank* 菌群丰富度。同时，与水稻单作相比，可能是由于稻虾田稻季深水位致使土壤含氧量较低而导致参与将有机物质分解为无机物质的放线菌的群落丰富度下降（陶先法等，2022），因为研究调查显示，放线菌特别倾向于存在水分含量低或有机质含量高的土壤或沉积物中（Huang and Jiang，2016）。

（3）基因丰度影响。*amoA* 基因是用于编码氨单加氧酶的功能基因，对于氨氧化作用过程具有重要意义。相比于水稻单作，稻虾共作显著提升了 AOA 和 AOB 的 *amoA* 基因丰度和土壤 *nosZ* 基因丰度（王蓉等，2019）。

（4）微生物活性及群落多样性。与常规水稻单作相比，开展稻虾共作降低了 0～20cm 土层微生物活性，但增加了 20～30cm 土层微生物活性。曹凑贵等研究表明（表 5-4），与常规水稻单作相比，综合 AWCD（96h）、Shannon 指数、Simpson 指数和 McIntosh 指数比较，稻虾共作对 0～25cm 土层的微生物多样性影响不大，而显著提高了 25～50cm 土层的微生物多样性。微生物群落丰富度、优势度和多样性指数也显著提高，这可能是由于小龙虾掘洞行为改变了犁底层结构，增加了土壤通透性，从而促进了营养物质及氧气的供应（佀国涵等，2017）。且与水稻单作相比，长期稻虾共作（8 年）增加了土壤微生物活性，尤其在 25～50cm 土层中微生物活性明显增加（佀国涵等，2016）。

表 5-4　稻虾种养对不同土层微生物多样性的影响

土层（cm）	处理	AWCD（96h）	Shannon 指数	Simpson 指数	McIntosh 指数
0～25	CR0	1.12±0.06a	3.20±0.03a	0.96±0.01a	6.36±0.45b
	CR8	1.30±0.12a	3.29±0.07a	0.95±0.01a	7.27±0.42a
25～50	CR0	0.65±0.10b	2.21±0.37b	0.96±0.03a	4.71±0.70b
	CR8	1.15±0.14a	3.04±0.32a	0.96±0.01a	7.52±0.36a

2. 对水体微生物多样性的影响（陈玲等，2022）

（1）水体微生物多样性。研究指出，除微生物覆盖度外，稻虾共作模式的物种丰富度、多样性和均匀度均极显著高于常规水稻单作。

（2）水体微生物群落组成。与水稻单作（以黄杆菌目、β-变形菌目和红环菌目为主）相比，稻虾共作在水稻苗期水体中的主要微生物明显不同，其主要为放线菌目、根瘤菌目和聚球藻目。由于放线菌门参与有机质降解和纤维素利用，蓝细菌门参与碳循环和氮固定与修复过程，根瘤菌目参与氮修复过程，而黄杆菌目则包含多种致病菌，说明开展稻虾共作改善了稻田水体微生物群落组成，增强了水体碳氮固定与利用，有利于能量利用效率的提升，有利于创造更加健康的水体环境。水体理化性质是水体微生物生存环境的指标，环境变化会对微生物群落组成及结构产生影响。研究指出，影响稻虾田水体微生物群落结构的主要环境因子是水体总氮和亚硝酸盐含量。

（3）水体微生物功能预测。研究发现整体上稻虾共作模式稻田水体微生物群落的代谢通路主要集中在碳水化合物代谢，在其他众多的代谢通路（如氨基酸代谢、能量代谢、辅酶因子和能量代谢等）中，稻虾共作的水体微生物能量代谢丰度极显著高于常规水稻单作，说明与常规水稻单作相比，开展稻虾共作促进了水体物质循环和能量流动。

（4）相对丰富度变化。与水稻单作相比，稻虾共作在水稻苗期水体中的放线菌门和蓝细菌门的相对丰富度较高，而变形菌门和拟杆菌门的相对丰富度较低。

四、稻田水体浮游生物多样性

1. 对水体浮游植物的影响

（1）种类数量。宋庆洋等（2019）针对江汉平原稻虾共作模式在4～12月的稻虾共作稻田共鉴定出浮游植物7门124种，且随着养虾年限增加，种类数量逐渐增加，可能归因于新田残留的农药和化肥的抑制作用和田间工程的开挖（隋燚等，2018）；但在周年尺度上总体变化规律均呈先增加后减少的趋势，表现为：夏季＞春季＞秋季＞冬季，说明种类数与季节性温度呈显著正相关关系。

（2）优势种群。在开展稻虾种养的各个月份中，蓝藻门的种类数量最多，其次是绿藻门和硅藻门，而金藻门仅在春秋季节出现（宋庆洋等，2019；程慧俊，2014），而隋燚等（2018）对安徽马鞍山稻虾连作田进行的调查统计显示，绿藻门为最大优势种，其次是蓝藻门和裸藻门。

（3）各优势种群中的优势种。蓝藻门的优势种是泽丝藻、颤藻、蓝纤维藻；绿藻门的优势种是小球藻、栅藻、实球藻；硅藻门的优势种是小环藻、菱形藻等。

（4）浮游植物 Shannon-Wiener 多样性指数。稻虾种养水体浮游植物多样性指数存在显著的季节性差异（$p<0.05$），6～10月呈先降低后升高的趋势，10～12月呈先降低后升高的趋势，这可能是因为稻田的浅水环境致使春夏季升温较快，从而促使蓝藻快速生长增殖而成为优势种，进而造成了夏季浮游植物多样性较低。

2. 对水体浮游动物的影响

（1）种群数量。总体上，4～6月呈上升趋势，7月急剧下降，这可能是由于7月稻田转入水稻生产为主（毛栽华等，2019）。

（2）优势种群。隋燚等（2018）针对不同稻虾连作稻田4～7月调查发现，轮虫种类最多。

参　考　文　献

蔡晨，李谷，朱建强，等，2019. 稻虾轮作模式下江汉平原土壤理化性状特征研究［J］. 土壤学报，56（1）：217-226.

曹凑贵，蔡明历，2017. 稻田种养生态农业模式与技术［M］. 北京：科学出版社：1-10.

曹凌贵，江洋，汪金平，等，2017. 稻虾共作模式的"双刃性"及可持续发展策略 [J]. 中国生态农业学报，25 (9)：1245 - 1253.

常二华，张慎凤，王志琴，等，2008. 结实期氮磷营养水平对水稻根系和籽粒氨基酸含量的影响 [J]. 作物学报 (4)：612 - 618.

车阳，程爽，田晋钰，等，2021. 不同稻田综合种养模式下水稻产量形成特点及其稻米品质和经济效益差异 [J]. 作物学报，47 (10)：1953 - 1965.

陈灿，黄璜，郑华斌，等，2015. 稻田不同生态种养模式对稻米品质的影响 [J]. 中国稻米，21 (2)：17 - 19.

陈玲，万韦韬，刘兵，等，2022. 稻虾共作对稻田水体微生物多样性和群落结构的影响 [J]. 华中农业大学学报，41 (1)：141 - 151.

陈松文，江洋，汪金平，等，2020. 湖北省稻虾模式发展现状与对策分析 [J]. 华中农业大学学报，39 (2)：1 - 7.

陈松文，刘天奇，曹凌贵，等，2021. 水稻生产碳中和现状及低碳稻作技术策略 [J]. 华中农业大学学报，40 (3)：3 - 12.

陈正刚，徐昌旭，朱青，等，2014. 不同类型冷浸田 Fe^{2+} 对水稻生理酶活性的影响 [J]. 中国农学通报，30 (12)：63 - 70.

陈祖玉，彭其安，刘传凤，等，2010. 杂交水稻孕穗期的耐涝农艺指标评价 [J]. 安徽农业科学，38 (21)：11087 - 11089.

程慧俊，2014. 克氏原螯虾稻田养殖生态学的初步研究 [D]. 武汉：湖北大学.

戴婧婧，梁正其，干芳芳，等，2021. 稻虾共作模式对土壤细菌和酶活性的影响 [J]. 河南农业 (8)：46 - 47，54.

董明辉，顾俊荣，李锦斌，等，2021. 稻虾生态种养和机插密度对优良食味粳稻产量与品质的影响 [J]. 中国农学通报，37 (17)：1 - 12.

龚世飞. 江汉平原涝渍地不同种植模式对温室气体排放及土壤质量影响的研究 [D]. 荆州：长江大学，2016.

管勤壮，成永旭，李聪，等，2019. 稻虾共作对土壤有机碳的影响及其与土壤性状的关系 [J]. 浙江农业学报，31 (1)：118 - 125.

郭灿，肖求清，汪金平，等，2020. 稻虾共作模式对稻田二化螟的影响 [J]. 湖北植保 (5)：9 - 41，47.

郭哈伦，李阳阳，陈林荣，等，2021. 稻虾综合种养水稻品种筛选研究进展 [J]. 中国稻米，27 (5)：38 - 40.

郭瑶，肖求清，曹凌贵，等，2020. 稻虾共作对稻田杂草群落组成及物种多样性的影响 [J]. 华中农业大学学报，39 (2)：17 - 24.

郭子元，2019. 稻虾共作投食和秸秆还田对水稻氮肥利用的影响 [D]. 武汉：华中农业大学.

韩晓磊，李小蕊，程东成，等，2011. 温度对克氏原螯虾交配、抱卵、孵化和幼体生长发育的影响 [J]. 湖北农业科学，50 (10)：2078 - 2080.

胡立勇，2008. 作物栽培学 [M]. 北京：高等教育出版社.

胡敏，向永生，鲁剑巍，2017. 石灰用量对酸性土壤 pH 值及有效养分含量的影响 [J]. 中国土壤与肥

料 (4)：75-80.

胡雅杰，2016. 机插方式和密度对不同穗型水稻品种生产力及其形成的影响 [D]. 扬州：扬州大学.

胡勇军，孙刚，房岩，等，2010. 底栖鱼类对水田土壤微生物的扰动效应 [J]. 安徽农业科学，38
　　(23)：12496-12498.

黄飞，聂玺斌，杨朔，等，2022. 不同施氮量下稻虾共作水稻产量与田面水水质特征 [J]. 中国稻米，
　　28 (2)：51-55.

黄晶，蒋先军，曾跃辉，等，2017. 稻田土壤肥力评价方法及指标研究进展 [J]. 中国土壤与肥料 (6)：
　　1-8.

寇祥明，谢成林，韩光明，等，2018.3 种稻田生态种养模式对稻米品质、产量及经济效益的影响 [J].
　　扬州大学学报（农业与生命科学版），39 (3)：70-74.

李成芳，曹凑贵，汪金平，等，2008. 稻鸭、稻鱼共作生态系统中稻田田面水的 N 素动态变化及淋溶损
　　失 [J]. 环境科学学报 (10)：2125-2132.

李国生，张耗，王志琴，等，2007. 氮素水平对水稻产量与品质的影响 [J]. 扬州大学学报（农业与生
　　命科学版）(4)：66-70.

李文博，2021. 稻田综合种养对水稻产量和品质的影响 [D]. 合肥：安徽农业大学.

李文博，刘少君，叶新新，等，2021. 稻虾共作对水稻氮素累积及稻米品质的影响 [J]. 生态与农村环
　　境学报，37 (5)：661-667.

李阳生，李绍清，2000. 淹涝胁迫对水稻生育后期的生理特性和产量性状的影响 [J]. 武汉植物学研究
　　(2)：117-122.

李阳生，李绍清，李达模，等，2002. 杂交稻与常规稻对涝渍环境适应能力的比较研究 [J]. 中国水稻
　　科学 (1)：46-52.

李阳阳，2021. 机插方式和栽插规格对稻虾连作下水稻产量和品质的影响研究 [D]. 扬州：扬州大学.

梁正其，秦国兵，万海，等，2021. 稻虾生态种养模式对稻米品质和经济效益的影响 [J]. 水产养殖，
　　42 (5)：42-45.

刘赫群，李嘉尧，成永旭，等，2017. 虾稻共作对稻田土壤线虫群落结构的影响 [J]. 土壤，49 (6)：
　　1121-1125.

刘卿君，2017. 秸秆还田与投食对稻虾共作水质的影响 [D]. 武汉：华中农业大学.

刘全科，周普国，朱文达，等，2017. 稻虾共作模式对稻田杂草的控制效果及其经济效益 [J]. 湖北农
　　业科学，56 (10)：1859-1862.

刘襄河，孔江红，2017. 克氏原螯虾的营养需求研究进展 [J]. 科学养鱼 (4)：24-26.

柳金来，宋继娟，周柏明，等，2005. 氮肥施用量与水稻品质的关系 [J]. 土壤肥料 (1)：17-19.

龙艳，高兴华，李红祥，等，2012. 频振式杀虫灯在水稻害虫防治中的应用与研究 [J]. 中国农学通报，
　　28 (15)：216-220.

马维伟，孙文颖，2020. 尕海湿地植被退化过程中有机碳及相关土壤酶活性变化特征 [J]. 自然资源学
　　报，35 (5)：1250-1260.

毛栽华，汪习兵，2019. 稻虾、鳖、蟹综合种养水体浮游生物的比较研究 [J]. 科学养鱼 (8)：
　　71-72.

彭成林，袁家富，贾平安，等，2020. 长期稻虾共作模式对不同施氮量下直播水稻产量和氮肥利用效率

的影响 [J]. 河南农业科学, 49 (4): 15-21.

彭春瑞, 王书华, 涂田华, 等, 2020. 优质稻优质丰产协同栽培技术策略 [J]. 江西农业学报, 32 (1): 1-6.

秦炎, 秦亚平, 2017. 种植密度对水稻群体质量和产量形成的影响 [J]. 湖北农业科学, 56 (12): 2222-2225.

邵帅, 何红波, 张威, 等, 2017. 土壤有机质形成与来源研究进展 [J]. 吉林师范大学学报 (自然科学版), 38: 130.

史振鹏, 王爱民, 陈开健, 等, 2019. 克氏原螯虾营养与饲料的研究进展 [J]. 盐城工学院学报 (自然科学版), 32 (2): 52-56.

侍永乐, 2016. 涝害对水稻生长发育过程及产量构成的影响研究 [D]. 南京: 南京信息工程大学.

佀国涵, 彭成林, 徐祥玉, 等, 2016. 稻-虾共作模式对涝渍稻田土壤微生物群落多样性及土壤肥力的影响 [J]. 土壤, 48 (3): 503-509.

佀国涵, 彭成林, 徐祥玉, 等, 2017. 稻虾共作模式对涝渍稻田土壤理化性状的影响 [J]. 中国生态农业学报, 25 (1): 61-68.

佀国涵, 袁家富, 彭成林, 等, 2019a. 稻虾共作模式下小龙虾养殖对水体环境的影响 [J]. 江苏农业科学, 47 (23): 299-303.

佀国涵, 袁家富, 彭成林, 等, 2019b. 稻虾共作模式氮和磷循环特征及平衡状况 [J]. 中国生态农业学报 (中英文), 27 (9): 1309-1318.

佀国涵, 袁家富, 彭成林, 等, 2020. 长期稻虾共作模式提高稻田土壤生物肥力的机理 [J]. 植物营养与肥料学报, 26 (12): 2168-2176.

宋庆洋, 米武娟, 王斌梁, 等, 2019. 稻虾共作水体浮游植物群落结构特征分析 [J]. 水生生物学报, 43 (2): 415-422.

宋世龙, 2021. 稻田水深对稻虾共作水稻、克氏原螯虾生长及其关键环境因子影响研究 [D]. 扬州: 扬州大学.

宋文恩, 陈世宝, 唐杰伟, 2014. 稻田生态系统中镉污染及环境风险管理 [J]. 农业环境科学学报, 33 (9): 1669-1678.

宋莹, 胡宝贵, 2020. 中国农业绿色防控技术推广研究进展 [J]. 中国农学通报, 36 (35): 150-155.

苏祖芳, 霍中洋, 2006. 水稻合理密植研究进展 [J]. 耕作与栽培 (5): 6-9.

隋燚, 夏德军, 石小平, 等, 2018. 稻虾连作模式下稻田水体浮游生物调查研究 [J]. 安徽农学通报, 24 (18): 43-47.

孙自川, 2018. 稻虾共作下秸秆还田和投食对温室气体排放的影响 [D]. 武汉: 华中农业大学.

汤宏, 2013. 秸秆还田下稻田温室气体排放及其对水分管理的响应 [D]. 长沙: 湖南农业大学.

汤洁, 赵晴, 王思宁, 等, 2016. 吉林西部盐碱地水田水稻不同生长期土壤酶活性与有机碳含量的关系 [J]. 生态环境学报, 25 (9): 1425-1430.

陶龙兴, 王熹, 黄效林, 等, 2004. 水稻灌浆期间土壤含水量对根系生理活性的影响 [J]. 中国农业科学, 37 (11): 1616-1620.

陶先法, 李冰, 喻召雄, 等, 2021. 稻虾共生模式对水稻结实期根系分泌物及微生物的影响 [J]. 水产学报: 1-11.

田小海，龚信文，工藤哲夫，等，2000. 水稻在涝渍条件下的产量形成试验初报［J］. 湖北农学院学报（4）：289-291.

田玉聪，冯香诏，高珍珍，等，2020. 稻虾共作模式不同水稻播期土壤还原性物质含量及经济效益分析［J］. 湖北农业科学，59（11）：57-61.

汪洪洋，王维屯，苏兴智，等，2014. 不同类型粳稻品种钵苗机插高产途径的探讨［J］. 安徽农学通报，20（23）：123-124，127.

王蓉，龚世飞，金涛，等，2019. 稻虾共作对稻田土壤反硝化细菌 *nosZ* 基因数量、多样性及群落结构的影响［J］. 江苏农业科学，47（4）：246-251.

王蓉，朱杰，金涛，等，2019. 稻虾共作模式下稻田土壤氨氧化微生物丰度和群落结构的特征［J］. 植物营养与肥料学报，25（11）：1887-1899.

魏青山，1985. 武汉地区克氏原螯虾的生物学研究［J］. 华中农学院学报（1）：16-24.

吴纪华，宋慈玉，陈家宽，2007. 食微线虫对植物生长及土壤养分循环的影响［J］. 生物多样性（2）：124-133.

武深树，谭美英，龙岳林，等，2009. 稻田养鱼的生态防灾机制与效益分析——以湖南为例［J］. 防灾科技学院学报，11（3）：5-8.

肖求清，2017. 稻虾共作对稻田生物多样性的影响［D］. 武汉：华中农业大学.

谢成林，唐建鹏，姚义，等，2017. 栽培措施对稻米品质影响的研究进展［J］. 中国稻米，23（6）：13-18，22.

徐大兵，贾平安，彭成林，等，2015. 稻虾共作模式下稻田杂草生长和群落多样性的调查［J］. 湖北农业科学，54（22）：5599-5602.

徐国伟，常二华，陈明灿，等，2011. 根系分泌物对水稻及其他作物生长与品质影响［J］. 湖北农业科学，50（23）：4757-4760.

徐国伟，陆大克，王贺正，等，2018. 施氮和干湿灌溉对水稻抽穗期根系分泌有机酸的影响［J］. 中国生态农业学报，26（4）：516-525.

徐荣，杨婷，韩光明，等，2022. 稻虾种养模式对土壤还原性物质及养分累积的影响［J］. 生态学杂志：1-8.

徐祥玉，张敏敏，彭成林，等，2017. 稻虾共作对秸秆还田后稻田温室气体排放的影响［J］. 中国生态农业学报，25（11）：1591-1603.

徐增洪，周鑫，水燕，2012. 克氏原螯虾的食物选择性及其摄食节律［J］. 大连海洋大学学报，27（2）：166-170.

许轲，孙圳，霍中洋，等，2013. 播期、品种类型对水稻产量、生育期及温光利用的影响［J］. 中国农业科学，46（20）：4222-4233.

许元钊，2020. 克氏原螯虾养殖对稻田生态系统影响的初步研究［D］. 大连：大连海洋大学.

薛杨，2016. 控制稻米蛋白质含量 QTLqPC-8 的初步定位［D］. 扬州：扬州大学.

鄢恒宇，胡立琼，邱亚群，2015. 稻米砷污染控制技术研究进展［J］. 广东农业科学，42（23）：37-42.

杨建昌，2011. 水稻根系形态生理与产量、品质形成及养分吸收利用的关系［J］. 中国农业科学，44（1）：36-46.

杨世民，谢力，郑顺林，等，2009. 氮肥水平和栽插密度对杂交稻茎秆理化特性与抗倒伏性的影响［J］. 作物学报，35（1）：93-103.

杨智景，顾海龙，顾明，2020，等. 稻虾种养模式对土壤肥力的影响［J］. 江苏农业科学，48（23）：245-249.

姚义，霍中洋，张洪程，等，2012. 不同生态区播期对直播稻生育期及温光利用的影响［J］. 中国农业科学，45（4）：633-647.

姚义，唐建鹏，陈京都，等，2021. 稻虾共作与栽插密度对优良食味粳稻物质生产及其产量的影响［J］. 扬州大学学报（农业与生命科学版），42（1）：98-104.

易芙蓉，林玮诗，张鸣宇，等，2019. 稻虾共作对稻田水体环境的影响［J］. 作物研究，33（5）：362-365，373.

易芙蓉，杨天娇，赵宇辰，等，2019. 稻虾共作对稻田土壤耕作层养分的影响——基于益阳市南县的实证分析［J］. 作物研究，33（5）：424-427.

易玉婷，田钰，胡亚洲，2019. 虾蟹类动物疾病病原研究进展［J］. 水产研究，6（3）：8.

于天仁，李松华，1957. 水稻土中氧化还原过程的研究Ⅰ. 影响氧化还原电位的条件［J］. 土壤学报（1）：97-110.

袁旭峰，2017. 稻虾共作种养生态农业模式及技术应用［J］. 基层农技推广，5（9）：102-104.

张广才，查文文，关连珠，等，2016. 不同开垦年限水稻土还原性物质含量及其分布［J］. 中国土壤与肥料（6）：37-40，61.

张桂芬，鲁传涛，申效诚，等，1995. 栽插密度、施氮量对水稻主要病虫害的综合生态效应［J］. 植物保护学报（1）：38-44.

张洪程，龚金龙，2014. 中国水稻种植机械化高产农艺研究现状及发展探讨［J］. 中国农业科学，47（7）：1273-1289.

张洪程，朱聪聪，霍中洋，等，2013. 钵苗机插水稻产量形成优势及主要生理生态特点［J］. 农业工程学报，29（21）：50-59.

张启发，2021. 双水双绿理论与实践［M］. 北京：科学出版社.

张荣萍，马均，王贺正，等，2015. 不同灌水方式对水稻生育特性及水分利用率的影响［J］. 中国农学通报，21（9）：144-150.

张在金，马玉银，周炳庆，等，2008. 不同播期对迟熟中粳稻扬20238产量的影响［J］. 安徽农业科学（28）：12132-12133.

赵凯超，2020. 间作条件下施肥对土壤养分及玉米生长的影响［D］. 太原：太原理工大学.

赵景，蔡万伦，沈栎阳，等，2022. 水稻害虫绿色防控技术研究的发展现状及展望［J］. 华中农业大学学报，41（1）：92-104.

赵章平，要凯，康益晨，等，2020. 沟垄覆膜栽培对连作马铃薯根系分泌物和土壤养分的影响［J］. 甘肃农业大学学报，55（2）：83-89，97.

郑纪勇，邵明安，张兴昌，2004. 黄土区坡面表层土壤容重和饱和导水率空间变异特征［J］. 水土保持学报（3）：53-56.

郑许松，成丽萍，王会福，等，2015. 施肥调节对稻纵卷叶螟发生和水稻产量的影响［J］. 浙江农业学报，27（9）：1619-1624.

周建林，周广洽，陈良碧，2001. 洪涝对水稻的危害及其抗灾减灾的栽培措施 [J]. 自然灾害学报（1）：103－106.

朱聪聪，2014. 钵苗机插密度对不同类型水稻产量及其生态生理特征的影响 [D]. 扬州：扬州大学.

朱聪聪，张洪程，郭保卫，等，2014. 钵苗机插密度对不同类型水稻产量及光合物质生产特性的影响 [J]. 作物学报，40（1）：122－133.

朱杰，刘海，吴邦魁，等，2018. 稻虾共作对稻田土壤 nirK 反硝化微生物群落结构和多样性的影响 [J]. 中国生态农业学报，26（9）：1324－1332.

朱金良，祝增荣，冯金祥，等，2011. 水稻播种和移栽期对本地越冬主要病虫害发生的影响 [J]. 浙江农业学报，23（2）：329－334.

朱秀秀，彭成林，侣国涵，等，2021. 稻虾共作模式对稻田土壤细菌群落结构与多样性的影响 [J]. 土壤通报，52（5）：1121－1128.

Buhler D D，Hartzler R G，Forcella F，1997. Implications of weed seedbank dynamics to weed management [J]. Weed Science，45（3）：329－336.

Jiang Q，Du Y L，Tian X Y，et al.，2016. Effect of panicle nitrogen on grain filling characteristics of high-yielding rice cultivars [J]. European Journal of Agronomy，74：185－192.

Ettwig K F，Butler M K，Paslier D L，et al.，2010. Nitrite-driven anaerobic methane oxidation by oxygenic bacteria [J]. Nature，464（7288）：543.

Fanjul E，Escapa M，Montemayor D，et al.，2015. Effect of crab bioturbation on organic matter processing in South West Atlantic intertidal sediments [J]. Journal of Sea Research，95：206－216.

Fenner N，Freeman C，Reynolds B，2005. Observations of a seasonally shifting thermal optimum in peatland carbon-cycling processes：implications for the global carbon cycle and soil enzyme methodologies [J]. Soil Biology & Biochemistry，37（10）：1814－1821.

Freeman C，Liska G，Ostle N J，et al.，1996. Microbial activity and enzymic decomposition processes following peatland water table drawdown [J]. Plant & Soil，180（1）：121－127.

Hesselsoe M，Füreder S，Schloter M，et al.，2009. Isotope array analysis of Rhodocyclales uncovers functional redundancy and versatility in an activated sludge [J]. Isme Journal，3（12）：1349－1364.

Huang W，Jiang X，2016. Profiling of sediment microbial community in Dongting Lake before and after impoundment of the Three Gorges Dam [J]. International Journal of Environmental Research and Public Health，13（6）：617.

Huryn A D，Walla Ce J B，2010. Production and litter processing by crayfish in an Appalachian mountain stream [J]. Freshwater Biology，18（2）：277－286.

Jha B，Dz A，Jz A，2020. Nutrient accumulation from excessive nutrient surplus caused by shifting from rice monoculture to rice-crayfish rotation [Z]. Environmental Pollution.

Kang H，Freeman C，1999. Phosphatase and arylsulphatase activities in wetland soils：annual variation and controlling factors [J]. Soil Biology & Biochemistry，31（3）：449－454.

Si G，Yuan J，Xu X，et al.，2018. Effects of an integrated rice-crayfish farming system on soil organic carbon，enzyme activity，and microbial diversity in waterlogged paddy soil [J]. Acta Ecologica Sinica-English Edition，38（1）：29－35.

Yachi S，Loreau M，1999. Biodiversity and ecosystem productivity in a fluctuating environment：the insurance hypothesis [J]. Proceedings of the National Academy of Sciences of the United States of America，96 (4)：1463 - 1468.

Yang Y S，et al.，2009. Effects of forest conversion on soil labile organic carbon fractions and aggregate stability in subtropical China [J]. Plant and Soil，323 (1 - 2)：153 - 162.

第六章
稻虾绿色高质量发展技术模式

推进稻虾种养绿色高质量发展，模式技术是落地之策。需要根据稻虾种养高质量发展的科学内涵和科学依据提出相应的模式与技术体系，为不同地区实现稻虾种养转型升级提出适宜种养模式，从而助力稻虾种养系统升级优化发展。

第一节　稻虾绿色高质量种养系统

稻虾绿色高质量种养系统是运用绿色品种、绿色生产技术和良好技术规范，发挥水稻与小龙虾互利共生效应，协调水稻和小龙虾的矛盾，实现生产过程清洁环保、生产产品优质安全营养美味、生产环境优美无污染的目标。稻虾绿色高质量种养系统的原则和绿色目标是稳定粮食生产，不打农药、少施化肥、不用虾药、精准饲料，产品无农药残留、无重金属污染（曹凑贵和陈松文，2020）。

1. 清洁生产目标

清洁生产包括投入品绿色、减量、高效、无废物、无残留；要求采用先进的工艺技术与设备，改善管理，综合利用，从源头消减污染，提高资源利用效率，减少或者避免生产、服务和产品使用过程中污染物的产生和排放。

2. 绿色产品目标

选用绿色超级稻品种、虾稻专用品种，采用绿色新技术，生产蛋白质含量在7%以下，安全型、美味型、营养型的优质稻米；生产个大、美味、营养、健康的优质小龙虾产品。

3. 环境保护目标

结合田园综合体及乡村文化建设，在生产设计上美化环境；生产体系无残留、保护土壤、减少温室气体排放、改善水质。

4. 产量效应目标

水稻产量500kg/亩以上，小龙虾产量150kg/亩，稻谷和小龙虾亩收入5 000元。

第二节 主要稻虾模式及适应性

中国幅员辽阔、资源禀赋差异大，没有放之四海而皆准的稻虾模式，稻虾绿色高质量种养模式不是指单一某一种具体模式，而是体现稻虾种养高质量系统内涵的模式。笔者在实地调查研究的基础上，根据不同地区资源禀赋差异从田间工程结构角度提出了4种稻虾绿色高质量种养模式（表6-1），以供各县（市、区）根据当地资源禀赋现状因地制宜选择稻虾模式。

一、平板模式

1. 模式概述

稻田田间工程结构简单，稻田内部不挖沟，或配置一定沟函以方便稻田进排水管理，仅在稻田四周加高加固田埂并在稻田四周添加防逃设施，田埂高0.5～0.8m，埂面宽0.5m。一般于当年10～11月秋收后防水沤田一次再灌新水20cm，按每亩20～40kg投放早秋苗，年前不投喂饲料，年后开春投放大豆、玉米等天然杂粮，春季3～6月养殖小龙虾，翌年3月前后按捕大留小原则捕捞上市，连续捕捞至6月结束，夏季6～10月种植水稻，每年投放小龙虾种苗，轮捕轮放。

2. 优势及适宜地区

优势：该模式不用在稻田四周开挖养殖沟，不破坏稻田耕作层，不影响水稻产量，稳粮效果好，模式操作简便，技术难度低，投入小，成本低。

适宜地区：适合于丘陵缓坡田畈地区水资源相对不足、土壤条件好、地下水位低、冬季作物非优势种植区。代表性推广应用地点有安徽省霍邱县三流乡的"三流模式"。推广平板模式的地区应该是建立小龙虾繁育基地、实现小龙虾苗种稳定供给的地区。

二、宽沟模式

1. 模式概述

在稻虾连作的基础上，为解决插秧时的幼虾、稚虾寄居问题而缓解水稻和小龙虾之间的茬口矛盾，扩大养虾面积和延长养虾时间，改善养虾条件，在稻田周边开挖环形养殖沟，沟面宽3～4m、底宽1m，沟深1～1.5m，边坡比1.5∶1。在4～6月收获第一季商品虾后，未达到商品规格的幼虾、稚虾随稻田退水回到环形养殖沟中继续生长（若幼虾数量少可酌情补投种苗），待整田、水稻插秧定植后，再提升稻田环形养殖沟水位促进幼虾、稚虾重新进入稻田生长，水稻生长期间沟田相通，稻虾共同生长，8～9月再收获一季商品虾，可实现一稻两虾、一稻多虾。

2. 优劣势分析

优势：该模式小龙虾养殖强度大、产量高，易出大虾，一般每亩可产小龙虾150～

200kg，亩产水稻 500kg，亩利润 3 000 元。

劣势：自繁难以控制稻田苗种数量；梅雨洪汛时期，对于排涝不畅及排涝限制地区，易发生早期稻苗被小龙虾取食的风险。

适宜地区：适合于冲积平原、水网地带的冷浸田、落河田、烂泥田，地下水位高、水资源充足、50 亩以上的大田块。代表性推广应用地区有湖北潜江、监利，湖南南县等地。

3. 补充说明

宽沟模式一般实行稻虾共作模式。对稻虾共作模式而言，根据小龙虾养殖的侧重点差异，可以分为以小龙虾种苗繁育为主的稻虾共作模式和以小龙虾成虾养殖为主的稻虾共作模式。根据小龙虾成虾和种苗生活环境的差异，以小龙虾种苗繁育为主的稻虾共作模式的稻虾田一般选择常年地下水位高，常年水温稳定（以湖水为好，15～25℃），底层有机质丰厚、泥层深厚的田块地区；以小龙虾成虾养殖为主的稻虾共作模式的稻虾田一般为正常旱涝保收、水资源丰富的水稻田。

（1）以小龙虾种苗繁育为主的稻虾共作模式。以小龙虾种苗繁育为主的稻虾共作模式的技术关键在于种植一季中稻。水稻 5 月初播种、9 月中旬收割。中稻相对一季晚稻的提前收割给小龙虾秋季繁苗生长预留更多时间，以降低春季低温连续阴雨天造成的种苗生长缓慢而出现的出苗晚风险，利于种苗提前上市、稳定上市。

该模式具体操作时间流程（以湖北省江汉平原地区为例）是：5 月 5 日水稻播种育秧，5 月 25 日移栽，6 月 5 日至 9 月 15 日是水稻和小龙虾共生期，共计 82d；9 月 15～25 日晒田，适时收割水稻；秸秆还田消毒清塘后，10 月 1 日前后灌水，小龙虾幼苗开始进入大田生长，11 月 15 日，小龙虾生长进入缓慢增长期，翌年 3 月上旬开始调控水位促使小龙虾进食，3～4 月小龙虾种苗大量上市销售。

（2）以小龙虾成虾养殖为主的稻虾共作模式。以小龙虾成虾养殖为主的稻虾共作模式的技术关键在于种植一季晚稻。种植一季晚稻利于提升水稻品质，水稻播期太晚（晚稻），9 月下旬的寒露风等恶劣天气对水稻穗部发育及灌浆可能产生一定影响；播期提前（中稻），可能又会受到高温干旱影响，进而影响水稻产量及品质。由于水稻栽插时间推迟，对于小龙虾而言，相对性地增加了小龙虾的育肥时间，利于成虾养殖，更易养成虾、出大虾。

该模式具体操作时间流程是：6 月 5 日水稻播种育秧；20d 秧龄后开始机械插秧，若是人工手插则根据秧苗长势情况于 7 月 1 日开始插秧，插秧时间范围控制在 6 月 25 日至 7 月 5 日；经过 5～7d 缓苗期后，稻田开始灌水，小龙虾进入稻田开始实现水稻与小龙虾共作生长，共作时间范围在 7 月 10 日至 10 月 15 日，共计 97d；10 月 15～25 日晒田，适时收割水稻；秸秆还田消毒清塘后，11 月 1 日灌水使得环形沟中孵化小龙虾幼苗进入大田生长，11 月 15 日由于气温下降等原因，小龙虾幼苗黄金生长时间已经过去，因而生长速度十分缓慢，经过近 120d 越冬期后，翌年 3 月 10 日，降低水位，促进小龙虾出洞进食，开始进入小龙虾黄金育肥时期，一直持续至 6 月 1 日，共计 81d；6 月 1 日至 7 月 10

日，小龙虾生活在环形沟中，如果采取机械插秧或人工手插，能够延长小龙虾在大田生活 20～30d，这也是蕲春、潜江、安陆等地稻虾共作模式水稻仍采用插秧而非直播的重要原因之一。

三、窄沟模式

1. 模式概述

在稻田四周开挖宽 1～2m、深约 0.8m 的环形养殖沟，根据情况可配置一定的沟凼，不设内埂，沟田相通，新挖虾池在 8 月中旬于沟凼内投放亲虾（或次年 3 月初直接投放虾苗），8～9 月交配繁殖，水稻收割后稻田淹水进行小龙虾育苗，10 月至翌年 2 月抱卵孵化，翌年 3～6 月养殖小龙虾，4～6 月收获成虾，5 月底 6 月初整田、插秧，6～10 月以水稻生产为主，如此循环轮替，每年可收获一稻一虾。

2. 优劣势分析

优势：该模式小龙虾养殖技术难度低、种苗自繁自养、工程和管理简单，一般亩产小龙虾 75～100kg，亩产水稻 500kg，亩利润 2 000 元。

劣势：自繁种苗，小龙虾繁育力差，难以有效控制种苗数量和质量；遭遇春季低温阴雨寡照时小龙虾生长缓慢，水稻和小龙虾易出现茬口矛盾，致使小龙虾因生长时间不足而规格不大，幼虾、稚虾多，小龙虾肉质不饱满、品质较差；容易因市场供应周期短，小龙虾大量集中上市而出现增产不增收等现象。

适宜地区：适合于丘陵岗地水资源相对不足、土壤条件良好、地下水位低的中小型田块。代表性推广应用地区有湖北省黄冈市武穴市余川镇、黄梅县龙感湖等地。

3. 补充说明

窄沟模式不完全等同于稻虾连作模式，稻虾连作模式不是由工程结构决定，而是由耕作制度决定。其模式特征是周年内夏秋季节种植一季水稻、冬春季节养殖一季小龙虾。例如，经调研发现，在湖北省监利市中西部汪桥、程集、毛市镇等地，其田间工程沟宽达到 3～4m，深度 1.2～1.5 米，单块田面积 20～30 亩，其实行模式是稻虾连作，但因较宽的养殖沟使得春季能够预留一部分幼虾回到环形沟中继续生长作为交配繁育的亲虾，解决了窄沟小沟式稻虾连作小龙虾自繁效果差的问题。

四、生态池模式

1. 模式概述

面积不大的田块，若采用宽沟模式，往往会造成养殖面积超过稻田的 10%，为了开展稻虾种养，可采用生态池模式。即沿稻田四周开挖深 30～40cm、宽 50cm 的环形沟，以利于稻田田间水分循环管理；并按每 10 亩开挖一个长方形水池（即生态池），每个生态池面积 300m²，深 1.5m，边坡比 2.5：1，沿生态池筑围埂，将水稻种植区和生态池分隔，"围池不围田"，以方便田面耕整和水稻种植。

表6-1 稻虾种养主要模式比较

类型	特征	工程特点	技术要点	优劣势分析	效益分析	适宜环境	典型地区
稻虾连作	一稻一虾	平板式/沟坑式	冬春季投苗，4~6月收虾，6~10月种稻	优势：工程要求不高、模式简单、人工投饵较少。劣势：巷口矛盾突出，春季低温寡照，难出大虾，容易出现商品虾规格差、"上市相对集中、增产不增收"问题	亩产小龙虾75~150kg，水稻500kg，亩均利润2 000元	单块田面积5~10亩，年均降水量1 100mm以下水资源相对有限，稻田地下水位低的地区、丘陵山区冲垄田、落河田等；气象稳定、较少出现春季低温阴雨寡照	安陆、宜城、枝江、钟祥
稻虾共作	一稻两虾	宽沟式/生态池式	一次投苗，5月补苗，4~5月和8~9月收虾，6~10月种稻	优势：开挖宽沟有效降低低湖低浸田地下水位，可改良传统种稻湖区冷浸中低产稻田、实现自养，自繁自养、提高产量、延长育肥时间、提高上市商品虾品质与规格，实现增产增效，错开上市高峰。劣势：难控制种苗数量，梅雨汛期对于排水不畅稻田存在小龙虾取食稻苗的风险	亩产小龙虾150~200kg，水稻500kg，亩均利润3 000元	宽沟式模式适合单块田面积15~30亩，年均降水量1 100mm以上的地区；生态池式模式适合单块田面积5亩以下，或者田块面积15~30亩，稻田周边具备塘堰蓄水池的地区；排灌便利、随排随灌，无排灌限制与排灌压力的稻田和丘陵山区区冲垄田	潜江后湖、潜江关山、监利北部、武穴、万丈湖和余川
稻虾共生	一稻周年虾	池塘式	一次投苗、周年收虾，6~10月种稻（高秆稻）	优势：充分利用消落带稻田，实现种养结合，种养结合有效治理湖河生态，恢复稻田及周围河湖共生，做到不施肥、不打药、不补苗，符合概念上的绿色稻，从模式上实现小龙虾周年供应，虾稻实现真正共生。劣势：水稻产量不高，面临大洪涝小龙虾被冲走逃逸的风险	小龙虾周年供应，水稻亩产500kg以下	单块田面积5~10亩，水资源丰富，河流湖泊水库等沿江沿湖沿滩沿带消落渍湖周边低型中低产田	黄梅下新、蕲春八里湖、监利汭河、洪湖周边地区

2. 优劣势分析

该模式有利于稻虾共作，可一稻多虾，适应性广。多见于低山丘陵稻田、池塘资源的丰富地区。代表性推广应用地区有湖北省荆门市谭店等地。

稻虾种养主要模式比较见表 6-1。

第三节　主要模式田间工程技术

我国稻虾模式类型多样，不同稻虾模式具有不同的田间工程结构，笔者在实地走访调研基础上，针对宽沟模式、窄沟模式、平板模式和生态池模式提出了田间工程结构标准技术体系，以适应不同区域资源禀赋条件下的稻虾模式田间工程建设优化。

一、宽沟模式

稻虾共作宽沟模式适合于田块面积在 23.307 亩以上的稻田。该模式环形养殖沟面宽 3~4m，底宽 1m 左右，沟深 1~1.5m，边坡比 1.5∶1；机耕道靠近交通道，呈 U 形，宽 5~6m，最底部低于田面 0.3~0.5m，方便插秧机和收割机进出稻田。外埂高于田面 1.0~1.5m，田埂顶部宽 1~2m，外埂利用开挖环形养殖沟的泥土加固、加高、夯实，不渗水、不漏水；内埂用于维持水稻种植期田内水位，保证田内施肥及种虾繁殖打洞，其在田地边缘筑内埂，宽度 0.3~0.4m，高度 0.3~0.4m，夯实，无坡度（图 6-1 至图 6-3）。

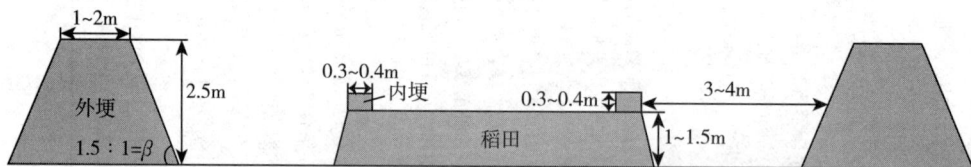

图 6-1　宽沟模式田间工程横断面示意

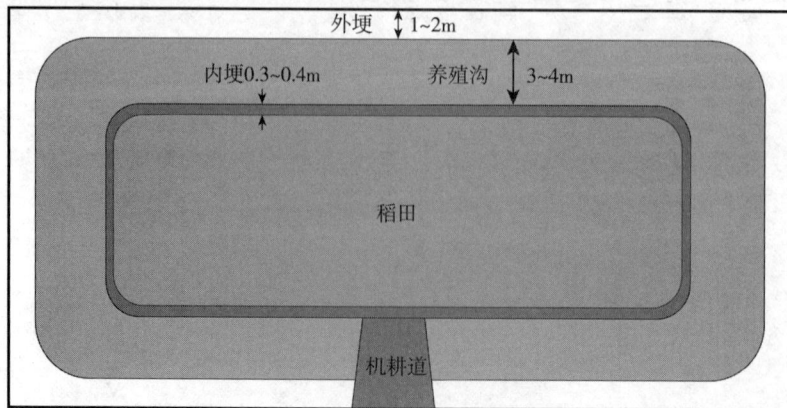

图 6-2　宽沟模式田间工程结构示意

图 6-3　宽沟模式田间实景

二、窄沟模式

稻虾种养窄沟模式用于田块面积在 10.31 ～ 23.307 亩的稻田。该模式环形养殖沟面宽 1～2m，底宽 0.5m，沟深 0.5～0.8m，边坡比 1.5：1；机耕道靠近交通道，呈 U 形，宽 5～6m。田埂分为内埂和外埂，内埂埂宽 0.45m，埂高 0.5m；外埂呈梯形，高于田面 1.0～1.2m，田埂顶部宽 1.2～1.5m，外埂利用开挖的泥土加固、加高、夯实，不渗水、不漏水。根据水源位置对向布置进出水口（图 6-4 至图 6-6）。

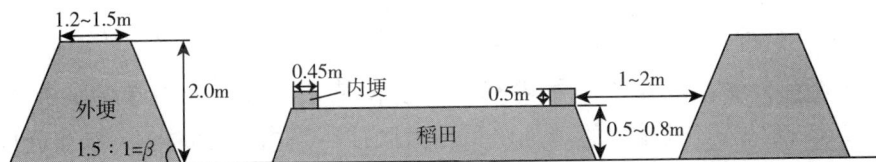

图 6-4　窄沟模式田间工程横断面示意

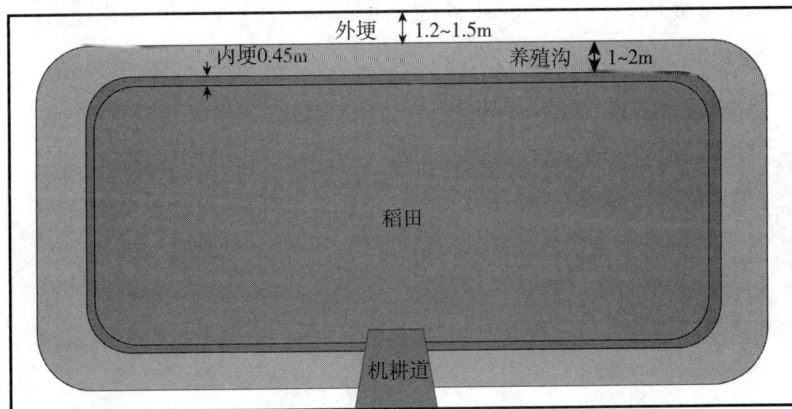

图 6-5　窄沟模式田间工程结构示意

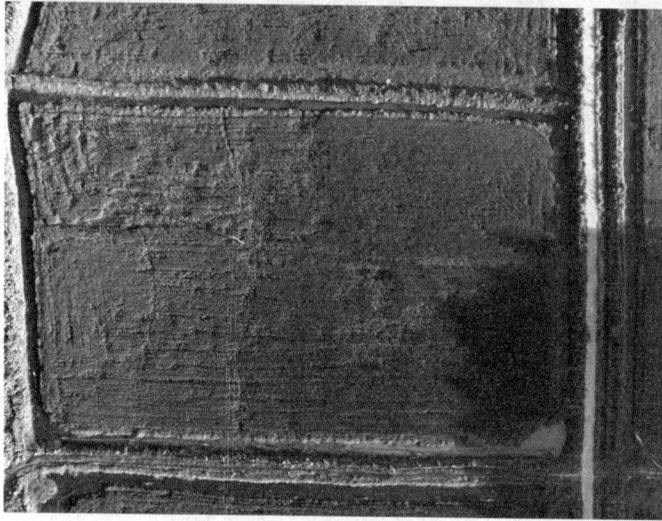

图 6-6　窄沟模式田间实景

三、生态池模式

稻虾共作生态池模式用于田块面积小于 10.31 亩的稻田（最适稻田面积 4.5～7.5 亩）。环形沟沿稻田四周开挖，按深 30～50cm、宽 80～100cm 标准建设。外埂（即稻田四周围埂）按高 0.8～1m、顶部宽约 2m，边坡比为 1.5：1 建设，田埂加固时每加一层泥土都要进行夯实，以防渗水或坍塌。生态池建在进水口一侧，距离外埂 4～5m 处，开挖面积 300～500m² 的长方形水池（占稻田面积的 7%～8%）。生态池深约 1.5m，坡度 2.5：1，四周筑高 0.3～0.4m、宽 0.4～0.5m 的围埂，将水稻种植区和生态池分隔，以方便田面耕整和水稻种植。生态池设有单独的排灌系统，埋有直径 20cm 的 PVC 进排水管道。水稻种植区按照高灌低排的格局布置进排水口，尽量位于稻田两端，成对角设置。机耕道在稻田靠近道路并方便机械下田的一侧，建一个宽 3～4m 的缓坡，方便机械从外埂上面进入稻田进行机械化操作（图 6-7 至图 6-9）。

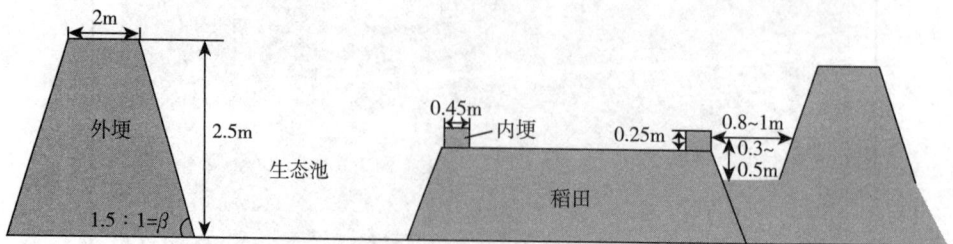

图 6-7　生态池模式田间工程横断面示意

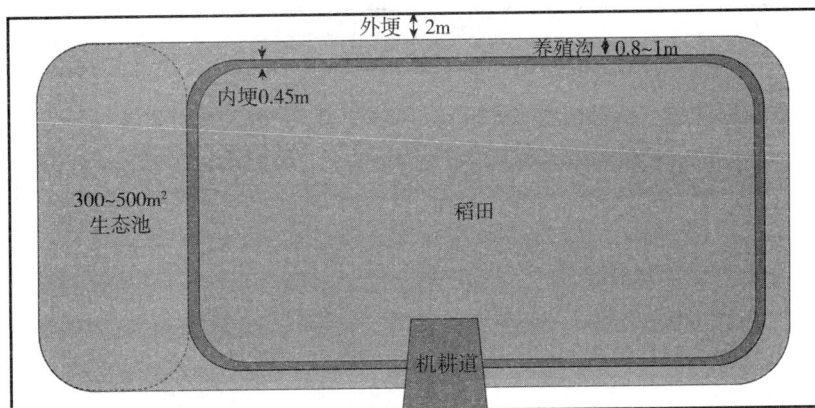

图 6-8　生态池模式田间工程结构示意

图 6-9　生态池模式田间实景

四、平板模式

稻虾种养平板模式的稻田四周不挖环形养殖沟，适应于面积小于 4.5 亩的稻田。为了增大冬春季节蓄水养虾的需要，需要对原先稻田田埂进行加高加宽加固，四周外埂的顶宽 1.2～1.5m，埂高 0.8～1.2m，层层夯实，不渗水、不漏水（图 6-10 至图 6-12）。

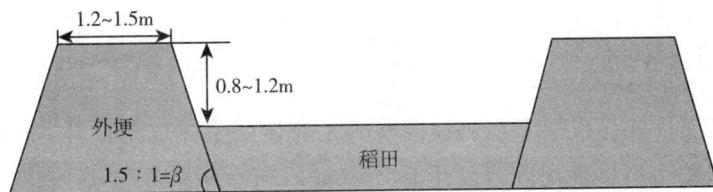

图 6-10　平板模式田间工程横断面示意

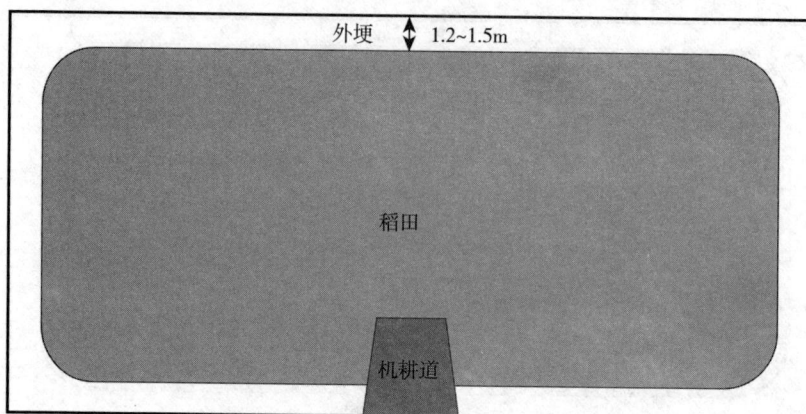

图 6-11　平板模式田间工程结构示意

图 6-12　平板模式田间实景

第四节　稻虾绿色高质量种养关键技术

稻虾绿色高质量种养的技术体系是在遵循稻虾种养高质量发展的理论科学内涵，结合科学依据的基础上，体现稻虾绿色高质量种养生产特征而形成的。稻虾绿色高质量种养的关键技术体系包括：田间工程建设、减氮种稻技术、健康养虾技术、绿色防控技术、水位管理技术、一沟两草技术、一还两晒技术等。

一、田间工程建设

稻虾绿色高质量种养田间工程建设的前提是应做好整体规划设计、建设、改造。宏观上田间工程建设是指将大尺度自然生态环境整治和微观生态保护、稻田开发相结合，对田、林、水、路、电等进行综合整治，包括土地平整工程、土壤改良与培肥工程、灌溉与排水工程、田间道路工程、农田防护与生态环境保护工程、农田输配电工程以及其他工程等[1]。微观上田间工程建设是指为开展稻虾种养而实施的稻田工程改造，包括适宜单元田块面积确定、沟坑开挖、内外田埂修筑、防逃设施修建、进排水系统改造、机耕道及辅助道路修建、稻田土地平整等内容。具体田间工程建设应根据当地资源条件确定适宜稻虾模式后参照相应模式的田间工程技术参数进行改造，当前阶段由长江大学等8家单位围绕湖北省稻虾种养发展制定了《稻虾模式田间工程建设标准》（DB 4210/T29—2019）。

开展稻虾种养需要对稻田进行田间工程建设，其中养殖沟占比是工程建设中需要重点关注的问题，《农业农村部办公厅关于规范稻渔综合种养产业发展的通知》中指出沟坑占比不超过总面积的10%。调研发现部分地方经营主体往往关注了开展稻虾种养需要开挖3~4m的养殖沟宽度，而忽视沟占比致使沟占比过大。笔者在大量实地调研的基础上研究发现，沟占比受到稻田田块面积大小、稻田长宽比和养殖沟宽度三个因素的影响。开展沟占比与相关因素的分析对于指导各地区根据田块属性，因地制宜搭配适宜稻虾模式，指导稻虾田的田间工程改造，促进当地稻虾种养田间工程规范建设具有指导意义。

经推导计算：沟占比 $\beta = 2B(\alpha+1)/\sqrt{\alpha S} - 4B^2/S$

式中　β——沟占比；

α——长宽比；

S——面积；

B——沟宽。

利用随机函数对长宽比（α）和稻田面积（S）赋予系列值，计算对应沟占比后绘制得到沟占比（β）与长宽比（α）和面积（S）之间的三维关系（图6-13），进一步对长宽比和沟宽取定值分别得到不同沟宽（B）下的沟占比（β）与面积（S）关系（图6-14）和不同长宽比（α）下的沟占比（β）与面积（S）关系（图6-15）。

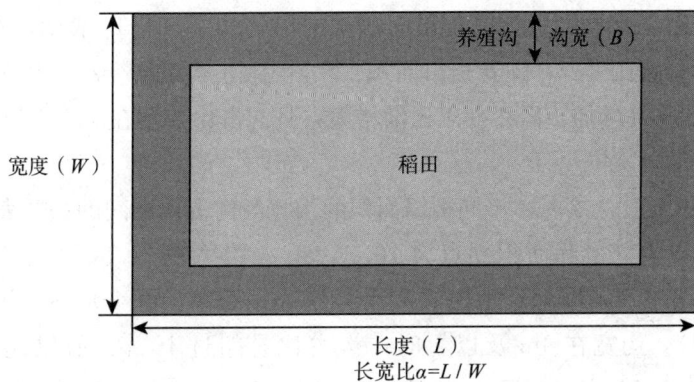

① 《高标准农田建设通则》（GB/T 30600—2014）。

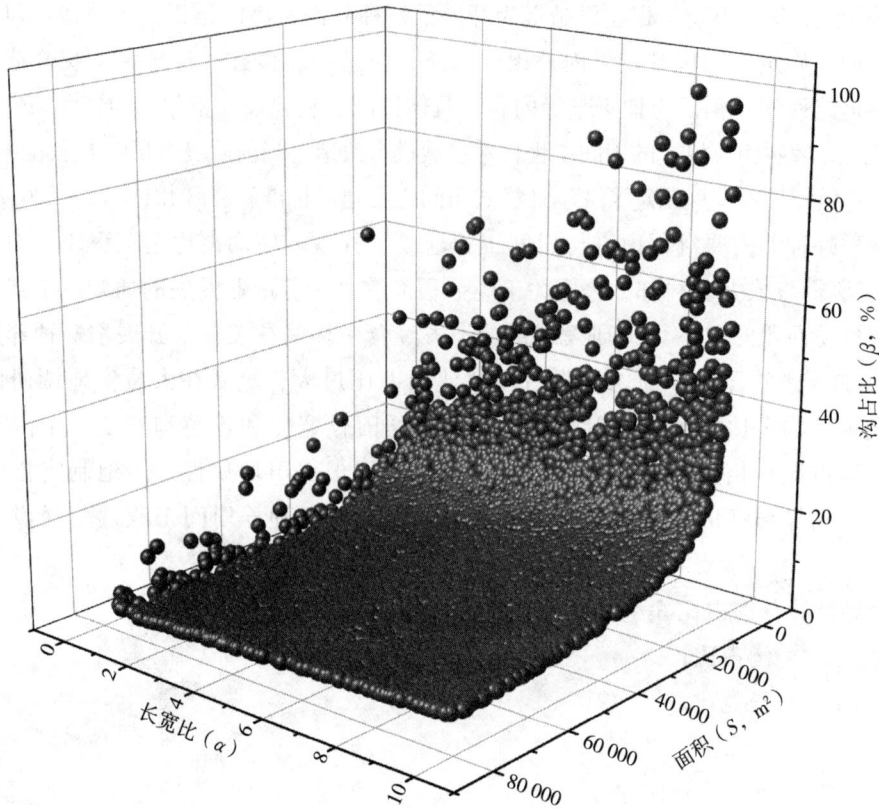

图 6-13　沟占比与稻田面积、稻田长宽比之间的关系

[图中沟宽（B）为定值 3m]

图 6-14 表明，在稻田长宽比（α）一定时，对于不同沟宽（B），随着稻田面积（S）增大，沟占比变小，且存在一个面积拐点；随着沟宽（B）逐渐增加，面积拐点逐渐增大，且沟占比控制在 10% 以下所需稻田面积（S）越大。图 6-15 表明，在沟宽（B）一定时，对于不同长宽比（α），随着稻田面积（S）增大，沟占比变小，且存在一个面积拐点；随着长宽比（α）增加，面积拐点逐渐增大，且沟占比控制在 10% 以下所需稻田面积（S）越大。

在假设稻田长宽比为 2 时，不同稻田面积的沟宽与沟占比之间的关系表明（表 6-2），稻田面积 10 亩以内（实际面积拐点为 10.31 亩），沟宽在 2m 及以上时，沟占比容易超过 10%，所以建议采用生态池模式或平板模式；稻田面积 10~30 亩（实际面积拐点为 23.207 亩），沟宽在 3m 及以上时，沟占比易超过 10%，所以建议采用窄沟模式；稻田面积 30~50 亩（实际面积拐点为 41.257 亩），沟宽在 4m 及以上时，沟占比易超过 10%，建议采用宽沟模式。一般在稻田面积大于 41.257 亩时，才建议开挖 4 米宽沟。

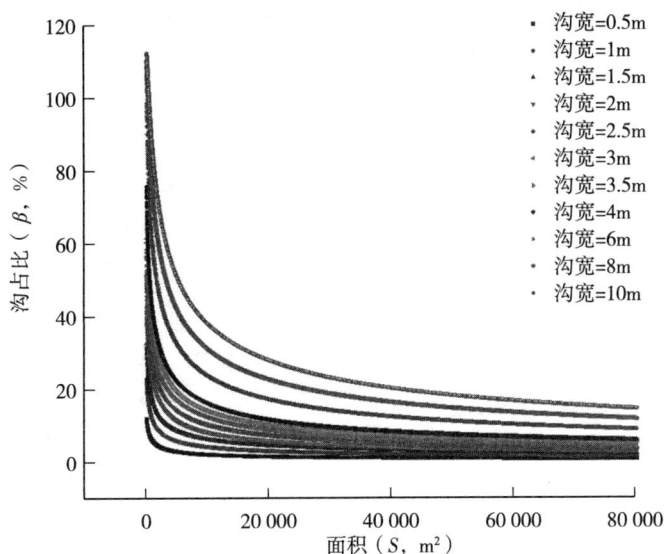

图 6 - 14 不同沟宽的稻田面积与沟占比关系（长宽比为 2）

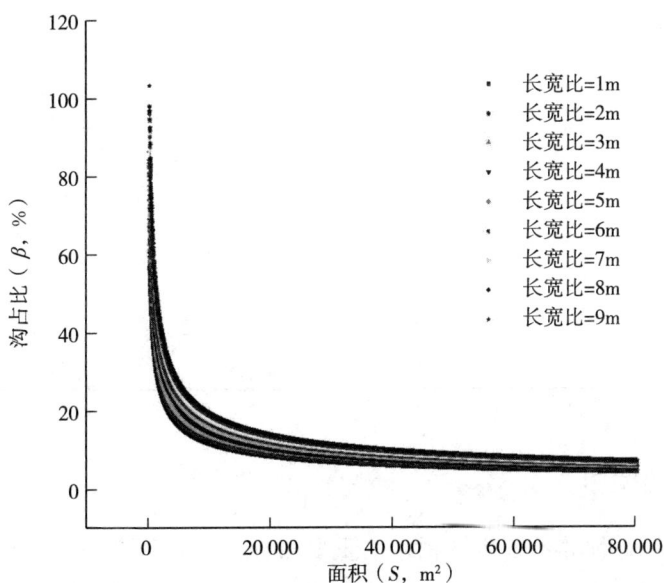

图 6 - 15 不同长宽比的稻田面积与沟占比关系（沟宽为 3m）

表 6 - 2 不同稻田面积条件下沟宽与沟占比的关系

稻田面积（S，亩）	沟宽（B，m）	沟占比（%）
5	1	7.23
	2	14.22
	3	20.96
	4	27.47

（续）

稻田面积（S，亩）	沟宽（B，m）	沟占比（%）
10	1	5.13
	2	10.15
	3	15.04
	4	19.82
15	1	4.20
	2	8.33
	3	12.36
	4	16.33
20	1	3.64
	2	7.23
	3	10.75
	4	16.33
30	1	2.97
	2	5.91
	3	8.82
	4	14.22
50	1	2.31
	2	4.59
	3	6.86
	4	9.10

注：长宽比为2。

二、减氮种稻技术

优质是高质量稻虾种养系统生产稻米的重要目标之一，蒸煮与食味品质是稻米的重要品质之一，其主要取决于稻米的淀粉和蛋白质含量、结构，其中淀粉是最重要的化学组分，淀粉占稻米化学组分的90%，其含量、组分、结构对米饭的口感最为重要。其次，蛋白质含量是影响稻米食味品质的重要因素之一，相关研究显示，稻米食味值与稻米氮含量（蛋白质含量）呈负相关（张启莉等，2012），同时稻米氮含量与氮肥用量呈正相关（李雪侨，2007），改善稻米食味品质关键在于少施氮肥。在此，笔者提出"减氮种稻"理念，即减少水稻种植的氮肥施用量，稳定水稻产量，改善水稻品质（陈松文等，2020）。

水稻优质栽培中氮肥施用量及施用时期与稻米品质关系密切，氮肥用量过多容易使稻米中粗蛋白含量增加而影响品质；同时，穗肥施用过晚、用量过多，既会引起稻米中粗蛋白含量增加，也会使植株贪青、倒伏，影响产量和品质（刘建，2002）。因此适量减少氮肥的施用量是提升稻米品质的有效措施。减少氮肥的施用量可以从减少氮肥的总施用量和减少氮肥的穗肥施用量两个方面着手。另外，要注意的一点是一般的水稻品种对于食味形成所需要的最适宜氮素施用量要比产量形成所需要的最适宜施氮量略低一些，因此在减施氮肥的同时需要考虑稻米品质改良与产量形成之间的平衡关系。

1. 优质栽培氮肥精确定量

根据目标产量来确定氮肥施用总量，可用斯坦福（Stanford）的差值法求取，其基本公式为：

$$目标产量施 N 量 = \frac{目标产量需 N 量 - 土壤供 N 量}{N 肥利用率}$$

通过对该公式参数的转换，将公式中目标产量的需 N 量转换为：籽粒含 N 量/N 素收获指数，即可在该公式中既体现对产量的要求，也可以体现对稻米中 N 含量（蛋白质含量）的要求，通过该公式可以计算品质与产量平衡改善条件下的施 N 量，转换后的公式为：

$$目标品质和产量施 N 量 = \frac{\dfrac{籽粒含 N 量}{N 素收获指数} - 土壤供 N 量}{N 肥利用率}$$

依据斯坦福公式，满足水稻产量 500kg/亩和稻米蛋白质含量小于 7% 两个条件，考虑基础地力，开展稻虾种养的氮肥用量约为 11kg/亩左右纯氮，比常规生产减氮26.7% 左右；利用小龙虾饲料对水稻的肥料补偿作用〔部分饲料未被小龙虾利用（肥料效率约 25%）〕，补充肥料氮约 2.1kg/亩；考虑上述两个因素，高质量稻虾种养比常规生产减氮 40.7% 左右。实际上随着养虾年限的延长，土壤供氮能力加强，施氮量可逐年减少，约 7 年后维持在 3kg/亩，可以保证水稻不减产。进行水稻肥料减施增效技术，氮、磷、钾肥施用量分别为：N 4～6kg/亩，P_2O_5 2～3kg/亩，K_2O 4～6kg/亩，氮肥按底肥·蘖肥：穗肥 = 5：4：1 的比例施用，磷肥及钾肥只在底肥时施用，减量约 75%。

2. 优质栽培穗肥施用量的调整

水稻自幼穗形成期进入生殖生长，此时植株吸收和前期积累的氮素开始往穗部转移。若在此时追施氮肥，特别是在生育中后期追施，势必增加稻米中的蛋白质含量。剑叶期以后追施的氮肥则会更加促进植株氮素向稻米的转移，从而提升稻米蛋白质含量，降低食味品质（赵镛洛等，2002）。水稻在生产过程中是否需要追肥，依然需要综合考虑产量和品质的平衡关系，要根据水稻植株营养诊断确定，通过营养诊断籽粒数不足时就必须考虑追肥。另外，幼穗叶色值与稻米蛋白质含量之间存在显著正相关关系，因此通过叶色诊断，可设计出蛋白质含量不过高而确保产量的施肥方法。相关研究指出，幼穗形成期，当叶片中氮含量高于3.2%时，表明氮肥施用过多，会导致食味不良，此时需减少或不施穗肥；当氮含量低于3.2%时，则表明氮肥施用过少，会导致产量不足，此时需增加穗肥施用量。

三、健康养虾技术

健康养虾技术包括三个方面：

1. 水质调控

水质管理关键把握好"肥"和"活"。

（1）施肥。当年8~10月和翌年3月施腐熟的农家肥100~150kg/亩培肥水质，透明度约25cm，保持水体中浮游生物量，为幼虾提供充足的天然饵料；4月以后，水温升高，停止施有机肥，加强投喂和水质监测，透明度30cm以上，高温季节保持水质清新有活力（曹凑贵等，2018）。

（2）pH。小龙虾的养殖水体pH维持在7.5~8.5，有利于小龙虾的蜕壳生长，4~8月每亩用生石灰5~10kg，化浆全池泼洒。

（3）投放水生动物。沟内投放一些有益生物，如水蚯蚓（0.3~0.5kg/m²）、田螺（8~10个/m²）、河蚌（3~4个/m²）等，既可净化水质，又能为小龙虾提供丰富的天然饵料（李玉军，2018）。

（4）水草。冬季11~12月栽种伊乐藻等水草。

2. 合理投饵

稻田内的藻类、水草、腐烂的秸秆、浮游生物、水生昆虫等都是小龙虾的天然饵料，从投放虾苗到越冬前，每天只需在傍晚5点投喂一次，投喂饵料为水草，占虾体重量的2%~5%。同时越冬前10~11月，水稻收割时留下的稻秆小型碎屑培育浮游生物也可作为已孵化幼虾的冬季饵料。当水温降低到10℃以下时，小龙虾开始打洞越冬，很少出来活动吃食，所以越冬期间不需要投食。翌年3月上旬水温高于15℃开始投食，每天傍晚5~6点投喂一次，投喂饵料为麸皮、饼粕、油糠、大豆和一些用3%食盐水消过毒的动物性饲料等，占虾体重量的2%~5%，每半个月投喂一次水草，每亩120kg左右。4月中下旬开始，小龙虾进入快速育肥时期，可在早上7~8点增投一次食物，早上投食量占全天投食量的1/3，傍晚投食量占全天投食量的2/3。水温高于30℃时，小龙虾进入洞穴避暑，很少出来活动吃食，所以在这期间不需要投喂。投喂食物要观察水质的变化以及小龙虾的活动，如若水质透明度降低或小龙虾活动异常，有病害发生时可以少投或不投。要选择符合国家标准的小龙虾饵料，所有投喂饵料都应符合GB 13078和NY 5072的要求。

3. 病害及天敌防控

要预防为主，防控结合，调控水质，保持充足溶解氧，在小龙虾发病季节拌喂中草药5~7d，预防"五月瘟"。每年水稻收获后小龙虾放养前用生石灰清除稻田有害病菌，亩均用量75kg，小龙虾的病害易发生在3月初气温回升时，当气温连续一周达到15℃以上就要开始消毒。一般每亩用25kg生石灰撒到水面上，每隔一周消毒一次。重复3～4次后，若小龙虾无异常可恢复至半个月消毒一次。若发现小龙虾虾足无力、行动迟缓、伏于水草表面或浅水处等异常状态，要施用生物农药杀死病原菌，治疗过程应按NY 5071要求操作。对于鸟类、水禽等，主要方法是进行驱赶。为防治鼠类、青蛙、水蛇和鸟类等小龙虾敌害，设置稻草人驱赶鸟类，设置老鼠夹子捕捉鼠类，进排水口安装过滤网防止青蛙和水蛇进入。

四、绿色防控技术

与水稻单作相比，稻虾种养由于小龙虾的引入，改变了稻田的土壤、水分、有机质及碳氮循环、农事操作等，稻田病虫草害发生规律发生相应变化，因此需要针对稻虾种养发生规律建立水稻绿色防控技术。稻虾模式的水稻绿色防控技术主要包括选择抗病品种、均衡施肥和健康栽培、生态调控技术应用、应急化学防治、草害化学防治等内容。

1. 抗性品种选择

选择含有抗病虫基因聚合的多系品种种植。在均衡施肥和健康栽培上，实施"三控栽培"技术（控制氮肥施用量、控制水稻分蘖数和控制害虫种群数量）；开展工厂化育秧，提升秧苗素质；加强田间水分管理，控虫控草护苗。

2. 生态调控技术应用

可在稻田四周或田埂上种植陷阱植物和蜜源植物。

（1）种植陷阱植物（如苏丹草、香根草和秕谷草等），从而减少二化螟和大螟的种群基数，这是因为香根草等可以显著诱使二化螟产卵，但二化螟幼虫却不能在香根草上完成生长发育史从而具有"诱集＋灭杀"功能（鲁艳辉等，2018）。

（2）种植蜜源植物（如芝麻、大豆等农作物，万寿菊、矢车菊等花卉植物和酢浆草等），保护和提高蜘蛛、寄生蜂、黑肩绿盲蝽等天敌的控害能力，构建天敌繁育系统（如秕谷草 伪褐飞虱-淡翅盲蝽繁育系统，茭白-长绿飞虱-稻虱缨小蜂繁育系统），提高田埂上的生物多样性，也可以显著降低稻田有害生物的发生量。

此外，可通过冬季灌水翻耕以杀灭越冬螟虫，释放赤眼蜂控制二化螟及稻纵卷叶螟，利用性引诱剂诱杀二化螟及稻纵卷叶螟雄虫，使得雌虫无法完成正常交配繁殖进而减少幼虫基数。

3. 应急化学防治

准确监测稻田病虫害发生动态，综合考虑水稻生育期、害虫和天敌三者之间的平衡（宋焕根等，2012），按照地方制定的防治指标，确定是否进行应急防治，尽量选用生物源、高效低毒且对水生养殖动物安全的农药，如苦参碱、Bt杀虫蛋白、乙基多杀菌素、烯啶虫胺、噻虫嗪、康宽等。

4. 草害化学防治

稻虾种养水稻种植建议采用一季晚稻机插秧模式，根据杂草种类、草龄选择对口药剂和剂量。禁止使用高毒农药和含拟除虫菊酯类成分的农药品种（刘珊珊，2019）。

五、水位管理技术

稻虾种养的周年水资源管理分为稻季和非稻季两部分（图6-16、图6-17），稻田水位控制基本原则是：平时水沿堤，晒田水位低，虾沟为保障，确保不伤虾。

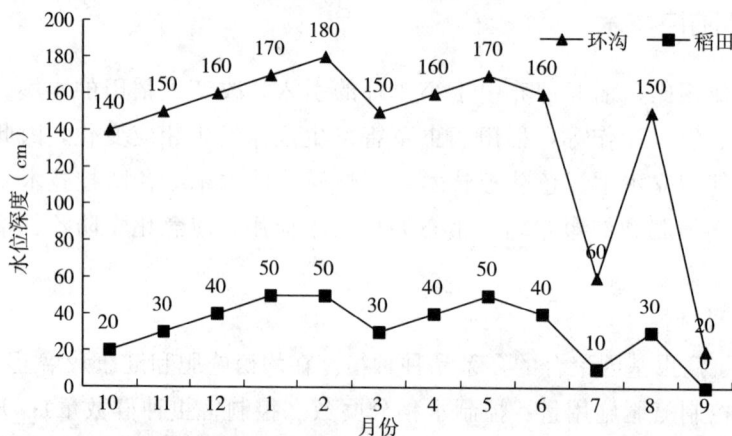

图6-16 稻虾模式周年水位管理示意

A B

图6-17 稻虾田不同季节田间淹水实景

A. 夏秋季 B. 冬春季

（陈松文供图）

1. 稻季田间水分管理

稻季田间水分管理与常规水稻种植类似，采用"前期浅水促蘖，后期干湿交替"的田间水分管理措施，此期小龙虾主要在养殖沟活动（打洞），养殖沟水位随着水稻用水的排灌增减，多保持半沟水的状态（深50～60cm）。

（1）水稻苗期和分蘖期，进行浅水促蘖，自然落干后再灌溉浅水，干湿交替培育健壮群体。

（2）抽穗前水分管理尤为重要，即在最高分蘖期前后，停止灌溉，实施晒田，到稻田土壤表面出现龟裂再行灌水。

（3）拔节至抽穗始期浅水勤灌，干湿交替。

（4）抽穗后水分管理重点是防止早期断水，直到抽穗期后 30～35d 实行间歇灌水，即每隔 4～5d 进行一次排水和灌水，以保持土壤水分在 pF1.5 左右；也可以在水稻抽穗 20～30d 之后采取土壤饱水管理，维持稻田水分在饱和状态（土壤水分在 pF1.0 以下），即在抽穗扬花期保持水层 5～10cm，因为通过抽穗期后间歇灌溉或饱水管理，可以维持植株体内正常水分，保持根系旺盛吸水能力和叶片光合作用，从而抑制籽粒含水率下降，回避成熟中断现象发生，也就是说，通过适宜间歇灌溉维持根系活力的同时，可以防止水稻植株源和库机能的减退。

（5）灌浆期后至乳熟期湿润灌溉，干湿交替，保持田面潮湿。

（6）黄熟期自然落干，直至收割前 7d 彻底断水。在水稻齐穗灌浆期，每隔 9～12d，分 3 次排干养殖沟的水分，直至水稻收获后淹水养虾。

在稻虾种养水分管理上，最高分蘖期前后，停止灌溉，实施晒田，到稻田土壤表面出现龟裂再行灌水，抽穗后间歇灌溉或饱水管理。在适时收获上，当千粒重停止增加，稻谷糙米含水率约为 25% 时进行收获，然后在 45～50℃ 的通风温度下，进行干燥达到含水率在 15% 左右，保持稻米较优的品质。

2. 非稻季水位管理

非稻季田间水位主要根据水体温度确定，以水调温是非稻季水位管理的指导方针。

（1）越冬前期 9～11 月，稻田水位以不超过 30cm 为宜，一般控制在 20～30cm 为宜，既可以让稻兜露出水面 10cm 左右，使部分稻兜再生，又可以避免因稻兜全部淹没水下，导致稻田水质过肥而缺氧，影响小龙虾的生长（陈玲等，2017）。

（2）越冬期间，要适当提高水位进行保温，水位一般控制在 40～50cm。

（3）翌年 3 月，为提高稻田内水温，促使小龙虾尽早出洞觅食，稻田水位一般控制在 30cm 左右。

（4）4 月中旬以后，稻田水温已基本稳定在 20℃ 以上，为使稻田内水温始终稳定在 20～30℃，以利于小龙虾生长，避免提前硬壳老化，稻田水位应逐渐提高至 50～60cm（张玉兰等，2019）。

六、一沟两草技术

一沟两草是指在稻田四周开挖养殖沟，分别在田埂种草和田间种草。

1. 养殖沟开挖

总的原则是养殖沟面积应控制在稻田面积的 10% 以内。环形沟的作用：①降低低洼湖田稻田地下水位，改善稻田土壤通气状况，利于水稻生长；②在稻田旋耕、水稻打药和化肥使用时期作为小龙虾临时避难所；③为小龙虾繁殖交配提供便利，小龙虾多数在环形养殖沟外壁打洞交配产卵并孵化。

2. 田埂种草

这里的草侧重于指陆生植物。①种植豆科植物，为小龙虾提供植物饲料，减少配合饲料输入；②种植陷阱植物，包括香根草、显花植物等，可吸引害虫天敌，减少虫害，实行害虫的绿色防控，保证绿色生产；③种植油菜、小麦及南瓜等，提升田埂土地资源利用率。

3. 田间种草

这里的草侧重于指水生植物。水生植物广义上分为浮游植物、低等水生植物和高等水生植物。稻虾种养中关注的重点是浮游植物和高等水生植物。浮游植物通常是指浮游藻类，是小龙虾幼体、成体的良好饵料，也是水体溶解氧的主要来源。在此，种植的水草是高等水生植物，高等水生植物分为沉水植物、浮游植物、漂浮植物和挺水植物（舒新亚，2021）。浮游植物和挺水植物一般都很少使用，栽种的高等水生植物主要是指沉水植物和漂浮植物：①沉水植物主要为小龙虾蜕壳等活动提供隐蔽物，其次提供食物及调节水质，建议选择菹草、伊乐藻、眼子菜、轮叶黑藻等，水生植物面积应为养虾稻田面积的50%～60%，面积太大一方面挤占小龙虾水域生活空间，另一方面也会大量消耗水体溶解氧反而会影响小龙虾生长，因为沉水植物虽然白天会通过光合作用释放氧气，但夜间的呼吸作用也会消耗水体溶解氧。②漂浮植物首要作用是为小龙虾生长及蜕壳提供隐蔽物，其次是调节水质和水温及提供食物。建议选择水葫芦、水花生等，在小龙虾繁殖阶段栽种水葫芦，养殖阶段栽种水花生（舒新亚，2021）。漂浮植物需要使用细竹竿或绳索固定，漂浮植物面积应为稻虾田面积的40%～50%。

七、一还两晒技术

一还两晒是指稻草还田、够苗晒田和成熟晒田。对于稻草还田，应注意三点：一是水稻收获时留50cm高秆收获，水稻收割后上浅水（8cm左右）配合施用秸秆腐熟剂加速秸秆无害化腐熟，为小龙虾提供天然饵料；二是收获晒田2周待秸秆枯黄后再灌水养虾；三是越冬前水位不超过30cm，让稻蔸上部露出水面10cm以上，减慢秸秆分解速度，防止秸秆快速分解破坏水质。

对于够苗晒田，在分蘖盛期，当茎蘖数达到穗数的80%时，开始晒田，进行两次晒田，第一次晒田7d左右，复水后一周开始第二次晒田，两次均为轻晒，晒田的同时晒沟，此次晒田晒沟宜轻宜短，晒田晒沟时间为5～7d，使田面沟底中间不陷脚，田边表土不裂缝和发白。在最高峰分蘖前后进行晒田，可以向土壤中供给氧气，使还原状况得到改善，从而提高根的活力，增加有效茎的比例，防止节间过度伸长和倒伏，这与形成理想株型密切相关。对于成熟晒田，在水稻收获以后，晒田的同时晒沟，此次晒田晒沟宜重宜长，晒田晒沟时间为10～15d，使田面产生裂缝和发白（汪金平等，2021）。10月中下旬到翌年6月稻田保持30～50cm水层。

参 考 文 献

曹凌贵，陈松文，2020. 湖北省"双水双绿"产业发展战略研究［M］. 北京：中国农业出版社.

陈玲，方磊，曹烈，等，2017. 虾稻共作养殖试验［J］. 江西水产科技（5）：18-19.

李雪侨，2007. 不同品种类型稻米蒸煮食味品质及其对施氮量响应的研究［D］. 扬州：扬州大学.

李玉军，2018. 浅谈稻虾共作技术要点［J］. 渔业致富指南（14）：42-44.

刘建，2002. 环境因子对稻米品质影响研究进展［J］. 湖北农学院学报（6）：550-554.

刘珊珊，2019. 水稻病虫害绿色防控技术研究方法探讨［J］. 农业开发与装备（12）：218.

鲁艳辉，郑许松，吕仲贤，2018. 水稻螟虫诱杀植物香根草的发现与应用［J］. 应用昆虫学报，55（6）：
　1111-1117.

宁慧峰，2011. 氮素对稻米品质的影响及其理化基础研究［D］. 南京：南京农业大学.

舒新亚，2021. 浅析小龙虾的食性、养殖生产中水生植物的选择及作用［J］. 当代水产，46（10）：62-
　64，66.

宋焕增，张士新，陈海燕，2012. 有机水稻生态调控集成技术规范［J］. 上海农业科技（6）：35，22.

张启莉，谢黎虹，李仁贵，等，2012. 稻米蛋白质与蒸煮食味品质的关系研究进展［J］. 中国稻米，18
　（4）：1-6.

张玉兰，舒娜娜，吴昊，等，2019. 虾稻共作养殖注意事项［J］. 当代水产，44（10）：97，99.

赵镛洛，张云江，王继馨，等，2002. 日本北海道优质稻米最新栽培技术［J］. 黑龙江农业科学（3）：
　49-51.

第七章
稻虾绿色高质量发展优势区域

推动稻虾种养高质量发展，建立系统性空间规划和长远性顶层发展战略规划是立足资源优势因地制宜发展、引导产业合理有序发展、助力稻虾产业规范提质发展的重要举措。以稻虾绿色高质量为切入点，按照"一轴三带七集群"的战略布局，立足稻虾种养适宜性功能分区，明晰地区稻虾种养发展方向及重点。

第一节　中国稻虾生态适宜区及特点

把稻虾种养发展建立在当地资源承载力和流域生态环境容量的基础上是稻虾种养实现健康持续发展的根本前提。开展生态适宜性划分，着手资源承载力评估，明确地方稻虾种养适宜区域与产业重点功能，核算稻虾产业适宜规模，从而引导地方稻虾种养根据资源禀赋因地制宜开发、合理有序发展。

一、适宜性及生态适宜区

农业生产需要自然资源和社会经济资源，自然资源由气候资源、水资源、土地资源、土壤资源和生物资源组成；社会经济资源由物化劳动（资本）、劳动力（体力和智力）、科学技术、管理和产品销售市场等组成（徐勇等，2009）。适宜性是评估已有模式或技术对当前要素条件供给现状下的响应研究，利用资源利用效率等评价指标反映模式或技术在当前要素条件的生产作用效果，从而为当前要素条件供给现状筛选出最适模式及技术，或者通过修改模式及技术以实现在当前要素条件下生产效率的最优。

根据关注内容的重点不同，适宜性可以进一步细分为适宜性分析和适宜性评价。适宜性分析和适宜性评价属于两个不同的概念。适宜性分析是研究立地条件与需求条件之间匹配性的问题，一般用资源利用率进行评价，适宜性分析可以生态适宜度来计量，比较需求生态位和资源生态位的匹配程度，也是现实生态位与最适生态位的相似性比较，最适生态位即资源优化配置的最优点的寻找是难点。适宜性评价是基于立地条件供给下的系统产出作用效果，一般用资源利用效率进行评价，注意这里的投入是能够给出的基于自然资源的供给，而不是实际有效供给。本章侧重开展稻虾种养的适宜性分析方面的工作。开展适宜性分析要在充分认识模式原理、结构和特点的基础上，系统分析影响模式发展的区域因素，筛选主要因素（限制因素和主导因素）建立评价指标体系。

适宜性根据关注农业系统对特定要素条件供给现状的响应研究，可以分为更细的研究领域，而衍生出更多的概念，如气候适宜性、土地适宜性、生态适宜性等。本章侧重开展稻虾种养的生态适宜性分析方面的工作。生态适宜性分析是将生态规划理论和技术与适宜性评价相互结合，评价区域系统的合理承载力及发展潜力，给出符合生态学规律下的资源与环境质量的评价与地域分布，在生态系统可承载和生态功能可恢复的限度内确定资源开发利用的时间和优化利用方式与空间结构（向芸芸等，2015）。

二、稻虾种养生态适宜区划分依据

农业生态适宜区的划分是建立在明确农业系统的生态适宜性指标的基础上，然后根据区域资源要素供给数量和质量划定生态适宜区，从而进一步核算出特定区域不同适宜性的发展规模潜力及区域承载力。因此，建立稻虾种养的生态适宜性指标体系是关键。本章建立的是稻虾种养的生态适宜性指标，在指标选择与确立的过程中不考虑社会经济等相关方面的因素，因此理论上适合稻虾发展的面积应该小于基于生态适宜性评价指标体系而估算的面积。

在建立生态适宜性指标体系时，需要筛选影响因素，应该把握好变与不变、短期与长期之间的关系。同时，在建立农业系统模式的生态适宜性评价指标体系时，不仅要考虑生物层面，也要考虑模式层面。水稻和小龙虾是稻虾种养系统最主要的两种生物，稻虾模式在一个地区能否构建成功，能否得到推广，前提是水稻和小龙虾均能否较好地这个地区生存，其次是能否成功地构建稻虾模式，并且这种模式与所在区域的稻作模式相比较是较好的模式，即模式对区域资源利用水平较高，投入产出效率最优。

1. 关键影响因素

从水稻角度看，积温（≥10℃）是重要的影响因素，关乎水稻能否正常完成生长发育史，决定了地区水稻种植模式是应该选择单季稻模式［一季中稻（移栽）：2 300~2 800℃］，还是应该选择双季稻模式［早稻（移栽）：1 700~1 900℃；晚稻（移栽）：2 000~2 700℃］或者再生稻模式。水资源是另一个重要影响因素，决定了地区能否种植水稻，以及水稻种植模式是水稻还是旱稻，一般而言盛产水稻的地区的年降水量普遍在800mm以上，而双季稻模式则主要分布在年降水量1 000m以上的地区（曹敏建，2002）。极端气温及干旱、洪涝气象灾害是威胁地区水稻种植的重要因素，也是地区水稻种植模式选择时需要考虑的重要因素。

从小龙虾角度看，能不能完成正常生活史是决定小龙虾能否适应本地生态环境的关键，本章未将通过人为因素作用调控小气候环境而帮助小龙虾完成正常生活史纳入生态适宜性指标体系构建中，如温棚繁苗、南苗北调等。决定小龙虾能否完成正常生活史的关键在于小龙虾能否顺利越冬。气温是影响小龙虾能否顺利越冬的关键因子，两个气温尤为需要关注：一是产卵孵化期间的温度，二是冬季1月平均温度。9月下旬至10月中旬是长江中游地区小龙虾亲虾交配产卵的高峰时期，产卵水温要求在20℃以上，小龙虾正常交配抱卵的温度为20～25℃（韩晓磊等，2011）；且研究指出产卵后如果遇低温（低于8℃），雌虾附肢停止摆动，而低于5℃时，虾体完全僵直，若是低于1℃，雌虾卵全部坏死。另外，冬季1月平均气温是否在0℃以上关乎小龙虾幼苗存活率。

从稻虾模式角度看，一稻N虾模式①是稻虾种养较为适宜的模式，而非是N稻N虾，这是基于粮食安全、管理复杂程度、生产积极性调动等方面考虑的；从水稻与小龙虾的生活史协调角度考虑，一稻应该是一季中稻或一季晚稻。

2. 指标选择及划定依据

（1）属性。稻田类型，体现了发展稻虾种养的稻田的立地条件。

（2）地形。

①地形部位。表明了稻田所处的区域位置，反映稻田周边区域的地貌特点。

②坡度。反映了稻田田块的微地形，影响稻田田间水分分布和灌溉效果。

本章没有将高程纳入地形的二级分类中，是因为无论基于吴淞高程体系还是基于黄海高程体系所得出的高程值都是绝对值，而事实上无论在低海拔地区还是中海拔地区，都存在冷浸稻田或湖网沼泽地，在不考虑气温条件下，同一类型属性的稻田都是适合发展稻虾种养的，尽管位于不同高程的区域。

（3）土壤。

①耕层质地。反映了稻田土壤的机械组成，机械组成越细，土壤保水保肥能力越强，有利于减少灌溉次数和水资源消耗量，同时降低了地下面源污染发生概率。

②土壤pH（水浸）。反映了浸水状态下的土壤酸碱度。水稻和小龙虾对土壤pH（水浸）都有适宜范围。

本章未将土层深度纳入土壤的二级分类，尽管在实际生产中是存在不同土壤深度的稻田，如沙质底稻田（稻田土壤耕层深度约20cm，底层是流沙，这类稻田多分布于河床之上），但这种土层深度对小龙虾及水稻生长的影响暂未得出明确结论。土壤有机质也未被纳入土壤的二级分类，因为可以通过人为土壤培肥管理措施而得以改变其含量。

（4）气候。

①1月平均气温和9月下旬至10月中旬平均气温，这两个平均气温对于小龙虾能否完成正常生活史具有决定性作用，也直接决定区域是否能够正常开展稻虾模式。

②积温（≥10℃）。不仅决定水稻能否完成正常生活史，也对小龙虾生长具有重要的

---

① 一稻N虾模式中的N指的是收虾次数，目前生产上存在一稻一虾的连作模式，一稻两虾的共作模式以及一稻三虾的共生模式。

表7-1　稻虾种养生态适宜区划分指标体系

一级分类	二级分类	最适宜	适宜	次适宜	不适宜	备注
属性	稻田类型	湖荡田、圩田	洲田、涂田、坑田	冲田、垄田、桐田	岗田、塝田和高平田	
地形	地形部位	湖沼河网低洼地	河网平原低洼地、沿江河湖海库低洼地、河漫滩涂地、碟形洼地	山间峡谷中段或中上段，丘陵低洼谷地、山岗冲垄地区上部封闭洼地	丘陵顶部及山丘缓坡、高亢平原地区	
	坡度	<0.5∶1	(0.5~1)∶1	(1~3)∶1	>3∶1	
土壤	耕层质地	粉沙质黏土至黏土	黏壤土至壤质黏土	壤土至沙质壤土	沙土	
	土壤pH（水浸）	7.5~8.0	7.0~7.5, 8.0~8.5	5.8~7.0	<5.8, >8.5	
气候	1月平均气温（℃）	>4	2~4	0~2	<0	小龙虾能否安全越冬
	9月下旬至10月中旬平均气温（℃）	>20	>8	<5	<1	小龙虾产卵及孵化临界温度
	≥10℃以上积温（℃）	5 500~6 000	5 000~5 500	4 500~5 000	<4 500	
	日照时数（h）	1 800~2 100	1 500~1 800	1 200~1 500	<1 200	
	年均降水量（mm）	>1 200	1 000~1 200	800~1 000	<800	
	冬春季节缺水概率（%）	0~10	10~30	30~50	>50	
其他	与河潮潮水位差或提水扬程（m）	<0	0~1.5	1.5~2.5	>2.5	
	冬季临界地下水位（cm）	<0.5	0.5~1.5	1.5~3	>3	

注：本指标体系制定参考了《全国中低产田类型划分与改良技术规范》和稻田的类型及特点。

影响，特别是小龙虾幼苗孵化生长阶段存在"积温"效应，3月升温越快、气温越高越有利于小龙虾苗种的生长，春季频繁连日阴雨及南方地区"倒春寒"现象增加了小龙虾稻田自然繁苗的风险，影响了苗种成活率以及推迟种苗上市的供应时间。

③日照。水稻作为一种短日照作物，日照时数影响着水稻的生长发育进程。

（5）年均降水量。年均降水量决定了单位面积稻田的水资源供给能力，在不考虑过境客流的额外补充灌溉作用下，年均降水量是决定区域能否开展稻虾模式以及空间发展潜力的关键制约因子。

（6）冬春季节缺水概率。由于降水存在季节性特征，而冬春季节由于稻田需要淹水养殖小龙虾而显著增加了水资源需求量从而容易加剧水资源竞争，冬春季节缺水概率越高，区域发展稻虾种养生产的风险越大。

（7）其他。

①与河湖水位差或提水扬程，是关系稻田灌溉难易的客观因素变量，属于约束性因素。

②冬季临界地下水位，关系区域开展稻虾种养的水资源耗水量以及稻田水土环境，冬季临界地下水位越高，则冬春季节地下水补给充足，利于减少对外界水资源灌溉需求，更加利于冬春季节小龙虾养殖，属于约束性因素。本章未考虑灌溉条件、水体溶解氧和水质要求，因为这些可以通过人为举措而改善以便于稻虾种养的开展，如灌溉条件可以通过加强水利基建设施得以改进，水体溶解氧可以通过机械物理曝气、水草种植等方式得以改善，水质要求可以通过增强环境治理投入而改善等。

稻虾种养生态适宜区划分指标体系见表7-1。

第二节　主要优势区及产业布局

按照资源优势，因地制宜，集中连片、规模化发展，点线面联动的原则，根据中国水土资源和地理条件，在水稻种植分布和水产养殖功能分区的基础上，结合各县区稻虾种养现状、产业发展水平及发展潜力布局，分类指导中国稻虾种养区域化发展，构建"一轴三带七集群"的总体布局。

一轴。中国稻虾产业呈现明显区域布局特征，主要集中在长江中下游地区的5个省份。因此一轴为长江稻虾产业轴。

三带。发展稻虾种养与水土资源禀赋条件密切相关，各省份稻虾种养主要分布在水资源条件好、地势平坦的沿江沿湖平原地区，在结合各省份稻虾种养空间分布基础上，打造京杭运河稻虾产业带、淮河稻虾产业带、湘江赣江稻虾产业带。

七集群。目前中国稻虾发展已经基本形成七大稻虾产业集群，分别是成渝稻虾产业集群、两湖平原稻虾产业集群、环鄱阳湖稻虾产业集群、江淮地区稻虾产业集群、洪泽湖-高邮湖稻虾产业集群、太湖流域稻虾产业集群、广西稻虾产业集群。

一、一轴

资源优势及特点。长江自西向东，绵延数千千米，地处亚热带季风气候区，光热充足，雨热同期，湖北、湖南等长江流域 10 省份的稻田面积约为 2 045.89 万 hm^2，占中国稻田面积的 61.66%，其中四川盆地、两湖平原、赣抚平原、苏皖沿江平原、杭嘉湖平原及沿长江两岸地区拥有大面积适合发展稻虾种养的稻田，农业生产条件好。

长江流域 10 省份的稻田综合种养面积为 201.52 万 hm^2，占中国稻田综合种养面积的 87%。其中长江中下游地区的湖北、湖南、江西、安徽和江苏等 5 省份稻虾种养面积为 118.83 万 hm^2，占中国稻虾种养面积的 94.19%，稻虾产业基础好。

（1）涉及省份。湖北、湖南、江西、安徽、江苏、浙江、四川、重庆、贵州、云南等 10 省份。

（2）发展方向及举措。长江稻虾产业轴应落实生态优先、绿色发展理念，将其打造为沟通东西、促进区域协调融合发展的示范轴，以稻虾种养引领长江农业转型升级高质量发展的产业示范轴。

二、三带

1. 京杭运河稻虾产业带

（1）资源优势及特点。京杭运河串联高邮湖、洪泽湖和微山湖，河湖渠系众多、水岔纵横交错。沿线低洼湖田面积大，产业带沿线的盱眙、泗洪、宿迁、鱼台等是位列中国小龙虾产量前 30 的县（市、区），稻虾产业发展基础雄厚。

（2）涉及地区。高邮、金湖、洪泽、盱眙、泗洪、泗阳、微山、鱼台等地。

（3）发展方向及举措。京杭运河是国家南水北调工程东线方案的输水通道，京杭运河稻虾产业带应坚持生态优先、绿色优先的建设理念，充分发挥稻虾种养的涵养水源、净化水质、改善水体环境、减少面源污染功能，引领辐射带动两岸地区水稻和水产绿色转型，实现生态友好、绿色可持续发展。

2. 淮河稻虾产业带

（1）资源优势及特点。淮河干流流经河南、安徽和江苏 3 省，流域面积 19 万 km^2，地处南北气候过渡带，平原面积广阔，是重要商品粮基地；湖泊水系发达，水产发展潜力大。

（2）涉及地区。潢川、淮滨、霍邱、颍上、寿县、五河等地。

（3）发展方向及举措。因地制宜推进水稻种植结构调整，在淮河行蓄洪区、冬小麦低产低质低效种植区而水资源丰富地区大力发展稻虾模式，将稻虾模式作为转方式调结构的重要举措，持续提升稻虾生产效益，实现脱贫攻坚和乡村振兴的有效衔接，将稻虾种养打造为富民一方的支柱产业。

3. 湘江赣江稻虾产业带

（1）资源优势及特点。湘江和赣江为南北走向，相比长江、淮河及京杭运河等温度偏低，早春气温回升快，且区域降水量丰沛并源于南岭山区，水质优良，沿线地区稻田生态环境优越。

（2）涉及地区。江西高安、上高、万载、丰城、樟树、新干、吉水、泰和、万安、东乡、临川、南城、广昌、于都、赣县、南康等地区；湖南衡阳及郴州等地区。

（3）发展方向及举措。依托资源环境与气候优势，以稻虾种养为抓手，大力发展有机稻米和清水小龙虾，融合山区特色文化，探索适合山区的中国有机稻虾特色发展之路。

三、七集群

1. 成渝稻虾产业集群

①区域资源特点。成都市宜渔稻田 30 万 hm²，四川省水稻种植面积约 200 万 hm²，其中适合发展稻渔综合种养的冬水田面积约 15 万 hm²（农业农村部渔业渔政管理局，2020），稻虾种养发展规模潜力巨大。

②涉及地区。崇州、邛崃、彭州、金堂、新都、青白江、温江、郫都等地。

③稻虾发展方向（李良玉等，2016）。优化稻虾产业空间布局，明确推广区域和模式布局，将稻虾发展与粮食生产功能区划定和建设相结合，与高标准农田建设相结合，因地制宜发展稻虾、稻鱼、稻鳅等多元种养模式。加强科技创新能力建设，围绕品种、模式及配套技术，形成适合成渝地区的稻虾种养技术体系；加强人才建设，依托新型服务体系，做好稻虾种养技术推广与科技服务。加快品牌建设，以品牌为载体，联结小农户，抓好标准生产，强化质量监管，做好品牌规划，推动品牌化经营，进一步提升稻虾产品规模效益和市场化水平。

2. 两湖平原稻虾产业集群

（1）湖北江汉平原稻虾产业集群（曹凑贵和陈松文，2020）。

①区域资源特点。地处长江和汉江交汇区，河湖密布，水源极其丰富，年均降水量 1 000～1 400mm，年均气温 11.96～16.80 ℃；单块田面积规模多为 30～50 亩；年均降水量 1 000～1 400mm；平均海拔 11～50m，地势平坦、规模连片；地下水位为 0.5～1.0m，地下水位高，排灌设施相对完善，灌溉水源依靠附近的河网沟渠灌溉和地下水位的补给；土地资源极其丰富，拥有耕地面积 99.3 万 hm²，其中稻田 66.39 万 hm²，具有大面积的低湖冷浸稻田和涝渍排水型中低产田，其中江汉平原中的荆州、天门、仙桃、潜江等四个重点州市冷浸田和涝渍田面积达 39.43 万 hm²（591.44 万亩）。

②涉及地区。松滋、江陵、石首、公安、监利、洪湖、潜江、天门、仙桃、汉川、沙洋、荆州、沙市、应城、嘉鱼、赤壁等 16 个县（市、区）。

③稻虾发展方向。江汉平原作为国家重要粮仓，发展稻虾种养的首要前提是稳粮，注重生产基地标准化、规模化开发，加强绿色稻田和绿色水体建设，维护稻田生产生态功能不退化；在坚持绿色发展导向的基础上，综合考虑地区发展问题，以稻虾共作为主体，注重水稻和小龙虾产业协调发展，因地制宜选择高效多样种养模式，稻蛙、稻鸭、

稻鳅协调推进，在汉江和长江沿线低洼湖区和传统渔业区考虑稻虾共生模式，推进水产健康养殖，促进产品品牌化、绿色化、健康化发展。

（2）湖南环洞庭湖稻虾产业集群[①]。

①区域资源特点。地处长江中下游，平均海拔 50m 以下，气候适宜，光热充足，雨水充沛，日照时间长，其中洞庭湖属于全国第二大淡水湖，为野生小龙虾栖息、生长繁衍提供了适宜条件。环洞庭湖地区耕地面积 874 万亩，其中适合发展稻虾种养的稻田面积约为 668.18 万亩，稻虾种养的空间潜力巨大。该地区粮食产量 900 万 t，可养殖水域 249.6 万亩，水产品产量 140 万 t，是中国重要的商品粮和全国最大的水稻种植区。截至 2018 年，环洞庭湖稻虾种养面积为 177.63 万亩，小龙虾产量为 23.86 万 t，稻虾种养开发程度仅为 26.58%。

②涉及地区。4 市 27 县（区、市），包括岳阳市（岳阳楼区、华容县、君山区、临湘市、汨罗市、云溪区、平江县、屈原管理区、岳阳县、湘阴县）、常德市（鼎城区、武陵区、汉寿县、安乡县、澧县、石门县、津市市、临澧县、桃源县）、益阳市（桃江县、安华县、资阳区、沅江市、赫山区、南县、大通湖区）、长沙市（望城区）。

③稻虾发展方向。坚持水稻和小龙虾协调并重发展，扩大并稳定稻虾面积 300 万亩，补齐"良种选育、模式标准、种养人才、品牌建设"四块短板，健全"生态种养业、种业、加工业、现代物流业、休闲服务业"五大产业体系，建设"育繁推一体化、科技创新、人才培训、生态防控、示范基地、电子商务"六大工程，推进种养加结合、一二三产融合发展，实现稳粮增收、提质增效、生态安全，促进农业高质量发展。

3. 环鄱阳湖稻虾产业集群

①区域资源特点。地处长江以南、江西北部，相比江苏、湖北、安徽等小龙虾主产区，冬季最低温度高 3~5℃，无冰冻期、积温高，可以提前 20~30d 出苗，非常适合苗种的早繁，成品虾可提前上市。秋季降温时间迟、幅度小、速度慢，延长成品虾上市时间，同比江苏、湖北、安徽等地养殖时间多 30~45d。

②涉及地区。彭泽、都昌、永修、鄱阳、余干、万年、余江、新建等。

③稻虾发展方向[②]。以不挖沟稻虾种养和小龙虾繁养分离模式为重点，持续扩大稻虾种养发展规模。围绕良种选育扩繁、种养规范生产、加工水平提升、公共品牌建设、三产融合发展等方面，立足资源优势、依托科技创新、集中政策优势、优化功能区域、完善产业链条，做强"鄱阳湖"小龙虾公共品牌，实现融合发展。以环鄱阳湖稻虾产业集群建设为引领，带动赣抚平原、吉泰盆地及丘陵地区稻虾产业发展；实施品牌战略；拓展小龙虾全产业链条。

---

① 环洞庭湖区稻虾产业发展规划（2019—2023）。
② 江西省小龙虾产业发展三年行动方案（2020—2022 年）——调研资料。

4. 江淮地区稻虾产业集群

①区域资源特点。江淮地区稻虾产业集群位于长江和淮河之间，是安徽省稻虾产业重点功能区，截至 2020 年该区域稻虾种养面积为 188 万亩，小龙虾产量为 18 万 t，分别占安徽的 46.77％和 45％，稻虾产业基础雄厚。

②涉及地区。六安市（霍邱、舒城、金安、裕安）、合肥市（长丰、包河、巢湖）、滁州市（全椒、定远）、淮南市（寿县）。

③稻虾发展方向。江淮地区作为安徽省稻虾产业重点功能区，产业优势区域集中、种养面积规模大，应坚持稻虾生态种养，稳定有序扩大种养规模，夯实第一产业基础；同时加快补齐二三产业发展滞后短板，延伸稻虾产业链，做强品牌提升价值链。

5. 洪泽湖-高邮湖稻虾产业集群

①区域资源特点。地处淮河下游，江苏省境内。江苏省常年水稻种植面积 220 万 hm²，适合发展稻渔综合种养面积约为 300 万亩，洪泽湖-高邮湖地区的湖网水系发达，水资源丰沛，稻虾养殖条件好。区域临近上海、南京等大型城市，市场条件十分优越。

②涉及地区。盱眙、泗洪、泗阳、兴化、高邮、仪征、天长、洪泽、淮安等地。

③稻虾发展方向。坚持稻虾双轮驱动，以盱眙龙虾产业为龙头，以洪泽湖-高邮湖地区为产业高质量发展的战略纵深支点，大力推广以盱眙一稻三虾为重点的稻虾模式，整合资源优势和产业优势，发挥区位优势和市场优势，进一步完善稻虾全产业链，增强产业链抗风险能力，以三产融合推进区域稻虾高质量发展。

6. 太湖流域稻虾产业集群

①区域资源特点。地处长江下游。流域面积 3.69 万 km²，平原面积占总面积的 4/5。太湖流域自古以来是鱼米之乡，是水稻水产的重要生产区域，发展稻虾种养的资源潜力巨大。区位交通和市场优势十分明显。

②涉及地区。湖州、嘉兴、绍兴、杭州等地。

③稻虾发展方向[①]。结合浙江省稻渔综合种养百万工程，坚持走规模化开发、标准化生产、产业化经营、品牌化运作的产业化发展路径，加强规划引领、集中连片开发、标准规范发展，构建产业政策体系、完善科技创新体系、强化推广体系，稳步有序扩大稻虾产业规模，实现稻虾产业强、环境美、产品优、主体富，以稻虾产业振兴助力精准扶贫和乡村振兴。

7. 广西稻虾产业集群

①区域资源特点。地处华南地区。属于热带气候，降水充沛，日照充足。广西适合稻虾种养的面积为 1 000 多万亩，而目前发展面积仅为 1 万多亩，开发程度仅为 0.1％。由于纬度偏低，因此小龙虾上市时间早，相比湖北、安徽等长江中下游地区具有市场错

---

① 浙江省稻渔综合种养百万工程（2019—2022 年）实施意见。

位上市竞争优势。

②涉及地区。南宁、宝色、贵港、来宾等地。

③稻虾发展方向。坚持水稻种植和小龙虾养殖并举，围绕茬口矛盾、小龙虾精准高效养殖配套技术、稻虾生态种养管理、技术创新与集成等瓶颈环节问题开展技术研究，建立完善适合广西稻虾种养的模式技术体系。

第三节　区域资源点及发展模式

根据县（市、区）自然资源特点、产业发展水平、产业潜力发展及区位资源优势，将适合稻虾种养的县级单位划分为四个优势层次不同的单元，分别是稻虾核心区、稻虾优势区、稻虾适宜区和稻虾次适区。分类施策，分层发展。

一、稻虾核心区及发展模式

1. 资源特点及区域分布

稻虾核心区分布在各大平原腹地，代表性县（市、区）如湖北潜江、监利和洪湖，湖南南县，安徽霍邱，江西都昌，江苏盱眙等地。核心区光温水土资源优势突出，既是水稻大县，也是水产大县，稻虾种养生产、水产加工、电商交易、冷链物流、品牌餐饮、节庆文化等方面发展相对成熟，水稻和小龙虾产业优势突出，辐射带动能力强。确定为核心区的条件是：

①典型农业大县，水稻水产是该县农业主导产业，水稻种植面积≥100万亩，水产养殖面积≥100万亩，水稻和水产在本省占据核心地位。

②稻虾产业面积规模≥40万亩，小龙虾年产量≥7万t，水产年加工能力≥10万t，已经形成完备产业链，稻虾产业发展水平位居本省前列。

③光温水土资源十分优越，农田水利设施完善，土地规模集中，低湖冷浸稻田在该县稻田占主导地位，交通便利，市场条件优越，适合产业化开发。

2. 核心区的发展方向及举措

核心区的县（市、区）坚持农业绿色发展导向，做优做特稻虾产业。大力实施稻虾种养，注重水稻和水产协同发展，做大产业规模，夯实产业基础，保障供应链，延伸产业链，做强精深加工，注重品牌引领和文化开发，三产融合促进高质量发展，将推进稻虾绿色高质量发展作为实现国家平原水乡湖区乡村振兴的战略支点。

3. 核心区的种养模式

核心区的种养模式推荐采用宽沟模式。在稻田周边开挖环形养殖沟，宽4m，深1.5m，水稻生长期间沟田相通，稻虾共同生长。在4～6月收获第一季商品虾后，未达到商品规格的幼虾随稻田退水回到环形养殖沟中继续生长（若幼虾数量少可酌情补投种苗），待水稻秧苗定植返青后，再提升稻田环形养殖沟水位促进幼虾重新进入稻田生长，

8~9 月再收获一季商品虾，可实现一稻两虾、一稻多虾。该模式小龙虾养殖强度大、产量高，适合于冲积平原、水网地带的冷浸田、落河田、烂泥田，地下水位高、水资源充足、50 亩单元以上的大田块。代表性推广应用地区有湖北潜江、监利，湖南南县等地。

二、稻虾优势区及发展模式

1. 资源特点及区域分布

稻虾优势区分布在成都平原、环洞庭湖区、江汉平原、环鄱阳湖区、江淮地区和太湖流域及沿江周边地区，代表性县（市、区）如湖北石首、江陵、赤壁，湖南资阳、华容，江西彭泽，安徽全椒等地。优势区的县（市、区），是该省水稻和水产重点功能区，稻虾产业已经初步形成产业规模，但二三产业发展较为缓慢，具有培育优势产业的发展潜力。

确定为优势区的条件是：

①产业基础良好，是水稻优势产区和水产大县，水稻种植面积≥30 万亩，水产养殖面积≥30 万亩。

②稻虾产业面积规模≥5 万亩，小龙虾产量≥10 000t，年水产品加工能力≥3 000t。

③光温水土资源优越，农田水利设施完善，土地规模集中，低湖冷浸稻田资源丰富，交通市场条件较为优越或毗邻优势核心区，具有较大开发潜力。

2. 优势区的发展方向及举措

优势区的县（市、区）重点是做大做强稻虾产业。因地制宜规划产业发展区域，挖掘潜力空间，做大产业规模，大力支持水稻和水产加工业发展，健全完善冷链物流、电商商务、餐饮文化等服务产业，完善稻虾产业链条。

3. 优势区的种养模式

优势区的种养模式推荐采用沟函模式，水土资源条件好的地区也可以采用宽沟模式。在稻田的四周开挖宽 0.5~1m、深约 0.8m 的环形养殖沟，根据情况可配置一定的沟函，不设内埂，沟田相通，新建稻虾工程在 8 月中旬于沟函内投放种虾（或翌年 3 月初直接投放虾苗），8~9 月交配繁殖，水稻收割后稻田淹水育苗，10 月至翌年 2 月抱卵孵化，3~6 月养殖小龙虾，4~6 月收获成虾，每年可以收获一稻一虾。该模式适合于丘陵岗地水资源相对不足、土壤条件良好、地下水位低的中小型田块。代表性推广应用地区有湖北省黄冈市武穴市余川镇、黄梅县龙感湖等地。

三、稻虾适宜区及发展模式

1. 资源特点及区域分布

稻虾适宜区分布在平原水乡湖区向低山丘陵的过渡地带，光温水土资源相对优越，部分地区可能存在季节性水资源短缺的情况，地势平坦，是该省水稻重要产区，具有较强的市场优势，但因稻虾种养面积规模不足而没有形成产业规模优势。确定为适宜区的条件是：

①光温水土资源相对优越，适合开展水稻种植和水产养殖。

②交通优势相对突出，紧邻大中型城市，具有明显市场优势。

③具有一定稻田和水面，具有培育规模产业的优势和潜力。

2. 适宜区的发展方向及举措

适宜区的县（市、区）重点是做大产业规模。充分发挥当地资源条件和市场优势，大力发展稻虾种养，提升县（市、区）稻虾产量，做大产业规模，不断形成产业优势。

3. 适宜区的种养模式

适宜区的种养模式推荐采用平板模式。田间工程结构简单，加高田埂并在稻田四周添加防逃设施，不对稻田进行挖沟等操作。一般于当年 10～11 月秋收后放水沤田一次再灌新水 20cm，按每亩 20～40kg 投放早秋苗，年前不投喂饵料，年后开春投放大豆、玉米等天然杂粮，翌年 3 月前后按捕大留小原则捕捞上市，连续捕捞至 6 月结束，之后进行水稻插秧。该模式简单易行、投入小、成本低、稳粮效果好、对稻田破坏小。适合于丘陵缓坡田畈地区水资源相对不足、土壤条件好、地下水位低、冬季作物非优势种植区。代表性推广应用地区有安徽省霍邱县三流乡。

四、稻虾次适区及发展模式

1. 资源特点及优势

稻虾次适区多位于丘陵、岗地和山区地带，地表高差起伏大、水资源欠缺、稻田基础设施较差且稻田单元面积小，产业化开发难度大，难以形成产业规模优势，发展条件相对较差。但在有水库、河流等水资源丰富的冷浸中低产田可考虑发展稻虾种养。确定为次适区的条件是：

①光温土资源条件相对较差，丘岗冷浸田资源丰富。

②水稻和水产产业相对较小，产业发展水平不高。

③交通不便，距离大市场相对较远。

2. 次适区的发展方向及举措

次适区的县（市、区）重点在于特色发展。选择适宜模式，建立适合当地资源条件的稻虾模式，发展稻虾等多种模式改善水稻种植环境，提升水稻和水产产量，注重特色有机品牌开发，促进农民增产增收。

3. 次适区的种养模式

次适区的种养模式推荐采用生态池模式。面积不大的田块，若采用宽沟模式，往往会造成养殖沟面积超过稻田的 10%，因此，为了开展稻虾种养，可采用生态池模式。即沿稻田四周开挖深 30～40cm、宽 50cm 的环形养殖沟，以利于稻田水分循环管理；并按每 8 亩开挖一个长方形水池（即生态池），每个生态池面积 300m²，深 1.5m，坡度 2.5：1，沿生态池筑围埂，将水稻种植区和生态池分隔，"围池不围田"，以方便田面耕整和水稻种植。该模式有利于稻虾共同生长，可以实现一稻多虾，适应性广，多见于低山丘陵稻田、池塘资源丰富的地区。代表性推广应用地区有湖北省荆门市谭店等地。

参 考 文 献

曹凑贵，陈松文，2020. 湖北省"双水双绿"产业发展战略研究［M］. 北京：中国农业出版社.

曹敏建，2002. 耕作学［M］. 北京：中国农业出版社.

韩晓磊，李小蕊，程东成，等，2011. 温度对克氏原螯虾交配、抱卵、孵化和幼体生长发育的影响［J］. 湖北农业科学，50（10）：2078-2080.

李良玉，曹英伟，魏文燕，等，2016. 强化科技支撑助推成都市稻田综合种养提质增效［J］. 安徽农业科学，44（5）：275-276.

四川省农业农村厅，2020. 发展稻渔综合种养-大力建设鱼米之乡［J］. 中国水产（10）：4.

向芸芸，杨辉，周鑫，等，2015. 生态适宜性研究综述［J］. 海洋开发与管理，32（8）：76-84.

熊毅，徐琪，1983. 稻田的类型及其特点［J］. 土壤（2）：41-46.

徐勇，安祥生，王志强，2009. 基于农业资源分类的农业资源本体架构设计［J］. 农业网络信息（10）：8-12，27.

中华人民共和国农业部，1996. 全国中低产田类型划分与改良技术规范［S］. 北京：NY/T 310—1996.

第八章
稻虾绿色高质量发展体系建设

稻虾种养涉及水稻和小龙虾两个产业，推动稻虾绿色高质量发展，应当把握不同尺度层面的关系，是一项复杂的系统工程，需要构建完善适应于绿色高质量发展的稻虾种养生产体系、产业体系、经营体系、文化体系和生态系统等五大任务，以微观绿色种养模式技术、中观产业链延伸发展、宏观产业规划与顶层设计相互配合，共同推动稻虾种养高质量发展。

第一节　稻虾绿色高质量发展体系总体设计

一、指导思想

以习近平新时代中国特色社会主义思想为指导，深入贯彻新发展理念，以稳粮增收、提质增效、生态安全为出发点和落脚点，突出绿色低碳、优质营养、高质高效的发展导向；以推动水稻和水产产业供给侧结构性改革为主线，构建稻虾绿色高质量发展体系，推动稻虾种养绿色高质量发展，引领乡村全面振兴；以绿色水稻和绿色小龙虾全产业链建设为切入点，推动形成稻虾种养绿色生产方式、经营方式和产业模式，实现农业强、农民富、农村美的愿景（图 8 - 1）。

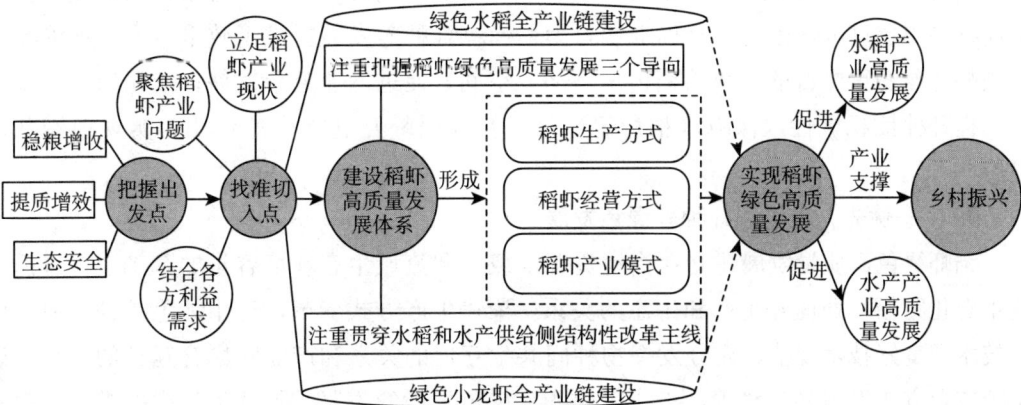

图 8 - 1　稻虾绿色高质量发展指导思想概念示意

二、基本原则

新时代背景下稻虾绿色高质量发展的道路方向总结于图 8-2 中。

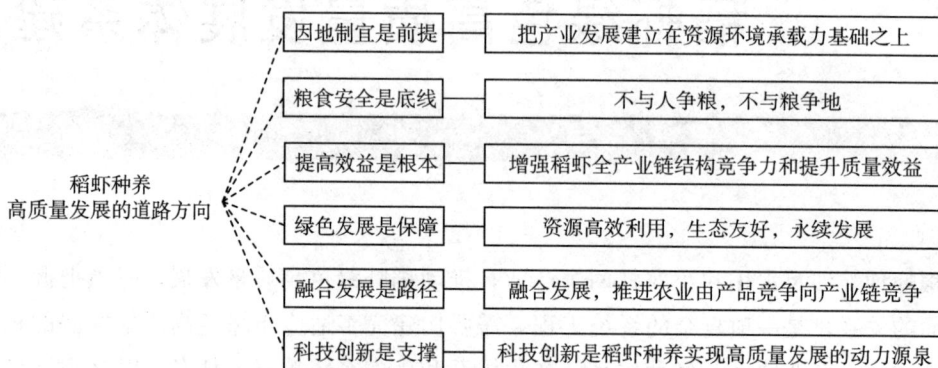

图 8-2 新时代背景下稻虾绿色高质量发展的道路方向

1. 因地制宜，实现稻虾种养规范有序发展

区域资源禀赋是培育稻虾产业发展的基础，不是所有区域、所有田块都适合，也不是一个标准模式适合所有区域和田块条件，应根据不同区域自然资源特点，如降水资源、水利条件、地下水位、土壤类型、地形地貌及田块大小等选择不同的稻虾模式，坚持规划引领，做好顶层设计，科学划定稻虾产业重点发展区、适度发展区、特色发展区和不适宜发展区，优先开发低湖田、冷浸田和冬闲田，建立适度规模标准化基地，引导区域建立相应的稻虾种养体系。注重水稻和小龙虾协调发展，把握好稳粮与增收、生产和生态之间的关系。

2. 稳粮促渔，实现水稻和小龙虾协同发展

稳粮促渔体现了粮、渔两者间的位置关系。稳粮是稻虾产业发展的根本前提与底线，"不与人争粮、不与粮争地"是粮田从事非粮生产活动和确保稻虾产业健康发展的基本原则。当前阶段中国初步解决了粮食数量安全问题，水稻总产上丰产有余，人均粮食占有量连续多年超过国际粮食安全标准线，为稻渔综合种养发展提供了政策空间。促渔是发展稻虾种养的重要目的。利用稻田拓展渔业空间，促进渔业繁荣发展；依托渔业繁荣发展，提升种粮积极性，保障水稻稳定生产；发挥稻虾互利共生的作用，实现粮渔共赢发展。

3. 生态优先，推动稻虾种养绿色发展

稻虾绿色高质量发展建立在当地资源承载力和流域生态环境容量的基础上，遵循产业生态化路径，处理好生产和生态的关系，聚焦生产方式变革，运用绿色品种、绿色生产技术和良好技术规范，充分发挥物种间共生互促的关系和产业间耦合互补的关系，以生态农业方式发展稻虾种养，走生态优先、绿色发展的道路，降低生产物质投入，提高资源利用效率，多级循环利用，减少污染物排放，转变生产方式，洁净稻田和水体，环境友好发展，促进农村增绿。

4. 品质为本，实现稻虾种养高质量发展

增加优质营养产品供给是满足人民对美好物质生活需求的需要，体现了水稻水产供给侧改革的目标要求。把稻虾种养作为推进水稻和渔业供给侧改革的重要举措，建立健全产品绿色质量体系和产品优质优价机制，实现优质产品稳定保供。

5. 科技驱动，引领稻虾种养创新发展

科技创新是破解突出矛盾和产业问题的关键，也是加快转变发展方式、优化稻虾产业结构、转换增长动力的重要抓手。以稻虾产业中新模式、新品种、新技术、新产品为主线，把科技创新作为提高稻虾种养生产效率、促进传统稻虾种养向高质量稻虾种养转变的动力。

6. 融合发展，实现乡村全面振兴

融合发展是稻虾绿色高质量发展的现实路径，是提升稻虾产业质量效益和竞争力的手段。以市场需求为导向，以完善利益联结机制为核心，以制度、技术、商业模式创新为动力，以供给侧结构性改革为主线，延长产业链，保障供应链，提升价值链，完善生态链，促进三产融合，实现稻虾绿色高质量发展。

三、发展体系框架

构建完善的生产体系、产业体系、经营体系和服务体系，推动稻虾绿色高质量发展。宏观层面上，围绕供给侧结构改革、生态文明建设、乡村振兴战略，以做大做强水稻和小龙虾产业为目标，做好区域产业规划与系统顶层设计，创新机制，建立稻虾产业政策和保障服务体系。中观层面上，围绕产业振兴、生态振兴和文化振兴，以稻虾种养全产业链建设为目标，通过延伸产业链，产业协同、三产融合，构建稻虾产业体系和经营体系。微观层面上，围绕资源高效利用、绿色优质产品供给、建设美好生态环境，以水稻和小龙虾绿色清洁生产为目标，提升资源利用效率，因地制宜，构建稻虾种养生产体系。点位层面上，以建立绿色技术体系为目标，围绕绿色品种培育、绿色种养技术、共生互利关系等相关科学问题，建立稻虾种养理论与技术体系（图8-3）。

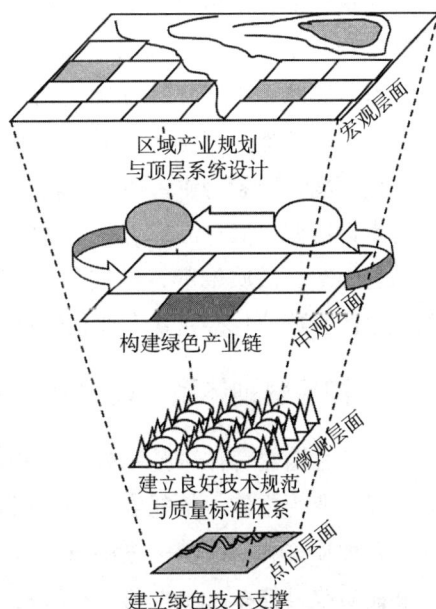

图 8-3　稻虾绿色高质量发展系统
（仿骆世明，2008）

1. 省级层面，注重顶层系统设计

做好产业功能布局与整体规划，明确稻虾种养的适宜地区与空间潜力，统筹完善政策金融体系、科技研发体系、质量标准体系、制度机制体系、品牌文化体系等，联合政产研学用共同推动稻虾产业向前发展。

2. 县级层面，注重发展体系构建

通过政策引领和平台搭建，以财政杠杆撬动社会资本，引导主体参与到产业基地、电商物流、节庆文化、品牌培育等环节建设；依托科技力量和产业协会，产学研相结合，完善适宜模式、技术规程、质量标准体系等建设；创新体制机制，完善利益联结机制，促进研产加销一体化发展。逐渐形成种养加、农工贸一体化，一二三产融合发展的大格局。

3. 企业园区层面，注重全产业链建设

注重产业链纵向延伸和横向耦合，努力构建园区产业循环体系建设。企业主体注重联结生产主体，保障供应链；立足精深加工，重视科技创新，延长产业链；注重品牌建设，提升价值链。

4. 经营主体层面，注重管理机制创新

注重培育新型经营主体与稻虾种养人才体系建设，依据种养模式特点选择适宜经营管理模式，创新生产经营全过程质量监管，完善农户主体稻虾生产与市场消费主体产品需求有机衔接机制。

第二节　稻虾绿色高质量发展生产体系构建

高质量稻虾生产体系是运用绿色品种、绿色生产技术和良好技术规范，发挥水稻与小龙虾互利共生效应，协调水稻和小龙虾的矛盾，实现生产过程清洁环保、生产产品优质安全营养美味、生产环境优美无污染的目标。在发展理念上，随着稻虾种养面积增速放缓，就近供苗能力增强和供苗机会增多，必须由过去"育苗为主、成虾为辅；龙虾为主，水稻为辅；数量为主，质量为辅"向"繁养分离，成虾为主；生态优先，绿色发展；水稻为本，协同发展；品质为重，品牌强农"的理念方向转变。在生产理念上注意更新，坚持绿色生产、品质生产、科技生产。推动稻虾种养构建"区域化布局、规模化开发、标准化生产、产业化经营、专业化管理、社会化服务"的生产经营体系。

一、构建良种体系，育繁推一体化

小龙虾种苗繁育体系是稻虾产业规模扩大的基石，是小龙虾原料加工和品牌创建的基石。以企业为主体，依托农业农村部门、科研院所、高等院校等开展优质稻和小龙虾的联合育种攻关和新品种引进筛选，建立产学研和育繁推一体化深度融合的商业化育种体系和品质改良体系（李雪晴，2019）。加快建设小龙虾种质资源库，强化种质资源保护能力，考虑建设国家层面的种业基地。开展小龙虾良种选育工作，建设国家级小龙虾良种场，提升小龙虾种质质量和市场竞争力。加大小龙虾早秋苗和春苗繁育，改自然繁殖为人工繁殖，有条件的可以开展网箱育苗、温室大棚育苗，提高小龙虾秋苗和早春苗的供给能力（蒋军等，2021）。开展小龙虾苗种运输技术的研究，降低运输成本，提高运输成活率。加强良种覆盖率，以良种补贴、协议回收等方式，强化育种龙头企业与专业合作社、种养大户等种养经营主体的合作，促进良种推广应用。

二、建设稻虾基地，完善基础设施

立足总体布局，结合发展分区，制定国家稻虾产业专项规划，细化明确布局及目标。以推动养殖标准化、提高防病抗灾能力和改善农业生产环境为目标，整合涉农项目，发挥财政资金杠杆作用，完善硬件基础设施，规范田间工程，引导适宜地区开展区域布局，规范发展和规模开发，建设稻虾高质量种养示范基地，推动老旧池塘、养虾稻田实施标准化基地改造，推进配电网扩容改造、土地平整与土壤改良、进排水渠疏浚与灌溉排水工程建设、管网配套与生产便道建设、农田生态防护与道路绿化工程建设等，为稻虾产业发展夯实基础。

开展稻虾种养需要对农田进行适当的田间工程改造。建设高标准、现代化的稻虾种养生产基地，各地需要因地制宜结合当地水土条件，发展形式多样各具特色的稻虾种养田间工程结构。对于滩涂湖田和冷浸田，常年地下水位较高，稻田四周开发宽沟深沟有助于降低田间地下水位，改善稻田水土环境，利于水稻健康生产；对于耕地地力较低且属于基本农田保护区内的中低产田，稻田四周不挖养殖沟，改深挖沟为筑高垄，建设小龙虾育苗基地，采用平板式与育养分离相结合的方式开展稻虾种养生产；对于山区及丘陵岗地的中低产稻田，因稻田单元面积小，稻田四周开挖窄沟小沟，发展稻鱼、稻蛙、稻鳖等种养模式，水资源相对紧张的地区，可在稻田一侧开挖池塘，充分发挥池塘蓄水、抗旱、养殖等多种功能。

三、创新模式技术，推动标准生产

立足资源特点因地制宜发展稻鱼、稻虾、稻蟹、稻鳖等多元模式以及稻鳖虾、稻鳅虾等复合模式，围绕茬口矛盾、田间工程、轻简化栽培等技术创新集成构建适宜的地方种养模式，建立基于经济-生态效益最优的种养模式、田间布局、绿色防控等技术体系。立足市场需求解决供求矛盾，创新稻虾种养模式，围绕季节性供需矛盾开展一稻多虾模式、基地囤养技术等创新，围绕供给规格质量矛盾加快建立稻田养大虾模式技术体系。立足推进种养融合促进绿色发展，围绕稻虾种养清洁生产、精准施肥投饲、健康土壤培肥等建立绿色稻虾种养技术体系。立足种苗有效供给和生产模式变革，推动当前阶段以稻虾种养繁养一体化模式为主向未来阶段的繁养分离、育养分区模式转变。

推进稻虾种养繁养分离、育养分区应从两个层面把握：一是在县级层面上，应规划育苗区域和种养区域，做强几个小龙虾育苗区，支撑产业健康发展，育苗基地打造应协同推进小龙虾苗种工厂化和传统育苗稻田升级改造。二是在企业、合作社及农户层面上，应按照育苗和种养田1∶（5～7）的比例开展生产规划。育养分区种养的稻田可直接在稻田四周加高田埂，中间适当挖一条沟，采用稻田无环形养殖沟寄养方式养殖大规格小龙虾，同时也为共生做好准备，在水稻晒田期间，稻田中需要一定水位以维持鱼虾的基本生存。

四、建立优质体系，实现优质生产

标准化生产并不等于优质化生产，但标准化生产是优质化生产的前提条件。主产区基本形成了各具特色的稻虾模式，但规范化程度、技术稳定度、模式成熟度和产品绿色度仍然有待进一步发展。因此，要推进优质化生产，充分发挥大专院校、科研院所力量，培育并筛选建立适应当地稻虾种养优质水稻种植和优质小龙虾养殖的品种，建立适合不同生态区稻虾种养模式的绿色清洁生产技术规程以及产品质量标准体系，包括田间工程、野杂鱼消毒、水质管理、苗种投放、生产管理等方面的模式和技术集成创新。

五、严格投入品管理，促进清洁生产

围绕农药、渔药、饲料、化肥、微生态制剂等制定投入品监管办法和使用指导规范并严格管控举措。健全主体稻虾生产档案记录，建立投入品销售追溯体系，严控外来投入品，确保全产业链绿色清洁生产，实现家庭农场、专业合作社、龙头企业等全面覆盖。围绕水稻和小龙虾疾病预防，健全水稻和小龙虾疫病防控监测预警及病害早期诊断技术体系，制定水稻、小龙虾重大疫情紧急预案，建立水土长效保护机制，强化生产风险防控体制机制建设；针对小龙虾白斑综合征开展致病机制、防控措施攻关及特效疫苗研发，研发集成稻虾疫病生态防控技术操作规程。加快建立支撑生产优质稻米和优质小龙虾的稻虾种养技术规程，为稻虾种养绿色稻米和优质小龙虾生产提供技术保障。

六、搭建数字平台，实现智慧生产

发挥信息和数据的核心支撑作用，重点在稻虾产品质量溯源体系建设和数字农情信息中心建设两方面推进大数据服务稻虾产业，加强稻虾产业数字平台顶层设计。试点建设稻虾种养数字信息化示范基地，建立生产环境监控、水质在线监测、病害远程诊断、质量可追溯"四位一体"智能化平台，实现远程信息查看、质量安全监控[①]。建设稻虾云种养试验田、稻虾试验田24h监控系统、稻虾云种养信息化服务平台、稻虾云数据平台、稻虾云管理平台、稻虾云应用支撑平台、稻虾云种养涉农物质溯源系统，实现稻虾田的智能感知、智能分析、智能控制技术与装备上的集成应用，推进种植业和养殖业的生产经营智能管理（汪懋华和李道亮，2020）。完善门户网站、调度指挥中心、质量安全溯源

---

① 湖北省"虾稻共作 稻渔种养"产业发展规划。

平台、智能专家辅助决策平台、数据交易平台等基础建设。配置精准农业大数据系统、农业资源环境精准监测大数据系统、农产品质量安全全程监管大数据系统。利用卫星遥感、航空遥感、地面物联网等手段，动态监测重要稻虾产业的种植面积、土壤墒情、作物长势、灾情虫情，及时发布预警信息，提升稻虾种养生产管理信息化水平（于广宁，2020）。

第三节　稻虾绿色高质量发展产业体系构建

现代农业产业体系聚焦于产品生产和供给，旨在解决"农业资源要素配置和农产品供给效率"重大问题，是现代农业发展的产业格局和总体框架，反映了现代农业的整体素质和竞争力水平。高质量稻虾产业体系是立足于水稻和小龙虾两大产业，以市场需求为导向，推动产业转型升级，延伸稻虾产业链，保障稻虾供应链，提升稻虾价值链，完善稻虾生态链，促进稻虾融合发展（图8-4），实现资源有效利用、比较优势充分发挥、竞争力明显增强、供给质量及效率显著提升。

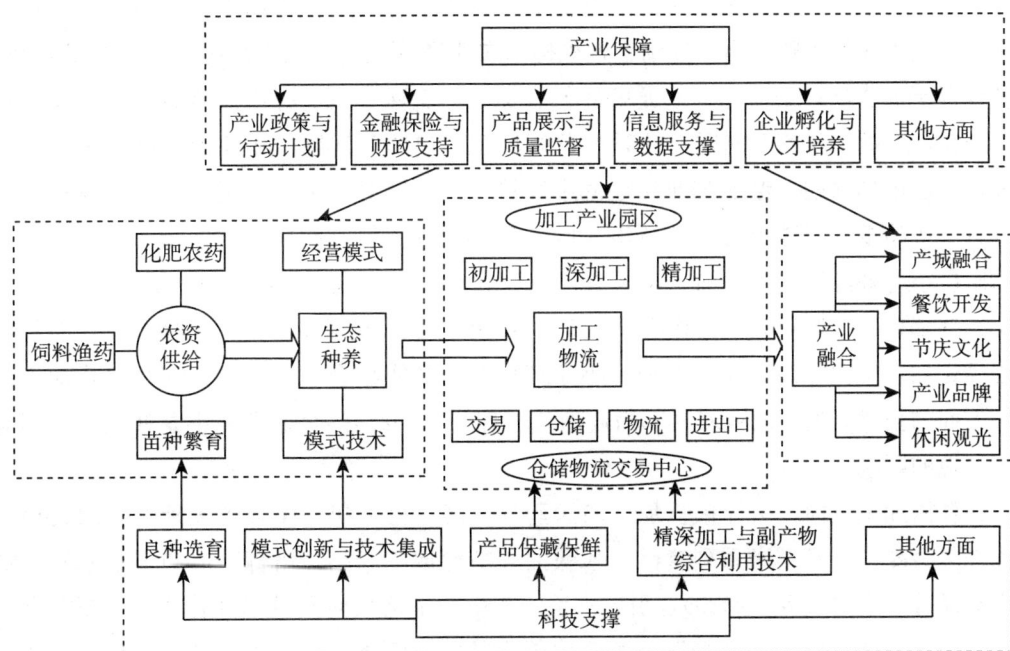

图8-4　稻虾全产业链体系建设示意

一、推动结构调整

立足资源禀赋，坚持市场导向，在稳粮前提下，优化产业布局、调优产品结构、调精品质结构、调高产业结构，积极发展稻虾及"稻虾＋"等。结合水稻和小龙虾产业基础，综合考虑水源、水质、排灌、土质、气温等条件，划定稻虾适宜区与非适宜区，依托项目建设高标准稻虾产业示范基地。以稻虾产业基地和产业园区建设为重点，以产品

191

需求为导向，引导种养主体进驻产业基地，加工及流通企业向产业园区聚集，推动稻虾生产基地化、加工园区化、园区产业化、产业集聚化，培育产业集群，实现产业结构优化。

二、延伸稻虾产业链

按照"一产固本、二产提质、三产增效"产业链建设思路推动强链补链延链。围绕品种培育、基地建设、稻虾米生产、稻米加工、仓储物流、品牌创建、市场营销等全产业链实施水稻产业提档升级。围绕种苗繁育、健康养殖、加工出口、餐饮物流、节庆文化等开展小龙虾提档升级行动。加工企业作为产业发展的"稳定器"、"调节器"和"增值器"（农业农村部渔业渔政管理局，2021），尤其是当小龙虾行情不好时，加工厂可以通过大量保底收储小龙虾来保证种养户的基本收益，起到"二产稳定一产功能"。应依托稻虾米和小龙虾加工能力的提升，进一步延伸稻虾产业链，拓展稻虾价值链，提升产品附加值，促进一二三产融合。

在初加工方面，一是加强扶持小龙虾加工龙头企业，出台短期资金周转政策支持龙虾企业扩大小龙虾收购能力，鼓励金融机构向农业经营主体提供以品牌为基础的商标权、专利权等质押贷款；二是加大小龙虾收储、加工、流通环节的标准制修订工作，要重视小龙虾初加工的"包冰"问题，针对小龙虾加工"包冰"问题，建议加紧制定出台行业标准，稳定市场预期，保证产业稳定健康发展；三是针对加工厂经纪人收购小龙虾而不能进行农产品抵扣问题出台专项政策，以降低小龙虾原料收购成本，该问题出现原因是当前阶段小龙虾经纪人卖虾尚未纳入农产品税收制度，而现实情况是加工厂80%～90%的小龙虾都来源于经纪人，这将增加9%的小龙虾原料收购成本；四是拓展开发小龙虾休闲食品，加强小龙虾加工品质调控、小龙虾加工副产物综合利用、小龙虾智能化加工设备等方面的技术研发（农业农村部渔业渔政管理局，2021）。全面评估小龙虾加工过程对生态环境的影响。

在精深加工方面，引导粮食加工向医药、保健、化工和环保等领域延伸，加大稻米精深加工力度，开发稻米系列食品、米糠油等精深加工产品，培育国内知名稻米精深加工产品品牌（李雪莹等，2020），引导水稻产业由数量增长向质量提升转变，不断提高产品附加值和综合效益。重点开发小龙虾休闲食品以及虾壳、虾头等副产物。小龙虾休闲食品按照小包装、易携带、高营养的标准进行生产（李雪莹等，2020）。围绕小龙虾副产物综合利用，从虾头、虾壳中提炼甲壳素及其衍生产品如壳聚糖等化合物，引导小龙虾加工向虾肽和虾膏、氨基葡萄糖盐酸盐、虾蛋白方向发展，研发专用化学品、医药用品、生物功能材料、优良保健食品等产品[①]，建立低碳、低耗、循环、高效的绿色加工体系[②]，

---

① 湖北潜江一虾一稻产业兴. https://baijiahao.baidu.com/s? id=1721014026685946661&wfr=spider&for=pc.
② 农业部部署实施农产品加工业提升行动. http://www.gov.cn/xinwen/2018-03/21/content_5276151.htm.

推动小龙虾副产物综合利用原料标准化，实现加工副产物的有效供给。全面推行国际食品质量管理体系认证，建立加工、运输全程质量可控体系。

三、保障稻虾供应链

以稻虾产业基地为抓手，以加工企业为龙头带动稻虾产业化发展，推动稻虾米订单化生产，强化水稻烘干仓储服务。建设集仓储、物流、加工、贸易、质检及信息服务等功能于一体的粮食物流园、现代化国家粮食储备库、稻虾米智能化交易中心，推动优质稻由传统粗放式管理向现代集约高效智能绿色管理转变，提升稻虾米仓储物流现代化管理水平。

规划和建设小龙虾池边塘头产地批发市场，配套小龙虾称重、分级、预冷、包装、保鲜等初加工设施，强化产地初加工；建设区域性小龙虾交易中心和批发市场（集交易、仓储、物流、检验、包装等于一体服务）建设，实现产销市场有效对接；注重加强贫困地区稻虾产品产销对接，拓宽产品销售渠道。

加大小龙虾活储囤养基地建设，提升小龙虾收储能力，稳定预期，降低风险；加强小龙虾冷链物流建设，推动主产区预冷库、重要物流节点冷链物流仓库、区域性大型冷库建设，建立完善小龙虾冷链物流行业体系团体与行业标准，构建小龙虾全程冷链配送体系，探索冷链公共设施建设、营运、维护的理想运作模式[①]。

完善城乡物流配送体系，支持农商直供、直销直供、社区直供、直营点、连锁店、外卖配送等新兴流通业态和消费模式，多渠道促进产品市场流通。依托县（市、区）电子商务园区建设稻虾产业电子商务园，搭建稻虾电子商务平台，建立电商仓储基地，推进电子商务进乡村，支持发展稻虾米和小龙虾产品开展网络营销，推动稻虾产品及其加工产品线上与线下相结合。依托电商孵化基地，开展电商技能培训，着力提升新型农业经营主体电子商务应用能力（钮钦，2016）。支持经营主体打造稻虾米、小龙虾产品专卖店，电商配送体系和餐饮连锁店。

完善稻虾米和小龙虾价格形成机制和市场调控体系，建立风险防范机制，通过采取产品错峰上市、产业链延伸、价格指数保险、价格预警、全国稻虾产业基地联动控产等措施，切实维护市场稳定。

四、提升稻虾价值链

提升稻虾价值链的渠道方式很多，品牌建设是提升稻虾价值链的重要举措，应该认识到优价的产品不一定需要品牌，有品牌的产品也不一定会优价。组织化程度高，经营规模大，能够增强产品议价能力，因为规模化、组织化、标准化生产产品能够在一定程度上降低产品收购方的收购成本和原料收购短缺或断货风险，因此订单农业在一定程

---

① 广东省农村物流建设发展规划 . http：//com. gd. gov. cn/attachment/0/327/327817/726427. pdf？ ref＝spec.

度上能够实现优价。但品牌是很重要的，品牌就是生命力、竞争力、话语权，是优质产品实现优价的转化器，因为品牌的背后蕴含着品质（优质）内涵，知名品牌代表着高附加值、高利润、高市场占有率（杨建云，2008），产业品牌化能够减少信息不对称现象。

稻虾产业品牌建设的战略是以品牌赢得市场，以市场引领消费，以消费倒逼流通、加工、生产升级[1]，促进稻虾种养高质量发展。建议各地构建区域公用品牌＋产品特色品牌＋企业品牌相协调的稻虾品牌格局，公用品牌作为品牌体系的"统筹者"，应集中力量塑造区域稻虾产业公用品牌形象及影响力，对全域稻虾产业进行整合与创新，推动产品品牌与企业品牌发展；产品品牌作为"孵化者"，应针对不同消费人群细分品类、细分市场，创建丰富的品牌产品体系，满足不同市场的需求；企业品牌作为"创造者"，是市场经济的主体，是区域产业发展的重中之重。构建完善的"政府推动、部门联动、企业主动、社会促动"的品牌建设长效运行机制，上启政府与政策、下接企业与市场。积极开展产品产地及产业链各环节的品牌认证，加快制定高质量稻虾种养的品牌共建共享的授权使用机制、品牌产权保护的监管机制，以及品牌危机预警、风险规避和紧急事件的应急机制（孙元鹏等，2019）。开展集中宣传，做好品牌营销，不断提升稻虾米和小龙虾品牌市场占有率。

注重"两品牌一平台"建设，"两品牌"指区域公用龙虾品牌＋绿色有机稻虾米品牌，"一平台"指稻虾产业协会或联盟或品牌运营中心，负责小龙虾和稻虾米的品牌培育、品牌管理及专业化运营等。区域公用品牌建设重点是解决产品卖好价的问题。围绕三个层面开展区域公用品牌建设：一是实施产品战略，提升产品价值与品牌形象；二是实施产业战略，建立产品标准化生产体系，理顺产业利益关系，充分发挥龙头企业带动作用；三是实施区域经济战略，积极完善相关配套产业，推动融合发展。

五、促进稻虾融合发展

融合发展是提升稻虾产业竞争力的重要举措。注重水稻种植和小龙虾养殖融合，实现两者融合协调发展，夯实产业发展基础。注重稻虾横向融合，挖掘非生产性功能，突出稻虾田园、绿色生活理念，将稻虾生产与特色餐饮、休闲垂钓、乡村民宿、观光旅游和科普教育相融合。推动稻虾全产业链各环节与数字化信息技术相融合，培育新业态，打造新模式。注重稻虾纵向融合，发挥产业联盟及协会作用，以利益联结为纽带，整合农资供应、经营服务、精深加工、品牌营销等各环节（农业农村部渔业渔政管理局，2020），推动产前、产中、产后有效连接，实现优势互补、信息共享、协调发展，推动产加销一体化，促进一二三产融合发展。

---

① 安徽省农业委员会印发《关于开展五大示范行动扎实推进现代生态农业产业化的实施方案》的通知．http：//nync. ah. gov. cn/public/7021/11240371. html.

第四节　稻虾绿色高质量发展经营体系构建

现代农业经营体系聚焦于经营主体及经营方式，解决现代农业"谁来种地和组织生产关系"的重大问题，是现代农业发展的提质机制保障和组织支撑，反映了现代农业的组织化程度。经营理念上注重更新，坚持产业化、组织化、品牌化、市场化经营。高质量稻虾经营体系是围绕培育稻虾多元经营主体，创新利于稻虾生产要素集聚与运用的体制机制，构建以稻虾种养农户为主体，合作与联合为纽带，社会化服务为支撑，集约化、规模化、专业化、组织化和社会化相结合[①]的立体复合式高质量稻虾经营体系。

一、培育稻虾多元主体

依托高素质农民培训和各级水产技术培训项目计划，以生产示范基地、技术培训基地和创业实习基地为平台载体，重点培育高素质、高技能，兼通水稻种植和水产养殖的复合型高素质农民、经营管理人才、技术推广骨干和稻虾生产示范户。实施现代青年农场主计划，培育家庭农场主。培育稻虾种养专业合作社，建立稻虾产业联盟，建设水稻和小龙虾行业协会组织。依托专业机构，开展稻虾职业技能培训，培育涉及稻虾的电子商务人才、餐饮烹饪和营销管理人才。以农业产业化园区为平台培育壮大水稻和小龙虾加工龙头企业，提供税务、科技和金融政策支持；以农民专业合作社为重点培育农机、飞防等社会化服务主体。支持科研院校、专业机构设立稻虾相关专业，以科技专项开展集中教学和科学研究，培育一批科研人才和专家团队。

二、推动适度规模经营

完善稻虾种养土地相关政策，建立土地流转服务体系，鼓励农户将承包经营土地采取转包、出租、互换、转让、入股等方式向稻虾种养经营主体流转（刘保仓等，2018），积极培育家庭农场主、专业合作社和龙头企业等新型经营主体，发展多种新型生产方式，重点支持农民土地经营权入股，促进稻虾种养适度规模经营。稻虾种养属于劳动密集型产业，不提倡大规模流转土地公司经营，不适合采用公司＋基地的经营模式，建议推广公司＋合作社＋种养大户＋农户的经营模式，重视工商资本企业大规模流转稻田开展稻虾种养，探索建立工商企业租赁农户承包地严格准入、用途监管制度和风险防控手段。

三、提升组织化程度

组织化经营是标准化生产的客观需要，在以小农户为稻虾经营主体的客观现实背景

---

① 推进新型农业经营体系建设重点把握四方面 . http://www.gov.cn/zhuanti/2013-08/07/content_2595515.htm.

下，必然会在品种选择、栽插管理、化肥农药使用、收获烘干仓储等环节呈现粗放化和随意性特征；同时小农户由于零星分布、面积小、品种杂，既形不成规模市场，也不利于树立行业品牌，又极易造成养殖成本过高，加之市场信息获取渠道狭窄，导致种植户收益不明显而放弃稻虾种养（朱永猛等，2017）。提升稻虾种养经营规模化和组织化程度，为稻虾种养绿色稻米和优质小龙虾生产提供组织经营保障。

坚持把让农民分享更多增值收益作为完善利益联结机制的基本出发点[①]，把提升稻虾组织化程度作为重要目标，以资金入股、土地入股、务工就业、兜底分红等利益联结机制加强种养主体与小农户之间联系，建议推广合作制、股份制、农业产业联合体，订单收购＋分红，土地流转＋优先雇用＋社会保障，土地入股＋保底收益＋按股分红等多种形式[②]，通过产业连接、要素连接、利益连接等方式（荣朝镇，2019），加快建立以品牌为导向，以加工企业为核心，以专业合作社为纽带，以种养大户和家庭农场为基础，农户广泛参与、一二三产融合、产加销紧密联系的稻虾种养产业化联合体[③]，补全主体间对接合作链条，提升稻虾产业组织化程度。鼓励行业协会或龙头企业与合作社、家庭农场、普通农户等组织共同营销，开展农产品销售推介和品牌运作，鼓励合作社网络小农户开展稻虾产业扶贫，让农户分享更多产业链增值收益。

第五节　稻虾绿色高质量发展文化体系构建

高质量稻虾文化体系植根于稻虾产业，在绿色生态发展理念下，以产业发展为推手，以优秀文化传承为内涵，引导乡村传统农耕文化重建，重塑新乡贤文化，为乡村文明保护和传承提供源泉[④]，助力乡村文化复兴，为促进乡村振兴、重塑鱼米之乡凝聚精神力量、提供精神动力。文化繁荣是稻虾绿色高质量发展的内在表征，高质量稻虾文化体系是文化形态与稻虾产业的融合，内涵是文化，外在是产业，根基在稻虾产业。文化产业的高技术含量、低能耗、生态影响小的绿色属性符合中国农业绿色发展的战略方向，是新时代背景下中国稻虾产业绿色高质量发展的应有内涵。

一、培育以稻虾种养为核心的文化产业

高质量稻虾文化体系的建设涉及农业、文化、教育、宣传等众多领域，而文化产业主要推动力来源于政府。第一，需要政府统筹安排、科学规划，协调好文化挖掘、生态

① 中共中央 国务院印发《乡村振兴战略规划（2018—2022年）》. http：//www.moa.gov.cn/ztzl/xczx/xczxzl-gh/.
② 关于促进乡村产业振兴的指导意见 . https：//baijiahao.baidu.com/s? id＝1637617613476611727&wfr＝spider&for＝pc.
③ 合肥推进"稻虾共作"助力产业扶贫 . http：//f.china.com.cn/2018-09/26/content _ 64072716.htm.
④ 乡村振兴战略下的文化创新与创意营造 . https：//baijiahao.baidu.com/s? id＝1595156356260151998&wfr＝spider&for＝pc.

建设、种养体系及产业建设。第二，从政策法律、财政金融、组织机构、人才培育等方面[1]对稻虾种养文化产业进行扶持、引导和倾斜，明确稻虾文化产业建设重点，制定产业发展规划及产业政策，引进社会工商资本投资和专业文化团队管理。第三，开展稻虾文化体系的文化价值挖掘研究，促进地方稻作及渔业文化遗产创新，提升稻虾种养文化服务效能，提升社会对稻作及渔业文化的关心重视。第四，加强宣传引导，贯通稻虾产业、文化建设创新、乡村休闲旅游等方面，促进农文旅深度融合发展，使高质量稻虾文化产业走绿色可持续发展之路，促进乡村经济发展，助力乡村振兴。

二、注入文化灵魂，塑造稻虾产业独特 IP

文化是乡村振兴的铸魂工程。第一，建立政府主导、部门联动、社会参与的保护机制，加快对典籍、民俗活动、农耕器具、特色美食文化等文化遗产的发掘保护。第二，建议地方调查历史文化资源、非物质文化遗产及文化品牌现状，突出文化背后思想、精深内核、文化底蕴和表现符号，探索文化根源，将水稻和小龙虾产业文化与乡村振兴建设紧密结合，构建文化产业链。第三，将稻虾文化资源以视频动漫、电视电影、主题歌舞、文学写作、社交表情等为载体，利用文化节庆，精心组织围绕稻虾产业的文化交流、经贸洽谈、学术研讨、群众文艺等活动（夏日新，2013），借助网络新媒体渠道传播，扩大对外文化交流，打造属于稻虾种养高质量发展独特的文化 IP 体系，逐步将优质文化资源转换为稻虾种养高质量发展的农产品品牌建设原动力，增强稻虾产业发展的核心竞争力，使稻虾产业成为文化传承的载体。

三、培育稻虾新业态，助力乡村文化振兴

高质量稻虾文化体系应挖掘乡村多元价值，探索将大地景观艺术与稻虾产业相结合，培育以水稻和小龙虾为主题的创意农业、教育农园、科普观光等新业态。以田园风光为大场景，充分集聚农业观光旅游、农事体验采摘、有机种植示范、生态田园休闲、原乡度假养生、艺术乡建科普等众多资源，通过产业互融互动，把农业技术、农副产品、农耕活动、休闲娱乐、养生度假、文化艺术等有机结合，拓展原有的研发、生产、加工、销售产业链（鲁青，2015），使单一的稻虾生产及加工成为休闲生活的载体，发挥产业价值的乘数效应，打造集生态田园休闲（田园酒吧、乡村酒坊、乡间烧烤、休闲垂钓、特色渔猎、农夫市集等）、农业观光旅游（特色写真、婚纱外景、稻田大地景观艺术）、生态度假养生（步道、骑行，风貌院落，精品民宿，田园泳池、瑜伽、温泉、SPA，咖啡、甜品、下午茶、特色鱼宴）、农事体验采摘（插秧、稻谷收割、亲子教育、有机稻谷加工）、科技生产研发（绿色生产、绿色防控、智能工厂育秧、互联网＋稻虾全程可追溯）、艺术乡建科普（乡村工艺坊、稻草迷宫、稻草乐园、草编艺术展、稻草人文化节、鱼米

---

[1]　韩国文化产业崛起的借鉴意义 . https：//www.fx361.com/page/2018/0718/3903781.shtml.

之乡文化展、磨碾文化区）于一体的新型稻虾田园农业综合体；结合当地自然风光与生态环境，建设稻虾种养特色小镇，打造稻虾主题特色旅游景区，建设稻虾公园和稻虾广场，构建绿色生态走廊，满足乡村旅游体验。依托稻虾种养文化产业与乡村融合发展过程，加快乡村现代公共文化体系建设，推动传统村落、乡村传统建筑、民俗文化保护与传承，让乡村田园景观、小城镇、建筑设施和乡村文化共同形成感性的精神纽带，重塑乡村文明，延续乡村文化机制和文化记忆，助力乡村文化振兴。

四、推进稻虾产业与节庆文化相融合

节庆文化建设是助力产业发展，推进品牌培育，弘扬文化的重要举措。树立并坚持政府主导、社会各界参与、企业冠名或承办的多元办节机制，如江苏盱眙国际龙虾节；开展集经贸招商、文化弘扬、旅游娱乐、餐饮美食等诸多功能于一体的稻虾种养节庆。在创始培育阶段以"造势"为主，兼顾"造财"，以树立地方形象为重点，利用媒体提升地方稻虾产业知名度、美誉度和开放度，借助龙虾节庆延伸稻虾产业链，吸引客商了解关注地方。在提高升华阶段由"造势"向"造财"和"造人"齐头并进，稻虾产业链进一步快速延伸；同时加强以产业为核心的创新、创业、创优的群体意识与素质形成和培育。在成熟阶段，以"走出去、国际化"战略为重点，通过多国多地联办，借助节庆契机，广泛开展国际节庆合作与经贸、文化交流，积极融入国际大潮，推进国际品牌节庆步伐，促进地方民俗文化与国际文化融合发展，实现稻虾种养节庆文化可持续发展。

第六节　稻虾绿色高质量发展生态体系构建

高质量稻虾生态体系是把发展稻虾产业建立在当地资源与环境承载力上，创造良好生态环境，通过稻虾生产过程洁净稻田和水体，发挥产业协同效应，以全产业链清洁生产推动产业生态化，实现土壤长期健康、水体长期洁净、固碳减排不断增强、生物多样性日益丰富、区域环境整体优美的目标。其原则和底线是不破坏稻田土壤，不污染周边水环境。

一、创造良好水体环境

发展稻虾种养需要考虑水源、水质、土质、地势及光照等因素。水源充足、排灌方便和水质清新是实施稻虾种养高质量发展的首要必备条件。实施水生态系统保护与修复行动，提升江河湖等重点流域的水污染治理水平和水环境管理水平。开展水体污染物减排、水污染防治行动计划，巩固农村环境连片整治和生活污水处理成果，加强农业面源污染治理和尾水处理循环再利用。建立水质在线监测系统，整治外来入侵水生植物，实施全域水体连通工程，贯通江、河、湖、库、渠，形成生态水系网络的有机结合，打造绿色水体。

二、建设稻虾美丽田园

根据模式类型，规范田间工程，确保养殖沟面积不超过 10%；必须严格保护稻田耕作层，不得毁坏种植条件。增强田园环境建设，促进生态良好，结合稻虾种养田间工程建设，做好整体规划设计、建设、改造，将大尺度自然生态环境整治和微观生态保护、稻田开发相结合。

三、推动产业生态化

产业生态化是实现经济增长与资源环境负荷脱钩，改善全产业链发展可持续性的重要方向。种养生产环节推行水稻绿色生产和小龙虾健康养殖，加工环节注重初加工和精深加工统一，延伸加工链条和促进产业间耦合，实现原料精深加工和副产物综合利用，消费环节倡导绿色消费、适度消费、健康消费。

四、推动生态产业化

良好的生态环境是一种无形产品。稻虾种养通过生产过程能够洁净水体净化环境，具有良好的生态效应。以稻虾种养为核心，挖掘稻虾生态功能，尝试探索生态补偿机制，实行区域生态补偿。依托美丽田园、稻虾小镇及田园综合体建设，实现生态环境产品化。

<h1 style="text-align:center">参 考 文 献</h1>

蒋军，奚业文，魏涛，等，2021. 2021 年安徽省小龙虾产业发展报告（下）[J]. 科学养鱼（5）：1-3.

李雪晴，2019. 安徽大力实施稻渔综合种养百千万工程 [J]. 中国水产（1）：35.

李雪莹，王艳，吴炜，等，2020. 乡村振兴背景下合肥市稻虾产业发展规划研究 [J]. 江苏农业科学，48（7）：36-40.

刘保仓，张西瑞，李红岗，2018. 浅谈河南稻渔综合种养发展趋势及思路 [J]. 中国水产（6）：45-48.

鲁青，2015. 温州休闲农业生态旅游发展模式浅析与策略 [J]. 北京农业（18）：143-145.

骆世明，2008. 生态农业的景观规划、循环设计及生物关系重建 [J]. 中国生态农业学报（4）：805-809.

钮钦，2016. 中国农村电子商务政策文本计量研究——基于政策工具和商业生态系统的内容分析 [J]. 经济体制改革（4）：25-31.

农业农村部渔业渔政管理局，全国水产技术推广总站，中国水产学会，2020. 中国稻渔综合种养产业发展报告（2019）[J]. 中国水产（1）：16-22.

农业农村部渔业渔政管理局，全国水产技术推广总站，中国水产学会，等，2021. 中国小龙虾产业发展报告（2021）[J]. 中国水产（7）：27-33.

荣朝振，2019. 合肥市稻渔综合种养产业发展现状及对策 [J]. 安徽农学通报，25（8）：53-54.

孙元鹏，孙燕玲，吴喆，等，2019. 中药材百合的知识产权保护与区域公用品牌打造研究 [J]. 江西农业学报，31 (8)：134 - 139.

汪懋华，李道亮，2020. 力推数字技术与农业农村的深度融合 [J]. 农业工程技术，40 (15)：23 - 24.

夏日新，2013. 湖北特色文化及其产业发展的调查与思考 [J]. 江汉论坛 (8)：110 - 114.

杨建云，2008. 高阳县纺织产业发展 SWOT 分析 [J]. 特区经济 (11)：68 - 69.

于广宁，2021. 河北省智慧农业示范建设专项行动计划解读 [J]. 河北农业 (10)：10 - 12.

朱永猛，施继标，蔡孝洲，2017. 稻田综合种养产业发展探析——以江苏省泗洪县为例 [J]. 农村经济与科技，28 (1)：56 - 58.

第九章
稻虾绿色高质量发展战略举措

立足于中国农业资源禀赋条件，结合水稻种植分布和水产养殖功能分区，提出了"一轴三带七集群"的稻虾产业绿色高质量发展战略布局，提出了建立稻虾种养绿色高质量发展的六大建设体系，明确了采取四大系列战略举措，推动中国稻虾种养绿色高质量发展。

第一节　创新稻虾产业经营模式

创新稻虾产业经营模式，形成产业化运行机制，要从微观、中观和宏观三个方面把握（张康洁等，2021）。微观方面形成主体间要素互补机制，新型经营主体与农户之间围绕要素供需（如土地、技术和劳务等）形成互补关系；中观方面围绕产业链建立利益共享和风险共担机制；宏观方面形成政府引导和市场主导相结合的"双导"推动机制，共同促进产业链环节转型升级发展。

创新稻虾产业经营模式的目标是提升稻虾经营效率，共担经营风险。影响稻虾种养经营效率的因素有很多（王晓飞和谭淑豪，2020），明晰这些因素对经营效率的影响对于创新稻虾经营模式，提高经营效率具有重要意义。

1. 家庭特征

（1）农业收入占比。农业收入占比显著正向影响稻虾种养的成本效率，这是因为收入占比越大，越注重生产要素优化配置，成本效率会越高（王晓飞和谭淑豪，2020）。

（2）户主身份。户主曾是或正在担任村干部、有外出务工经历等对稻虾种养的成本效率存在显著正向影响（王晓飞和谭淑豪，2020）。这是因为这重身份代表拥有较高的社交资源、渠道和资本，能以更优价格、更多技术、更多资本等提高成本效率。

2. 土地特征

（1）种养面积。稻虾种养成本效率随土地面积增加呈现倒 U 形分布（王晓飞和谭淑豪，2020）。这是因为在农户最优经营面积以下，土地规模逐渐增加能够提升机械效率和充分利用劳动力；而超过最优经营面积后，雇用劳动力引起监督和管理成本的上升。

（2）细碎化程度。开展稻虾种养的土地块数对成本效率存在显著负向影响（王晓飞和谭淑豪，2020）。这是因为细碎化程度越高，开展稻虾种养的田块面积越小，不利于基础设施建设和养殖生产活动。政策启示：鼓励适度规模经营，降低经营细碎化程度。

3. 技术获取途径

（1）技术培训。技术培训对提升稻虾种养的成本效率有促进作用，但并不显著，表明技术培训与农民技术培训存在错位而不能有效地解决农户生产实际问题，技术培训结果有待进一步提升。政策启示：以农户需求为导向，因人、因时、因地制宜聚焦农户问题提供培训和指导。

（2）加入合作社。加入合作社对稻虾种养的成本效率存在显著负向影响。这可能是合作社并没有真正发挥功效，没有在技术指导、生产要素采购和产品销售中发挥作用，反而增加了土地流转成本（王晓飞和谭淑豪，2020），因为合作社社员开展稻虾种养的土地分包自合作社改造后的集中连片土地，土地流转的成本相对较高。政策启示：发挥合作社纽带作用，实现产前统一农资降低要素采购，产中技术支撑提高产出，产后贯通渠道提升价格。

共担经营风险，可以通过增强利益联结机制来加强。目前稻虾种养的经营模式主要有（张勇和吴学兵，2021）：①土地联结，公司或合作社与农户签订土地流转协议，进行统一改造后流转给有经营稻虾能力的种养大户，实现了土地要素的互补。②产品联结，公司与合作社及农户签订生产订单。③劳务外包，贫困户由合作社安排就业实现劳务转化，形式如管理稻虾田、起捕小龙虾、栽种水草等。

当前稻虾产业经营模式存在农户自发经营、村委＋农户经营、公司＋基地经营等模式，这3种运作模式较为传统，无法有效建立生产者与消费者之间的信任体系，销售环节链条过长，小生产与大市场的矛盾依然突出，利益联结机制不紧密。创新型的稻虾产业经营模式包括公司＋合作社＋农户、社区支持农业、小农户集体和参与式保障体系。公司＋合作社＋农户模式一般适合产业化强、具有有实力企业的地区；小农户集体模式适合以出口和远方市场为目标，希望打造地方特色农业的地区；社区支持农业模式适合希望打造都市农业和生态农业的地区；参与式保障体系模式适合以本地市场为销售目的地，以小规模生产满足区域性消费的地区（李长钦，2012）。各区可以根据实际情况选择合适的组织形式。

第二节 健全科技创新推广服务

探究影响稻虾模式采纳意愿与行为的因素及层次结构和作用路径，理清不同类型农户采纳意愿的关键影响因子及作用机制，对促进稻虾共作模式的推广，制定适用于稻虾种养推广的政策具有重要意义。

一、稻虾种养生态农业模式技术推广特点

农户对模式技术采用是一个动态多级过程，可以分为前期认知、是否采纳、采纳强度和采纳经济效应等多个阶段（黄腾等，2018；陈雪婷等，2020）。①农户对模式技术采纳的诱因及动机也是多方面的，有人认为以利润最大化为目标决策（Feder and Slade，1984），有人认为通过理性比较新技术边际收益与边际成本来决定（Atanu at al.，1994），还有人认为通过比较新技术与旧技术的预期收益差距来决定（孔祥智，2004），笔者认为也可能是通过新旧技术收益差距与新旧技术转换所付出的时间精力方面的综合衡量比较来决定。②影响农户技术采纳意愿与行为的因素也有很多，宏观层面上有产业政策支持、技术创新环境、公共社会化服务和农技推广力度、市场环境等，微观层面上有农户个体（如年龄、性别、健康状况、受教育程度等）与家庭特征（农业收入占比、劳动力禀赋）、农户生产经营特征、农户（资本）资源禀赋水平等，侧重于农户资源禀赋异质性。

稻虾模式作为一个复杂的结合多种技术的综合体，导致其采纳决策与某个单项农业技术的采纳决策存在差异。与单一某项农业技术相比，稻虾模式是一个系统性的集成技术，技术门槛高，模式技术采纳取得的效果不仅由模式技术本身所决定，还受到农户的技术掌握程度影响（陈雪婷等，2020），而技术掌握程度又受到农户自身资源禀赋差异等多种因素影响。对于政府部门，有时很难区别稻虾模式是否是一种好模式，因为其发现推广稻虾模式虽然显著地提升了农民经济收入，但同时也存在威胁粮食安全和环境面源污染加重的问题，无法分清楚是模式技术内在存在不足，还是技术推广与农户自身技术掌握出现了问题；对于稻虾模式技术研发部门，通常更多关注技术创新性以及产量与环境效益的提升，而没有考虑技术掌握难易程度与技术实施成本问题，所以使推广应用在不同农户群体中产生多种不同效果，这需要针对稻虾模式研究不同经营主体的技术推广应用效果，明确适宜的推广经营以取得更加良好的应用效果。所以说，单一技术应用推广效果主要是由该技术的客观属性决定，而不是由农户在农业生产过程的具体操作决定（陈雪婷等，2020），所以单一技术的采纳农户只需要在成本与效益间进行权衡即可，而无须更多关注技术易用性，但显然稻虾模式技术的采纳则显著不同，农户对稻虾模式的技术易用性是继成本收益权衡（即经济有用性）后的另外一个重要决策影响因素。

二、影响稻虾种养技术意愿与行为的因素

1. 不同影响因素对稻虾种养技术意愿与行为的影响

农户个体特征、农户生产特征和农户认知情况均会影响农户对新技术的采纳意愿与行为（王泓宇等，2022）。农户个体特征包括性别、年龄、健康状况及文化程度等；农户生产特征包括兼业情况、种养面积、交通条件、是否加入合作社以及农业保险购买情况等；农户认知情况包括对稻虾技术的了解程度、对稻虾产品价格的了解程度、对稻虾产品市场的认知、对稻虾技术环境的认知等。

（1）农户个体特征。

年龄极显著或显著（杨兴杰等，2020）地负向影响着稻虾种养技术采纳，可能是因为开展稻虾种养相比于水稻单作在技术要求上更高，且劳动强度更大，随着年龄增大，老年劳动力对接受新信息、新技术的能力较低（Kabir and Rainis，2015），同时身体素质随年龄增加普遍下降。健康状况和文化程度对稻虾种养技术采纳存在正向影响，但两者存在差别，身体健康状况越佳，投入的时间和精力也会更多，更倾向于通过劳动或其他资本获得更高的收益，稻虾种养属于劳动密集型的高收益农业模式，所以越可能发生技术采纳行为；但文化程度却相反，理论上受教育程度越高，学习能力越强，观念相对先进，采纳新模式可能性越大（李后建，2012），文化程度较高的农户在其生产行为上有更多选择以获取更直接有效的收益，因此出现兼业化可能性越大（王泓宇等，2022），从而采纳稻虾模式技术的意愿行为不一定很高。另外，主体性别差异无明显影响。

（2）农户生产特征。

①除兼业因素外，其他因素对稻虾种养技术采纳没有影响，说明以务农（非兼业）为主的农户更容易在实际生产中采纳稻虾模式。这可能是因为：一方面农业作为家庭经济收入的主要来源，尤其是农业收入占比越高的家庭（陈雪婷等，2020），或者农业纯收入越高，对土地的依赖越重，对土地投入成本和精力越多，则对农业收入的期望值和重视程度越高，其提升农业生产技能水平的内生动力会越强，所以会更加注重采用新的生产技术进一步促进农业纯收入的增加（杨兴杰等，2020）；另一方面长期耕作对土地产生深厚情感也会注重耕地长期性使用；还有一个方面是因为兼业化分散了农户精力，在农户感觉自身精力有限时，其会将精力优先分配给经济效益高的工作。身份角色多重性也是一种兼业形态，有研究指出（陈雪婷等，2020），村干部身份会显著降低农户采用稻虾模式的意愿，这是因为尽管村干部相比普通农户社会资源较丰富，具有更多的生产资金和技术支持（Knight and Yueh，2008），但由于稻虾模式属于劳动密集型产业，精力消耗多，劳动强度大，反而限制那些处理较多村庄事务的村干部采纳稻虾模式，即使采纳也会对采纳强度有影响（陈雪婷等，2020）。但同时也有研究显示（杨兴杰等，2020），相比自身为村干部，家里有村干部显著正向地影响稻虾共作技术采纳意愿，这可能是因为村干部接触培训机会较多，且资源相对广泛，认知较为全面且快速，尽管其由于精力有限，但村干部会影响家庭成员而使其提升稻虾模式采纳意愿。

②是否加入合作社对稻虾种养技术采纳没有影响，但是村集体存在稻虾种养合作社并提供加入激励机制是能够影响农户采纳稻虾模式的，因为集体生产经营能够提供更多的技术、人力和物资支持，从而增强了应对农业生产风险的能力（王泓宇等，2022）。陈雪婷等（2020）研究也说明合作社对农户探索稻虾模式具有促进作用。

③交通条件对稻虾种养技术采纳没有影响，但也有研究表明，基础设施完善显著地正向影响稻虾模式推广，因为基础设施越完善，越有利于农户开展农业生产，越能保证产品的顺利销售和流通，从而降低稻虾产品市场风险，不断改善提高农业生产质量和效益。

④实际经营面积。陈雪婷等（2020）研究指出实际经营面积显著正向影响农户对稻虾模式的采纳概率，这是由于与水稻单作相比，稻虾共作具有更高单位经济效益，实际经营面积越大则越有利于提升机械化投入效率，从而实现规模经营收益增加，所以能够更加激励农户特别是规模化经营农户（利润型农户）采用稻虾模式，杨兴杰等（2020）研究结果也支撑该结论；但是经营面积却对农户采纳强度呈现极显著负向影响，这是因为经营规模越大，其面临经营风险也就越高，同时也对农户资金周转等提出更高要求，所以农户会出现通过多样化经营降低生产经营风险。笔者在湖北省蕲春县某家庭农场调研发现，2015 年该农场经营规模突破 1 000 亩，达到 1 100 亩，已经摸索形成了成熟的稻虾模式技术，开拓出稳定的产品销售市场，但资金经营风险是规模扩大后的首要瓶颈。为了降低经营风险，防止资金链断裂，该经营主体分别从四个层面开展多样化经营降低农业风险：微观上推进稻虾种养生态化转型降低生产风险，中观上分散投资稻虾生产、农机服务和花卉苗木，宏观上搭建多元利益风险共担机制，成立农机联合专业合作社，互相担保争取银行融资，最后购买农业生产保险以防范经营风险。

⑤耕地细碎化程度（杨兴杰等，2020）。耕地细碎化程度显著负向影响农户对稻虾共作模式技术的采纳意愿，这可能是因为耕地细碎化程度越高，越不利于大型机械作业，限制稻虾种养规模化生产，而规模化程度越高在一定程度上能够降低规模成本提高生产效率，所以耕地细碎化程度越高，则会进一步阻碍稻虾生产规模扩大和限制稻虾模式经济效益提升。

（3）农户认知情况。

①农户对稻虾产品价格的了解程度极显著地影响着稻虾种养技术的采纳，因为农户对稻虾产品的市场价格越了解，越能评估稻虾模式经济收益预期和收益风险。同时也有研究佐证了此观点（胡乃娟等，2021），发现收益预期对稻虾共作模式技术采纳存在极显著正向影响，这可能是因为小农是理性经纪人（假设理性小农），收益预期越高，对家庭收入的贡献越大，农户越愿意尝试新技术。

另外，经济效益（收入预期）也是影响一部分群体是否返乡开展稻虾种养的关键，当进城务工所带来的年收入低于稻虾种养年收入时，可能促进一部分人返乡。农户开展稻虾或稻渔综合种养的生产积极性很大程度上受到经济产投比和投资利润率的双重影响。相比单一水稻种植，采用稻虾或稻渔模式虽然增产，具有较高的经济净收益，但是同时具有较高的成本投入，且偏低的投资回报率也影响农民采纳的积极性，同时这种增产增收的"量"逐渐被其他行业和经济社会发展带来的好处所吸引和取代时（郑华斌，2013），新模式新技术也将无法提高农民采纳积极性，因为经济社会快速发展使得农村劳动力就业机会增加，导致新模式新技术的相对效益下降，这影响了农户对土地利用的意愿（李文华等，2009），从而会出现兼业化行为，以及农村劳动力大量向城镇及城市化较高地区进行转移，这种现象在距离城市近的地区往往更为明显。若想留住农民开展新模式新技术，一方面需要进一步提升新模式新技术的系统生产力，减少初始成本投入，提高投资回报率，缩短投资回报周期；另一方面应扩大经营规模，健全农业社会化服务，增强新模式新技术的风险抵御能力（李文华等，2009；郑华斌等，2013；王武，2011）。

此外环境预期（是否减少环境污染）和风险预期（是否存在环境风险）对稻虾种养采纳无影响（胡乃娟等，2021），表明农民对环境并非十分关心，这并不是说农户对环境问题不在意，因为在当前提质机制下，市场还没有显现稻虾种养减少环境污染的效果，没有促进农户对环境问题的关注。有研究指出，只有当农户认为开展稻虾种养的感知效应高（稻虾经济效益高）时才会极显著影响其采用稻虾共作模式（陈雪婷等，2020），而提高稻虾模式采纳强度也受到感知易用性影响，说明农户采纳稻虾共作模式首先关注相比传统稻作模式所带来的经济效益情况，即其采纳决策是建立在经济理性基础之上，或者说稻虾模式的经济效益是农户采纳稻虾模式的根本驱动力；同时开展稻虾共作模式的技术难易程度也是影响农户决策的重要参考，或者说稻虾技术感知易用性是影响农户对稻虾模式行为发生和提高采纳强度的重要驱动力（陈雪婷等，2020），农户通常会根据自身情况首先判断是否能够掌握稻虾共作模式技术，而采用强度受到感知易用性高低的影响，当农户认为稻虾共作模式技术简单，从技术角度看其经营稻虾种养面积规模就会越大，决定技术采纳强度的因素除了感知易用性外，还有产业市场以及抗风险能力等。

②农户对稻虾技术了解程度显著影响稻虾模式技术采纳，杨兴杰等（2020）研究也佐证了该结论。农户目前获取稻虾种养技术渠道主要是通过邻里效应交流决策尤其是村干部的示范带动以及政府开展技术培训获得稻虾共作技术知识（王泓宇等，2022），所以搭建技术交流平台，扩大信息沟通渠道，提高农户对稻虾技术的认知度，将有利于提升农户对稻虾共作模式技术的采纳意愿；杨兴杰等（2020）进一步研究显示，政府组织的技术培训对农户稻虾共作模式技术采纳意愿影响不显著，理论上政府技术培训增加了学习机会和渠道来源，从而会提升农户对稻虾种养模式技术的采纳意愿，然而影响不显著表明政府开展的技术指导与农户需要的技术存在错位现象，没有了解不同阶段农户的技术需求。也有研究进一步显示（胡乃娟等，2021），技术学习难易程度对稻虾模式技术采纳存在极显著负向影响，稻虾模式既涉及水稻种植生产还涉及小龙虾养殖，作为一项综合性农业模式相比其他单一农业技术更加复杂，技术越复杂，意味着花费时间和精力就越多，且掌握难度越高和掌握效果相对较差，这直接影响农户开展稻虾模式的生产收益和生产技术风险；进一步看技术培训机会与次数也极显著正向影响稻虾共作模式技术采纳，因为技术培训不仅提高农户种养技术水平，降低生产风险，同时技术示范与相互间交流能够增加农户对稻虾模式生态认知，从而激励其从事生态生产（谢贤鑫和陈美球，2019）。但是邻里效应却极显著负向影响稻虾共作模式技术采纳意愿，可能是因为稻虾共作前期不仅需要额外的人力和物力投入，致使成本投入较高，而且邻里间因技术掌握程度不一而赚取效益存在差别，在近期与远期的利益冲突下，农户间频繁的互动会降低农户采纳意愿（王志刚等，2010）；但也有研究显示（杨兴杰等，2021），邻里效应会显著正向影响农户对稻虾共作技术的采纳意愿，这归因于邻里间长期地生活交流形成相互信

任，加之相互间生产信息交流等会提高稻虾种养技术采纳意愿。

③农户对稻虾产品市场认知正向影响稻虾种养技术采纳意愿。市场认知度高意味着农户能清晰地把握稻虾生产模式所具备的生产效益和发展潜力，愿意采纳这一生产模式以适应市场需求，获得更高的收益。

④政策支持对农户稻虾共作模式技术采纳意愿的影响不显著（杨兴杰等，2020）。理论上政府出台产业支持政策对技术推广有促进作用，影响不显著的原因一方面可能是产业支持政策不足或支持力度不够，另一方面是政府支持执行不到位。

⑤农业补贴对农户稻虾种养技术采纳意愿的影响程度不显著（杨兴杰等，2020）。表明可能由于补贴金额、补贴结构、补贴人群、补贴机制等不合理导致补贴政策没有转化为促进农户愿意采纳稻虾种养技术的外部驱动力。

2. 不同类型农户对稻虾种养技术采纳的意愿与行为

不同主体对稻虾种养技术采纳意愿和采纳行为存在差异，研究指出：相比于传统小农户，新型农业经营主体显著影响着稻虾种养技术的采纳意愿和采纳行为（杨兴杰等，2020），这是因为对于传统小农户而言，其生产目标是家庭总收入最大化，并且会为了降低生产风险来提高家庭总收入，因此往往以兼业化形式维持生产经营（杨兴杰等，2020），不愿意花费较高的投资成本采纳稻虾种养技术，所以不利于农业技术推广；而对于新型农业经营主体而言，一方面其文化素质、先进技术采用、信息获取能力以及国家政策、市场资源和资金支持都优于普通农户，另一方面新型农业经营主体具备较强的抗风险能力和从事新技术、新模式的动力（因为他们的生产重心在农业而非兼业）（胡乃娟等，2021）。

在此，进一步分析不同类型的新型农业经营主体的特征及在生产过程中面临的需求，以更好地针对不同经营主体推广稻虾模式，提高模式技术采纳率。经调研发现，新型农业经营主体人群分为三大类别：第一类是受过高等教育的农业大学毕业生及青年群体（又称新农人。其优势为具有农业理论基础，学习能力强；劣势为缺少资本及人脉，产品商业化运营能力差，其迫切需要产业资本投入和农业社会化服务体系建立），第二类是具有一定资本的返乡农民工（其优势为具有一定资本，劣势为不擅长农产品商业化运营管理，其迫切需要农业社会化服务体系建立、农业商业经济管理人才加入），第三类是具有一定资本的返乡成功商业人士（其优势为具有一定资本与人脉资源，且产品商品化思维及品牌运营能力强，劣势为缺乏对农业内在属性特征的认识和农业专业生产知识匮乏，因此常常会出现以工业化思维而不尊重农业生产的内在属性来开展农业生产且屡试不第，其迫切需要加强农业内在属性认识以及管理方式创新、农业社会化服务体系建立以及农业生产管理人才加入）。

当然，稻虾共作模式技术推广不仅受到经营主体的影响（杨兴杰等，2021），还受到经济效益（促进增收、产品提质提价）、技术含量（技术环节复杂、立地条件制约、科学水肥调控、技术了解程度）、劳动技能（经验积累与系统知识学习）、生态环境（传统农业方式面源污染问题、比较收益下降和附加值不高致使利润空间被压缩、土地质量下降压力）和市场变化（集中上市降低市场价格致使增产不增收，市场价格风险大影响技术推广，而目前评价稻虾共作模式技术的经济效益和生态效益较少考虑市场需求规律的影响）等多因素影响。

三、完善稻虾种养技术推广的政策启示

构建以中国稻渔综合种养产业技术创新战略联盟为支撑，以农业技术推广机构为主导，以家庭农场、种植大户、农民合作社和龙头企业等新型农业经营主体为基础，农业科研、教育等单位广泛参与的基层农业技术推广体系。

第一，搭建中国稻虾产业研究合作平台，整合优势资源，集中科研力量，设立科研专项，围绕稻虾模式优质水稻品种选育（抗倒、抗虫、米质优良、生育期适中等品种）、小龙虾良种选育扩繁（育种理论、育种方法、遗传机制、人工标准化繁育技术等）、稻虾种养新模式新技术（适宜田间工程、合适水稻播期、适宜苗种投放期、农机农艺创新融合、水稻种植和小龙虾养殖融合）、绿色防控及疫病防治（小龙虾病害防控、健康水体调控、水稻绿色防控）、稻虾产品精深加工［稻虾新产品、加工保鲜工艺（利于延长小龙虾产品货架期）（李楚君等，2022）、精深加工技术］等领域加快解决制约稻虾产业发展的瓶颈问题。

第二，创新县校深度合作体制机制，围绕稻虾种养全产业链组建专家团队，聚焦县（市、区）稻虾产业瓶颈问题，设立科技联合攻关项目，解决全产业链问题，支持一家稻虾特色产业龙头企业，培育一批稻虾特色产业专业合作社，将稻虾产业打造成地方县域经济发展的重要引擎。

第三，建立县（市、区）院士专家工作站和稻虾产学研基地，把基地打造成为农民培训、学生实习的工作平台和新技术新模式的展示平台，实现基地与科研院所相结合、与企业相结合、与种养主体相结合，形成专家团队＋农技人员＋科技示范户的科技成果示范推广转化机制，提高科技成果转化与应用能力。

第四，人才是稻虾产业发展助力乡村振兴的关键。推进县（市、区）稻虾产业实现高质量发展离不开各类人才的努力，包括实用技术人才、现代农场主、农业社会化服务人才、农业科技研究人才、龙头企业管理人才以及电子商务等第三产业人才。以培训农业科技人员、新型农业经营主体和稻虾产业人才为重点，联合科研院所和大专院校，设立专项计划和稻虾有关专业，坚持以项目为载体，组建科技创新攻关团队，在解决稻虾产业发展问题的过程中培养稻虾产业研发团队和研发人才，创建人才培养与交流新通道，形成高校人才引进绿色通道和新型农业经营主体人才培养绿色通道，补齐稻虾产业人才短板。

第五，整合地区及周边优势企业资源，搭建稻虾产业公共服务平台，做好种养信息与技术咨询、产品溯源体系建设、品牌培育与推广、产销对接与线上线下销售、信息服

务与贸易壁垒等工作，形成资源共享、信息互通、金融合作的良好格局。

第六，依托基层农业技术推广体系，总结百姓实践经验，规范操作技术，发布简明技术手册，通过科技下乡、培训授课讲课、田间现场咨询、专家巡回指导、科技特派员等多种方式以及电视、广播、微信自媒体等多种途径传授技术，做到让稻虾种养技术老百姓能学、易学、愿学，学以致用、学以致富。

第三节　建立产品质量监管机制

建立产品质量认证监管机制具有激励约束作用，利于规范稻虾米和小龙虾产品市场秩序，防止和化解交易冲突，建立生产者与消费者之间的信任体系。

1. 健全产品认证监管法律法规

一方面出台与绿色水稻和绿色水产认证及监管相关的法律细则，另一方面将稻虾产业发展作为乡村振兴战略支点上升到法律高度，明确各部门权责，各司其职，共同做大做强稻虾产业。

2. 加强稻虾全产业链过程环节管控

围绕稻虾产业的区域布局指导、产地环境建设、农资供给、种苗繁育、种养生产（品种选择、田间管理、收割、烘干）、冷链仓储、交易物流、加工包装、电子商务、餐饮文化、品牌建设等全产业链各环节加快构建标准管理规范与技术体系，开展质量监管机制、产品标准、品牌产品认证及相关配套规章制度的建设，实现操作有规范、过程有记录、产品有标识、市场有监管、质量可追溯，确保质量可监控、过程可追溯、政府可监管，从而保证安全、保障质量、保护品牌[1]。

3. 建设稻虾产业质量监督平台

建立稻虾产品质量检验检测中心和质量监督平台，完善稻虾主体信用体系，健全质量安全市场准入和产地准出衔接机制。建立高质量稻虾种养的产品信息监测平台，搭建管理服务云平台，包括质量保障大数据中心、备案管理平台、农资管理平台、追溯管理平台、政府监管平台、标识管理平台等。

4. 建设稻虾农业生产大数据平台

大力建设集农业资源、气象、生产、流通、技术推广等多功能于一体的智慧农业生产大数据平台，对生产过程的各类数据进行汇总、呈现、分析、应用[2]。

5. 建设稻虾生产安全预警平台

采购水稻物联网管理设备，建设农业种植数据采集基站，开发生产预警服务体系，

---

① 南县稻虾米·小龙虾品牌推广会在长沙举行. http：//big5. xinhuanet. com/gate/big5/www. hn. xinhuanet. com/2019-11/06/c_1125198997. htm.

② 中共湖南省委湖南省人民政府关于印发《湖南省乡村振兴战略规划（2018—2022 年）》的通知. http：//www. moa. gov. cn/ztzl/xczx/gh_24713/201812/t20181213_6164904. htm.

对水稻病虫害防控、土壤重金属检测、水质数据监测、小气候数据采集等进行实时监控和预警提醒。

6. 建设农产品质量安全综合监管信息化服务平台

构建农业化学投入品经营单位网络远程视频监控管理系统和化学投入品二维码溯源系统，实行"农产品身份证"管理和赋码标识，统一数据采集指标、传输格式、接口规范及编码规则①，配备电子追溯码标识检测等终端设备，实现农药、化肥等农业投入品可追溯。借鉴南县"三确两检一码"溯源管理经验，实现生产有记录、流向可追踪、信息可查询、安全可追溯。

7. 搭建管理服务云平台

完善终端应用开发与推广，围绕防伪开展政府背书、双码校验等，围绕溯源开展监测报告、营养报告等，围绕数据开展扫描数据、产销数据链接等相关工作。

第四节　完善稻虾产业保障措施

建立完善促进稻虾产业发展的政策体系，需要首先成立专门政府管理机构，其次依托行业协会和政府专门机构，建立专业合作社-行业协会-专门政府管理机构的政策建议反馈机制，优化政府产业管理体系。市场机制是开展产业培育和发展的主导者，政策体制机制是推进产业健康发展和促进产业高质量发展的引导者（何雪融等，2011）。政策体制机制应促进产学研相结合，加强硬件（公共设施完善、示范基地建设）和软件（投资营商环境、协会服务体系、金融服务等）的共同建设。

建立完善的稻虾政策金融保障体系，保证稻虾产业有序良性稳定发展。建议从产业政策、财政政策、金融政策、食品安全与环境保护政策等方面重点完善政策金融保障体系。

一、实施有效的产业政策

贯彻落实国家有关法律及中央省部级有关政策文件，建议有关方面因地制宜明确不同粮食生产功能区在沟坑占比、粮食产量上的目标（农业农村部渔业渔政管理局，2020）。编制产业发展空间规划和顶层系统战略规划，制定稻虾产业发展空间规划，整合部门规划，科学评估与核算，优化区域布局，明确哪里可以发展，发展规模究竟有多大。制定顶层系统战略规划，应注重四个结合②：稻虾产业与高标准农田及农田水利基本建设相结合，建设一批高标准稻虾绿色种养示范园区；稻虾产业与精准扶贫相结合；稻虾产

---

① 国务院办公厅印发《关于加快推进重要产品　追溯体系建设的意见》. http://www. mofcom. gov. cn/article/ae/ai/201601/20160101233206. shtml? from＝groupmessage.

② 湖南益阳市南县县人大审议稻虾产业发展报告. http://www. shuichan. cc/news _ view-330921. html.

业与涉农资金整合改革（良种繁育、基础设施建设、标准化示范、教育培训、大户保险等补贴）相结合；稻虾产业与美丽乡村建设和县域旅游相结合（把稻虾产业既作为县域经济发展的支柱，又作为乡村生态和湖乡农耕文化景观来培育），把稻虾产业作为推进农村一二三产融合的抓手，从顶层设计上引导稻虾种养高质量发展。

培育稻虾产业龙头企业，强化品牌引领，延伸稻虾产业链，进一步推动中国稻虾产业化发展。地方政府以稻虾产业协会及合作社为纽带建立与种养大户间的双向沟通机制，注重围绕稻虾产业发展出台系统性扶持政策，注重支持建设内容政策的连续性、差异性、有效性和针对性。把握现代稻渔综合种养产业发展要求与农业发展总趋势，以规模化开发、标准化生产、精深化加工、产业化运营、组织化经营、品牌化运作、现代化管理为手段，提出适合本地稻虾产业发展的道路，推动中国稻虾产业形成区域化布局、专业化生产和产业化经营的发展格局。

二、建立完善的财政政策

地方政府在出台相关财政政策，提供产业资金支持时，明确为什么要支持（农业是弱势产业，四化同步发展的要求，稻虾产业发展的重大战略意义等），扶持资金从哪里来（扶贫、财政、高标准基础设施建设），侧重支持哪些地方（贫困村、示范点、重点县），重点扶持哪些对象（种养大户、专业合作社、加工及销售龙头企业），抓好哪些关键环节（基础设施、种苗供应、技术培训、加工转型升级），预期取得什么效果（促进产业高质量发展，实现农业增效、农民增收），从而提升财政资金的有效性、针对性。具体讲，建议从以下方面出台财政政策：

整合新增建设用地有偿使用费、农业综合开发资金、现代农业生产发展资金、农田水利设施建设补助资金、大型灌区续建配套与节水改造投资、新增千亿斤粮食生产能力规划投资以及水利、林业、供销、交通、环保、科技、住建等涉农专项资金[①]，推进稻虾种养产业基地建设与国土整治、高标准农田建设、农田水利设施改造、中低产稻田土壤改良、农业综合开发、现代农业产业融合示范园区建设等项目相结合，采取先建后补、以奖代补、贷款贴息等方式对按照高质量稻虾种养模式工程要求建设的基地给予财政补贴，打造一批高质量稻虾产业示范基地。设立稻虾产业发展基金，建立稳定投入增长机制，以政府投入为引导，以企业投入为主体，鼓励和引导金融资本和社会资金投向稻虾产业，促进形成多渠道、多元化的稻虾投融资环境与投入机制[②]。突出项目支撑，设立一批推动稻虾产业绿色高质量发展的重大项目，以重大项目为抓手确保各项任务落地实施。

① 探索高标准农田建设资金整合机制 湖南开展涉农资金整合试点滚动. http：//www.gov.cn/xinwen/2016-01/13/content_5032461.htm.
② 全国稻渔综合种养产业扶贫现场观摩活动经验交流［J］. 中国水产，2019（8）：4-13.

三、大力发展金融保险

1. 大力发展稻虾金融

要明确金融保险支持对象、支持环节和支持期限（宋洪远和何可，2020）。

（1）对于支持对象，不同规模种养农户的单位面积投入成本、总收入和净利润存在显著差异，随着稻虾种养规模增加，单位面积成本逐渐下降，总收益先增加后降低，而单位面积利润逐渐增加。因此，从金融支持资金回收风险考虑，应该重点支持中等规模（50亩左右）和较大规模的种养大户或家庭农场。

（2）对于支持环节，稻虾种养成本构成及占比是金融针对重点环节进行支持的重要考量。研究显示，基础设施改造，饲料购买和苗种投资是种养大户和家庭农场稻虾种养成本的主要组成部分，其中饲料购买无论对于小、中、大规模农户都占总成本投入的1/4，表明这是金融支持的重点环节。

（3）对于支持期限，稻虾种养资金回笼期是支持期限的重要参考。

探索构建以农发行＋商业银行＋专业大户（家庭农场）模式、农发行＋农村信用社＋专业大户（家庭农场）模式为代表的金融转贷模式。建立新型农业经营主体信贷担保体系，探索建立农发行＋政府＋担保机构＋专业大户（家庭农场）模式为代表的信贷担保模式（宋洪远和何可，2020），推进贷款贴息创新，提升审贷效率和风险防控水平，打造涵盖银行、保险、证券以及互联网金融的立体金融支撑体系（陈坤等，2016；鲁国梁等，2020）。

开展绿色项目认证，打造绿色金融综合服务平台，完善绿色金融标准认证体系[①]。政策性金融机构和商业银行切实加大对稻虾经营主体的贷款力度，支持利用土地经营权、养殖权、农机具以及以品牌为基础的商标权、专利权等进行抵押融资贷款。

中央及省级有关部门研究出台短期资金周转政策，在小龙虾收获季节和稻虾米收获季节，定向为相关收购企业和大户开发小额信贷产品，缓解企业和大户资金压力，扩大小龙虾和稻虾米收购能力。

开发以新型农业经营主体、田园综合体、分享农场、共享农庄、创业农业等为授信主体的信贷产品（杨伟坤，2020），设计新型金融产品，发展有韧性的产业链金融，尝试建立集股权融资和债权融资、融资担保和融资保险、期货保险、企业联保融资于一体的科技金融服务链。

2. 大力发展稻虾保险

农业不同于工业等其他行业，不仅存在市场、技术等风险，还存在自然风险，具有"前期投入大，回报周期长，发展风险高，利润率低"等特点。稻虾种养生产过程中面临

[①] 人民银行发布《中国绿色金融发展报告（2018）》. http：//www. gov. cn/xinwen/2019-11/20/content _ 5453843. htm.

的主要风险及保险需求：①自然灾害风险，包括龙卷风、雨雪洪涝灾害及旱灾等；②疾病风险，包括白斑综合征病毒、细菌性甲壳溃烂病等引起的疾病。

目前，稻虾保险发展也面临一些困境（朱乾宇等，2020）：①保险公司需要进一步在公司的盈利性目标和农业保险的政策性目标之间寻找合适的平衡点。②保险赔付金额少，相对于巨大养殖投入仍然是杯水车薪，尽管政府和保险公司在不断改善保险具体细则。③小龙虾的保费率偏高，这是由于其较强的区域性和季节性特征致使风险集中。④小龙虾保险查勘定损难度大。一方面是因为稻虾生产技术环节多且复杂；另一方面是因为存在信息不对称（以未投保但受灾的稻虾田混淆投保但未受灾的稻虾田）和道德风险（如个别养殖户故意隐瞒不正确养殖行为）问题。⑤地方财政激励不足。

在技术层面上，运用区块链技术建立稻虾种养追溯系统解决信息不对称和道德风险问题；运用模型结合遥感及气象信息将实际产量损失转化为模型预测产量。在保险模式上，探索建立"虾稻共保"的共享保险模式，实现水稻和小龙虾的"风险对冲"，利用各级财政对水稻补贴平摊小龙虾养殖保险费用（朱乾宇等，2020）。完善稻虾保险政策体系，将水稻和小龙虾生产纳入政策性保险实施范围，同时探索开展水稻完全成本保险和收入保险试点，鼓励开展天气指数保险、价格指数保险、贷款保证保险、保险＋期货等试点（冯文丽和苏晓鹏，2019），设计多层次、可选择、不同保障水平的适应新型农业经营主体的商业性保险品种。设立多主体共同参与的巨灾保险基金，加强政府、养殖户和保险公司三者之间利益共同体建设。

四、建立有效组织保障体系

成立稻虾产业发展协调领导小组，建立稻虾产业发展联席会议制度，实现县镇村三级联动，齐抓共管。在村级层面，发挥好村民主体作用的同时保证生产质量，让群众"动"起来；在镇级层面，多在产业链沟通协调上下功夫，将产业合作社、养殖协会、养殖公司等吸纳进来建成相关产业养殖协会党支部，将党支部建在养殖产业链上，发挥党组织在协调服务、教育引导和组织发动等方面的积极作用，让产业"活"起来；在县级层面，让党员干部"干"起来，更要在打通销路上下功夫、谋联络、出点子，让销路"畅"起来。

实施动态跟踪评价管理，定期了解调度工作和责任单位进展情况，推进稻虾产业发展重点任务开展；突出监督考核引导作用，将稻虾产业发展绩效纳入年度绩效考核范畴统筹推进。探索建立专业单位监理、管理部门监管、农民群众监督三位一体的监督模式①。

---

① 农业农村部关于印发《全国高标准农田建设规划（2021—2030 年）》的通知 . http：// www. moa. gov. cn/hd/zbft _ news/qggbzntjsgh/xgxw _ 28866/202109/t20210916 _ 6376566. htm.

参 考 文 献

曹凑贵，江洋，汪金平，等，2017. 稻虾共作模式的"双刃性"及可持续发展策略 [J]. 中国生态农业学报，25（9）：1245－1253.

陈昌福，2017. 美味的小龙虾也存在风险？陈昌福谈克氏原螯虾养殖热潮与生态危机之隐忧 [J]. 当代水产，42（8）：82－86.

陈坤，曾君，黄国海，等，2016. 潜江市发展小龙虾产业的探索与启示 [J]. 湖北农业科学，55（11）：2955－2959.

陈松文，江洋，汪金平，等，2020. 湖北省稻虾模式发展现状与对策分析 [J]. 华中农业大学学报，39（2）：1－7.

陈雪婷，黄炜虹，齐振宏，等，2020. 生态种养模式认知、采纳强度与收入效应——以长江中下游地区稻虾共作模式为例 [J]. 中国农村经济（10）：71－90.

冯文丽，苏晓鹏，2019. 对我国农业保险市场运行特点及问题的思考 [J]. 中国保险（5）：29－33.

何雪融，李雨洪，曾袁园，等，2011. 关于促进盱眙小龙虾产业发展的政府政策研究 [J]. 企业导报（13）：114－116.

胡乃娟，王羽涛，陈倩，等，2021. 农户采纳稻虾共作模式意愿的影响因素及其异质性 [J]. 中国生态农业学报（中英文），29（10）：1752－1761.

胡荣华，2000. 农户兼业行为研究——以南京市为例的分析 [J]. 南京社会科学（7）：87－92.

黄腾，赵佳佳，魏娟，等，2018. 节水灌溉技术认知、采用强度与收入效应——基于甘肃省微观农户数据的实证分析 [J]. 资源科学，40（2）：347－358.

李长钦，2012. 有机农业三种组织形式的比较研究——小农户集体、社区支持农业、参与式保障体系 [D]. 南京：南京农业大学.

李楚君，涂宗财，温平威，等，2022. 中国小龙虾产业发展现状和未来发展趋势 [J]. 食品工业科技，43（8）：463－470.

李后建，2012. 农户对循环农业技术采纳意愿的影响因素实证分析 [J]. 中国农村观察（2）：28－36，66.

李文华，刘某承，张丹，2009. 用生态价值观权衡传统农业与常规农业的效益——以稻鱼共作模式为例 [J]. 资源科学，31（6）：899－904.

鲁国梁，许淼，汪本福，等，2020. 湖北省虾稻产业可持续发展的调研思考 [J]. 湖北农业科学，59（19）：23－26.

农业农村部渔业渔政管理局，全国水产技术推广总站，中国水产学会，2020. 中国稻渔综合种养产业发展报告（2020）[J]. 中国水产（10）：12－19.

宋洪远，何可，2020. 政策性金融支持低碳农业的模式设计及风险管理研究——以"虾稻共作"为例 [J]. 农村金融研究（10）：3－10.

王泓宇，王澳雪，张煊悦，等，2022. 农户稻虾种养模式采纳意愿与行为悖离影响因素分析——以江苏省为例 [J]. 安徽农业科学，50（1）：234－239.

王武，2011. 我国稻田种养技术的现状与发展对策研究 [J]. 中国水产（11）：43－48.

王晓飞，谭淑豪，2020. 基于非同质 DEA 的稻虾共作土地经营模式成本效率分析 [J]. 中国土地科学，

34（2）：56-63.

王志刚，汪超，许晓源，2010.农户认知和采纳创意农业的机制：基于北京城郊四区果树产业的问卷调查［J］.中国农村观察（4）：33-43，53，96.

谢贤鑫，陈美球，2019.农户生态耕种采纳意愿及其异质性分析——基于TPB框架的实证研究［J］.长江流域资源与环境，28（5）：1185-1196.

徐元，2005.稻田生态系统服务功能的强化研究［D］.长沙：湖南农业大学.

许辉，赵阳阳，孙东岳，等，2022.稻虾共作模式研究进展［J］.中国农业科技导报，24（2）：160-168.

杨伟坤，2020.以农村金融创新助推乡村振兴［J］.人民周刊（12）：67-68.

杨兴杰，齐振宏，杨彩艳，等，2020.农户对生态农业技术采纳意愿及其影响因素研究——以稻虾共养技术为例［J］.科技管理研究，40（1）：101-108.

杨兴杰，齐振宏，杨彩艳，等，2021.新型农业经营主体能促进生态农业技术推广吗——以稻虾共养技术为例［J］.长江流域资源与环境，30（10）：2545-2556.

张康洁，刘旭，尹昌斌，等，2021.湖北潜江"虾稻共作"种养模式的运作机制及政策启示［J］.中国农业资源与区划，42（12）：8-15.

张勇，吴学兵，2021."虾稻共作"模式对国家粮食安全的影响研究——基于湖北省潜江市的调研［J］.湖北农业科学，60（23）：201-204.

郑华斌，陈灿，王晓清，等，2013.水稻垄栽种养模式的生态经济效益分析［J］.生态学杂志，32（11）：2886-2892.

郑华斌，贺慧，姚林，等，2015.稻田饲养动物的生态经济效应及其应用前景［J］.湿地科学，13（4）：510-517.

朱乾宇，樊文翔，龙艳，2020.农业保险推动乡村特色产业发展的困境与对策——以湖北省潜江市为例［J］.金融理论与实践（7）：90-96.

Zhan M，Cao C G，Wang J P，et al.，2011.Dynamics of methane emission，active soil organic carbon and their relationship in wetland integrated rice-duck systems in southern China［J］.Nutr Cycl Agroecosys，89：1-13.

第十章
稻虾绿色高质量发展案例借鉴

近年来，在推动稻虾种养转型升级过程中，各地开展了一系列的技术创新、品种优化和模式探索，形成了各自稻虾种养的发展模式，极富地域特色。总结这些稻虾产业发展经验，借鉴地域发展案例，对于我国不同地区明晰稻虾产业转型发展定位，探索出具有地方特色的稻虾产业发展路径，具有指导与借鉴意义。

中国稻虾产业在长期发展过程中，各地区结合地方实际，开创了各具特色的产业发展路径，总体来看，可以归为四条路径：①以小龙虾为重心的稻虾产业发展路径，代表地区如湖北省潜江市、江苏省盱眙县；②以稻虾米为中心的稻虾产业发展路径，代表地区如湖南省南县；③以双水双绿理念引领的稻虾产业发展路径，代表地区如湖北省监利市；④以稻虾原生态种养为特色的稻虾产业发展路径，代表地区如安徽省霍邱县。

第一节　以小龙虾产业链延伸为逻辑的稻虾产业发展模式

潜江市位于湖北中南部、江汉平原腹地，地跨东经 112°29′—113°01′、北纬 30°04′—30°29′，东通武汉、南连监利、西邻荆州、北接荆门，是武汉城市圈、鄂西生态文化旅游圈、长江经济带、汉江生态经济带等湖北"两圈两带"战略的重要节点城市。区域内地势平坦，平原地貌占比 98.66%，北有汉江，东有东荆河，区域内地表水、地下水资源总量为 462.45 亿 m³，河渠纵横，水利设施完善，蓄洪排涝能力强；属亚热带季风气候，光温资源充足、雨热同期、土壤肥沃、水资源极其丰富，非常适合小龙虾生长；区域内耕地 108 万亩，稻田 61 万亩。

一、潜江稻虾成为全国典范

潜江市充分发挥水资源丰富的优势，从养殖、种植到加工、贸易，再到餐饮、服务、物流等，采取"科技推动、政策促动、龙头带动、部门联动、培育中介、做强餐饮、品牌驱动、严控质量、信息拉动、以节会友"等措施，推动第一、第二、第三产业融合发展，完善小龙虾全产业链，打造世界小龙虾产业之都。经过十多年的培育和发展，潜江小龙虾产业已形成集科研示范、良种选育、苗种繁殖、生态养殖、加工出口、健康餐饮、冷链物流、精深加工、节庆文化、产城融合等于一体的产业融合发展格局（陈坤等，2016）。2015 年全市小龙虾养殖面积达到 2.33 万 hm²，其中稻田综合种养面积 2.10 万 hm²，比 2010 年增加 1.32 万 hm²；小龙虾产量达到 6.00 万 t，比 2010 年增加 3.49 万 t；小龙虾养殖产值达到 18.0 亿元，比 2010 年增加 14.3 亿元；小龙虾苗种销售 10 亿尾，苗种产值 1.2 亿元；小龙虾出口创汇 1.40 亿美元，比 2010 年增加 0.49 亿美元；小龙虾全产业链综合产值达 150.0 亿元，从事小龙虾养殖、物流、加工、餐饮等服务行业就业人员 7 万人。

二、从虾稻连作到虾稻共作

创造了虾稻连作模式。2001 年，潜江市积玉口镇的农民开始利用低洼冷浸田养殖小龙虾，发明了虾稻连作种养技术。早期的虾稻连作技术主要是解决野生小龙虾稻田寄养的问题，将高峰期捕捞的小龙虾寄养在低洼稻田，第二年春末上市。该技术的主要特点是：每年的 6 月上旬进行中稻栽插、管理，9～10 月投放虾种，投放虾种后按照小龙虾养殖技术进行管理，翌年 4～5 月收获小龙虾，即种植一季中稻、养殖一季小龙虾。这样就解决了低洼冷浸中稻田冬春两季闲置的问题，实现了稳粮增效。

虾稻连作模式提供了大量虾苗和商品虾，但在养殖后期很难满足市场对小龙虾的需求。为了更好地挖掘养虾稻田的潜力，发挥稻田养虾的经济效益，潜江市委市政府鼓励基层科技推广人员大胆创新（张婷和余开，2019），2013 年，创新出了虾稻共作生态种养模式。虾稻共作生态种养模式是在虾稻连作基础上发展而来，变过去"一稻一虾"为"一稻两虾"（徐荣华和尹汉华，2017）。虾稻共作生态种养能充分利用稻田资源，将水稻种植、小龙虾养殖有机结合，通过土地和水资源的循环利用，全程使用频振式杀虫灯，减少农药用量和化肥施用量，达到小龙虾、水稻共同生长（王福全，2016）。虾稻共作可亩产小龙虾 150kg 左右，亩均纯收入 4 000 元左右，具有很好的稳粮增收效果和显著的经济、社会、生态效益。随后，虾稻共作模式在潜江和湖北其他县（市、区）乃至全国适宜地区得到推广。

三、潜江稻虾产业的主要做法与成就

1. 政策促动，壮大了经营主体规模

潜江市委市政府支持新型农业经营主体大力发展虾稻共作生态种养模式。2013 年，潜江市政府根据全市水和稻田的资源条件，科学规划，合理布局，集中连片，规模经营，同时出台了各种支持政策，对新发展虾稻共作生态种养模式的养殖户按照每亩 40 元的标准予以补贴[①]；2014 年，又对新发展的千亩连片基地每亩给予 40 元的补贴；2018 年，全

---

① 湖北潜江虾稻共作，现代农业的成功典范 . http：//www.moa.gov.cn/xw/qg/201903/t20190314 _6175246.htm.

市虾稻共作面积已达 75 万亩，潜江小龙虾产量近 13.5 万 t，养殖产值（含苗种产值）54亿元，建成了 13 个万亩和 60 个千亩集中连片虾稻共作标准化生态种养基地，形成了布局合理、集中连片、产销功能齐全的潜江小龙虾养殖新格局（苏章锋，2019）。

2. 科技支撑，积极推进标准化养殖技术

潜江市政府重视与科研院所的科技合作，通过与华中农业大学、武汉大学、中国科学院水生生物研究所、湖北省水产研究所、湖北省农业科学院等科研院所的密切合作，开展了小龙虾良种选育繁育、营养饲料需求、小龙虾综合种养模式、小龙虾甲壳素和衍生物的精深加工、小龙虾产品保鲜技术等方面的技术创新，鼓励科技人员创新创业、创办领办经济实体，建立了多元化的信息服务渠道[①]，增强小龙虾产业科技信息化支撑能力（陈坤等，2016）。在小龙虾养殖、繁育、加工、餐饮技术上形成了 18 项标准[②]，包括《潜江龙虾"虾稻共作"技术规程》国家级行业标准，以及《潜江龙虾虾稻轮作养殖技术规程》《虾稻共作养殖技术规程》《虾莲（藕）共作养殖技术规程》《虾蟹鳜混养技术规程》等 7 项湖北省地方标准和 10 项潜江市地方标准（苏章锋等，2019）。在技术扶持上，结合国家农业标准化生产有关规定和质量要求标准，制订和完善了《水产养殖用药管理实施方案》，以多种形式开展科技入户工作，并建立了水产养殖登记制度、处方制度、用药记录制度、休药期制度、渔药准入制度等 5 项制度（陈坤等，2016）。目前，潜江龙虾养殖基地坚持标准化生产，均通过了农业部无公害产地认定和产品认证，是全国小龙虾标准化养殖示范县。

3. 平台构建，形成全国小龙虾交易中心

潜江市大力推进"互联网＋小龙虾"行动计划，构建区域一体化、内外一体化、线上线下融合发展的小龙虾产业发展新格局[③]。建立了虾谷 360、京东潜江馆、牛牛网、翼之虾等网上交易平台，潜江龙虾每年互联网销售超过 10 亿元[④]。依托潜网龙虾贸易公司，建成了目前全国最大的小龙虾专业交易市场——潜网小龙虾交易中心，已开通物流直达专线到全国所有省会城市，18h 内可将鲜活潜江小龙虾供应到全国 300 多个城市[⑤]，有效解决了农户、合作社等与外界的联系，及时将养殖的小龙虾发往全国各地。交易中心在高峰期日均交易量可达 600～800t（舒敏和南平，2018），2018 年销售鲜活小龙虾 13 万 t，销售额达 48 亿元，密切了龙头企业、市场与农户的利益联结关系，带动了企业增效和农民增收，被评为全国农业农村信息化示范基地。

---

① 湖北潜江农垦：虾肥稻香产业兴 . https：//www. sohu. com/a/343242905＿120044866.

② 湖北潜江：打造小龙虾产业核心竞争力 . https：//baijiahao. baidu. com/s？id=1636513470002788175&wfr=spider&for=pc.

③ 以市场主体需求为导向 湖北全力打造营商环境"升级版". https：//baijiahao. baidu. com/s？id=1696279526024747987&wfr=spider&for=pc.

④ 潜江小龙虾正乘着电子商务的东风起航，"爬"进八方宾客餐桌 . http：//www. 1588. tv/xinwen/20200519091035207. html.

⑤ 潜江龙虾是如何做到一二三产业融合发展的？https：//www. kuaixunai. com/thread-228035-1-1. html.

4. 品牌打造，提升产品内涵

潜江市政府聘请专业品牌策划公司谋划出台《打造"潜江龙虾"区域公用品牌行动方案》，出台"黄金 30 条"，推动"潜江龙虾"区域公用品牌可持续发展（陈凤等，2109）。注册了"潜江龙虾""潜江虾稻"国家地理标志证明商标，"潜江龙虾"被认定为中国驰名商标。开发了潜江龙虾 App，开通了"潜江龙虾""潜江虾稻"微信公众号，建成潜江虾-稻品牌信息服务平台，设计、推广"潜江龙虾""潜江虾稻"二维码。在生态龙虾城开展双品牌运行试点，对 43 家企业进行了"潜江龙虾""潜江虾稻"区域公用品牌授权，并建立了统一标识、授权编号、网上查询、年度年检制度（舒敏和南平，2018）。

通过"走出去"等方法，抓住北上广深等消费旺盛地区，举办"潜江龙虾走进深圳"等推介活动，加快品牌输出；实施合作联盟，结成战略合作伙伴，统一推广潜江虾-稻标准化种养技术，统一宣传、使用"潜江龙虾""潜江虾稻"区域公用品牌[①]。持续在中央广播电视总台、新华网、湖北电视台、《湖北日报》等主流媒体宣传报道潜江龙虾区域公用品牌，全方位提升了"潜江龙虾"的品牌影响力。同时，通过 10 多年的"中国潜江龙虾节"活动，围绕"展示虾-稻成果，促进乡村振兴；传播虾-稻文化，提升生活品质"的宗旨，充分展现了潜江市虾-稻产业发展的辉煌成果，向世界宣传潜江小龙虾文化，提升产品内涵。

四、潜江稻虾发展的主要经验

1. 创新驱动

一是机制创新，把创新与产业融合相适应的经营机制和有利于农民增收的利益机制相结合，形成科研院校、龙头企业、专业合作组织、种养农户等共同参与的生产经营格局，如按照"三权分置"办法进行土地流转，实施迁村腾地工程，以"虾稻共作"模式，加快土地流转，推动农民就地就近城镇化，推进产城融合，把小龙虾元素融入城市建设之中。二是模式创新，潜江市农业、水产科技人员经过多年实践，对"虾稻连作""虾稻共作"等十多种模式进行了创新。三是科技创新，开展"产学研""农科教"合作，以莱克水产、华山水产为主的 5 家企业与武汉大学、华中农业大学等科研院校深度合作，在潜江市建立院士专家工作站、博士工作站，着力解决制约产业融合发展的技术难题。四是政策创新，创新组织管理模式，创新投资政策，采取直接投资、以奖代补、先建后补、贷款贴息等多种形式，整合涉农资金，形成发展合力，同时在税收、用水用电等方面出台优惠政策。五是金融创新，着力打造涵盖银行、保险、证券以及互联网金融的立体金融支撑体系，设立小龙虾发展基金，积极推行"欣农贷""虾农贷"等金融产品，对小龙虾养殖设施设备贷款，市财政给予贴息支持，积极探索开展小龙虾农业保险等，解决经营主体的后顾之忧（陈坤等，2016）。

---

① 湖北潜江：小龙虾"撬动"大产业．https：//new.qq.com/rain/a/20200622A0HIBM00．

2. 开拓进取

向上拓展、向下拓展、横向拓展，延伸产业链（图 10-1）。向上拓展解决种苗瓶颈，莱克水产通过建设小龙虾良种选育繁育中心项目，带动小龙虾良种选育、苗种繁育，目前已建繁育基地面积 760hm²，2015 年供苗 10 亿尾，2016 年可供虾苗达 30 亿尾，为促进小龙虾产业可持续发展奠定了良好基础。向下拓展延伸产业链条，华山水产从精深加工入手，加快甲壳素及其衍生品的研发，进一步延伸了小龙虾产业链，提高了小龙虾产业竞争力和产品附加值。横向拓展，实现虾稻共同提升。潜江市在大力发展小龙虾的同时，坚持"虾"和"稻"双轮驱动，积极支持"虾乡稻"大米的发展，支持大米加工企业打造"虾乡稻"优质大米品牌。融合拓展，按照"互联网＋"的模式，在淘宝、京东、一号店等电商平台推出"虾小弟""虾尊""虾皇"等潜江小龙虾十多个线上品牌近百个品种，产品销量每年以 200％的速度递增，在巩固国内市场的基础上积极开拓国际市场，带动了交通、物流和旅游业的协调发展，打造以潜江生态龙虾城为核心的餐饮品牌集群，在潜江建成了全国唯一的小龙虾专业培训学校，面向全国进行科研、养殖技术、烹饪技术、电子商务等专业培训。同时，大力打造小龙虾节庆文化，提升小龙虾产业内涵。潜江市还被评为"中国节庆品牌示范基地""中国最具魅力节庆城市"（陈坤等，2016）。

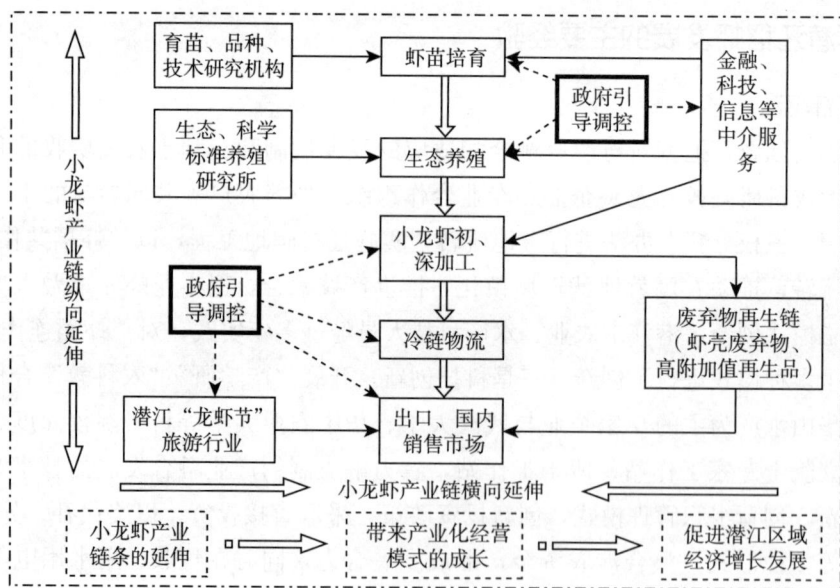

图 10-1　潜江市小龙虾产业链延伸结构示意
（刘姝蕾，2014）

3. 科学谋划

为了将潜江市小龙虾产业做大做强做远，潜江市政府牢牢把握发展农业现代化的战略机遇，科学编制《小龙虾产业发展"十三五"规划》。以转变发展方式为主线，以增加小龙虾产品有效供给和促进农民持续增收为核心，以增强小龙虾产业科技创新能力为基础，以提高小龙虾产业综合生产能力、抗风险能力和市场竞争能力为主攻方向，加快潜江市小龙虾产业经营体制机制创新，致力打造"潜江龙虾""潜江稻虾"和"潜江虾稻"品牌，着力推进潜江市小龙虾全产业链向集约化、标准化、规模化、精细化、市场化、品牌化、现代化方向发展。强化政策、科技、设施装备、人才和体制支撑，构建结构合理、功能完备的潜江小龙虾产业发展体系，打造小龙虾产业繁育、养殖、餐饮、加工、节会、品牌、营销、设施等八大升级版，筑牢潜江"全国虾王"地位（陈坤等，2016）。

第二节　以"双水双绿"理念引领的
稻虾产业发展模式

监利市位于湖北省中南部，长江北岸，江汉平原腹地。区域内地势平坦，属河湖冲积平原；地处东北亚热带东部季风区中心和北纬30°黄金气候带上，光温资源充足、雨热同期、土壤肥沃、水资源极其丰富；区域内耕地面积264.5万亩，水田面积222.39万亩，适合稻田小龙虾养殖的低湖田面积约100万亩，具有良好的资源优势和生态优势，享有"鱼稻之利"，是"鱼米之乡"的典型代表。

一、监利"双水双绿"模式的兴起

2018年3月19～20日，时任湖北省副省长周先旺到荆州监利调研春耕备耕时指出，推进"双水双绿"种养体系，是贯彻落实习近平总书记关于做好"三农"工作的重要论述的具体体现，是实施乡村振兴战略的重要抓手，是农业供给侧结构性改革的必然选择，是生态文明建设的刚性要求（韩玉章，2018）。2018年，监利被确立为湖北省"双水双绿"产业发展先行区，监利主动将实施"双水双绿"战略与全县经济社会发展四大目标有机融合，把"双水双绿"产业作为工业倍增的资源补充、农业转型的主要方向、城乡同治的产业基础和民生共享的增收来源，大力推进农业供给侧结构性改革，实现农业农村高质量发展。截至2018年，监利水稻面积232万亩，稻谷产量128万t；虾稻共作面积80万亩，小龙虾产量13.06万t。稻与虾总产量分别位居全国县级第一[①]。

二、监利"双水双绿"体系建设

1. "双水双绿"产业体系建设

以坚持水稻和水产两大主导产业供给侧结构性改革为主线，努力构建"双水双绿"产业体系。模式布局方面，调减双季稻，增加中稻，大力推广再生稻和稻田综合种养新模式；产品结构方面，大力发展绿色水稻和绿色水产，构建全产业链产品质量体系；产

---

① 打造虾稻产业升级版"双水双绿". https：//szb.farmer.com.cn/2019/20190920/20190920_008/20190920_008_1.htm.

业发展方面，按照"做强一产、做优二产、做活三产、三产融合"发展思路，以产业园建设推进产业集聚发展，不断延伸产业链，推进水稻和小龙虾精深加工，以稻虾田园综合体、稻虾文化城和稻虾品牌建设为抓手促进产业融合发展，已经初步形成了集科研示范、品种繁育、绿色种养、加工出口、餐饮物流、节庆文化等于一体的绿色水稻和绿色水产产业链（图10-2）。

2. "双水双绿"生产体系建设

以稻虾种养模式为重点，强化物质装备基础，按照行业技术标准统一规划整改，不断完善水电路等基础设施建设，打造双水科研、中试和推广三大产业类型基地；依托华中农业大学"双水双绿"研究院和"双水双绿"科技研发中心，积极开展"双水双绿"良种选育、模式创新与关键技术集成、产品保藏保鲜和精深加工与副产物综合利用等科研攻关；政府部门大力开展生态健康养殖行动，建立严格外来投入品管理制度，推动绿色清洁生产（图10-2）。

3. "双水双绿"经营体系建设

大力推广"公司+合作社+基地+农户"产业网格经营模式，完善利益联结机制，实现小农户与大市场对接；依托华中农业大学和"双水双绿"产业服务中心，开展企业孵化与人才培养、产品交易展示与质量检测、信息服务与大数据分析、金融保险与电子商务、仓储物流等方面的服务；大力发展中介协会和农业生产社会化服务组织，推动经营标准化、专业化、品牌化（图10-2）。

4. 资源环境保护体系建设

大力实施河湖长制，强力落实拆围还湖，强化面源污染治理，解决农村突出环境问题，恢复水生态系统功能，打造绿色水体；积极开展秸秆还田，实施有机肥替代化肥，加强绿色防控，强化投入品管理，发展生态循环农业，恢复稻田生态，打造绿色稻田；落实"绿满监利"，加强湿地治理，打造国家湿地公园，建设种质资源保护区，推进生态文明建设（图10-2）。

三、主要做法及经验

1. 做好顶层设计

监利聚焦绿色水稻和绿色水产，制定了《监利县双水双绿产业发展规划（2018—2025年）》，提出"双水双绿"产业实现两年全覆盖、三年效益翻番的目标[①]，结合监利"双水双绿"产业发展现状，构建"一带两心两园三区"区域农业总体布局。

2. 推进产业融合

建立稻虾产业园、现代农业产业园和朱河水产产业园，大力培育龙头企业，不断扩

---

① 【庆祝改革开放40年】监利：双水双绿助力乡村振兴 . http：//news. jznews. com. cn/system/2018/11/14/011949246. shtml.

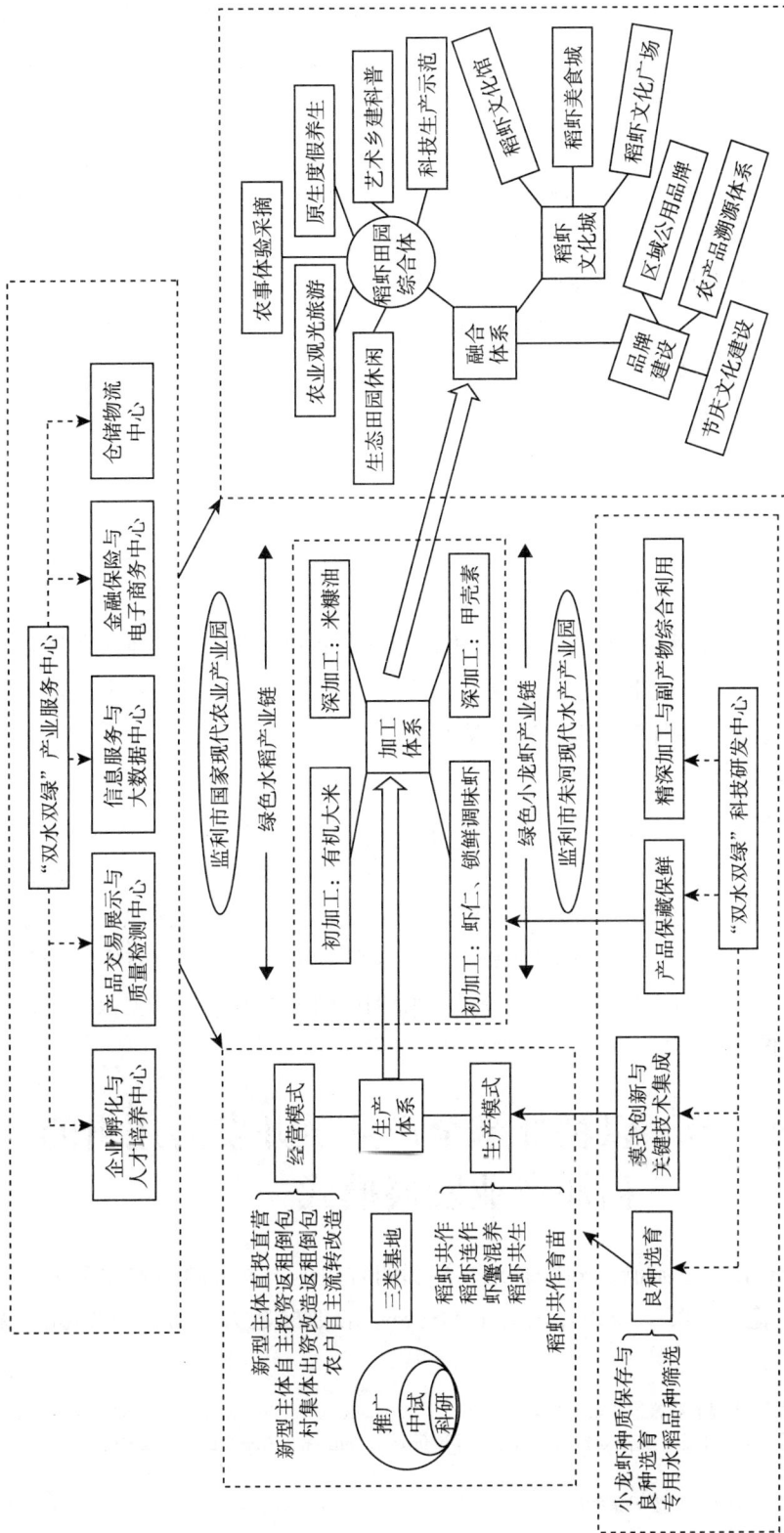

图 10-2　监利"双水双绿"产业链结构示意

223

大小龙虾加工产能，补齐加工短板。以餐饮为突破口，积极招商引资，打造小龙虾餐饮一条街，扶持小龙虾餐饮企业做大做强，补齐服务短板。大力兴建规模化小龙虾交易市场，支持冷链物流、电子商务等与农业融合发展，补齐产业间融合短板。

3. 加强科技引领

开展校地深度合作，监利市政府与华中农业大学签订"1＋4"校地合作框架协议，推动人才、项目和产业三个方面融合发展，校地合作包括提供资政服务、联合开展人才培养与交流、协同开展农业科技创新、协助推进产业融合发展等四个方面[①]。优化技术培训，借助产业扶贫工作平台，组建虾稻共作技术巡回培训班，覆盖全市各乡镇开展"双水双绿"种养模式产业培训，提升农民种养技术标准。

4. 强化品牌建设

品质建设是品牌创建的根本。监利市围绕以下方面提升产品品质：一是落实河湖长制，整治农业面源污染，确保产地绿色；二是实施农资监管，开展农药化肥减量增效，强化投入品管理，确保过程绿色；三是抓好优良品种推广，提升水稻和小龙虾良种优质率；四是抓好质量安全培训，召开质量安全培训会，开展小龙虾质量安全行动，强化质量安全执法[②]。同时监利围绕宣传策划、美食开发、品牌运营等方面推进品牌创建，举办一年一度的监利虾稻文化节，注入"双水双绿"产业发展内核，"监利龙虾红遍天下，监利大米香飘万家"的品牌宣传理念逐步深入人心。

5. 完善财政支持

财政资金方面，选定连片千亩以上稻虾基地，以"以奖代补"方式用好财政资金，建设完善基础配套设施，建设高标准稻虾基地，搭建小龙虾市场平台。社会资本等方面，与美好集团开展"县企合作"，以"1＋N"模式集中流转给美好集团旗下的美亿农业用于"双水双绿"开发建设改造成高标准稻虾基地。保险政策方面，市政府实施小龙虾保险财政补贴试点政策[③]，支持太平洋财险、人保财险和中国人寿财险等 3 家保险公司对稻虾种养模式实施保险补贴。

第三节　以稻虾米全产业链开发为逻辑的稻虾产业发展模式

南县位于长江中下游洞庭湖区腹地、湘鄂两省边陲，隶属湖南省益阳市。北处北纬29°，年平均气温 16.6℃，年均降水量 1 235mm，日照时数为 1 374～1 776h，无霜期为

---

① 湖北监利县：校地合作推进"双水双绿". http：//www. agri. cn/zx/nyyw/201908/t20190809＿6459743. htm.

② 打造虾稻产业升级版"双水双绿". https：//szb. farmer. com. cn/2019/20190920/20190920＿008/20190920＿008＿1. htm.

③ 监利县："虾稻共舞"按下绿色富农"快进键". https：//baijiahao. baidu. com/s？id＝1647514383884365356&wfr＝spider&for＝pc.

262～276d，有效积温为 5 089.0～5 350.0℃，土地肥沃、地势平坦、水质优良（严岳华等，2019）。拥有耕地面积 5.84 万 hm²（87.6 万亩），水域面积 2.93 万 hm²（43.95 万亩），其中适合发展稻田养虾、苇田养虾和莲田养虾等产业的低产冷浸水稻田 2.33 万 hm²、苇田 600hm²、莲田 466.67hm²，合计 24 366.67hm²（36.55 万亩）；农业人口 54.7 万人，占总人口的 77.59%，是典型农业大县（刘一明等，2019）。素有"洞庭鱼米之乡""中国稻虾米之乡"之称，有"湖南省稻虾看洞庭湖区，洞庭湖区稻虾看南县"之美誉（李劲松，2019）。

一、发展概况

南县是湖南省稻田养虾的起源地。南县"稻虾共生"产业发展的历程经历了稻田寄养（2000—2011 年）、稻虾轮作（2012—2013 年）、稻虾共生（2014—2015 年）以及近年来"一稻三虾"四个大的阶段。2000 年湖南南县在全国实施第二批生态农业示范县项目建设大背景下开始示范推广低洼稻田稻虾生态种养循环农业模式及技术（钱炬炬等，2018）。2001 年，湖南南县三仙镇开展稻田寄养，全镇示范面积达到 1 200hm²。2002—2011 年，湖南南县稻虾综合种养处于缓慢发展期。2012 年，稻田寄养逐步转为稻虾轮作，开始有计划、规模化开展稻虾生产。2014 年，南县出台规划及政策，构建"两带""三区"产业化发展稻虾种养新格局。2015 年，南县小龙虾养殖面积突破 10 万亩，其中稻虾生态种养面积 7.3 万亩。2016 年，南县稻虾种养一产产值达 15.6 亿元，带动二三产业产值 5 亿元，实现综合产值 20.6 亿元（钱炬炬等，2018）。2017—2019 年，湖南南县周边沅江、大通湖、资阳等县（市、区）小龙虾养殖相继兴起，逐步形成了带动环洞庭湖农业和农村经济发展的大产业（刘一明等，2019）。

二、主要经验及成效

近年来，湖南南县按照"政府引导、企业带动、示范推动、大户联动、农户参与"的发展思路[①]，构建以龙头企业为引领，以合作社、家庭农场、专业大户为主体，以订单农业为纽带，以农村电子商务建设中心为平台的稻虾生态种养产业，稻虾产业已逐步形成"种养加、农工贸"一体化，一二三产融合发展的大格局（钱炬炬等，2018；严岳华等，2019）。立足资源发展优势，大力发展稻虾产业。2016 年县委县政府出台了《关于加快推进稻虾产业发展的实施意见》，县委县政府成立南县稻虾产业发展工作领导小组，明确"一带三园三区"定位（徐荣华，2017），"因地制宜、集中连片、合理布局、规模发展、优质高效"的发展原则[①]，通过奖补扶持、推进土地流转、整合涉农资金、组织技能培训等多种举措，引导农民进行稻虾生态种养[②]。2018 年，南县稻虾种养面积达 3.33 万

---

① 湖南省南县：发挥绿色生态优势 做强粮食产业经济 [J]. 中国粮食经济，2019（7）：54-55.

② 南洲稻虾米 香飘千万里 . https：//baijiahao.baidu.com/s？id=1623591601167470745&wfr=spider&for=pc.

hm²（49.95 万亩），年产小龙虾 7.61 万 t、虾稻米 24 万 t，合计产值 35 亿元（刘小燕等，2020），从事稻虾养殖近 4 万人，稻虾产业带动从业人员达 13 万人，其中小龙虾经纪人3 000 余人，带动就业机会 8 000 个。

1. 加快推动土地流转，建设稻虾产业基地

出台《南县农村土地经营权流转奖励办法》等，引导农民以土地承包经营权入股稻虾种养合作社（徐荣华，2017），结合稻渔生态种养绿色高产创建、新增粮食产能工程、农业综合开发等项目的实施，统一按照"路相连、渠相通、旱能灌、涝能排"的标准[①]，开展稻虾种养示范基地建设，建成一批"稻虾生态种养"产业示范村、示范大户以及科技示范区和旅游观光园（钱炬炬等，2018）。培育发展稻虾种养专业合作社近 400 家，打造了 7 个高标准集中连片万亩稻虾示范基地、22 个千亩稻虾产业示范园和 1 个千亩小龙虾种苗繁育基地[②]。

2. 产学研相结合，助力稻虾绿色发展

坚持科技兴农，抓住湖南省"万民科技人员服务工程""省科技特派员"等科技帮扶政策（刘一明等，2019），南县顺祥水产食品有限公司等 5 家企业先后与湖南农业大学、湖南省水产科学研究所、湖南省水稻研究所等科研院所合作建立"3＋1"产学研合作模式（钱炬炬等，2018），创建 10 个产学研基地，研发适合稻虾种养的优良品种，开发出"一稻三虾"模式（即一季稻套春季虾苗、夏季食用虾、秋季种虾模式）（刘一明等，2019），制定了《南县虾稻轮作技术规程》《南县虾稻种养技术规范》《南县克氏原螯虾池塘养殖技术规程》（徐荣华，2017），以及湖南省地方标准和湖南省"好粮油"稻虾米产品团体标准，构建县乡村三级稻虾种养技术服务体系。实现了稻虾标准化生产，稻谷产量 9 315kg/hm²，食用小龙虾鲜虾产量 2 220kg/hm²，平均综合产值 6.63 万元/hm²（刘一明等，2019），稻米优质率达 70%。

3. 完善利益联结机制，促进产加销一体化

在发展方式上，采取规模连片为主，农户散养与订单养殖结合；在经营模式上，采取公司＋合作社＋基地＋农户、公司＋基地＋农户等产业化经营模式，实行订单生产，与农户建立利益联结机制，实现农户与企业"双赢"（钱炬炬等，2018）。目前，南县稻虾生态综合种养协会牵头与湖南顺祥水产科技发展有限公司、国安米业有限公司等强强联合，走科研＋专业合作社＋农户＋公司＋互联网之路，将科研推广、专业种养、市场销售等有机结合，形成线上线下、产供销一条龙的无缝连接（刘一明等，2019）。

4. 培育稻虾龙头企业，做强精深加工

2016 年来，南县启动"1＋10"特色农业产业园建设，建成精英稻虾产业园、泽水居

---

① 湖南省南县：发挥绿色生态优势 做强粮食产业经济［J］. 中国粮食经济，2019（7）：54－55.
② 益阳市南县荣获"全国粮食和物资储备系统先进集体". http://lshwzcbj.hunan.gov.cn/lshwzcbj/xxgk/gzdt/hybd/202007/t20200731_13186108.html.

虾＋N田园综合体、大郎城稻虾产业园等20多个以稻虾产业为主的现代农业特色产业园（严岳华等，2019），促进了产业集群发展，同时打造了稻虾产业公共服务产业园，逐步建立大米质量大数据中心，构建稻虾米全程质量可溯源体系（李劲松，2019）。大力招商引资，支持企业转型升级，培育龙头企业，努力构建以常规加工为基础、以精深加工为核心的完整产业链，推进稻虾"种养加、农工贸"一体化，深入开展小龙虾加工技术创新升级，实现年产虾稻米5万t，年上市小龙虾20万t以上，年加工小龙虾突破20万t（钱炬炬等，2018）。目前以顺祥食品有限公司为龙头构建了以小龙虾为特色、以淡水水产健康食品加工为主业的全价值链经营体系（严岳华等，2019），加工产品远销欧洲、美洲、亚洲30多个国家和地区，年出口创汇3 000多万美元，被授予"全国小龙虾养殖加工研发中心"（徐荣华，2017）。

5. 搭建交易服务平台，实现线上线下一体化

建立湖南省小龙虾现货交易中心、洞庭湖区优质虾稻米交易集散中心、小龙虾餐饮品牌输出与文化展示中心（谢春凤，2020），建设"洞庭虾世界"小龙虾产地交易市场，建成集龙虾研发、养殖、交易、餐饮、旅游、深加工等功能于一体的产业聚集区、引领区，形成"以旅游带龙虾，以龙虾促旅游"的发展路径（钱炬炬等，2018）。以南洲物流园为核心，建设县、镇（乡）、村三级电子商务平台，形成完善的电子商务网络体系。依托农村电子商务村级服务站，建好淘实惠、农村淘宝、供销e家、村邮乐购等涉农网点，实现南县行政村全覆盖（钱炬炬等，2018）。

6. 做强虾稻品牌文化，实现稻虾高质量发展

围绕"南洲稻虾米"区域公用品牌创建，南县大力开展"三品"认证，制定区域公用品牌准入制度，建立涉及品种、生产技术、加工过程、稻米品质、包装规范等各方面的质量标准。2018年，南县被命名为"中国虾稻米之乡"，"南洲稻虾米"获得中国地理标志认证。围绕企业品牌创建，全力推进"三品一标"农产品认证，创建国家绿色食品原料（水稻）标准化生产基地。顺祥食品有限公司的淡水小龙虾已被认定为有机食品，淡水小龙虾品牌"渔家姑娘"被认定为中国驰名商标、湖南国际知名品牌、湖南省著名商标、湖南名牌；"绿态健""今知香"等已成为省内优质大米知名品牌；"麻河口油焖龙虾""宁婆婆龙虾"等餐饮品牌逐步被外界熟知（徐荣华，2017）。同时发展小龙虾主题餐饮店400多家（含夜市），研发菜品30多种，打造了一批特色餐饮美食名店。

第四节　以稻虾原生态种养为特色的稻虾产业发展模式

霍邱县位于安徽西部、大别山北麓、淮河南岸，隶属安徽省六安市。地处北纬31°44′～32°36′。2016年，霍邱县把稻虾种养确立为精准扶贫的重要举措之一，转变发展理念，把地处淮河行蓄洪区的旱涝频发的资源劣势转变为因水而兴的稻虾产业发展优势，2020

全县稻虾种养面积达 21 万亩，2019 年被授予"中国生态稻虾第一县"。其中，霍邱县三流乡作为霍邱稻虾产业发展典型代表，稻虾种养发展最早、面积最大、效益最优，在结合本地资源特点的发展过程中形成了独具特色的"三流模式"，受到社会各界的广泛好评。

一、"三流模式"的主要做法与产业路径

1. 立足资源禀赋，因地制宜，走绿色发展之路

三流乡地处淮河行蓄洪区，地势低洼、旱涝频发，农业生产条件恶劣，水稻种植风险高、效益低，乡镇经济基础薄弱，贫困发生率高。2012 年，开展稻虾种养试点示范取得成功后，经过大力推广，稻虾种养迅速向周边地区扩展，全乡稻虾种养面积超过 8 万亩，已经成为 80% 的农户家庭的重要经济支柱产业。

2. 立足小农主体，村户联动，走规模发展之路

三流乡辖 10 个行政村，4.16 万人口，稻田面积 10.56 万亩。乡政府立足小农户众多的农情，鼓励村户联动，各村已建立连片稻虾种养面积均在千亩以上，近 8.2 万亩稻田发展稻虾模式，占稻田面积的 77.65%，成为霍邱县稻虾主产地，2017 年被命名为省级稻渔综合种养双千工程万亩示范区。

3. 立足稻虾生产，接二连三，走持续发展之路

三流乡整合涉农项目资金，围绕农田水利、乡村道路、农村电网、基本农田等领域，配套完善田、路、渠、电等基础设施，以奖代补打造三流乡稻虾轮作万亩示范区，夯实稻虾生产；在此基础上，积极创建小龙虾交易大市场，健全销售大厅、冷链物流配送、价格信息交易平台等软硬件设施，培育小龙虾经纪人，拓宽小龙虾市场，实现霍邱三流小龙虾向全国销售，重视小龙虾加工，引进相关企业助力三流稻虾产业链延伸。

4. 立足特色产业，四带一自，走产业脱贫之路

三流乡坚持立足稻虾特色产业，建立主体＋基地＋贫困户脱贫模式，发展"四带一自"产业模式①，2019 年引导 1 424 户 3 322 名贫困人口参与稻虾种养，发展面积 10 000 多亩，通过稻虾特色产业脱贫的占贫困户脱贫方式的比例由 2017 年的 62.2% 提升至 2018 年的 80%，几乎所有贫困户家庭都有稻虾田。

二、"三流模式"的发展特色与取得成效

1. 工程小，稳粮好

三流模式采用稻虾轮作，养殖小龙虾基本不开沟，故水稻种植面积基本没有减少，水稻亩产 600kg 左右。同时，由于稻虾种养可观的经济效益，使得土地流转租金不断上涨，促进过去抛荒地、零散地的再利用，实现了区域性水稻种植面积相对稳定。

---

① 安徽省六安市：一水两用、一田双收 养虾有"稻"看霍邱 . https：//www.sohu.com/a/413361640_120044866.

2. 投入少，促增收

三流稻虾模式实施稻虾轮作，不挖沟投入少，饲料亩均不超 100 元，亩均纯收入 1 000～3 000 元，效益显著提高。

3. 模式优，生态好

相比于常规水稻种植，三流乡稻虾轮作减药 80％以上，减肥 40％以上，除草剂基本不用。三流稻虾轮作投入早秋苗，生长期提前（10 月底至翌年 5 月初是主要生长期），冬春季节气温低且水质稳定故而病害少、用药少，稻虾生态底色更亮。

4. 稻虾好，助脱贫

三流乡转变发展理念与发展方式，将旱涝频发的资源劣势转化为因水而兴的稻虾产业优势，因地制宜尊重农情，选择投入小、难度小、见效快、效益好的稻虾轮作模式走产业脱贫之路，使得三流乡 80％以上贫困户通过稻虾种养脱贫致富（蒋军，2019），实现了脱得出、稳得住、能致富。

5. 产业好，助脱贫

三流乡稻虾种养的规模发展，拉动了乡镇物流、农村金融及餐饮文化等经济发展活力。农民通过稻虾种养实现经济收入增长，促进新增餐饮店 10 多家，大型超市 5 家，2021 年三流乡农民存款同比 6 年前增幅达 296％。

6. 政风变，民风淳

三流乡把稻虾种养作为经济工作的总抓手，为做大做强稻虾产业，请专家讲技术，争项目、建设施、育市场、畅销路，政府行动力明显增强。农民围着稻虾转，晨起收虾、早上卖虾、上午整田晒网、下午下笼喂料，精力聚焦稻虾产业，贫困群众"宁愿苦干，不愿苦熬"，积极参与稻虾产业发展。党群干群关系更加融洽，精神面貌焕然一新，乡风文明进步和谐。

第五节 县（市、区）稻虾产业发展路径与阶段性演变规律分析

一、人才培育与试验示范建设

人才建设与培养是县（市、区）发展稻虾产业的先行军。强化稻虾种养科技研发与技术推广指导，人才培养是第一步。针对性选择不同代表性区域田块通过试验示范及技术集成方式开展科技攻关，建立一套集适宜品种、水稻栽培、水产养殖、绿色植保等各方面于一体的符合地方实际的能够突出"绿色、生态和健康养殖"理念的种养技术操作规程，降低农户生产经营风险，增强县（市、区）领导产业培育信心和农民发展稻虾产业的信心。

二、产业领导小组与系列政策举措

县级层面，应成立领导小组，充分发挥政府引导作用，着力解决产业发展问题，一

方面制定产业发展规划，明确县（市、区）稻虾适宜地区（沿湖沿江沿库周边的低洼田、涝渍田、冷浸田以及粮油作物非优势区、冬闲田）与发展规模（目标导向要同国家要求、社会需求相适应，稳粮增效可持续），超前谋划种苗繁育与供应体系建设，解决种苗"卡脖子"问题（因为优质种苗是稻虾产业持续健康发展的基石，种质决定规格、规格决定效益；随着稻虾种养规模逐渐扩大，若种苗供不应求，种苗市场将良莠不齐，进而会影响产品品质、效益、品牌等），另外，研究出台促进稻虾生产推广的政策体系，统筹整合涉农项目资金，完善水、电、路等公共基础设施建设和农田生态环境治理，采取"先建后补、以奖代补"机制推进稻虾田间工程标准化改造，做大做强稻虾产业规模，建立县（市、区）稻虾产业核心示范区。

三、扶持经营主体与稻虾生产体系

以种养大户、专业合作社、龙头企业为重点扶持对象，逐步建立与产业化发展相配套的技术体系、服务体系、人才体系和保障体系，鼓励小农户自愿有偿退出宅基地，以土地流转、土地入股、土地转包、土地出租、土地互换、土地转让等多种形式承包经营土地，因地制宜分区域、分品种、分模式突出宣传引导，尊重农民意愿，支持以龙头企业（专业合作社）＋农户等经营方式着力解决农业分散经营难题，实现稻虾规模化、标准化、产业化、品牌化发展，培育并树立稻虾种养发展典型，以技术培训班、现场示范指导、经验交流会等多种形式在田间工程、种苗供应、疫病防控等关键环节做好做实技术指导示范服务，提高农户种养技术水平，提升稻虾收益，实现种苗繁育、土地流转、信贷保险、技术培训等多方面全方位支持。

四、延伸产业链条与一二三产业协同发展

当稻虾产业发展初具一定规模后，应注重培育稻虾产业经纪人，组建稻虾产业联盟及协会，建设产地交易市场、冷链物流与信息服务中心，加强产品质量管控体系建设、产地产品绿色认证标准体系建设，强化市场信息服务、产销对接，同时注重优化营商环境，大力培育龙头企业，发展产品精深加工，延长产业链，打造区域公用品牌和产品品牌及节庆文化，逐步做大做强产业品牌（人才输出、文化输出、产品输出），推进一二三产融合发展，不断拓宽产业发展空间，逐步形成"一产支撑二产，二产稳定一产，一二三产协调发展"的新格局。

参 考 文 献

陈凤，杜艳华，陈坤，等，2019. 浅析潜江市以三产融合发展推动现代农业产业园建设的做法及成效 [J]. 农业开发与装备（5）：5，22.

陈坤，曾君，黄国海，等，2016. 潜江市发展小龙虾产业的探索与启示 [J]. 湖北农业科学，55（11）：2955-2959.

韩育章，2018.湖北省大力推进"双水双绿"种养体系［J］.渔业致富指南（10）：3.

蒋军，2019.2019年上半年安徽省稻虾综合种养产业发展情况分析［J］.科学养鱼（9）：1-2

李劲松，2019.南县发挥绿色生态优势 稻虾米全程可溯源［N］.粮油市场报，06-24（T06）.

刘姝蕾，2014.潜江市"小龙虾"产业发展研究［D］.武汉：华中师范大学.

刘一明，王冬武，何志刚，等，2019.乡村振兴背景下南县稻虾生态综合种养产业发展探析［J］.现代农业科技（15）：241-243，253.

刘小燕，钱炬炬，刘英，等，2020.益阳市南县稻虾产业发展的思考与建议［J］.中国市场（17）：33，41.

钱炬炬，雷晓峰，李宏亮，等，2018.益阳市南县"稻虾生态种养"一二三产业融合发展探析［J］.天津农业科学，24（3）：43-46.

舒敏，南平，2018.潜江龙虾："甲定天下"的品牌生态［J］.中华商标（11）：22-24.

苏章锋，2019.潜江市虾稻产业发展现状与展望［J］.中国农技推广，35（10）：35-36.

苏章锋，孙玉海，梅钢柱，2019.潜江市基层农技推广体系建设现状及建议［J］.现代农业科技（13）：212-213.

王福全，2016.稻渔共作调结构 生态种养创特色［J］.江苏农村经济（4）：47-48.

谢春凤，邓凌云，卢明，等，2020.湖南省稻田养鱼产业扶贫研究［J］.农学学报，10（9）：103-108.

徐荣华，2017.南县稻虾产业富民强县［J］.湖南农业（1）：11.

徐荣华，尹汉华，2017.小龙虾做成大产业［N］.中国信息报，09-15（006）.

严岳华，盛建华，周锋，等，2019.南县稻虾产业化发展现状与思路［J］.农业开发与装备（5）：7，17.

张婷，余开，2019.湖北荆州市和潜江市稻虾综合种养情况调研［J］.科学养鱼（6）：20-23.

第十一章
稻虾绿色高质量发展风险管控

当前，稻虾种养发展的产业政策和市场环境良好，虽然快速发展取得了一系列成就，但也面临着一系列的潜在发展风险。明晰稻虾产业发展进程风险，加紧制定相关对策举措，对于保证稻虾产业健康发展具有重要意义。

第一节　政策管理风险

一、政策风险

稻虾产业发展面临的政策风险点主要来源于两个，一是稻虾种养与粮食安全的关系，二是稻虾种养与生态安全的关系（详见本章第五节自然生态风险）。从保障国家粮食安全角度看，目前关于稻虾种养威胁国家粮食安全问题的争论点主要在于：一是水产避难所开挖需要占据一定的稻田面积，大面积发展稻虾种养势必导致水稻实际播种面积减少，从而威胁国家粮食安全；二是由于水稻和小龙虾两者间的比较效益悬殊，农民极易将稻田变现成鱼池开展淡水养殖，水稻种植管理粗放化，致使稻虾田水稻单产偏低从而威胁国家粮食安全；三是目前开展稻虾种养对田间和区域尺度的水土资源影响尚不明显，不尊重区域自然禀赋特点而大面积快速盲目发展稻虾种养，将对稻田耕地质量、土壤耕层、水资源可能产生不利影响，从而威胁稻田耕地的可耕性，进而威胁国家粮食安全。

二、相关对策

粮食安全始终是稻虾产业发展的立足点与出发点，保障国家粮食安全根本在于提升水稻效益，缩小水稻和小龙虾之间悬殊的比较效益。稻虾种养一方面在稻田增加水产产出，提高了经济效益；另一方面改善了稻田环境，发挥生物互惠关系，提高产品质量，提高生态和社会效益，实现"稳粮增效"，因而成为农业转型的成功模式（陈松文等，2020）。但实际生产中经营者为了获得更大的经济效益，往往重养轻稻。结果，忽视了水稻的潜在价值，押宝在水产养殖上，导致水产投入成本越来越高、环境变差、效益下降，水稻价值难于体现，致使稻虾种养整体效益不高。为了保证国家粮食安全，实现稳粮增效，必须提高稻虾种养的整体效益，并且关键是要保证水稻的生产效益。人民生活水平的提升带来消费需求的变化，促进了水稻由"增产"向"提质"转变，优质稻米生产必将带来更大效益，而稻虾种养生产的稻米优质、美味、营养、安全，为稻米带来巨大的潜在价值。

对于争论点一，必须树立水稻和水产协同发展理念，坚持水稻种植与水产养殖并重发展，严格遵守《中华人民共和国土地管理法》《基本农田保护条例》等相关法律法规，以及《高标准农田建设通则》（GB/T 30600）、《稻渔综合种养技术规范》（SC/T 1135）等规范要求；对于争论点二，加强宣传教育、强化底线思维，加快制定稻虾模式技术标准，提升水稻种植和小龙虾养殖耦合水平，创新稻虾种养经营机制，促进研产加销一体化发展，建立健全优质优价市场机制，提高稻虾种养的水稻种植效益，推动水稻高质量发展，保障国家粮食安全；对于争论点三，突出规划先行，制定空间区域布局规划和顶层发展战略规划，按照稻虾种养适宜条件划定核心区、优势区、适宜区和次适区，分区有序发展，避免盲目开挖，国家层面建立长期稻虾定位观测点，加强稻虾种养大面积发展对稻田土壤结构及肥力、区域水文循环与水资源利用、温室气体排放及生物多样性变化等方面影响的研究，针对性制定相应措施维护稻田土壤的可耕性。

第二节　生产技术风险

一、技术风险

稻虾种养结合水稻种植和小龙虾养殖，涉及田间工程改造、水稻种植、小龙虾养殖、水体环境调控等多项技术。调研发现，当前阶段绝大多数从事稻虾种养的小农户受教育程度低，从业整体素质不高，小龙虾养殖知识匮乏，而新农人主要是以具有小资本的返乡人士为主，有资金没技术，技术来源渠道单一，主要途径是农资渔资服务商的指导。由于主体接受技术培训不系统，应对复杂的病虫害问题容易出现盲目投药情形，特别是小农户中普遍存在这种情形，因此不仅增加经营成本，还增加生产风险及环境风险。

1. 水稻生产风险

第一，部分农户为了提高小龙虾养殖产量，延长捕虾时间，水稻播期因此推迟，致使水稻灌浆结实期遭遇寒露风的风险增大，出现严重减产而威胁水稻产量。第二，前文所述受水稻和小龙虾两者间的悬殊比较效益影响，稻虾田水稻存在粗放化栽培风险。第三，由于受到水稻直播、稻虾田长期淹水、土壤肥力提升等因素影响，稻虾田水稻倒伏风险可能会增加。

2. 小龙虾疾病风险

当前阶段，小龙虾养殖仍然面临"5月魔咒"干扰，随着5月气温上升，小龙虾疾病发生风险显著上升，尤其是对小龙虾产业将造成可能致命危害的小龙虾白斑综合征，该病发病速度快，致死率极高，一旦发病将会造成全田毁灭性灾难，并且目前仍然没有有效的应对措施。

3. 种苗供应风险

能不能稳定地提供小龙虾种苗是影响小龙虾产业发展的关键。据在湖南省长沙市望城区调研发现,当地虽然打通了小龙虾供应链环节,但是要实现订单生产并长期稳定供应,关键瓶颈在于大型稻虾生产基地长期稳定的小龙虾种苗供应,如果种苗供应有风险,会使小龙虾生长上市供给速度跟不上市场需求。实际生产中,目前小龙虾种苗供应生产体系仍不健全,还面临很大生产风险,容易遭受春季连续低温阴雨的影响而推迟小龙虾种苗上市供给。

二、相关对策

对于经营主体养殖技术欠缺问题,制定稻虾绿色高质量种养标准技术体系,让主体生产有章可循;以新农人为重点培育懂生产、善管理、明市场的复合型稻虾经营与管理人才;以专业合作社及中介服务组织为重点培育涵盖机耕机收、病虫害专业防控、水稻烘干仓储、小龙虾预冷保鲜等不同方向的专业化服务人才,以强大的社会化服务体系降低新农人面临的生产技术风险。

对于水稻生产、小龙虾疾病、种苗生产供给以及种质退化等问题,应加强稻虾田适宜品种选育以及小龙虾遗传改良选育,研究稻虾田病虫草害发生规律并针对性建立水稻绿色防控技术体系,同时,建立病害早期诊断技术及防控预警体系,开发免疫防控和生态防控相结合的绿色健康养殖技术(张启发,2018),以科学技术和科研成果作为支撑降低生产风险。另外,还应探索并加快建立稻虾种养的经营保险机制,以农业保险增强稻虾经营主体抵御生产经营风险损失的能力。

第三节　产业发展风险

一、产业结构风险

整体上,在中国长江中下游地区的主产省份,稻田综合种养产业总体上呈现稻虾产业强、其他稻渔类型弱的现状。虽然稻虾单一产业发展利于产业集群建设,提升产业集聚发展水平,但也降低了抵御行业市场风险的能力。发展稻虾、稻鳖、稻鳅等多元模式能降低稻虾单一产业发展风险,但也阻碍稻虾产业的做大做强。

同时,稻虾产业中无论是稻虾米产业还是小龙虾产业均呈现一二三产发展不平衡的现状,除个别地区外,总体上表现为一产大、二三产弱的局面。小龙虾产业发展面临着苗种供给短缺、加工能力不足、科技支撑不够、小龙虾市场总量饱和与季节性短缺等系列问题,稻虾产业一产发展趋势过快,而二三产发展速度缓慢,相关辅助环节和精深加工未能及时跟上,基础设施未能有效配套与完善,将会导致稻虾产业发展风险不断上升。

二、相关对策建议

如何权衡稻田综合种养模式多元发展与单一模式主导的关系，即是坚持稻虾为主还是多元并举，根本前提是因地制宜，其次以市场需求为主导，稳定有序扩大种养规模。县（市、区）应在夯实稻虾种养一产的基础上，加快发展二三产，促进稻虾产业一二三产协调发展，使二三产发展能力能够跟得上一产的扩张速度，充分发挥一产促进二三产，二三产稳定一产的功能，降低产业发展结构性风险。

第四节　市场经营风险

一、市场及经营风险

尽管优质水稻和绿色小龙虾需求消费逐年攀升，但调研发现，绝大多数地方稻虾种养时常出现"稻谷提质不增效、好米卖不出好价"、周期性的"小龙虾增产不增收"及"有价无市、有市无价"等问题，特别是小龙虾市场波云诡谲，"一苗难求""一虾难求""虾苗成灾""虾贱伤农"等现象频频发生。说明水稻优质优价体系有待完善，小龙虾市场建设有待加强。

1. 水稻市场风险

水稻市场及经营风险的原因可能有以下几方面：一是稻虾模式水稻品种多、杂、乱，品质不突出；二是优质稻绿色生产技术体系不健全，没有产品质量标准及鉴定手段；三是经营组织程度不高，致使农民在品种选择、栽插管理、化肥饲料和农药渔药投入、收获烘干等方面呈现粗放化栽培与管理的趋势；四是仓储物流加工体系不利于小规模优质稻加工生产；五是高档优质稻米品牌开发不足。从农户角度推理稻虾田稻米优质不优价的原因：以小农户为主经营的稻田综合种养，尽管因为减施化肥农药而提升了稻米品质，但因经营规模小和自身素质相对较低，致使单个小农户经营产量总量小而不具备议价能力，或是因为对绿色有机产品缺乏相关认识，或是因为在个体小农户角度上开展标准化、品牌化以及市场信息收集的成本较高，且可能存在因素质较低难以规范技术操作和完成产品检测及评定程序，或是尽管获得相关绿色产品认证资质或注册品牌，但因规模小或是其他因素而缺乏稳定销售渠道进而导致市场竞争力不强，或是因为有牌无名（缺乏品牌专业化运作能力），致使稻田综合种养的稻谷终以普通稻谷价格售出，出现水稻优质不优价现象，挫伤农户种养积极性，遂致使农户将管理重心转移到水产养殖上（杨大柳等，2020），这也是农户在开展稻虾种养过程中出现重虾轻稻现象的客观原因之一。水稻增产不增收、提质不增效的现象的本质是水稻全产业链问题，表现为：在生产端，农民稻谷卖不出好价，因为不注重优质生产；在加工端，企业高价买不到好谷，难以控制稻米品质；在消费端，消费者花钱买不到好米，市场及品牌建设不到位。

2. 小龙虾市场风险

小龙虾市场及经营风险的原因可能有以下几方面：一是小龙虾季节性供应强，大面积稻田的小龙虾集中上市致使区域性供过于求；二是小龙虾产销信息及渠道不通畅，市场价格形成机制不完善，不法商贩扰乱市场秩序，小龙虾市场价格波动大（图 11-1）；三是快速发展稻虾致使本地产能充足而加工餐饮及线上线下市场需求能力有限；四是质量生产检测保障体系有待完善，品牌建设不突出。同时，笔者走访多地调研发现，部分地区小龙虾虾尾小、肉质不饱满、没有嚼劲、肉质如"棉花"难以下咽。原因一方面在于小龙虾品种退化，另一方面可能是养殖方式不当，为求产量而大量投喂复合饲料，使小龙虾生长时间不足。

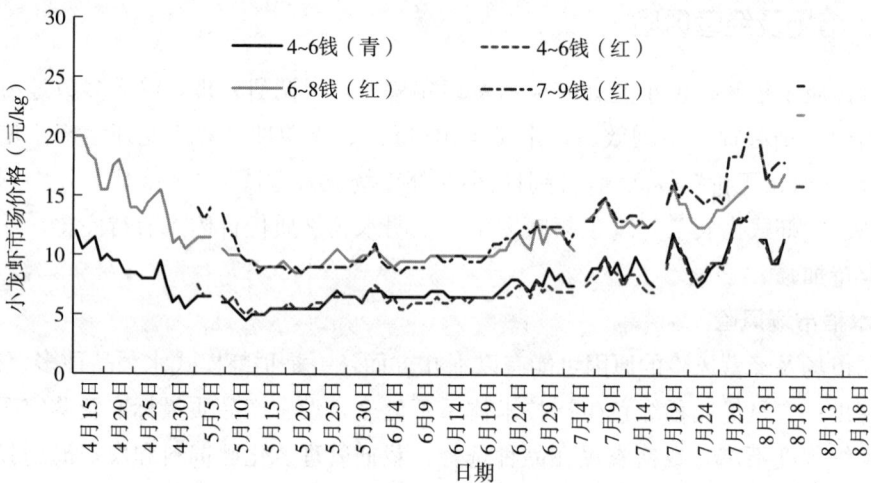

图 11-1　2017 年湖北洪湖某公司小龙虾 4～8 月批发价格动态

3. 稻虾生产经营风险

目前，小龙虾产业市场正处于"洗牌"阶段。以监利市为例，据调查 2019 年开展稻虾种养的农户中约 90% 处于基本保本或亏本状态，仅有 10% 左右的农户实现盈利，且主要是依靠贩卖小龙虾种苗而非成虾获利。如果农户特别是对于流转几百上千亩的新型经营主体在成本和价格的双重压力作用下，可能会出现因经营利润不足、金融资金周转跟不上而导致主体资金链断裂，出现大面积毁约退田的风险，新型农业经营主体与流转农田的农户之间关于稻田租金难退还、改造稻田难复垦等系列深层矛盾问题将会显现，处于破产边缘的新型农业经营主体将可能采取减少实际稻虾种养面积以维持生产，这可能会造成稻虾田抛荒，水稻实际种植面积降低，水稻生产经营的不安全风险上升。

4. 行业管理与产品质量安全风险

当前小龙虾行业整体仍处于较为混乱的局面，苗种供应与养殖生产端、加工与流通端、餐饮及销售端等都缺乏行业标准，致使饲料、原料、运输、价格、制作、卫生等多层次标准不一，导致产品质量良莠不齐。同时受养殖模式多元化、投入品无序化、农户管理粗放化、自繁自育苗种供应、天气和气象灾害等多因素影响，小龙虾极易出现疾病频繁暴发、产量不稳定、个头大小不稳定、品质口感不稳定等情况，产品质量安全建设体系有待完善。

二、相关对策

1. 延伸产业链，扩大市场需求

围绕打通产销信息渠道，建立健全区域性小龙虾价格形成共享机制与公共平台，建立健全区域性小龙虾交易中心，提升线下国内大中型城市鲜活小龙虾市场需求；围绕龙头企业培育，对可能制约加工企业壮大发展的多个问题依托科研院所和政府部门等有关单位全力支持解决，提升本地小龙虾加工企业产能；围绕农村电商，建立电商人才培养体系，完善农村网络通信、物流交通及冷链设施硬件体系建设，健全线上交易机制和监督机制，拓展线上市场需求能力；围绕繁荣本地餐饮发展，从餐饮节庆文化培育、小龙虾菜品研发、厨师及经理人等人才培养以及餐饮创业融资等方面，提升餐饮市场需求拉动力。

2. 健全产品质量体系，促进高质量发展

研发应用绿色品种、绿色生产技术体系和产品质量标准，加强产地环境治理，确保绿色小龙虾产品规模化、标准化、品质化、绿色化生产；加强涉及小龙虾生产、冷链物流、加工餐饮等全产业链的质量硬件设施完善，依托科研力量和中介协会制定完善各环节质量标准体系，建立涉及全产业链的质量监管监测追溯机制和市场准入机制。积极开展产品产地及产业链各环节的品牌认证，积极挖掘稻虾产业文化，利用节庆会议、媒体网络等渠道加强品牌推介，以品牌闯市场、以品质做支撑，促进稻虾产业高质量发展。

3. 稳定农户基本收益，解决集中上市效益低问题

稳定农户基本收益，一要降成本（基础设施建设，标准化技术集成与应用，种苗体系建成等），二要提收益（产加销一体化，市场流通机制，产品认证与品牌建设等），三要抗风险（基础设施以及种养技术提升，健全保险机制）。解决集中上市效益低问题，一要优化种养模式错峰上市，同时种苗体系要跟上；二是要加工兜底保障农户种养基本效益；三是注重产品品质建设和品牌建设。从生产角度上实现稻虾种养小龙虾高收益的现实路径有三条：抢早期市场卖虾苗，养出更大规格小龙虾，延长小龙虾收获期，本质上是寻求小龙虾产量、规格和价格之间的平衡。但随着长江中下游遍地开花式大面积快速发展，以虾苗和大虾为主的利润点相继萎缩，近几年小龙虾不管是虾苗还是大虾市场利润整体均呈现下滑趋势。应着眼稻虾种养全产业链发展，建议并引导开展稻虾由数量效益型向质量效益型驱动的产品市场机制建设。从农户角度解决稻米优质优价：一是推进土地流转，促进规模化经营；二是成立稻虾种养专业合作社，联结小农户，提升经营组织化程度；三是创建品牌并提升品牌知名度（图11-2）。

利益群体： 龙头企业 ＋ 合作社 ＋ 家庭农场 ＋ 农户

功能划分： 科技创新、 经营服务 水稻生产 土地转让
产品加工、
市场开拓

关心点： 米质 服务 效益 分红
成本 产量 品质

相应措施： 品牌化、 专业化、 规模化、 三权分立、
精品化 标准化 集约化、 土地集中
良种化

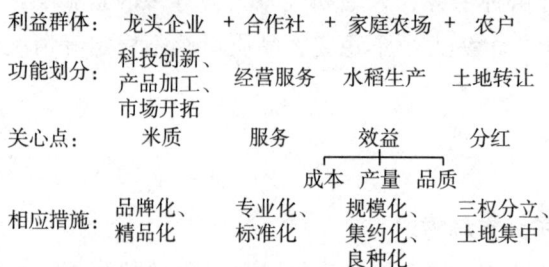

图 11-2 水稻优质优价的体制机制示意

稻虾经营主体因经营不善导致资金链断裂，进而可能出现稻虾田抛荒问题，改善这种状况关键在于健全利益联结机制，降低稻虾经营风险。一是完善企业、专业养殖大户和农户之间的合作机制，通过建立紧密的利益联结机制，平衡相关主体的权益；二是通过探索农户的土地地权资本与企业的货币、技术等实物资本共同构成资本投入机制，探索新型农业经营主体收益与农户土地租金挂钩制度，同时设立经营风险保障基金；三是建立合伙企业、农业专业合作社等组织结构紧密的利益共同体，降低农户风险，提高农户收益，激发农户参与积极性，实现合作共赢，降低违约风险；四是加强对稻虾生产经营主体的信用评价与管理，与银行合作建立一套信用识别、信用评价、信用激励和违约惩罚的评价与管理体系，为信用良好的合作社和示范大户提供信息、金融、营销和科技服务，降低基地的投资运营风险。

第五节　自然生态风险

一、灾害及生态风险

1. 土壤次生潜育化风险

耕地是粮食安全的命根。稻虾田由于冬春季长时间淹水养虾，与水稻单作比较，稻虾田随着养虾年限的增长，次生潜育化在土壤剖面加重，并且沿着土壤剖面有向下发展的趋势，造成稻田土壤发生次生潜育化（曹凑贵等，2017），长此以往稻虾田的水稻生产功能将受到严重影响。

2. 稻田耗水增加风险

联合国粮农组织有关报道指出，稻田综合种养所需的水深比传统稻作更大，稻田综合种养中较深的静水层会导致渗漏和渗滤增加从而显著增加稻田综合种养的需水量。在地下水位低的高垲地、沙壤地、漏水田、滩涂地等实行稻虾共作会增加水分消耗，地下水位低的灌溉稻田会增加耗水量 50%～80%，沟渠、水网不完善的地区开展稻田综合种养也会降低水分利用效率，例如鄂东部分水源不充足的丘陵岗地存在开采地下水养虾的现象。

3. 水体富营养化风险

由于秸秆还田和饲料的投入，稻虾共作稻田的田面水中全氮和全磷含量及硝态氮、

铵态氮含量都高于水稻单作田，显著提高了稻田水体养分含量，虽然有利于水稻生产，但增加了水体富营养化的风险。理论上，开展稻虾种养由于生物间的相互作用，能够减少化肥农药及渔药的使用量，但是农民在实际生产中稻虾田的化肥农药减少效果却不明显，绿色生态技术和理念推行效果不甚明显，稻虾种养生产面临的生态风险仍然较高。

4. 小龙虾潜在生物入侵风险

生物入侵是外来生物经自然或人为途径侵入至新环境中，从而对入侵地生物多样性、农林渔牧业及人类健康造成的经济或生态损失过程[①]。小龙虾于中国本土而言是外来入侵物种。小龙虾生命周期短（4个月）、食性广、生态可塑性大、繁殖能力强、抵抗能力强、生境适应性广且强等特点，决定了其具有极强的入侵能力（陈昌福，2017），加之由于具有较高的观赏价值以及高经济价值常以宠物市场、宠物食品市场和水产经济动物等三种身份在全球范围内运输贸易。小龙虾会增大水生环境压力和威胁物种多样性。它可能通过争夺食物或庇护所、捕食、食草和病原体传播对当地物种造成不利影响。它还可以通过改变水和沉积物的物理和化学特性，以及通过食物链的级联效应来改变生态系统的功能。本土动植物受到的威胁尤为严重，小龙虾的杂食性和营养可塑性也可能对鱼类、两栖动物、无脊椎动物、大型植物和藻类产生强烈的影响。引入后，水体混浊度普遍增加，营养物质和能量流动往往大大缩短和简化，部分有机生物可能发生局部灭绝。小龙虾还可能积累重金属、放射性元素和其他污染物，并且可能将它们传播到更高的营养水平。因此，需要重视小龙虾引入所产生的生态影响，进行必要的生物和环境安全性方面的风险评估（陈昌福，2017），了解潜在生态危害，采取物理控制、生物防治等多种措施对小龙虾种群发生进行控制和调节，尤其需要重视生态敏感地带的小龙虾物种引进问题及可能存在风险的防控。

5. 抵御自然灾害的能力不足风险

稻田综合种养涉及田间工程的建设和配套水电路公共设施的健全。近两年稻田综合种养发展面积快速上升，但受地方政府资金和国土部门的管控等限制，水电路等公共基础设施配套建设还不健全，引发以下一些问题：一是由于配套水利设施不健全，加之河道沟渠堵塞，导致虾农在冬春季节用水高峰时期常面临无水可用、有水难引、无奈打井等局面；二是面对夏季区域性暴雨，由于水利灌排不通畅，使排灌不良、低湖地区的稻虾田被淹没，导致小龙虾大量死亡或逃逸；三是由于稻虾种养需要频繁抽水，尤其是春季凌晨下田补虾，电力不通无法照明，有些农户便使用柴油机灌排，甚至私拉电线照明，极大地增加生产安全风险和用水成本；四是下雨天气田间机耕道路泥泞，导致机器和车辆无法下田，尤其是在春夏季集中出虾时严重影响农户正常作业生产。

---

① 正确引种能丰富生物多样性　物种入侵则会威胁生态安全 . https：//baijiahao. baidu. com/s？ id＝162268480
5553865769&. wfr＝spider&. for＝pc.

二、相关对策

1. 以生态农业方式推动稻虾绿色发展

根据自身资源特点坚持因地制宜，避免盲目发展；要加快建立稻虾绿色高质量种养标准体系，严格标准，保证规范化发展。

2. 完善基础设施建设，转移自然灾害风险

配套健全水电路等公共基础设施，提高排灌工程灌溉保证率和排涝标准，加强田间沟渠整治、桥涵闸配套，建设旱涝保收高标准稻田综合种养基地，实现生产基地区域化、标准化、规范化；针对不可控的自然灾害风险，做好风险转移，加强企业和政府、金融机构合作，发挥财政资金引导和杠杆作用，将稻田综合种养产业纳入政策性农业保险范畴。

参 考 文 献

曹凑贵，江洋，汪金平，等，2017. 稻虾共作模式的"双刃性"及可持续发展策略 [J]. 中国生态农业学报，25（9）：1245 - 1253.

陈昌福，2017. 美味的小龙虾也存在风险？陈昌福谈克氏原螯虾养殖热潮与生态危机之隐忧 [J]. 当代水产，42（8）：82 - 86.

陈松文，江洋，汪金平，等，2020. 湖北省稻虾模式发展现状与对策分析 [J]. 华中农业大学学报，39（2）：1 - 7.

鲁国梁，许淼，汪本福，等，2020. 湖北省虾稻产业可持续发展的调研思考 [J]. 湖北农业科学，59（19）：23 - 26.

杨大柳，胡中泽，衣政伟，等，2020. 泰州市稻田综合种养产业发展分析及建议 [J]. 中国稻米，26（1）：108 - 110.

张启发，2018. 以"双水双绿"重塑"鱼米之乡" [N]. 湖北日报，6-13（15）.

第十二章
结论建议及展望

稻虾模式作为中国稻渔综合种养产业典型代表，在稳定国家粮食安全、推动农业提质增效、促进农业绿色发展、助力农民增产增收等方面发挥重要作用。推动稻虾种养绿色高质量发展，对于促进产业持续健康发展，引领地方农业转型升级，以产业振兴助力乡村振兴具有重要的现实意义和战略意义。

第一节　稻虾种养绿色高质量发展的潜力

一、种养开发程度与资源空间潜力

总体上，当前阶段，各省份稻虾种养发展的空间潜力仍然很大，开发程度仍然不充分。据测算，湖北省水稻种植面积3 000多万亩，约有1 000万亩适合稻虾种养[1]，2020年稻虾种养发展面积为730万亩，开发程度为73％；安徽省适合稻虾种养的稻田面积约1 000多万亩，2020年发展面积为418万亩，开发程度为41.8％；湖南省宜渔面积约980万亩，其中环洞庭湖区适合稻虾种养发展的面积约为600万亩，开发程度为43％；江西省宜渔面积有600多万亩，其中适合稻虾发展的面积400多万亩，而当前开发程度仅为30％。

二、种养产品供需现状与市场发展潜力

1. 绿色优质水稻市场现状及潜力

（1）中国人均口粮结构发生变化。宏观上，近20年来，中国水稻消费结构组成正在发生变化，虽然口粮消费一直是中国水稻消费的最主要形式，但口粮消费无论是消费总量和消费结构占比均呈现下降趋势（图12-1）。

微观上，城乡居民收入水平不断增加，促进人民生活水平不断提升，食物消费观念由"温饱型"向"优质型"转变，饮食结构发生变化，谷物类的口粮消费在居民人均主要食品消费量的结构占比中逐渐下降，而水产品及果蔬肉蛋奶等产品消费量逐年增加（表12-1）。

---

[1]　湖北省"虾稻共作 稻渔种养"产业发展规划（2019—2022年）。

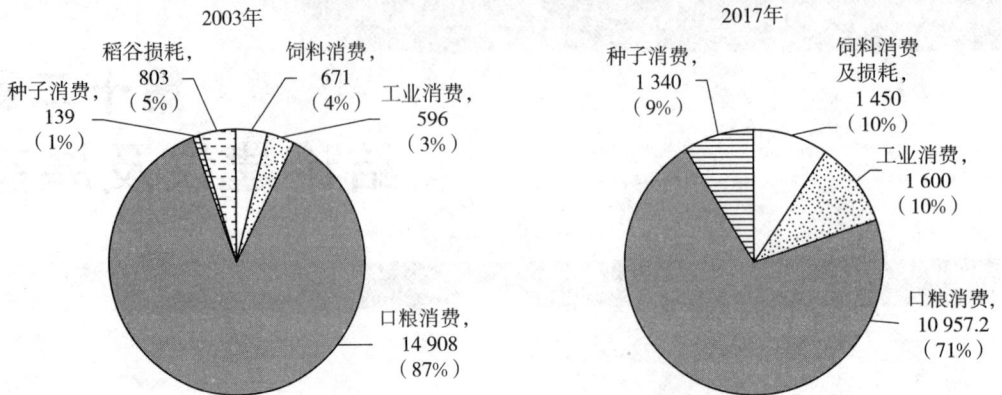

图 12-1 我国 2003 年和 2017 年稻谷消费结构变化（万 t）

表 12-1 全国居民人均主要食品消费量变化趋势（千克/人）

	2013 年	2014 年	2015 年	2016 年	2017 年	2018 年
谷物	138.9	131.4	124.3	122	119.6	116.3
蔬菜及食用菌	97.5	96.9	97.8	100.1	99.2	96.1
肉类	25.6	25.6	26.2	26.1	26.7	29.5
水产品	10.4	10.8	11.2	11.4	11.5	11.4
蛋类	8.2	8.6	9.5	9.7	10	9.7
奶类	11.7	12.6	12.1	12	12.1	12.2

（2）绿色优质水稻供需矛盾突出。总体上，我国水稻供给总量大于需求总量（图 12-2），稻米供给相对充足，数量安全有保障，但供给结构矛盾突出，表现为水稻产量高、进口量高，一方面是水稻生产成本产出结构竞争力不强导致，另一方面是中高端市场供给不足引起。以有机水稻市场为例，截至 2018 年有机大米年产量为 161.3 万 t，仅占国内大米总产量的 1.65%，有机水稻在过去虽然取得一定发展，但发展速度仍然很慢，中高端大米供给比例仍然很小。目前国内中高端大米市场被日本、泰国、越南等占领，国内以东

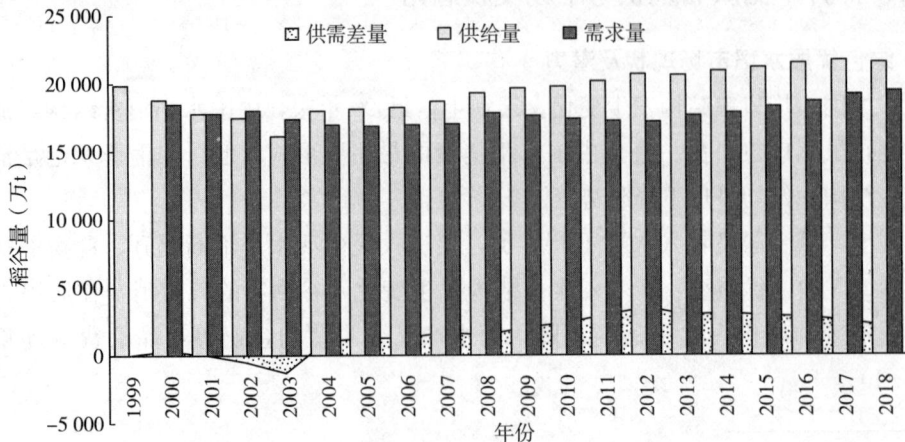

图 12-2 1999—2018 年我国稻谷供需平衡变化

北有机大米为主，国内中高端大米市场正处于加速发展阶段。

（3）健康营养稻米迎来发展新机遇。稻米是中国65%以上百姓的口粮。整体上看口粮消费在水稻消费结构中的比重呈下降趋势；虽然口粮消费逐年下降，但是中高端有机大米市场需求规模却在逐年上升，产量、消费量、价格均呈现增长趋势，绿色大米供不应求（图12-3、图12-4）。

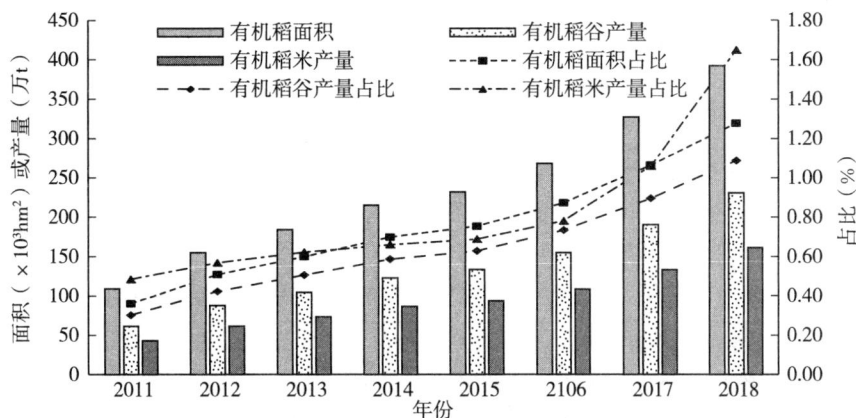

图12-3 2011—2018年我国有机水稻的供给状况

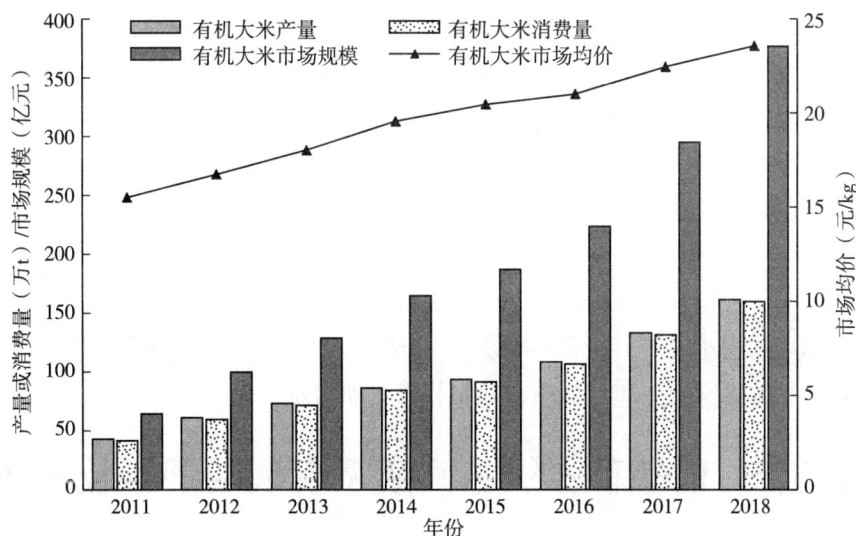

图12-4 我国有机大米市场消费现状

总体来看，我国稻米供给市场面临双重挑战，中低市场面临东南亚低成本种植的水稻威胁，另外受到日本、泰国等高端大米的垄断。所以，必须增加绿色优质水稻供给，稳住粮食安全，确保质量安全。

2. 小龙虾供需市场现状及发展潜力

（1）小龙虾需求格局发生变化。国内消费和进出口贸易是小龙虾需求的组成。近年来，小龙虾外贸出口量逐渐减少，而国内消费量逐渐增加。小龙虾需求格局已经由过去海外出口外贸为主逐渐转向国内消费为主（表 12 - 2）。

表 12 - 2　我国小龙虾供需平衡表（2014—2018 年）

类别		2014 年	2015 年	2016 年	2017 年	2018 年
供给	总产量（t）	689 661	765 507	899 058	1 129 708	1 638 662
	进口量（t）	34.001	125.681	207.239	1 435.906	2 394.126
	供给量（t）	689 695.001	765 632.681	899 265.239	1 131 143.906	1 641 056.126
	总产量占比（%）	99.9 951	99.9 836	99.9 770	99.8 731	99.8 541
需求	消费量（t）	663 814	748 787	879 331	1 113 384	1 630 293
	出口量（t）	29 778	19 946	23 309	19 116	10 801
	需求量（t）	693 592	768 733	902 640	1 132 500	1 641 094
	消费量占比（%）	95.7 067	97.4 053	97.4 177	98.3 121	99.3 418
	供需差量（t）	−3 896.999	−3 100.319	−3 374.761	−1 356.094	−37.874

数据来源：《中国小龙虾产业发展报告（2019 年）》。

注：进出口数据来源于 Infobean 数据库产品细类中小龙虾一项的统计，生产量包括养殖和捕捞产量。

供需差量＝供给量−需求量。

（2）小龙虾供需平衡且快速增长。2016 年以后小龙虾供给和需求均进入快速扩张时期，产业发展处于上升期。年均需求增速逐年增大，说明我国小龙虾需求市场处于快速扩张期，产业发展处于上升阶段，说明我国小龙虾市场需求潜力还有很大上升空间。年均供给增速也呈逐年增大趋势，说明我国小龙虾供给市场也处于快速扩张阶段，这归因于国内小龙虾生产捕捞和国外小龙虾进口的快速上升，特别是国外小龙虾进口的快速上升进一步表明我国小龙虾需求市场没有达到饱和。

截至 2019 年，我国小龙虾产业总产值达 4 110 亿元，同比增长 19.28%，一二三产业分别同比增长 4.11%、55.48% 和 8.54%（农业农村部渔业渔政管理局，2020）。"十四五"时期，预期国内小龙虾产业整体保持中高速增长，一产份额逐渐下降，二三产份额逐渐上升，绿色健康安全优质产品的需求趋势将更加明显。

第二节　稻虾种养绿色高质量发展的前景及展望

一、推进稻虾绿色高质量发展的战略意义

当前，中国农业发展正处于转变发展方式、深化供给侧结构性改革、促进农业由大到强、迈向农业高质量发展的新征程。将稻虾种养提升到国家战略性新型产业进行培育，对于做大做强绿色水稻和绿色水产，推动中国农业转型升级，促进农业绿色高质量发展具有重要战略意义和现实意义。具体体现在以下方面：

第一，实施高质量稻虾种养有利于推动中国农业转型升级，引领农业绿色高质量发展。高质量稻虾种养立足于水稻和小龙虾两大产业，以绿色科技创新实现农业发展动能

转换升级，驱动农业转变发展方式，以绿色农产品和绿色环境供给满足居民消费需求升级，引领供给侧结构性改革实现高质量发展。调研发现稻虾种养的发展减少了农田抛荒，实现了农业增效、农民增收和环境友好。小龙虾产业的快速发展促进了"养殖、加工、流通"一二三产的快速融合，各要素围绕小龙虾已经形成一条巨大的产业链。将稻虾种养作为国家战略性新型产业进行培育，其意义不仅在于有利于促进稻虾产业高质量发展，还在于为农业产业发展搭建了集聚各要素产业链条的公共利用平台，为农业产业发展要素集聚和促进农村一二三产快速融合提供了载体与契机。

第二，实施高质量稻虾种养有利于做大做强中国水稻水产产业，实现绿色水稻和绿色水产协同发展。高质量稻虾种养提倡利用绿色稻田，选育绿色品种，践行"简单养虾、减氮种稻"绿色种养理念，开展绿色防控技术，促进水稻生产方式转型；按照"减产能、普绿色、保安全、美食味、特营养"的战略路线，一步步实现稻米增值，提升水稻质量效益和竞争力，做强中国水稻产业。将高质量稻虾种养作为推动水产养殖方式转变的重要抓手，实现绿色水产品优质供给；同时通过高质量稻虾种养洁净稻田和水体，增强水产养殖产业持续发展力，推进水产养殖业转型实现高质量发展，做强中国水产产业。

第三，实施高质量稻虾种养有利于培育乡村发展新动能，是国家平原湖区乡村振兴战略的落地之策。乡村振兴，产业兴旺是重点也是基础。高质量稻虾种养立足于绿色水稻和绿色水产两大产业，是实现产业兴旺促进乡村振兴的抓手。打造高质量稻虾种养不是简单的稻虾模式升级，而是一种产业发展模式、理念和目标，也是稻虾种养等模式可持续发展的根本保障，是实现乡村振兴、重塑鱼米之乡的绿色高质量发展新思路，关乎生态文明建设和乡村振兴战略。

二、稻虾绿色高质量发展的前景展望

当前阶段，中国稻虾种养发展仍然处于政策环境良好、发展动力很足的战略机遇期，正处于由高速发展向高质量发展转变的转型提质换挡的关键时期。2019年，农业农村部办公厅发布了《关于规范稻渔综合种养产业发展的通知》，表明在政策环境上已经由过去的大力鼓励发展转向当前及未来阶段的规范提质发展，中国稻虾种养发展面积已经从2017年的高速增长期进入到当前阶段的低速缓慢增长期，2019年农业农村部于四川隆昌召开的全国稻渔综合种养发展提升现场会，吹响了推进稻渔综合种养产业规范提质的号角。未来阶段，各地工作重心将由鼓励稻虾发展扩大种养规模逐渐转向延伸完善稻虾产业链促进三产融合。

支持培育发展稻虾种养应当站在落实乡村振兴战略、助力乡村产业振兴的高度，而非仅仅聚焦于稻虾种养的生产发展。未来稻虾产业的竞争不是生产层面、加工层面或者某几个经营主体之间的竞争，而是涉及稻虾种养全产业链的竞争，例如，直播电商拓宽了农产品销售渠道，同时也对农产品供给能力提出了新的挑战，这包括产品生产能力、经营组织化程度、冷链物流保鲜、质量标准体系等诸多环节建设。何为稻虾产业竞争力？竞争力和生产方式、满足社会需求能力、未来社会期许等密切相关，一方面是成本问题，一方面是品质问题，一方面是环境问题。良好生态环境、绿色生产方式、高质高效生产就是竞争力；成本低效益高，供应质量安全优质营养的产品就是竞争力；可持续发展能力强就是竞争力。

　　任何一个产业的发展，无论它是工业产业还是农业产业，都会经过起步期、快速发展期、转型期、新发展期，最终步入衰落期，这取决于该产业能否适应社会发展的需求。产业发展的快慢，根本的驱动力在于市场供求关系，当市场供过于求时，则产业步入衰落期，当市场供小于求时，则产业步入快速发展期，当需求发生变化时，供给也将必须调整生产方式，则产业步入转型期，供给和需求也是一个相互作用的过程，但大多数时候是由需求决定着供给。正如经济是上层建筑的基础一样，数量是质量的基础，产业产品的供给一般是先满足数量，再追求质量，产业发展也会经历产业竞争力上由小到大、产业抗风险上由弱到稳、产品供给数量上由不足到过剩，直到产品的经济利润接近为零才可能驱动产业转型发展，而对于一些基础性产业，考虑其特殊地位以及产业的非经济价值（如带动就业等），可能受市场供求关系影响较小，计划经济下的配给制度正是产业发展初期产品供小于求的一种非市场经济下的调节手段。当产品供给总量与需求总量数量保持平衡时，产业进入饱和发展的平稳阶段，如果需求被替代或被进一步细分，则产业被迫进入转型升级阶段，在转型阶段产业会根据需求进一步细分的市场进行转型，实现产业竞争力由大到强（产业链更加完善，分工更加明细）、产业抗风险由稳到强（产业链各环节风险可控能力显著增强）、产品供给数量由多到优、由优到精等的变化。

　　随着稻虾养殖面积的不断增加，在供给总量上，已经由过去供给总量不足转变为当前供给总体趋于饱和的现状；在供给季节上，仍然存在季节性供给不足与供给过剩的矛盾；在供给质量上，同质化问题突出，供给质量不高。当前，中国稻虾种养正处于粗放成长期，农户开展稻虾生产仍然采取以高投入换取高产量从而实现高产出的生产模式，因此出现了重虾轻稻、资源消耗过大、环境污染突出等问题，土地生产力和经济效益因产量提升而增加，但伴随着高投入滥投入而引起资源利用效率不高、环境负荷较大，稻虾种养的生态环境成本不断升高。中国稻虾产业必须加快进入绿色高质量转型期，而不能走先过剩再转型的产业发展老路。实现稻虾绿色高质量转型，是强调统筹运用政策引导、科技创新、市场机制，在不增加环境生产成本的基础上，通过调结构、稳产量、提产能、提品质、增价值、促效益等手段实现质量驱动、融合发展，从而进一步提升土地生产力和经济效益，最终实现稻虾种养理想健康发展（图12-5）。

　　未来稻虾市场将进一步分化，品相、规格、品质将成为消费者的考虑重点。未来，无论是水稻还是小龙虾，必然由数量之争转向质量之争，这是稻虾产业迈向高质量发展的总趋势。因此，必须推动稻虾产业盈利模式由数量效益型向质量效益型，再向融合效

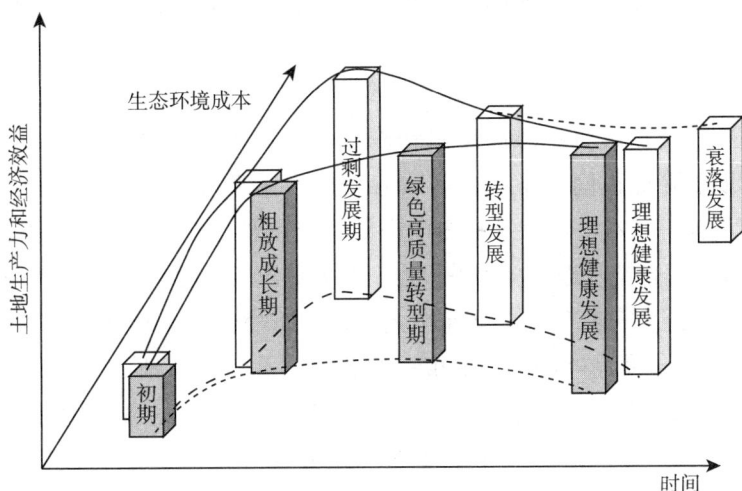

图 12 - 5　中国稻虾发展道路及未来方向
(仿骆世明，2008)

益型转变。中国稻虾产业绿色高质量发展的转型期将会在以下几方面发生变化。

1. 稻虾种养生产方式将加快转型发展

粮食安全始终是稻虾种养生产发展的底线，绿色高品质产品的有效供给是稻虾种养生产方式转型发展的目标导向。

（1）在生产发展理念上，当前阶段，稻虾模式中育苗、卖苗占总收入比重约 75%，随着稻虾种养面积增速放缓，就近供苗能力和供苗机会增多，必须由过去"育苗为主、成虾为辅；小龙虾为主，水稻为辅；数量为主，质量为辅"向"繁养分离，成虾为主；生态优先，绿色发展；水稻为本，协同发展；品质为重，品牌强农"的理念方向转变。

（2）在生产发展目标上，将会呈现五个方面的变化，一是由单一追求高产向降低综合生产成本转变，提升稻虾生产竞争力；二是由追求单产向追求品质转变，满足日益多元化需求，提升产品市场竞争力；三是由粗放管理向精确定量转变，更加注重机械化、轻简化、信息化和标准化；四是由掠夺经营向藏粮于地转变，更加关注农田输入输出平衡和土壤肥力问题，坚持用地与养地相结合，注重长期持续生产；五是由资源破坏向环境友好转变，更加关注生态安全、环境友好、资源节约、低碳高产。

（3）在种养模式类型搭配上，首先注重因地制宜发展稻鱼、稻虾、稻蟹、稻鳖等多元模式以及稻鳖虾、稻鳅虾等复合模式，其次大力推动当前阶段的稻虾种养繁养一体化模式向繁养分离模式转变，传统稻虾繁养一体化模式在生产中存在系列问题，如病害增多、产量不稳定、规格越来越小等，养殖效益低下、养殖风险增加①，严重影响了产业健

---

① 唐建清：浅谈小龙虾养殖模式与发展趋势 . http：//www. farmer. com. cn/2021/03/16/99867178. html.

康发展，而稻虾繁养分离模式能够稳定小龙虾产量，提高商品虾规格，降低病害发生风险。

（4）在种养田间工程结构上，因地制宜结合当地水土资源，发展形式多样的具有格局特色的田间工程结构，对于滩涂湖田和冷浸田，常年地下水位较高，稻田四周开发宽沟、深沟有助于降低田间地下水位，改善稻田水土环境，利于水稻健康生产；对于耕地地力较差且属于基本农田保护区内的中低产田，稻田四周不开挖环形沟，改挖深沟为筑高垄，建设专业育苗基地，采用平板式＋育养分离相结合的方式开展稻虾种养生产，改原来繁养一体育苗为育养分离，确保小龙虾苗种错峰供应，延长供苗时间，增加池塘小龙虾出塘量[①]，促进商品虾的均衡上市；对于山区及丘陵岗地的中低产稻田，因稻田单元面积小，稻田四周开挖窄沟、小沟，发展稻鱼、稻蛙、稻鳖等种养模式；对于水资源相对紧张地区，在稻田一侧开挖池塘，充分发挥池塘蓄水、抗旱、养殖等多种功能。

2. 稻虾种养产业政策将由鼓励扩张向规范提质发展，向稳规模、稳产量、提质量的方向调整

随着规模不断扩大，产量大幅增加，市场趋于饱和，价格趋于稳定，而虾苗、饵料、人员、技术等配套服务未能跟上致使种苗、人工成本迅速增加。随着产能进一步释放，稻虾经济效益将整体呈现下降。应当注意的是，大力扶持鼓励稻虾发展不等于盲目发展、盲目扩张种养规模。据专家测算，湖南省大约有 20％的稻田适合发展综合种养，适宜面积规模大约 980 万亩，有发展潜力并不意味着盲目发展、无序发展。在宏观上，要注意防止盲目扩张，因为一方面从适宜条件上看，小龙虾虽然是杂食性动物，但是对养殖土壤、水源水质还是有一定的要求，并不适合在所有稻田养殖（曹永军和戴扣连，2019）；另一方面在盲目扩大生产规模的背景下，若二三产业发展跟不上，届时稻虾产业面临极大发展风险，稻虾种养第一产业面对市场需求萎缩时将可能出现硬着陆。在微观上，要防止盲目扩大，因为从单位适宜种养规模上看，稻虾种养目前仍然属于劳动密集型产业，只有依靠精细管理才能提高种养效益（曹永军和戴扣连，2019）。据专家测算，在目前种养水平下，经营规模在 53.33hm² 以上的基本无利可图。稻虾产业发展的前提应该是科学评估地区种养适宜发展区域、适宜发展规模，制定产业空间发展规划。

3. 稻虾种养经营方式将发生变化

首先，稻虾产业经营主体将由传统散户向经营大户转变，推动当前稻虾经营由分散经营向适度规模经营发展，提高稻虾生产经营效率。其次，创新经营机制，发展龙头企业＋农民合作社＋家庭农场＋农户的经营模式，稳步推进统一品牌、统一生产标准、统一农资供应、统一技术培训、统一销售等"五统一"服务（程明亮和张运胜，2019）。

---

① 2018 湖南省小龙虾产业发展报告．https：//www.sohu.com/a/235363486＿735487.

4. 稻虾产业链条建设将加快延伸，以三产融合增强稻虾全产业链综合竞争力

当前阶段，绝大多数县（市、区）稻虾产业的盈利主要是数量效益型驱动，今后必将转向质量效益型驱动，最终走向融合效益型驱动；而盈利点将由初级阶段的卖产品（数量向质量转变）向中级阶段的卖技术（种养生产技术向全产业链关键技术延伸），最后向高级阶段的卖文化（发展理念、发展思维）转变。当前阶段，稻虾产业经济效益的主要来源是水稻和小龙虾产品，随着种养生产规模进一步扩大，生产产能可能会出现过剩，市场竞争将进一步加剧，鲜销产品价格下跌压力进一步增大，传统稻虾整体经济效益有下滑趋势。所以要充分挖掘稻虾种养在生态功能、饮食文化、休闲娱乐等方面的内在价值，促进与加工、旅游、文化、教育等产业融通融合，建设集种养生产、休闲旅游、教育体验等为一体的稻虾种养园区、基地、农庄、村镇等（黄国林等，2019），延伸稻虾种养产业链与价值链，提升稻虾种养模式的市场竞争力。

第三节　稻虾种养绿色高质量发展的建议

当前阶段，我国水稻产能过剩而小龙虾等水产品需求强劲，党的十九大提出了实施乡村振兴战略和深化供给侧结构性改革，为农业产业结构调整提供了难得的机遇。为了推进中国稻虾绿色高质量发展，提出四个方面的政策建议：

一、因地制宜，避免盲目发展

因地制宜开发、规范有序扩大种养规模，实现稻虾产业健康发展，应充分认识到以下三个问题：第一，在哪里发展；第二，支持谁发展，第三，以什么模式发展。"在哪里发展"关系到水稻产业布局结构调整；"支持谁发展"关系到经营主体的培育问题；"以什么模式发展"关系到粮食稳定生产和小龙虾养殖。

第一，重视顶层设计。各地都应做好规划设计，包括系统性空间规划、顶层发展规划和长远发展战略性规划，从资源利用到产业体系建设形成顶层设计，划分适宜区域；从政策引导到资金使用，整体一盘棋，引导集中规模发展，建设产业园，保障形成稻虾产业聚集效应。对于稻虾模式而言，水资源作为影响稻虾种养生产发展的关键约束性因子，适宜发展区域首先是沿江沿河环湖周边的冷浸田、涝渍田、行蓄洪区田，因为这些地方水资源十分丰富，但这些地区水电路基础设施相对落后，以稻虾种养为契机能够改善地区农业生产基础设施条件；其次是冬季作物的非优势种植区，以安徽淮南稻麦种植区为例，安徽淮河以南地区常年雨水丰沛，据调查冬小麦单产仅为 $150\sim200kg/$ 亩，同比江苏北部小麦种植优势区的 $400\sim500kg/$ 亩有很大差距，不仅小麦产量低而且品质也不高，属于低质低效麦区，可根据水资源丰沛情况适当调整种植结构发展稻虾种养；最后山区丘岗冷浸田以及光温资源不足的稻田，这些地区可以根据当地水资源的配置情况适当发展稻虾种养或者其他稻田综合种养模式。

第二，加强政策引导。适宜地区政府应该因势利导，抓住水稻水产产业结构调整机遇，对于稻田土地平整、面积广阔的湖区平原，积极推动与县（市、区）工业化、城镇化速度相适应的土地流转，促进土地规模集中；建议以小农户为基础，支持种养大户、家庭农场、合作社等具有一定种养规模的主体发展稻虾种养，形成市场引导、政府推进、政策扶持、部门配合、产业衔接的态势（徐长春和陈少愚，2018）。这是因为从发展的角度看，适度规模化发展是产业化发展的需要，拥有一定的种养规模才会更加主动地推动发展区域化、生产标准化、经营组织化、服务社会化以及产品品牌化。

第三，配套多种模式。对于进一步扩大规模的过程中究竟是选择稻虾种养作为大力主推模式，还是为了降低市场风险而发展稻鳖、稻鳅、稻蟹、稻蛙等多元模式，首先无论何种稻渔综合种养模式，因地制宜是前提，稻渔综合种养的发展始终要建立在当地资源承载力的基础之上；无论是哪种稻渔模式，丰富的水资源始终是各种稻渔综合种养模式推广的首要条件。其次不同模式对田块大小、技术要求、前期成本投入、市场销售渠道等的要求均有所差异，农民是应用稻渔模式的受益者，也是经营稻渔模式的风险承受者，政府方面应当在积极动员宣传的基础上，尊重农民选择。

第四，市场是导航灯、效益是指挥棒。现代稻渔综合种养同比传统稻渔综合种养的显著区别是规模化、产业化、市场化，稻渔综合种养的模式类型多样，坚持稻虾为主还是多元并举，根本是要坚持市场导向。当前阶段建议抓住小龙虾市场需求旺盛的有利时机，把稻虾种养作为主产区稻渔产业发展的重点模式予以继续推广。据有关部门机构的静态测算，我国小龙虾仍有 100 万 t 的市场缺口，这将意味着中国稻虾种养还有近约1 000 万亩的增长空间，未来一段时间稻虾种养生产发展的潜力仍然巨大。

最后，做好多种稻田种养模式技术储备。在稻渔综合种养模式的区域布局上，应该考虑地区稻虾种养因大规模发展而造成小龙虾季节性相对过剩的现象，避免增大稻虾种养市场风险，但应该注意的是不应为了稻渔综合种养模式多元化而多元化发展，前提仍然是根据当地资源禀赋确定适宜的稻渔综合种养模式，但这并不意味着政府层面可以放松模式多元化培育，农技推广部门应该积极做好稻鳖、稻鳅、稻蟹、稻蛙等技术体系的研究，做好技术层面上的战略储备。

二、保护环境，促进高质量发展

稻虾绿色高质量发展实现产业协同、产品绿色、环境优美。第一，保护稻田，根据模式类型，规范田间工程，确保养殖沟面积不超过 10%；必须严格保护稻田耕作层，稻田中间不得再开挖纵沟，不得毁坏种植条件。第二，清洁生产，制定严格的生产标准和技术规程，控制生产投入，保障投入品符合生产标准和生产要求，倡导和践行优质栽培、清洁生产的理念，确保食品安全。第三，健康养殖，利用种养互利共生关系，为水产动物养殖营造一个良好的、有利于快速生长的生态环境，减少饲料、避免使用渔药、控制投入，保证养殖水体环境绿色和产品质量安全。

三、创新驱动，保障科学发展

目前，我国对涉及稻虾种养的基础理论研究仍显不足。主要表现在：种业创新落后于产业发展，稻虾种养系统的理论研究不足，各地稻虾模式技术应用效果不稳定。因此：

第一，加强优质品种选育。针对稻虾种养体系缺乏绿色优质水稻资源及小龙虾品种退化严重等问题，开展稻虾种养种质资源创新和小龙虾相关遗传改良研究工作，选育适合稻虾高质量种养体系的专用优质、特色水稻品种及小龙虾新品种。

第二，加强相关科学问题研究。研究水稻与小龙虾互作关系，探索水稻品质形成的影响机制，研究稻虾种养对土壤理化特性、土壤结构、温室气体排放及土壤肥力的影响机制，研究稻虾种养中镉、砷、汞等重金属元素的转化特征、沿食物链传递的机制以及对食品安全的影响，研究稻虾模式的种稻效益、农产品质量安全、大面积耕作改制和农艺变革的生态影响及可持续发展等问题，研究稻虾种养系统生物多样性及重要生态过程等。

第三，加强绿色技术研发。重点针对稻虾模式中优质稻米品质形成规律、绿色种养栽培技术体系、养殖水体环境调控、病虫害绿色防控、健康土壤培肥与可持续耕作方式、小龙虾良种规模繁育、小龙虾营养需求及饲料配方等领域加强研发。

第四，完善标准体系建设。围绕稻虾模式田间工程、绿色品种、水稻清洁生产、动物健康养殖等的资源节约型、环境友好型技术开展试验研究与示范，加强技术标准及技术规程研究；建立种养技术标准、田间工程标准、投入品质量标准、环境质量标准、产品质量标准等标准体系。

四、三产融合，推动乡村振兴

稻虾绿色高质量发展的落脚点是产业兴旺、生态良好、乡村振兴，因此必须将稻虾种养与区域产业、经济、生态、文化紧密集合在一起。第一，创新合作机制，构建稻虾产业联盟，搭建稻虾产业平台，实行"研（科研单位）-产（生产合作社）-销（米业、虾业）"一体化，构建"科研驱动产业、创新引领市场"的新格局，着力解决制约产业融合发展的难题，推动研产销一体化；采取龙头企业＋合作社＋农户的经营方式，完善利益联结机制，延长产业链，保障供应链，提升价值链，完善生态链。第二，重视营造节庆文化，开拓农业生产、生活、生态、科教、观光、康养等功能，打造稻虾田园综合体、稻虾文化城、稻田公园等，促进三产融合。第三，发展稻虾文化，建立乡村文明，改变生产生活方式，实现资源节约、环境友好，打造环境优美、生态文明、美丽富饶的鱼米之乡。

参 考 文 献

曹永军，戴扣连，2019. 稻虾综合种养产业实践与思考 [J]. 科学养鱼（5）：6-7.

程明亮，张运胜，2019. 安乡县不同稻虾综合种养模式效益比较分析 [J]. 作物研究 (S1)：6-8.

黄国林，曾斌，李卫东，等，2019. 湖南环洞庭湖区稻渔综合种养发展模式与优化建议 [J]. 湖南农业科学 (12)：59-63.

骆世明，2008. 生态农业的景观规划、循环设计及生物关系重建 [J]. 中国生态农业学报 (4)：805-809.

农业农村部渔业渔政管理局，全国水产技术推广总站，中国水产学会，2020. 2020 中国小龙虾产业发展报告 [J]. 中国水产 (7)：8-17.

徐长春，陈少愚，2018. 湖北省稻虾综合种养发展浅析 [J]. 中国水产 (10)：52-54.

附录1 稻虾农户调查问卷

湖北省稻田综合种养区域联合试验农户调查问卷

亲爱的农户，

您好，我们是华中农业大学农业生态研究中心稻田种养课题组。2018年，我们正在湖北省全省范围内开展一个有关稻田综合种养的区域联合试验，该试验围绕湖北省目前主推的三种稻田种养模式，即：稻田养虾、稻田养鳖和稻田养鳅等。从光温水肥资源利用、模式经济效益、环境生态友好和食品供给安全四个角度去调查总结对比不同种养模式的特征，最后总结出不同种养模式的适宜条件，为了开展好这个试验，我们采用定点观测和农户调研两种手段开展研究。我们最终会根据定点观测结果以及农户调研的情况形成一份政策建议报告提交湖北省委省政府，为全省稻田综合种养政策制定提供参考，以促进全省稻田种养的合理有序健康发展。

感谢您的大力支持与配合！

元假设问题（此题为必答题）：

A. 您从事稻田养虾，经营形式是：＿＿＿＿＿＿＿（选填对应字母。如果您选择a，则继续回答C元假设问题。如果您选择b，则应在电话确认联系到对方并取得对方同意填写问卷后，方可填写此份问卷。对方姓名：＿＿＿＿＿＿＿，对方联系方式：＿＿＿＿＿＿＿＿＿＿＿＿）。

a. 种养结合（即：水稻种植和小龙虾养殖均由自己经营）

b. 种养分离（即：自己经营水稻或小龙虾中的一项）

B. 2018年，您从事的稻田养虾中，每亩小龙虾的产量水平是：＿＿＿＿＿＿＿（选填对应字母。如果您选择d，则继续回答D元假设问题，否则无须填写此份问卷）。

a. 0～15千克/亩　　b. 15～25千克/亩　　c. 25～35千克/亩　　d. 35千克/亩及以上

C. 2018年，您从事的稻田养虾中，您预估您家每亩稻田水稻的产量水平是：＿＿＿＿＿＿＿（注：此处判定水稻产量的稻田是指去除环形沟后的净稻田）（选填对应字母。如果您选择d，则直接开始填写此份问卷，否则继续回答问题D）。

a. 0～150千克/亩　　b. 150～250千克/亩　　c. 250～300千克/亩　　d. 300千克/亩及以上

D. 根据您的选择，我们认为您家水稻产量偏低，请问主要是由＿＿＿＿＿＿＿引起（如果您选择b，则继续回答E元假设问题；否则无须填写此份问卷）。

a. 人为因素　　b. 自然因素

E. 您家开展稻田养虾的总面积是否有 15 亩及其以上？＿＿＿＿＿＿＿（选填"是/否"。如果选"是"，则开始填写此份问卷，否则无须填写此份问卷）。

1　农户及家庭的基本情况

1.1　您的年龄＿＿＿＿＿＿岁，性别＿＿＿＿＿＿，受教育年限＿＿＿＿＿＿年（注：①学前班和培训班不计入其中；②填写具体年限，而非"小学/初中/高中等"）。

1.2　您的健康程度＿＿＿＿＿＿（选填对应字母）。

a. 很健康（身体没有任何疾病，劳动能力强）

b. 比较健康（身体有点小疾病，如：胃病、肝炎等，但不影响劳动能力）

c. 一般（身体有疾病，劳动能力中等，不能从事重体力活）

d. 不健康（身体有疾病，劳动能力弱，仅能从事轻体力活）

e. 很不健康（身体有严重疾病，基本无劳动能力）

1.3　您的家庭人口数＿＿＿＿＿＿口，您家拥有的耕地总面积＿＿＿＿＿＿亩，其中自家的水田面积＿＿＿＿＿＿亩（不包括流转土地）。

1.4　2018 年，您的家庭总收入＿＿＿＿＿＿万元，其中开展稻田养虾经营收入＿＿＿＿＿＿万元。

1.5　您家里是否有人全年外出务工或从商？＿＿＿＿＿＿＿（选填"有/无"。如果"有"，请您继续回答剩余问题）。您家全年外出的那位 2018 年的纯收入约为＿＿＿＿＿＿万元。

1.6　2018 年全年，您除了从事稻田养虾之外，是否还外出务工或从商等？＿＿＿＿＿＿＿（选填"是/否"。如果选填"是"，则继续回答剩余问题）。2018 年，您外出务工或从商的收入有＿＿＿＿＿＿万元。

2　稻田养虾的基本情况

2.1　您从事稻田养虾模式是否为复合模式？＿＿＿＿＿＿＿（选填"是/否"。若选"是"，请继续选定对应字母，且不用回答 2.1.1；若选"否"，请回答 2.1.1。注：为表述方便，下文中的鳅、鳖、蛙等均用 N 表示）。

a. 虾-鳅-稻　　b. 鳖-虾-稻　　c. 蛙-虾-稻　　d. 其他：＿＿＿＿＿＿

2.1.1　您从事的稻田养虾属于下列哪一种类型：＿＿＿＿＿＿＿（选填对应字母）。

a. 虾-稻连作（小龙虾以育苗为主，一稻一虾）

b. 虾-稻连作（小龙虾以成虾为主，但不投放饲料，即传统稻虾模式，一稻一虾）

c. 虾-稻连作（小龙虾以成虾为主，投放小龙虾饲料，即集约化稻虾模式，一稻一虾）

d. 虾-稻共作（水稻生长期间，小龙虾能实现与水稻共生，且以收成虾为主，一稻两虾，强调人为因素）

e. 虾-稻共作（小龙虾生长期间，小龙虾能实现与水稻共生，且投入虾苗以培育亲虾

为主，一稻两虾，强调人为因素）

f. 虾-稻共育（水稻生长期间，小龙虾能实现与水稻共生，且以收成虾为主，一稻两虾，强调自然因素）

g. 虾-稻共育（小龙虾生长期间，小龙虾能实现与水稻共生，且投入虾苗以培育亲虾为主，一稻两虾，强调自然因素）

h. 其他：＿＿＿＿＿＿

2.2　您从事稻田养虾的年限有＿＿＿＿＿＿年（计算时包括 2018 年这一年），开展稻田养虾的面积总共有＿＿＿＿＿＿亩，一共有＿＿＿＿＿＿块田，面积最大的养虾田的田块面积＿＿＿＿＿＿亩，面积最小的养虾田的田块面积＿＿＿＿＿＿亩（包括环形沟）。

2.3　就您家稻田养虾的所有田块而言，纯种稻面积约＿＿＿＿＿＿亩，环形养殖沟面积约＿＿＿＿＿＿亩，外埂面积约＿＿＿＿＿＿亩，您家稻虾田环形沟的平均深度是＿＿＿＿＿＿米（以稻田平面为基准面）。

2.4　稻田养虾的稻田中是否有从别的农户或合作社或公司或村集体那里流转过来的？＿＿＿＿＿＿（选填"有/无"，如果选"有"，则回答剩余问题，如果选"无"，则无须回答）。

2.4.1　流转开展稻田养虾的面积有＿＿＿＿＿＿亩，2018 年流转市场价格＿＿＿＿＿＿元/亩。

2.5　您家开展稻田养虾的田间工程改造的总费用大约＿＿＿＿＿＿万元，每年平均维修费用约＿＿＿＿＿＿元（田间工程改造具体包括：环形沟开挖、田埂修筑、进排水设施建立安装、防逃设施建立安装、病虫害物理或生物防控等项目）。

2.6　您家从事稻田种养，针对所有稻虾田：一共购买了①＿＿＿＿＿＿个＿＿＿＿＿＿型号；②＿＿＿＿＿＿个＿＿＿＿＿＿型号地笼（型号有：2 眼，2.5 眼，3 眼，3.5 眼，4 眼，4.5 眼；如果只有一种型号，就填写一种型号即可）。①型号地笼市场价格是＿＿＿＿＿＿元/个；②型号市场价格是＿＿＿＿＿＿元/个。有无购买饲料投饵船？＿＿＿＿＿＿（选填"有/无"。如果选"有"，请继续回答剩余问题）。您家总共购买＿＿＿＿＿＿艘投饵船，投饵船的市场价格＿＿＿＿＿＿元/艘。有无购买增氧设备？＿＿＿＿＿＿（选填"有/无"。如果选"有"，请继续回答剩余问题）。您家总共购买＿＿＿＿＿＿台（套）增氧设备，增氧设备的市场价格是＿＿＿＿＿＿元/台（套）。

2.7　您家稻虾田的土壤类型主要是＿＿＿＿＿＿（选填对应字母）。

a. 黏土　　b. 壤土　　c. 沙壤土（油沙土）　　d. 沙土　　e. 其他：＿＿＿＿＿＿

2.8　2018 年，您从事稻田养虾的过程中，在小龙虾养殖前，是否专门栽种水草？＿＿＿＿＿＿（选填"是/否"，如果选"是"，请回答剩余问题）。

2.8.1　种植水草名称＿＿＿＿＿＿（选填对应字母）。

a. 轮叶黑藻（灯笼泡、灯笼草）　　b. 伊乐藻（吃不败）　　c. 苦草（扁担草、鸭舌头、绕片草）　　d. 金鱼藻（牛尾巴草、细草、软草）　　e. 空心莲子草（水花生、革命草）

f. 马来眼子菜　　g. 菹草（麦黄草、虾衣草）　　h. 水葫芦　　i. 其他：_____

2.8.2　针对您家所有稻虾田，水草的购买成本大约_____元，所有稻虾田水草种植完大约需要_____人_____天（1天工作_____小时），请人种草的市场价格_____元/亩。

2.8.3　水草种植与水质改良、小龙虾的养殖等密切相关。请问您在2018年，有无开展对水草的刈割或浮萍的捕捞等活动？_____（选填"有/无"。如果选"有"，继续回答下列问题）。针对您家所有稻虾田，每天请_____个人刈割水草，刈割水草大约有_____天（一天工作_____小时），请人刈割水草或捞浮萍的市场价格是一人一天_____元（包括请客吃饭买烟买酒等杂费支出）。

2.9　您从事稻田综合种养，在水稻种植之前，是否采用机器整田？_____（选填"是/否"。如果选择"是"，则继续回答下列问题）。您家整田服务来源于_____（选填对应字母。如果您选择a，请继续回答2.9.1，如果您选择b，请直接回答2.9.2）。

a. 自家　　b. 社会化服务（包括农机合作社、私人等）

2.9.1　您自家整田的农机名称是_____，农机动力_____马力，针对您家所有稻虾田全部整完大约需要_____台机器_____天（1天工作_____小时）。

2.9.2　您选择的社会化服务主体姓名_____，联系方式_____；整田总费用是_____元/亩。

2.10　您从事稻田养虾的过程中，有没有购买水稻种植或者小龙虾养殖方面的相关保险？_____（填写"有/无"。如果选填"有"，则继续回答剩余问题）。您购买的保险种类是_____，保险费用是_____元/亩，保险费用是以_____形式核算（a. 纯种稻面积，b. 总稻田面积）。

2.11　您起初从事稻田养虾事业时，资金问题是如何解决的？_____（选填对应字母。如果您选择a或b，则继续回答剩余问题，否则无须回答）。

a. 自家贷款　　b. 亲戚朋友间借款　　c. 自家积蓄充足，不存在资金问题

2.11.1　您从事稻田养虾，2018年贷款或借款利息是_____元。

2.12　您有无自己聘请专业技术人员指导开展稻田养虾？_____（选填"有/无"。如果选"有"，则继续回答下列问题）。您聘请专业技术员的工资是_____万元/年，如果专业技术人员指导是按照服务次数收费，则2018年指导次数_____次，每次指导费用为_____元（包括请客吃饭买烟买酒等杂费支出）。有无聘请长工？_____（选填"有/无"。如果选填"有"，则继续回答下列问题）。请问您聘请长工人数_____人，长工的工资是_____万元/人（包括吃饭住宿等费用支出）。

3　稻田养虾的资源利用与经济效应

3.1　您家水稻种植的秧苗来源：_____（选填对应字母。如果您选a，请回答3.1.1，如果您选b，请回答3.1.2和3.1.3，如果您选c，请回答3.1.2）。

a. 工厂化育秧　　b. 自家育秧　　c. 直接直播

3.1.1　您家秧苗来自工厂化育苗，提供工厂化秧苗的合作社或公司名称是_____联系方式_____，是否提供机插秧服务？_____（选填"是/否"）。

3.1.2　2018 年您从事稻田养虾，选用水稻品种购买行为是_____（选填对应字母）

a. 自家购种　　b.（政府）统一供种　　c. 公司订单供种　　d. 其他：_____

3.1.2.1　您家在 2018 年从事稻田养虾的过程中选用的水稻品种名称是_____，该品种类型是_____（常规/杂交）_____（籼稻/粳稻），生育期_____天，是否属于优质稻？_____（选填"是/否"）。2017 年，您选用的水稻品种是_____。您家2018 年稻田养虾过程中播种（下谷子）的平均日期是____月____日；每亩播种量_____斤，种子价格：_____元/斤（注：经营大户因播种面积过大，播种一般不能一天完成，在此播种平均日期是指最早和最晚播种日期的中间值）。

3.1.3　您家秧苗来自自家育秧，针对您家所有稻田的育秧环节过程中的农资（包括育秧基质、水、肥等）的投入成本大约是_____元，育秧人工投入成本大约是_____元，需要_____个人_____小时；水稻秧苗的移栽方式是_____（选填对应字母。a. 人工抛秧；b. 人工手插；c. 机器插秧。如果选 a 或 b，则继续回答剩余问题，如果选c，若为自家机插，则填写补充问题 3.1.1，若请人机插，则机插员姓名_____，联系方式_____）；针对您家所有稻虾田，请了_____人用了_____天移栽秧苗（1 天工作_____小时），请人移栽_____元/天（包括请客吃饭买烟买酒等杂费支出；如果您也参与了移栽秧苗，您也算入其中）。

3.2　请根据您最初一次性投虾量、投虾价格及 2018 年投苗情况填写附表 1-1；如果您采用复合模式，请回答 3.2.1，否则无须回答。

3.2.1　除了小龙虾的投入，2018 年您家开展复合模式的 N 水产种苗投入量是_____斤/亩，市场价格是_____元/斤，投放时间是____月____日。

附表 1-1　稻田养虾中小龙虾种苗投放情况

年份	投放日期	种苗类型	投放量（斤/亩）	价格（元/斤）	备注
最初					种苗类型.
2018 年					a. 亲虾（未抱卵） b. 亲虾（已抱卵）
其他					c. 虾苗

3.3　2018 年，您从事稻田养虾所使用的灌溉水是_____（选填对应字母）

a. 河流湖泊水　　b. 山区水库水　　c. 地下井水

3.3.1　您使用的灌溉工具是_____，排水工具是_____（选填对应字母。如果您选 a，请回答 3.3.1.1，如果您选 b，请回答 3.3.1.2，如果您选 c 或选 d，请直接回答3.3.1.3）。

a. 柴油机抽水泵　　b. 汽油机抽水泵　　c. 小型潜水泵　　d. 集体大型泵站　　e. 自

流、无工具

3.3.1.1 请问您家购买的柴油机抽水泵名称是_____，动力系统是_____马力，出水口径是_____寸，共购买_____台（套），市场价格_____元/台（套）；2018年仅灌水，针对您家所有稻虾田，一共消耗柴油_____升，一箱油能够抽灌_____小时。

3.3.1.2 请问您家购买的汽油机抽水泵名称是_____，动力系统是_____马力，出水口径是_____寸，共购买_____台（套），市场价格_____元/台（套）；2018年仅灌水，针对您家所有稻虾田，一共消耗汽油_____升，一箱汽油能够抽灌_____小时（您的汽油机油箱的容积是_____升）。

3.3.1.3 请问您家共购买了：①_____台_____寸_____千瓦潜水泵，市场价格_____元/台；②_____台_____寸_____千瓦潜水泵（市场价格包括管子及接头等零部件，潜水泵出水口尺寸选填对应字母。a.4寸；b.6寸；c.8寸）；2018年仅灌水，针对您家所有稻虾田，耗电量约_____度，用电市场价格是_____元/度。

3.4 2018年，您从事稻田养虾的小龙虾养殖环节中，是否投用复合饲料？_____（选填"是/否"，如果您选"是"，请继续回答剩余问题）。

3.4.1 您是采用何种方式投放饲料的？_____（选填对应字母）。

a. 无人机投放饲料　　b. 人工边走边撒　　c. 人工撑船机抛

①如果您选择a，请问无人机的电机功率是_____千瓦，并且回答3.4.2。

②如果您选c，请问您购买了_____台饲料投饵机，市场价格是_____元/台；投饵机电机功率_____千瓦，并且回答3.4.2。

③如果您选择b，直接回答3.4.2。

3.4.2 针对您家所有稻虾田而言，全部投喂一次小龙虾饲料需要_____人_____小时。您家使用的小龙虾：①饲料名称是_____，蛋白含量_____个蛋白；②饲料名称是_____，蛋白含量_____个蛋白（如果您家只投一种饲料，就填写一种饲料即可）。

3.4.3 2018年，针对您家所有稻虾养田投喂：①复合饲料的用量共计_____吨，每吨饲料价格_____元/吨；②复合饲料的用量共计_____吨，每吨饲料价格_____元/吨。

3.4.4 除了投放复合饲料外，是否还投放天然饵料，如大豆、玉米、麦麸、南瓜等？_____（选填"是/否"。如果选"是"，请继续回答剩余问题，否则无须回答）。2018年，针对您家所有稻虾田而言，投喂饵料1名称_____，投喂量共计_____斤，市场价格_____元/斤；饵料2名称_____，投喂量共计_____斤，市场价格_____元/斤；饵料3名称_____，投喂量共计_____斤，市场价格_____元/斤（根据饵料投喂种类数目填写即可，无须填满）。

3.5 2018年，您从事稻田养虾的水稻种植过程中，是否施用肥料？_____（选填

"是/否"。如果您选"是"，请继续回答剩余问题，如果您选"否"，则无须回答）。您施肥的次数有_____次（注：①请根据施肥次数，填写附表 1-2；②N、P、K 含量为必填项。如果能够找到肥料包装袋，请用手机正反面拍照记录信息，重点关注组分含量）。

3.5.1　请问针对您家所有稻虾田，撒 1 次肥料需要_____人_____天（1 天工作_____小时），请人_____元/天［有些地方请人撒肥是按照每人每包（或袋）肥料计价，如遇此情况，则请填写请人_____元/包］。

附表 1-2　稻田养虾中水稻种植施肥情况

次数	施肥日期	肥料名称	组分			施用量（斤/亩）	规格（斤/包）	市场价格（元/包）
			N（%）	P（%）	K（%）			
1								
2								
3								

3.6　2018 年，您从事稻田养虾的小龙虾养殖环节，为了促进小龙虾的健康养殖，有没有使用过防病治病类药物或激素等？_____（选填"有/无"，如果选"有"，请继续回答剩余问题）。您是在从事稻田养虾后第_____年开始投用药物的。在 2018 年，小龙虾养殖过程中，防病治病的次数有_____次（请根据药物使用次数，填写附表 1-3）。在小龙虾防病治病过程中有无专业技术人员指导用药？_____（选填"有/无"）（注：小龙虾常见病害有：软壳病、烂鳃病、纤毛虫病、烂尾病、白斑综合征等；如果您实在不清楚小龙虾防病治病用药情况，请您提供指导您用药的专业技术人员或者农资商店人员，技术员_____，联系方式_____）。

附表 1-3　稻田养虾中小龙虾养殖防病治病情况

次数	名称	活性组分及含量	施用量（包/亩）	规格（克或毫升/包）	市场价格（元/包）	防治对象
1						
2						
3						
4						

3.7　稻田种养的小龙虾养殖过程中，一个良好的水体环境是关键，请问您在 2018 年小龙虾养殖过程中，有没有使用过调节改善水质的药品？_____（选填"有/无"，如

果选"有"，请填写附表 1-4。提示：稻田养虾的过程中关于水质调节一般包括如下过程：清塘→消毒→改底→解毒→调水→补钙→培肥等；如果您实在不清楚水质调节过程药品使用情况，请您提供指导您用药的专业技术人员或者农资商店人员，技术员_____，联系方式_____）。

附表 1-4　稻田养虾中水质调节过程药品使用情况

序号	项目	次数	药物名称	活性组分及含量	施用量[包（瓶、袋）/亩]	规格[克（毫升、千克）/包（瓶、袋）]	市场价格[元/包（瓶、袋）]
1	清塘						
2	消毒						
3	改底						
4	解毒						
5	调水						
6	补钙						
7	培肥						

3.8　2018 年，在从事稻田养虾的水稻种植环节中，为了治理水稻病虫草害，您采取哪种防控组织形式？_____（选填对应字母）。

a. 政府统防统治　　b. 自家防控或自己请专业防控队伍防控（包括飞防）

3.8.1　您都采取哪些防控措施？_____（选填对应字母。如果您选择 c 或 d，请继续回答剩余问题）。

a. 物理防控，如：频振式杀虫灯等　　b. 生物防控，如：性诱杀虫剂等，投放中华鳖等　c. 化学防控　d. 综合防控

3.8.2　在水稻生长期间，您进行了_____次化学防控（请根据防控次数，如实填写附表 1-5。如果您实在不清楚水稻种植过程中病虫草害防控用药情况，请您提供指导您用药的专业技术人员或者农资商店人员，技术员_____，联系方式_____）。您使用化学防控的方式是_____（选填对应字母）。

a. 人工防控　　b. 无人机飞防

①如果您选择 a，请问您家所有稻虾田进行 1 次化学防控需要_____人_____天（1 天工作_____小时），每亩打药需_____桶水，每桶水打药成本是_____元。

②如果您选择 b，请问每亩稻田的飞防成本是_____元，无人机服务单位_____，联系电话_____。

（水稻常见病害：稻瘟病、纹枯病、稻曲病。常见虫害：稻蓟马、稻水象甲、褐飞虱、白背飞虱、稻纵卷叶螟、二化螟、三化螟、大螟。常见草害：千金子、稗草等）

附表 1－5　稻田养虾水稻种植过程中病虫草害防控情况

次数	日期	药品名称	活性组分及含量	施用量[包（瓶）/亩]	规格[克（毫升）/包]	价格（元/包）	防治对象

3.9　2017 年您家稻田养虾稻田中的水稻有没有进行收获？_____（选填"有/无"，如果选择"有"，请继续回答剩余问题，注：湖北省于 2017 年 10 月中下旬持续近半个月降雨，各地水稻普遍出现倒伏，部分地区因收割成本过高故而存在未收割情况）。

3.9.1　2017 年，您家水稻机械收割的费用是_____元/亩，水稻亩产_____斤（这里面积亩数应为纯种稻面积）；2017 年，您家水稻销售的状态_____（选填对应字母。a. 湿谷；b. 干谷），稻谷销售时市场价格为_____元/斤。

3.9.2　2018 年，您家稻虾田水稻平均收割日期是____月____日（注：有些经营大户因经营面积过大，不能一天收获完成，一般需几天才能收完，在此收获平均日期是指最早和最晚收获日期的中间值）；采用_____牌子的收割机〔选填对应字母。a. 久保田 PRO688Q；b. 沃德 DR85（4LZ－2.5）；c. 不清楚，路边随便找的；d. 其他_____〕。2018 年，您家水稻机械收割的费用是_____元/亩，水稻亩产_____斤（这里面积亩数应为纯种稻面积），有无进行销售？_____（选填"有/无"。如果您选填"有"，则继续回答剩余问题和 3.11 小题，否则无须回答）。2018 年，您家水稻销售的状态____（选填对应字母。a. 湿谷，b. 干谷），稻谷销售时市场价格为_____元/斤。

3.9.3　水稻秸秆是否直接全量还田_____（选填"是/否"，如果选"否"，请继续回答剩余问题），还田量占秸秆产生量为_____%，秸秆销售的市场价格为_____吨/元。

3.10　2018 年针对您家所有稻虾田，每天 1 次收虾需要_____人_____小时，收获开始日期是_____月_____日，收获结束日期是_____月_____日。2018年，有无每天小龙虾收获数据？_____（选填"有/无"。如果选填"有"，请您填写附表 1－6，否则继续回答剩余问题），您家所有稻虾田累计收获虾苗/库虾/成虾共计_____斤，一般小龙虾规格以_____钱重最为常见；仅小龙虾养殖一项，2018 年，收入达到_____万元（注：如果您家采用复合模式，请您继续回答 3.12 小题，否则无须回答）。

2017 年您家小龙虾产量是_____斤/亩，收入达到_____万元。

3.11 请问您开展稻田养虾的小龙虾销售方式是_____；水稻销售方式是_____（选填对应字母）。

a. 卖给贩子　　b. 合作社收购　　c. 订单上门收购　　d. 自我销售

3.12 2018 年您家除了收获小龙虾之外，就所有稻虾田而言，N 水产品的产量有_____斤，市场价格是_____元/斤；收获日期是____月____日。

4 稻田养虾环境友好与生态持续

4.1 在稻田养虾过程中，死虾现象在所难免，2018 年开展稻田种养的小龙虾养殖环节，有没有出现过大面积小龙虾死亡情况？_____（选填"有/无"。如果选填"有"，请继续回答剩余问题，否则无须回答）。死虾累计大约有_____斤。对于死虾，您是怎么处理的？_____（选填对应字母。如果选 a，请继续回答剩余问题）。

a. 人工捞虾　　b. 投喂少量肉食性鱼类　　c. 任其自然

4.1.1 请问仅捞死虾，2018 年全年预估大约请了_____人_____天，人工市场价格一人一天_____元。

4.2 死虾主要是由_____原因导致的？（选填对应字母）

a. 水质变坏　　b. 饲料质量不行　　c. 苗种不好　　d. 养殖密度过大　　e. 药物影响　　f. 病害影响　　g. 稻田缺氧　　h. 强对流天气　　i. 灌溉水源水质差　　j. 其他：_____

4.3 您家在 2018 年稻田养虾的水稻种植环节中有无进行晒田过程？_____（选填"有/无"。如果您选"有"，请继续回答剩余问题）。您家第一轮晒田时间是____月____日至____月____日；第二轮晒田时间是____月____日至____月____日（如果您家仅有一轮晒田，仅填写第一轮即可）。

4.4 在 2018 年开展稻田养虾过程中，您遇到过哪些困难？

_____

_____

_____

_____

非常感谢您的支持与配合！

（完）

华中农业大学农业生态研究中心稻田种养课题组

2018 年 6 月

附录 2　稻虾新型经营主体调查问卷

中国稻虾（蟹）产业发展质态及高质量发展研究
经营主体调查问卷

一、经营主体基本信息

年龄_____；性别_____；受教育年限_____；

类型_____（A. 个体户；B. 家庭农场；C. 合作社；D. 公司）

二、稻田种养基本信息

1. 种养模式为_____（A. 稻虾；B. 稻蟹）；稻虾（蟹）经营面积_____亩；养殖沟占比_____；养殖年限_____年；稻虾年总收入_____万元，占家庭总收入比重_____%

2. 稻虾（蟹）田的土壤类型_____〔A. 黏土；B. 壤土；C. 沙壤土（油沙田）；D. 沙土〕。

3. 稻虾（蟹）田的灌溉水源_____（A. 江河湖泊水；B. 山区水库水；C. 地下井水）。

4. 种植水稻为_____（A. 籼稻；B. 粳稻），品种名称_____；播种日期_____。

5. 养殖技术来源_____（A. 自学成才；B. 邻里间问询；C. 参加培训；D. 产品经销商）。

6. 有无绿色/有机食品认证_____，若有则认证类型_____；有无品牌_____。

7. 生产过程中，您有什么发现及经验启示？你面临的困难又有哪些？经营风险有哪些以及如何应对？（可以从品种、技术、销售、管理、资金、人才等一方面或多方面回答）

三、资源投入产出分析

附表 2-1　资源投入产出分析

项目分类	项目明细	稻虾（蟹）	水稻单作	单位及说明
种子	水稻			投放量（斤/亩）
	虾苗			
	水草			
养分	复合肥			用量（斤/亩） *复合肥中氮磷钾的含量是：N＿ P＿ K＿ *其他肥料如有机肥
	尿素			
	其他肥料			
	复合饲料			
	天然饲料			
灌溉	电力			耗电量（千瓦·时/亩）
	燃油			耗油量（升/亩）
收获	稻谷			产量（升/亩）
	小龙虾			

注：所有投入产出项目中有投入和产出则写，未投入和产出则无须填写。

四、经济投入产出分析

附表 2-2　经济投入产出分析

项目分类	项目明细	稻虾（蟹）模式[元/（亩×年）]	水稻单作模式[元/（亩×年）]	备注
支出项目	地租			
	田间改造及维护折旧			田间改造按10年折旧，清淤等维护按3年折旧
	地笼、投饵船及增氧设备折旧			地笼按3年折旧，投饵船及增氧设备按10年折旧
	水稻种子			
	虾（蟹）种苗			
	水草			
	育秧及移栽			
	机耕			
	水电费			
	水稻植保			
	机收			
	管理费			
	人工费用			人工（＿＿元/天），包括：长期工和临时工，涉及水草种植，育秧移栽，饲料投喂，疾病与水质调节，水稻施肥和打药以及小龙虾收获等环节

（续）

项目分类	项目明细	稻虾（蟹）模式 ［元/（亩×年）］	水稻单作模式 ［元/（亩×年）］	备　　注
支出项目	化肥			
	有机肥			
	饲料			
	农药			
	渔药			包括清塘、消毒、改底、培肥、补钙等系列环节
	其他费用			如保险等
收益项目	稻谷			
	虾（蟹）等			
	其他收益			如政府补贴等

姓名：_____　电话：_____

地点：_____省_____县_____村　填报日期：_____

后　记

　　本书是中国工程院战略研究与咨询项目"中国稻田综合种养高质量发展战略研究"的成果，在此，对课题研究给予支持与提供帮助的诸多单位及个人表示诚挚的谢意。感谢项目主持单位扬州大学张洪程院士、高辉教授及窦志老师等的指导和支持；感谢协作单位全国水产技术推广总站李巍处长、郝向举副处长及朱德杰工程师，浙江大学陈欣教授等在课题研究中给予的关心支持与帮助；感谢湖南省农业农村厅（畜牧水产事务中心）、安徽省水产技术推广总站、辽宁省农业农村厅（现代农业生产基地建设工程中心）、江西省吉水县（农业农村局），以及湖北省潜江和监利等多地农业农村局及水产技术推广部门对稻虾产业调研走访及座谈、问卷调查过程中的协助；还要特别感谢参与稻虾产业调研和农户问卷调查的队员们，协助开展新闻搜集及论文数据挖掘的帮助者等。

　　这是一本关于稻虾产业发展的专著，与我们 2020 年 9 月出版的《湖北省"双水双绿"产业发展战略研究》相辅相成，"双水双绿"这本书聚焦稻田综合种养产业的经验总结及省（自治区、直辖市）绿色产业体系建设的探讨，而"稻虾"这本书聚焦全国稻虾种养模式绿色高质量发展的途径探索及理论思考。关注对象由粗到细，关注尺度由区域到全国，关注内容由经验到理论。本书的形成经历了很长时间，课题组长期深耕稻田综合种养研究，自 2014 年关注稻虾种养以来，先后开展了大量的实地调研，形成了数十篇的调研纪要和调研报告，开展了数百份的稻虾农户问卷调查，建立了稻虾农户生产数据库，开展了区域联合定位试验和大量田间控制试验，形成了一批有关稻虾种养的原创性科学研究成果，以及协助地方政府开展了数十部农业产业发展规划等，在这个过程中逐渐对农业产业发展规律、稻虾产业发展特性和模式技术集成研发有了一定的认识。在地方政府部门等诸多单位的帮助下，课题组成员有幸前往湖北、湖南、江西、安徽、江苏及辽宁等地，围绕稻虾种养的第一、第二和第三产业全产业链，走进稻虾生产基地，进入水稻和小龙虾加工厂及代表性餐饮企业，参观稻虾产业公共服务大数据中心和物流交易中心以及稻虾田园综合体等（见附表），与农民、种养大户、合作社理事长、农口干部与技术人员、水稻和小龙虾加工负责人、餐饮企业老板，以及众多专家学者等群体开展面对面的采访交流，聆听他们在参与稻虾全产业链中面临的现状、困境、感受和迫切需要解决的问题，以及提出的宝贵建议和作出的深入思考。此外，数百篇的新闻报道和大量的科技论文是了解各地稻虾产业发展现状和专家学者观点意见的重要渠道，不同的学者结合自己的专业视角阐述他们对稻虾产业不同环节的真知灼见，笔者阅读了他们对于稻虾产业发展的各种言论，对他们提出的系列对策与建议再不断地总结与反思。在此基础上，形成了本研究报告。

一个产业的培育涉及领域非常宽广，如何看透产业培育发展规律，把握产业不同阶段发展的重点问题，如何针对稻虾产业发展重点问题提出系统性的解决方案，如何处理并协调好稻虾产业不同建设体系的发展进程，如何完善配套相关政策体系与体制机制建设，需要继续深化研究。在稻虾种养快速发展的当前阶段，希望本书的系列思考对促进中国稻虾绿色高质量发展有所贡献。

陈松文 曹凑贵

2022 年 5 月 3 日

附表　致谢单位及个人

序号	单位名称	个人
1	全国水产技术推广总站	李巍、郝向举、朱德杰
2	湖北省监利市农业农村局	
3	湖北省武穴市农业农村局	
4	湖北省天门市水产技术推广站	涂华军
5	湖北省安陆市水产技术推广站	
6	湖北省钟祥市水产技术推广站	丁国新
7	湖北省潜江市龙虾产业发展中心	张玮
8	湖北省潜江市虾稻大数据中心	
9	湖北省潜江市虾皇餐饮管理有限公司	
10	中国（潜江）小龙虾交易中心	
11	湖北莱克集团小龙虾选育繁育中心	
12	湖北虾乡食品有限公司	刘军
13	湖北省监利市福娃集团有限公司	柳诲龙
14	湖北省监利市汴河镇农技站	杨敏等
15	湖北省监利市"双水双绿·放心粮"中试科研基地	刘应文、刘应武
16	湖北省蕲春县旺旺家庭水稻农场	吴贵如
17	湖北省安陆市碧涛水产专业养殖合作社	吴克涛
18	安徽省水产技术推广总站	蒋军、奚业文、刘传涛
19	安徽省六安市农业农村局	
20	安徽省六安市裕安区农业农村局	
21	安徽省六安市金安区农业农村局	
22	安徽省六安市霍邱县三流乡人民政府	
23	安徽省淮南市寿县农业农村局	
24	安徽省滁州市农业农村局	
25	安徽省滁州市全椒县农业农村局	
26	安徽省吉宝皖江国际物流产业园	
27	安徽省春泉农业科技有限公司	
28	安徽省林水寨生态园	
29	安徽省全椒县银花家庭农场	张银花等
30	湖南省农业农村厅	
31	湖南省畜牧水产事务中心	何东波、邓凯龙等
32	湖南省水产科学研究所	谢仲桂、王冬武、刘丽、田兴等
33	湖南农业大学农学院	黄璜、徐莹
34	湖南省长沙县农业农村局	罗华、王志明等
35	湖南省望城区农业农村局	
36	湖南省长沙县果园镇花果村	

（续）

序号	单位名称	个人
37	湖南省长沙县路口镇明月村隆平稻作公园	
38	湖南省长沙市望城区创先现代农业发展有限公司	
39	湖南省文和友小龙虾产业研究院	
40	湖南省长沙市望城区望联农业科技发展有限公司	
41	湖南省益阳市农业农村局	
42	湖南省益阳市资阳区刘家湖村	
43	湖南省益阳市资阳区新飞村嘉兴种养专业合作社	
44	湖南省益阳市南县稻虾产业发展中心	
45	湖南省南县稻虾产业公共服务平台大数据中心	
46	湖南省益阳市南县金之香有限公司	
47	湖南省南州农业发展有限公司	
48	湖南省益阳市南县琴湖现代农业发展有限公司	
49	湖南省顺祥食品有限公司	
50	湖南省南县小龙虾产业协会	
51	湖南省岳阳市农业农村局	徐武
52	湖南省岳阳市君山区钱粮湖龙虾小镇	
53	湖南省岳阳市君山区三角闸村	
54	湖南省岳阳市君山区小龙虾加工厂	
55	扬州大学农学院（水稻产业工程技术研究院）	张洪程、高辉、窦志
56	江苏省盐城市盐都区碧贵园家庭农场	
57	江苏省盐城市盐都区七星农场	
58	江苏省盐城市盐都区大纵湖骏马村稻蟹模式示范基地	
59	江苏省盱眙县水产技术推广站	米长生
60	江苏省盱眙龙虾创业学院	
61	江苏省盱眙国家现代农业产业园	
62	辽宁省农业农村厅	
63	辽宁省现代农业生产基地建设工程中心	李小进等
64	辽宁省沈阳市稻梦空间米业有限公司	
65	辽宁省盘锦市农业农村局	
66	中国渔业协会河蟹分会	
67	辽宁省光合蟹业有限公司	马民
68	江西省吉水县农业农村局	
69	华中农业大学耕作生态研究室	汪金平、江洋、潘克强、全文博、邢俊阳、张泽通、余铭、何楚、张文宇、戴然欣、陈琳琳、张耀云、李准、李丽娜、陈倩玉等

图书在版编目（CIP）数据

中国稻虾绿色高质量发展研究 / 陈松文，曹凑贵编
著. —北京：中国农业出版社，2022.11
　ISBN 978-7-109-30162-7

　Ⅰ.①中… 　Ⅱ.①陈… ②曹… 　Ⅲ.①稻田－龙虾科
－种养结合－农业产业－产业发展－研究报告－中国
Ⅳ.①F326.11

中国版本图书馆 CIP 数据核字（2022）第 185341 号

中国农业出版社出版

地址：北京市朝阳区麦子店街 18 号楼
邮编：100125
责任编辑：郭　科
版式设计：杜　然　　**责任校对：**刘丽香
印刷：中农印务有限公司
版次：2022 年 11 月第 1 版
印次：2022 年 11 月北京第 1 次印刷
发行：新华书店北京发行所
开本：787mm×1092mm　1/16
印张：18
字数：430 千字
定价：80.00 元